개정판

컴퓨터 구조와 원리

기우용 · 윤석민 · 최영철 공저

PREFACE

인류는 새로운 혁명을 맞이하고 있다. 제1 혁명은 농업혁명으로 정착생활로 부족들 간에 언어가 통일되면서 탈리오 법정에서 열까지 세지 못하면 언맹자로 법정에 증인으로 인정을 받지 못했다. 제2 혁명은 산업혁명으로 인류가 동력을 이용해 대량 인쇄된 대중 매체인 책이나 신문 등을 못 보는 문맹자는 사회에 적응하기 힘들었다. 제3 혁명은 정보혁명으로 컴퓨터를 다루지 못하는 사람은 컴맹으로 직장에서 구조조정에 대상이 되기도 했었고 제4 혁명은 인터넷 혁명으로 인터넷을 모르는 넷맹자로 취급되어 대화의 상대가 되어주지 않아 스스로 자살하는 사람까지 생겨났다. 제5 혁명인 디지털 혁명 시대가 도래하고 있다. 노트북이나 PDA를 이용한 각종 디지털 응용을 적응하지 못하면 사회에서 서서히 도태될 것이다.

20C 정보화 사회에서 21C 디지털 혁명 시대로 접어들면서 수요자의 욕구를 충족시켜 주기 위한 생활의 편리함과 자기개발로 컴퓨터의 활용은 생활의 일부가 되면서 사회의 각 분야에 기반이 되고 있다.

컴퓨터 효율적인 사용을 위해서 컴퓨터의 내부 구조와 기본 원리를 이해할 필요가 있다. 효율적인 업무 처리와 모든 생활의 편리함을 추구하고 멀티미디어와 인터넷을 이용하는 사이버스페이스 세계에 잘 적응하고 다가오는 디지털 혁명 시대에 잘 대응할 수 있는 능력을 함양할 수 있는 바람으로 컴퓨터 구조와 원리를 쉽게 접근할 수 있도록 다루었다.

책의 내용을 기술하는데 문단 앞에 부호(■ ○ ◆)들을 사용하여 기술 내용들의 레벨화하였다.

끝으로 이 책이 출판되기까지 많은 도움을 주신 출판사와 격려를 아끼지 않으신 주위의 교수님들과 학생 여러분께 감사를 표하는 바이다.

저자

CONTENTS

제1장 컴퓨터 시스템 · 9

제2장 데이터의 표현과 연산 · 51

제3장 부울대수와 논리 회로 · 79

제4장 프로세서의 구조 · 165

제5장 펜티엄 프로세서(Pentium processor) · 213

제6장 기억 장치 · 239

제7장 AUX(보조)기억 장치 · 279

제8장 주변 장치 · 309

제9장 컴퓨터 버스 · 353

CONTENTS

제10장 병렬 처리 · 395

제11장 데이터 통신 · 425

C.H.A.P.T.E.R

컴퓨터 시스템

1.1 컴퓨터 시스템 배경

1) 컴퓨터의 혁명

▣ 세계 최초 컴퓨터 등장

인간에게는 두뇌의 연산능력을 대신할 고속 계산기의 필요에 의해 1945년에 전자 회로를 이용하여 자동적으로 계산하는 에니악(ENIAC)이라는 최초의 전자계산기를 만들었고 UNIVAC-I에 의해 문자 데이터를 처리하는 컴퓨터 기술로 초고속 성장을 하였다.

▣ 컴퓨터 정보혁명

ENIAC 전자계산기 이후 상용 컴퓨터인 UNIVAC-I은 숫자 처리에 최초의 영문자 처리를 추가하여 범용화하였다. 2세대 이후에는 반도체 기술의 발전과 프로그래밍 언어(Programming Language)의 개발 및 컴퓨터를 효율적 운용하는 각종 프로그램들이 실용화되면서 활용 범위가 정치, 사회, 외교, 국방, 교육, 산업사회의 각 분야로 범용화로 획기적인 사고의 전환이 되면서 제3의 정보혁명을 가져왔다.

▣ 21C 디지털혁명의 주역

20C 최대의 발명품인 컴퓨터는 제4의 혁명인 인터넷혁명을 거치면서 인터넷 통신, 오디오, 비디오, TV 등의 가전제품의 기능을 집약한 인텔리전트 머신(Intelligent Machine)은 다가오는 21C의 지식기반사회에서도 제5의 디지털혁명의 주역의 역할을 할 것이다.

▣ 컴퓨터의 특성

컴퓨터는 정확성, 고속성, 자동성, 기록성, 저장성 등의 특성이 있다. 컴퓨터의 특성을 최대한 활용하는 것이 정보화의 지름길이다.

2) 컴퓨터의 기능

▣ 컴퓨터 주요 기능

❍ 컴퓨터의 3대 기능 : I, P, O

❍ 컴퓨터의 5대 기능 : I, P, O, S, C

I(Input) 입력 기능	원시 데이터(Data)는 입력 장치(Input Device)를 통하여 기억 장치에 저장(Store)된다.
P(Processing) 처리 기능	기억 장치에 저장된 데이터는 처리 장치(Processor)의 프로그램에 의해 데이터가 처리(Processing)되어 저장된다.
O(Output) 출력 기능	처리된 자료들은 제어(Control)되어 출력 장치(Output Device)를 통하여 사용자에게 정보(Information)로 제공(Output)한다.
S(Store) 저장 기능	프로그램이나 데이터를 메모리에 저장하고 처리한 정보도 저장한다.
C(Control) 제어 기능	프로세서의 마이크로 동작을 제어하고, 프로그램 실행인 매크로 동작을 제어하여 정보를 만들고 주변 장치를 제어한다.

▣ 컴퓨터 기능 모델

3단계 모델	IPO model Input-Processing-Output
5단계 모델	ISPCO model Input-Store-Processing-Control- Output

컴퓨터의 3, 5단계 IsPcO model을 그림 1-1에서 보여 주고 있다.

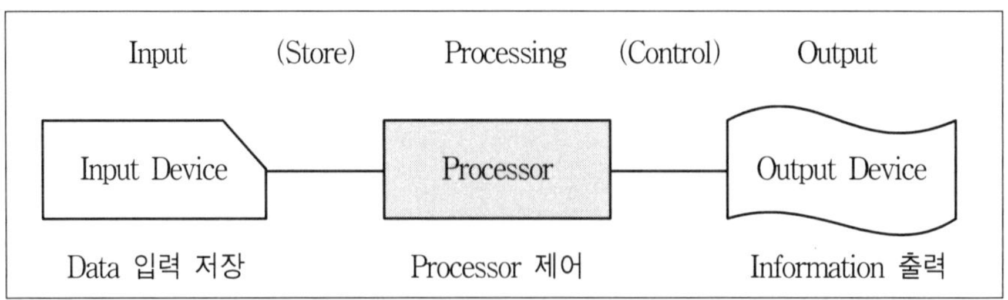

그림 1-1 컴퓨터 IsPcO Model

■ 컴퓨터 정보 처리 목적

컴퓨터로 데이터를 정보로 가공 처리하는 필요성은 시스템을 사용하는 사람들이 의사 결정(Decision Making)을 하기 위한 정보를 필요로 하기 때문이고 정보의 양적, 질적 수준이 향상될수록 보다 나은 의사 결정을 할 수 있기 때문이다. 정보와 데이터 이상의 의미를 합쳐서 지식이 처리되고, 또한 지능은 지식을 수집하여 얻어진다.

■ 데이터와 정보

데이터 (data)	가공 이전 컴퓨터 자료로 가공되지 않은 사실에 대한 단순한 기록으로써 여러 형식으로 표현된 수치와 문자 등을 포함한다.
정보 (Information)	가공된 컴퓨터 자료로 데이터로부터 얻어지는 정보는 이러한 데이터를 일정한 처리 과정에 의해 구조적으로 정리된 형태로서 특정한 상황에서 의미가 있는 기록이다. 인간은 컴퓨터 정보로 빠른 의사 결정(Decision Making) 판단을 할 수 있다.

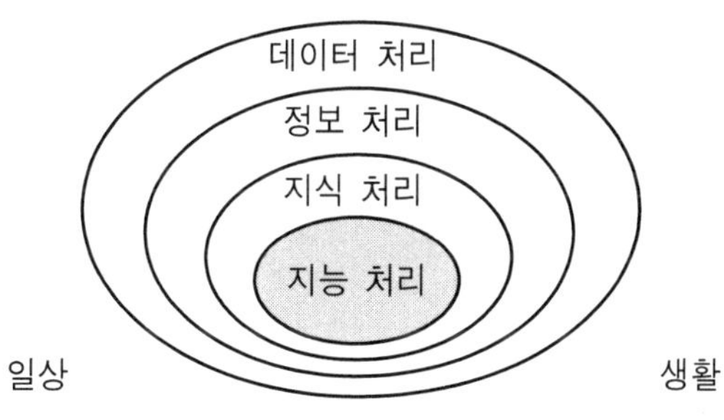

그림 1-2 컴퓨터 처리의 상호 관계

3) 컴퓨터 H/W

■ 컴퓨터 구성

컴퓨터는 인간의 두뇌를 모방하여 형이하학적인 H/W와 형이상학적인 S/W, 그리고 F/W가 있다.

하드웨어(H/W) (Hardware)	컴퓨터의 물리적인 장치를 총칭한다.
소프트웨어(S/W) (Software)	하드웨어의 동작을 지시하고 제어하는 모든 종류의 응용 프로그램을 포함한 응용 기술 또는 사용 방식인 시스템 프로그램들로 구성된다.
펌웨어(F/W) (Firmware)	소프트웨어를 하드웨어(ROM)화 한 마이크로 프로그램이 있다.

■ 컴퓨터 종류

하드웨어 구성요소로 프로그램을 해석하고 수행 장치, 데이터를 저장 장치, 정보를 입출력할 수 있는 장치로 컴퓨터를 분류하면 CPU 프로세서를 사용하는 대형 컴퓨터 GC와 MPU 프로세서를 사용하는 소형 컴퓨터 MC가 있다. 네트워크에서 서비스를 제공하는 서버(Server)와 서비스를 받는 클라이언트(Client)가 있다.

범용 컴퓨터(GC) 종류 (General Computer)	슈퍼컴퓨터(Super Computer) 메인프레임 컴퓨터(Mainframe Computer) 미니 컴퓨터(Mini Computer)
마이크로 컴퓨터(MC) 종류 (Micro Computer)	마이크로 컴퓨터(Micro Computer) 워크스테이션(Workstation) 퍼스널 컴퓨터(PC : Personal Computer) 마이컴(Micom) 싱글칩 컴퓨터(Single Chip Computer)

■ PC 종류

퍼스컴이라고도 하며 Desktop PC, Portable PC, Laptop, NoteBook, Palmtop 등으로 분류하기도 한다.

■ 프로세서 종류

프로세서(Processor)는 프로그램을 이용하여 기억 장치에 저장되어 있는 데이터를 처리하는 장치로 원시 데이터를 유용한 정보로 가공하는 장치로 CPU, MPU, MCU가 있다.

중앙 처리 장치(CPU) (Central Processor Unit)	범용 컴퓨터에 사용하는 프로세서로 다수의 IC로 만든 멀티유서용 프로세서이다.
마이크로프로세서(MPU) (Micro Processor Unit)	마이크로 컴퓨터에 사용하도록 ALU+Ctrol+Register를 단일 칩 IC(One Chip CPU)으로 만든 싱글유저용 프로세서로 Intel의 i4004, i8080에서 발전되었다.
마이크로콘트롤러(MCU) (Micro Control Unit)	마이크로 컴퓨터구성 3요소(MPU+MEM+I/O)를 한 IC에 집적한 싱글칩 컴퓨터(Single Chip Computer)로 가전제품이나 유비쿼터스 등에 사용하는 소형 프로세서로 1975년 TI(Texas Instrument)사의 TMS1000 시리즈부터 제어용 프로세서가 발전되었다.

▣ 기억 장치 종류

컴퓨터의 프로그램과 데이터를 저장하는 장치이다.

주기억 장치 (Main Memory)	컴퓨터에서 데이터를 임시적으로 저장하는 장치이다.
보조기억 장치 (Aux Memory)	컴퓨터에서 일정 시간 또는 장기간 보관하는 용도로 사용하는 기억 장치이다.

▣ 입출력 장치(I/O Device)

컴퓨터와 사용자간의 통신 수단을 제공하는 장치로 주변 장치(Peripheral device)라고도 하며 인간과 컴퓨터의 차이점은 명령어와 데이터를 표시하는 방법에서 인간은 다양한 형태의 기호로 된 자연어와 10진수를 사용하지만, 컴퓨터에서는 2진수 형태로 저장하고 처리한다.

입력 장치 (Input Device)	정보 교류를 위해서 인간이 사용하는 언어는 컴퓨터의 언어로 바꾸는 기능을 처리한다.
출력 장치 (Output Device)	컴퓨터의 언어는 인간 언어로 전환하는 기능을 처리한다.

4) 컴퓨터 시스템

▣ 컴퓨터 시스템(Computer System) 설계

찰스 베비지의 해석기관의 계산기 시스템 설계부터 현대 컴퓨터까지 5개 이상의 서로 기능이 다른 유기체 장치로 분류되어 설계해서 하나의 컴퓨터로 동작시키는 유기체의 집합을 컴퓨터 시스템(Computer System)이라 한다.

해석기관 시스템 5대 장치	밀, 스토어, 콘트롤, 입력, 출력 장치
컴퓨터 시스템 5대 장치	프로세서, 기억, 제어, 입력, 출력 장치
컴퓨터 시스템 6대 장치	컴퓨터 시스템 5대 장치+통신 장치

▣ 컴퓨터 S/W 2부류

S/W는 OS와 AP로 나눈다.

운영체제(OS) (Operating System)	H/W와 S/W 자원의 효율적인 관리와 전반적인 운영을 담당하고 사용자의 편의를 도모하기 위해 H/W와 응용 프로그램을 연결하여 주는 프로그램이다.

응용 프로그램(AP) (Application Program)	데이터 처리에 직접적으로 관련된 작업들을 수행할 수 있도록 명령어를 제공하면서 다양한 작업들에 대응되는 여러 형태의 프로그램들이 있다.

5) 세대별 컴퓨터 역할

▣ E.C(Electronic Calculator) 시대

초기의 1세대 컴퓨터의 기능은 숫자만을 전자적으로 빠르게 계산하는 수준으로 설계되어 과학 기술에 관한 탄도계산, 원주율계산, 핵무기 개발에 필요한 계산목적으로 사용되어서 전자계산기(E.C)라고도 하였다.

▣ E.D.P.S(Electronic Data Processing System) 시대

2세대부터는 TR을 이용한 반도체 기술과 응용 기술의 발전에 힘입어 계산만 하는 소형화된 탁상용 컴퓨터를 전자계산기라 하고, 계산뿐만 아니라 정보 검색, 문서 편집, 기계 제어 등 여러 가지 기능을 효율적으로 수행할 수 있게 되어 그 응용 범위가 점점 넓어진 범용 컴퓨터를 전자적 자료 처리 조직(E.D.P.S), 즉 정보 처리 시스템만을 컴퓨터로 재정의 하여 컴퓨터와 전자계산기로 2분화되었다.

▣ A.D.P.S(Automatic Data Processing System)

3세대에서 IBM360 컴퓨터를 이용한 아폴로11호의 유인 우주항법, 사무자동화(OA), 공장자동화(FA), 가정자동화(HA)등의 각종 자동화에 컴퓨터가 사용되면서 자동화에 사용되는 컴퓨터를 A.D.P.S(Automatic Data Processing System)라고도 하였다.

▣ M.D.P.S(Multimedia Data Processing System) 시대

4세대는 E.D.P.S(숫자에 문자 처리)에서 자동화 처리 음성, 화상, 동영상 등 멀티미디어 처리 시스템으로 컴퓨터를 사용하였다.

▣ I.D.P.S(Internet Data Processing System) 시대

5세대 인터넷을 처리하면서 컴퓨터의 응용 부문은 크게 데이터 처리(Data Processing), 정보 처리(Information Processing), 지식 처리(Knowledge Processing), 난이도가 높은 지능 처리(Intelligence Processing) 단계로 발전하고 있다.

■ 차세대 성장 동력

농업혁명에서 산업혁명으로 전환을 한 인류는 20C 최대 발명품이었던 컴퓨터를 발명하여 단기간에 "제3의 물결(The Third Wave)"인 정보 혁명을 거쳐 인터넷 혁명을 일으켰다. 혁명에 적응하지 못한 언맹, 문맹, 컴맹, 넷맹이 있었고, 21C에도 컴퓨터는 지식기반사회로의 제4의 혁명을 미래의 컴퓨터의 차세대 성장 동력인 유비쿼터스 등이 디지털 혁명이 주도할 것이고 적응하지 못하면 털맹이 될 것이다.

○ 유비쿼터스(Ubiquitous) : 시공을 초월해 '언제 어디에나 존재한다'는 뜻의 라틴어로, 사용자가 컴퓨터나 네트워크를 의식하지 않고 장소에 상관없이 자유롭게 네트워크에 접속할 수 있는 환경을 말한다. 1988년 미국의 제록스의 와이저(Mark Weiser)가 '유비쿼터스 컴퓨팅'을 처음 사용하여 컴퓨터에 이어 제3의 정보혁명을 이끌 것이라고 주장하였는데, 유비쿼터스 통신, 유비쿼터스 네트워크 등과 같은 형태로 컴퓨터에 어떠한 기능을 추가하는 것이 아니라 자동차, 냉장고, 안경, 시계, 스테레오장비 등과 같이 어떤 기기나 사물에 컴퓨터를 집어넣어 커뮤니케이션이 가능하도록 해 주는 정보기술(IT) 환경 또는 정보기술 패러다임을 뜻한다. 유비쿼터스화가 이루어지면 가정・자동차는 물론, 심지어 산꼭대기에서도 정보기술을 활용할 수 있고, 네트워크에 연결되는 컴퓨터 사용자의 수도 늘어나 정보기술산업의 규모와 범위도 그만큼 커지게 된다. 유비쿼터스 네트워크는 광대역 통신과 컨버전스 기술의 일반화, 정보기술 기기의 저가격화 등 정보기술의 고도화가 진제되이야 한다. 휴대성과 편의성뿐 아니라 시간과 장소에 구애받지 않고도 네트워크에 접속할 수 있는 장점들 때문에 세계적인 개발 경쟁이 일고 있다.

6) 컴퓨터 학문 2 분야

■ 자동 장치이론(Automata Theory)

제작 목적보다는 이론적인 컴퓨터 학문 연구분야이다. 1736년 Alan Turing은 읽고 쓸 수 있는 무한길이의 테이프로 동작하는 튜링 머신(Turing Machine)을 소개하면서 시작되었다.

○ 튜링 머신 : 컴퓨터의 아버지라 불리는 알란 튜링은 1936년 [계산 가능한

수에 관하여]라는 논문에서 튜링기계를 연구하고 1950년 [계산하는 기계와 지능]라는 논문에서 이론적으로 인공지능을 선구적으로 탐구하였다. 계산기의 두뇌의 해당하는 제어 장치, 데이터가 수록된 테이프, 이를 읽고 기록하는 입출력 헤드의 3부분만 있으면 계산이 가능한 튜링기계를 제안하여 프로그램을 읽고 해석할 수 있는 현재 디지털 컴퓨터의 개념적 원조가 되었다.

○ 전기식 컴퓨터 실현 : 튜링은 1926년의 독일군의 암호기계 Enigma 암호문을 영국에서 1942년 최초의 전기식 디지털 컴퓨터 Colossus로 암호해독 자동화하여 연합군의 노르망디 상륙작전에 성공하였다.

▣ **컴퓨터공학(Computer Science)**

실존하거나 제작할 목적의 컴퓨터를 연구하는 실질적인 컴퓨터 학문 분야이다. Automata Theory에서 컴퓨터공학으로 하나씩 실현되면서 컴퓨터의 기능은 1세대에서 단순한 숫자 데이터 처리에서 문자 처리, 지식 처리를 거쳐 인공지능 컴퓨터로 연구되어 갔다.

7) 인공지능(AI : Artificial Intelligence)

▣ **인공지능**

인공 지능 용어는 1961년 Minsky의 논문에서 인간의 지능적 과정에는 학습(learning), 추론(inference), 교정(self-correction) 등으로 구성되어 이를 컴퓨터에 구현할 수 있도록 연구되어왔다. 차세대 컴퓨터의 기본 설계 기술로 현재의 컴퓨터는 지능 처리에 있어서는 초기단계로 지능은 창출하는 것부터 매우 어렵고, 또한 그 처리는 훨씬 더 어렵다. 컴퓨터에서 사고한다거나(Thinking Computer) 또는 추론 등은 만족할 수준에 미치지 못하고 있으나 현재 정보기술의 여러 분야에서 인공지능적 요소를 도입하여 그 분야의 문제 풀이에 활용하려는 시도가 매우 활발하게 이루어지고 있다.

○ 학습 기계 개념 : 인간이 얻은 상식과 지식에 해당하는 방대한 양의 정보를 기반으로 컴퓨터 내부에 실현시켜 놓은 지능을 새로운 정보에 접할 때마다 컴퓨터 자신이 그 지능을 갱신함으로써 개선할 수 있게 하는 것이다.

○ 인공지능 : 학습기계 같은 지능을 컴퓨터 내에 인위적으로 프로그램 또는

데이터 형식으로 실현시킨 것을 인공지능(AI)이라고 한다. 인간과 같은 능동적인 문제 해결을 위해 인간의 학습능력과 추론능력, 지각능력, 자연 언어의 이해능력 등을 컴퓨터 프로그램으로 실현한 기술로 인공 지능은 획기적인 개선보다는 진화론적인 개선을 인도할 것이다.

- 인공지능에 필요한 네 가지 능력 : 학습(지식의 획득능력), 이해(패턴 인식), 지식(지식을 이용한 능력), 추론(유추능력)은 인간의 지능처럼 사고, 학습, 자기계발 등을 컴퓨터가 할 수 있도록 하는 방법을 연구하는 컴퓨터 공학 및 정보기술의 한 분야로서, 컴퓨터가 인간의 지능적인 행동을 모방할 수 있도록 하는 것이다.

○ 인공지능의 실례 : 1997년 IBM이 만든 체스 컴퓨터 딥 블루는 한 번도 패배한 적이 없는 세계 체스 챔피언인 개리 카스파로프를 이겼다. IBM측은 지난 1백 년 동안의 세계의 주요한 대국 및 카스파로프의 경기를 모두 분석, 그의 장단점을 기억시켜 8년여 만에 완성한 소프트웨어로 무장시킨 딥 블루는 2백 56개 프로세서에 초당 2억 개의 행마를 검토할 수 있고 여기에 11~12수를 신속하게 계산할 수 있다. 딥 블루는 체스 대국에서 3~6수를 읽을 수 있으나 무려 5백억 개의 신경세포에 엄청난 직관력과 창조력을 가진 인간을 이겼다. 카스파로프 코치인 프레데릭 프리델은 「딥 블루가 마치 지능을 가진 것처럼 앞을 내다보는 행마를 펼쳤다」면서 놀라워했다.

○ 인공지능 응용 분야

- 자연 언어 처리(natural language processing) : 이미 자동번역과 같은 시스템을 실용화하며, 사람이 컴퓨터와 대화하며 정보를 교환할 수 있게 되므로 컴퓨터 사용에 혁신적인 변화가 오게 될 것이다.
- 전문가 시스템(expert system) : 컴퓨터가 현재 인간이 하고 있는 여러 가지 전문적인 작업들(의사의 진단, 광물 매장량 평가, 화합물 구조 추정, 손해 배상 보험료 판정 등)을 대신할 수 있도록 하는 것이다.
- 로봇공학 : 컴퓨터가 TV, 카메라 영상을 분석하여 인식하거나, 사람의 목소리를 문장으로 변환하는 것 등은 인공지능의 도입 없이는 불가능하다. 영상 및 음성 인식은 문자 인식, 로봇 공학 등에 핵심적인 기술이다.
- 이론증명(theorem proving) : 수학적인 정리를 이미 알려진 사실로부터 논리적으로 추론하여 증명하는 과정으로서 인공지능의 여러 분야에서 사용

되는 필수적인 기술이다.

- 신경망(neural net) : 수학적 논리학이 아닌, 인간의 두뇌를 모방하여 수많은 간단한 처리기들을 네트워크로 구성된 신경망 구조를 상정하는 것이다.

▣ 전문가 시스템(Expert System)

전문가의 경험 및 지식을 컴퓨터에 기억시켜 놓고, 그 지능을 활용할 수 있는 프로그램을 컴퓨터에 내장하여 놓음으로써 그 전문가 대신에 활용할 수 있게 만들어 놓은 시스템이다. 고도의 병렬 처리 기법들이 개발되고, 누적된 지식 베이스가 급속히 확대되어 지식 처리를 위한 컴퓨터의 사용이 점차 확대되고 인간의 두뇌에 비교되는 지식 데이터베이스를 컴퓨터 내에 실현하려는 것으로서 학습 기계(Learning Machine)의 원리를 이용한 전문가 시스템이 있다. 특정한 문제를 해결하는 전문가의 추론 과정과 지식을 모방하여 컴퓨터에 의해 조언을 해 주는 시스템으로 가장 활발하게 응용되고 있는 인공지능 기술이다. 전문가 시스템은 점차적으로 인간 전문가를 구하기 어려운 많은 전문 영역에서 생산성을 향상시키고, 작업 능력을 증진시킬 수 있다. 전문가를 대체하는 것이 아니라 그들의 지식과 경험을 보다 널리 사용될 수 있도록 만든다. 현재 응용 분야는 비교적 제한되고 좁게 정의된 전문 영역에 한정된다. 예로 고장 진단 시스템, 의료 진단 시스템 등이 있다. 애매한 지식을 다루기 위한 Fuzzy 이론도 전문가 시스템과 결합되어 많은 연구 성과를 거두고 있다.

❍ 자연 언어 처리 : 인간이 사용하는 언어를 음성 인식(speech recognition)하여 컴퓨터 사용자에게 컴퓨터와 대화하는 능력을 제공한다. 현재의 시스템은 매우 제한된 주제와 관련된 단어들로 구성된 문장을 인식하고 번역할 수 있다. 자연 언어 처리 분야는 이해와 생성 두 개의 분야가 있다.

❍ 로보틱스 : 영상 시스템, 촉각 시스템, 신호 처리 시스템과 같은 센서 시스템이 인공지능과 결합되었을 때, 일반적으로 로보틱스라고 하는 시스템으로 정의된다. 지적 로봇은 자신의 동작과 환경에 관한 정보를 수집하는 카메라와 같은 센서 장비들을 가지고 있다. 로봇의 지능 부분은 자신을 둘러싼 환경의 변화에 응답하여 자신을 적응시키려고 한다. 지능형 로봇은 인간과 같은 능력과 태도를 가지며 지능로봇은 자신의 환경을 감지하고 얻어진 정보의 결과로서 자신의 행동을 수정한다.

○ 슈퍼컴퓨터 : 1976년 크레이는 CDC사를 나와서 자신의 회사를 설립, 크레이 -I이라는 수퍼 컴퓨터를 발표했다. 우주개발, 원자력, 기상해석 등 빠른 계산이 요구되는 과학기술 분야에 쓰이는 컴퓨터로 범용 컴퓨터 초대형기의 처리 속도는 5~10MFLOPS(메가 플롭스)인데, 슈퍼컴퓨터는 50~100MFLOPS 정도로 매우 빠르다. 조셉슨 소자, 초격자소자 등이 실용화되면 고속화의 한계로 여겨지는 1000GFLOPS(기가 플롭스)의 기종도 개발될 것으로 기대된다. 2004년 6월 세계에서 가장 빠른 컴퓨터는 일본에 있는 35.86테라 플롭스의 '지구 시뮬레이션' 슈퍼컴퓨터. 플롭스(flops)는 1초당 부동 소수점 연산 명령의 실행 횟수를 말하며 컴퓨터의 연산속도를 나타내는 척도 단위다. 1테라($1T=10^{12}$) 플롭스는 1초에 1조번의 연산능력을 말한다.

○ 컴퓨터 비젼 : 기계 센서로부터 받은 디지털화된 시각 정보에 관한 컴퓨터 지능과 의사 결정의 결합되어 패턴인식으로 시각인식된 정보는 로봇의 이동, 컨베이어의 속도, 생산 라인의 퍼레이션을 수행하고 제어하기 위하여 사용한다. 컴퓨터 비젼 시스템에서는 정확하게 조립 부품을 인식하고, 조립하는 것이 필요하다.

○ 자동 프로그래밍 : 프로그램 개발자가 정해 준 사양에 따라 컴퓨터 시스템 자신이 프로그램을 개발하는 프로그램이다.

○ 뉴스 요약 : 신문이나 문서 속의 내용을 읽고 요약하여 과중한 정보를 다루는데 도움을 준다.

○ 언어 사이의 번역 : 컴퓨터 프로그램을 이용하여 문서나 웹사이트에 기술된 언어를 다른 언어로 번역해준다.

8) 신경 컴퓨터(Neural Computer)

▣ 신경 컴퓨터

신경 컴퓨터는 디지털 컴퓨터보다 처리 속도는 느리지만 지능은 높다. 또한 인간의 처리 속도는 신경 컴퓨터보다 더 느리지만 지능은 훨씬 높다. 앞으로는 속도가 빠른 컴퓨터보다 지능적인 컴퓨터를 원하게 되는 것이다. 이러한 컴퓨터들은 21C에 실효를 거둘 것이며, 사회의 각 분야에서 스스로 얻은 경험을 토대로 지능적으로 활약할 것이다. 차세대 컴퓨터 시스템 개발의 일환으로 인간의 의지 및 추론 능력을 가진 신경 컴퓨터를 연구 개발하고 있다.

○ 신경망 컴퓨터 구현 : 신경 컴퓨터는 신경망(Neural Network)을 통해 반복 학습하여 문제를 경험적으로 해결한다. 기존 컴퓨터에 비해 물리적인 소자보다는 구성 논리 및 결론에 도달하는 과정을 전개하는 형태가 달라진다. 인간 두뇌의 신경세포가 정보를 처리하는 방법에서 그 원리를 찾아 설계한 컴퓨터이다. 인간의 신경세포와 같은 정보 처리능력을 인공적으로 만들기 위해 인간의 두뇌를 형성하는 최소 단위인 신경세포와 시냅스를 전기적·광학적 또는 물학적인 방법을 통하여 신경칩, Fuzzy칩 및 혼돈칩으로 구현한다. 폰 노이만형 컴퓨터에 비해 신경망 컴퓨터가 갖는 가장 대표적인 장점은 신경망이 가지고 있는 학습 기능이다.

○ 신경망 컴퓨터 실례 : 병렬 처리 컴퓨터 인공지능 컴퓨터(전문가 시스템, 자동 번역 시스템)는 1980년대에 만들어진 100만 개의 시냅스 회로를 가진 가장 강력한 신경망 컴퓨터 TRW Mark3의 능력도 파리의 뇌 능력에 비하면 1만 분의 1 정도라고 한다. 신경망은 반복적으로 입력된 정보에 대하여 각 입력 신호의 가중치를 목적에 맞도록 변화시킴으로써 학습(훈련)을 할 수 있다. 학습을 수행한 신경망 컴퓨터는 입력된 정보를 기억할 수 있으며 인간 두뇌와 같이 비결정적인 특성을 가지고 있기 때문에 약간 틀리거나 비슷한 입력을 인식할 수 있다. 이러한 특징은 인공지능 분야의 영상인식이나 자연 언어 처리, 음성인식, 필기체 문자인식 등의 분야에서 매우 유용하다는 평가를 받고 있다.

9) 미래 컴퓨터

▣ 비노이만형 컴퓨터 원조

1961년 바로스의 B5000 등은 비절차형 언어(Non Procedural Language)에 의해 추론(reasoning)의 규칙을 기술하면 나머지는 가설을 검증하여 시행착오를 거치면서 인간의 사고에 접근해 가는 컴퓨터로 고수준 언어, 스택, 태그, 데이터 폴로우, 문제적응형구조로 학습추론(Learning & reasoning) 기능을 갖는 컴퓨터가 연구의 대상이 된다.

▣ 차세대 컴퓨터

컴퓨터의 연산속도가 비약적 수준으로 높아지자 반대로 데이터의 전달 속도가 문제로 아무리 빨리 계산해도 결과를 제때 전해주지 못하면 CPU가 제 성능을 발휘하지 못하기 때문이다. 미래의 차세대 컴퓨터 후보로는 광컴퓨터, DNA 컴퓨터, 분자 컴퓨터, 양자 컴퓨터 등이 꼽을 수 있다.

○ 광컴퓨터(Optical computer) : 데이터를 주고받는 데 전기나 전자적인 처리 대신 빛 자체로 정보의 입출력 · 정보 처리 · 저장 등이 이루어지는 광 전자 처리(Opto-electronic Processing)의 컴퓨터 시스템이다. 기존 컴퓨터가 받는 전자기파의 유도장애를 해소하는 컴퓨터이다. 넓은 뜻으로 가장 핵심이 되는 연산 처리가 빛으로 이루어지는 컴퓨터이다. 그러나 나노기술을 접목한 첨단 광결정소재의 광연산소자는 가격이 너무 비싸 당장 실용화하기 어렵다. 따라서 기존의 전기 회로 컴퓨터에 광컴퓨터 기술을 접목시키는 시도가 활발하다. 미래의 컴퓨터로 주목받고 있다.

◉ 광컴퓨터의 장점 : 많은 장점은 미래의 컴퓨터로 주목받고 있다.

- 처리속도가 현재의 슈퍼컴퓨터보다 최소한 1000배 이상 빨라진다.
- 단위칩당 정보집적도가 실리콘 소재보다 10배까지 높아질 수 있다.
- 전자기파의 유도장애를 받지 않으므로 시스템이 안정적이다.
- 기본 소재가 모래이므로 자원이 풍부하고 값이 저렴하다.
- 빛 자체의 속성 때문에 2차원 또는 3차원의 병렬 처리가 쉽다.
- 영상 · 화상정보 처리가 쉽다.

◉ 광컴퓨터의 접근 방법 : 연산 회로에 광집적 회로(optical IC)를 사용한 컴퓨터로 빛의 가장 큰 특징인 고속성이나 병렬성을 살려 논리 · 연산을 하는 초고속 · 초대용량의 컴퓨터의 실현이 가능할 것으로 예상된다. 광컴퓨터의 접근 방법으로서 3개 방식 중, 첫째 기존의 반도체소자를 광(光) 소자로 대치한 디지털 소자를 개발하여 현재의 컴퓨터에 가장 가까운 방법인 광 신호의 순차적 디지털 처리 방식과, 둘째 빛과 렌즈를 조합시켜서 2차원 처리에 의한 광 신호의 병렬 아날로그 처리하는 방식, 셋째 광 신호의 병렬 디지털 처리를 하는 방식이다.

- 광메모리 개발 : 전선(電線) 대신 광섬유에 광 신호로 동작하는 논리소자를 접속시켜 기억 · 연산 · 제어 등의 광 회로에 의해 조작하는 컴퓨터로서, 회로 1개로 전기 통신 회선보다 많은 중복 통신을 가능하게 하고, 광 신호를 사용하여 데이터의 기억 연산을 행하는 논리소자를 이용하며, 레이저 광선을 이용한 홀로그램 메모리, 유리반도체 메모리 등도 개발되고 있다.
- 광통신의 이점 : 광컴퓨터는 데이터를 주고받는데 전기 대신 빛을 사용한다. 장거리 연결의 경우 전기 통신은 불과 수 km마다 신호증폭기를 달아줘야 할 만큼 신호의 감쇄 현상이 심하다. 광 통신은 그러나 100km에 한 번씩만 신호를 되살려 주면 될 만큼 신호의 전달 효율이 좋다. 전할 수 있는 정보의 양도 많고 1,000명이 동시에 전화통화를 한다면 전기선으로 이를 중계하려면 최소 수백 가닥의 전선이 들어있는 굵기 10cm 이상의 대형 케이블이 필요하다. 광 통신은 가는 3~5mm짜리 광 케이블 하나면 충분하므로 통신망 구축비용이 기존 방식의 10분의 1 이하로 저렴하다.
- 광집적 회로 개발 : 빛은 전기보다 10배 이상 빠른 광 통신의 장점을 살린 것이 광컴퓨터 기술이다. 컴퓨터의 연산 속도가 3GHz 수준으로 높아지자 데이터의 전달속도가 문제가 됐다. 아무리 빨리 계산을 해도 결과를 제때 전해주지 못하기 때문에 CPU의 성능이 제대로 발휘되지 않는 해결책을 광컴퓨터 기술에서 찾았다. 광컴퓨터 기술의 핵심은 광연산 소자를 1960년대 후반 미국의 벨연구소가 미래 슈퍼컴퓨터를 만들기 위한 기술로 처음 개발을 시작했다. 전기 대신 아주 약한 세기의 레이저를 통해 0과 1로 이루어진 디지털 신호를 처리한다. 광연산소자 수백 수천만 개를 모으면 광집적 회로가 되어, 빛으로 움직이는 CPU나 메모리를 만들 수 있다.
- 광컴퓨터의 기대 : 현재 다양한 종류의 광연산소자가 개발되어 있으며, 빠르면 10년 내 순수하게 빛으로 움직이는 슈퍼컴퓨터도 등장할 전망이다. 미래의 광컴퓨터는 기존 전자 회로로 만든 컴퓨터와 비교해 크기와 구조는 훨씬 작으면서도 100배 이상의 성능을 낼 것으로 기대된다.
- 광컴퓨터 기술 : 광연산소자는 나노 기술을 이용한 첨단 광결정소재를 이용한다. 머리카락보다도 가는 로봇을 만드는데 쓰이는 초소형 전자기계기술(MEM : Microelectromechanical systems)로도 응용된다. 이 때문에 가

격이 대당 수백억 원대로 비싸다. 이에 따라 기존의 전기 회로 컴퓨터에 광컴퓨터 기술을 접목시키는 시도가 활발하게 벌어지고 있다. 세계 최대의 반도체 기업 인텔은 최근 PC 내부와 외부의 데이터를 빛으로 연결해주는 광실리콘(Silicon Photonics) 기술을 개발했다. 기존 PC의 부품을 그대로 사용하면서도 데이터 전달 속도를 월등하게 높일 수 있는 광컴퓨터 기술이다.

- 광실리콘 기술 : 인텔은 2006년 중으로 초당 1기가비트(Gb)의 속도로 PC간 데이터 송수신이 가능한 시제품을 내놓을 예정이다. 인텔의 빅터 크루툴 수석 연구원은 "기존의 광컴퓨터 기술보다 월등히 저렴하면서 기존 반도체 기술과 완벽히 호환되는 것이 광실리콘 기술"이라며 "앞으로 광결정체 기술과 경쟁하게 될 것"이라고 말했다.

○ 바이오 컴퓨터 : 생명기술공학(Bio Technology) 등을 이용하여 바이오 칩(Biochip) 컴퓨터를 연구하고 있다. 인간두뇌의 구조 기능 등을 모방하거나 직접 이용함으로써 기존의 컴퓨터가 갖지 못한 기능을 갖도록 하는 컴퓨터이다. 최근 컴퓨터 기술이 한계에 이르렀다는 인식과 1970~80년대 생물공학의 눈부신 발전으로 전자공학·생물공학 기술의 융합이 진행되고 있다. 바이오 컴퓨터를 실현시키는 방법 등이 단계적으로 연구될 전망이다.

- DNA 컴퓨터 : 기존 반도체 대신에 CPU와 메모리를 DNA로 만든다. 전기가 이어지고(1) 끊어지는(0) 두 가지 신호만을 이용하는 것과는 달리 DNA 컴퓨터는 네 가지 염기 신호(A, G, C, T)로 구성되므로 여러 가지 반응이 한꺼번에 일어날 수 있다. 분자 컴퓨터는 염기들이 일정한 규칙에 따라 결합돼 있는 DNA에 효소를 적용시켜 DNA 분자 하나하나를 임의로 조정함으로써 연산 능력을 지니게 하는 것이다. 이 기술이 발전하면 눈에 보이지 않을 정도로 작은 분자 컴퓨터를 만들 수 있다. 즉 DNA 분자에서 양자컴퓨팅이 가능한 큐빗 값을 얻어낼 수 있다면 패턴 사이에 분자를 넣어서 다양한 형태의 조합이 가능해 훨씬 유용해질 수도 있기 때문이다.
- DNA 연구를 통해 DNA 검출에 관한 연구도 수행하고 있다. DNA는 염기서열에 따라 전류와 전압이 변한다. 이런 특성을 이용해 각 DNA마다의 전류와 전압 패턴을 찾아낸다면 특정 DNA를 판단하는데 유용하게 활용할 수 있다. 예를 들어 탄저균과 같은 특정한 병원체 DNA의 전류전압

패턴을 통해 미지의 물질이 탄저균인지 아닌지를 알아낼 수 있고, 또 특정물질 내에서 해당 병원체 DNA를 검출할 수도 있다. 질병을 판별하거나 약물을 검출하는데 유용하게 활용할 수 있다.

- DNA는 자연의 정보를 저장하는 방식으로 활용되는데 어떻게 이것을 양자 컴퓨터에 적용시킬 수 있을지에 대해서도 연구하고 있다. 또 DNA의 다양한 기능 중 일부를 어떻게 활용할 수 있을지도 연구 중이다.

- 바이오 컴퓨터 실현 방법 연구 : 미리 만들어진 회로도에 양자, DNA 등 다양한 물질을 넣으면서 해당 회로에서의 특정 물질의 변화 특성을 파악해 활용가능성을 연구하고 있다.
  - 기존의 무기소재를 이용하여 생물 기능만을 모방하는 방법
  - 유기소재를 이용하는 방법
  - 생물의 두뇌세포를 직접 이용하는 방법

❍ 분자 컴퓨터(Molecular computer) : 나노기술(Nato Technology)을 이용하여 집적도를 높이는 다이아몬드 분자 컴퓨터(Molecular computer)나 속도나 집적도를 높이는 다이아몬드 원자 컴퓨터가 연구 중이다. 오늘날 컴퓨터는 점차 다양해지고 있는 새로운 욕구를 충족시킬 기술력은 한계를 보이기 시작하고 있는데, 이를 유형별로 집적도·처리속도·추론 기능·신뢰도·환경적응력으로 나눌 수 있다. 실리콘 소자의 집적도는 한계에 도달하여 분자 컴퓨터 또는 원자 컴퓨터의 개념이 나타나고 있다. 특히 분자소자는 생물 컴퓨터와 밀접한 관련을 맺고 있다.

❍ 양자 컴퓨터(Quantum computer) : 차세대 컴퓨터로 성공 가능성이 가장 높은 것으로 양자 상태에서는 물질이 단순히 하나의 값만 가지는 것이 아니라 '벡터' 상태가 돼 위상정보를 보유할 수 있기 때문에 모든 데이터를 0 또는 1로 나타내는 것과는 달리, 양자 컴퓨터에서는 데이터가 0이면서 동시에 1이 될 수 있는 양자역학의 원리에 따라 작동되는 차세대의 미래형 첨단 컴퓨터로 양자역학에 기반을 둔 독특한 논리 연산법으로 다른 새로운 첨단 컴퓨터를 만들 수 있다는 개념은 1982년 미국의 이론물리학자 리처드 파인만(Richard Phillips Feynman 1918~1988)에 의해 제안되었고, 1985년 영국 옥스퍼드대학교의 데이비드 도이치에 의해 그 구체적 개념이

정립되었다. 이것이 실현되면 게놈(유전자)이나 기상, 경제, 데이터마이닝 등 지금의 슈퍼컴퓨터로도 풀 수 없는 복잡한 영역의 연구에 이 컴퓨터를 응용할 수 있게 될 것이다.

- 양자 병렬성 중첩 현상 : 반면에 양자정보 처리나 양자 통신이론, 양자 컴퓨터는 모든 가능한 상태가 중첩되게 얽힌 상태를 이용한다. 이 경우 단 1번의 조작으로 모든 가능한 상태를 조작하게 된다. 이러한 양자 병렬성은 양자현상을 이용한 정보 처리와 통신, 컴퓨터가 기존의 방식으로 해결할 수 없는 문제들을 해결할 수 있게 해주는 역할을 한다.
- 양자 컴퓨터 개발 현황 : 1994년 벨전화연구소의 피터 쇼어(Peter Shor)에 의하여 커다란 수의 소인수분해 알고리즘이 발견되었다. 이어 1997년에는 IBM의 아이작 추앙이 2비트 양자 컴퓨터를 처음 만들었고, 1999년에는 일본의 NEC가 양자 컴퓨터용 고체 회로소자 개발에 성공하였다. 우리나라에서도 2001년 KAIST의 연구팀이 병렬 처리 3비트 양자 컴퓨터 개발에 성공하였고, 2003년에는 일본 NEC와 이화학연구소가 공동으로 양자비트 2개를 결합한 고체 논리 연산 회로로 동작하는 양자 컴퓨터의 제작에 성공하였다. IBM 알마덴연구소와 로스알라모스 연구소는 최근 7비트 양자 컴퓨터까지 개발했다. 이런 특수한 현상을 이용해 양자 컴퓨터는 동시에 여러 개의 연산이 가능해 2의 7승, 즉 128가지 일을 한꺼번에 처리할 수 있다.
- 양자역학의 불확정성 원리 : 서로 다른 특징을 갖는 상태의 중첩에 의해 측정 값이 확률적으로 주어지게 되는데, 이를 응용한 양자 컴퓨터에서는 '큐비트(Qbit)'는 양자비트 하나로 0과 1의 두 상태를 동시에 표시할 수 있다. 따라서 데이터를 병렬적으로 동시에 처리할 수도 있고, 또한 큐비트의 수가 늘어날수록 처리 가능한 정보량도 기하급수적으로 늘어나게 된다. 즉 2개의 큐비트라면 모두 4가지 상태(00, 01, 10, 11)를 중첩시키는 것이 가능하고 n개의 큐비트는 2의 n제곱만큼 가능하게 되므로, 입력 정보량의 병렬 처리에 의해 연산 속도는 기존의 디지털 컴퓨터와 비교할 수 없을 만큼 빨라진다.

○ 조셉슨 컴퓨터 : 초전도 현상(Superconductor)이용하는 조셉슨 컴퓨터는 켈빈온도(-273℃) 근처에서 고속 저전력 고집적이 가능한 조셉슨소자[Josephson device]로 갈륨비소(Gallium arsenide)나 2장의 납(Pb)이나 니오브(Nb) 등의 초전도체 사이에 100만분의 수 mm의 얇은 절연체를 넣은 구조의 소자로 집적 회로(IC)를 대신하는 슈퍼컴퓨터용 초고속 회로소자로서 초 LSI와 비교하여 연산속도, 소비전력 등의 점에서 뛰어나다. 조셉슨소자는 초저온에서 일어나는 초전도현상의 일종인 조셉슨 효과(B.D. 조셉슨이 1962년 발견)를 응용하려는 것이다. 조셉슨소자가 지니는 초고속, 저손실이라는 스위칭 특성을 이용하면 초고성능의 소형 컴퓨터가 실현 가능하다. 초전도 현상의 응용이기 때문에 상온에서는 사용할 수 없고, 집적도 문제, 액체질소 등으로 언제나 냉각할 필요가 있다.

10) 컴퓨터 역사

▣ 제0세대 계산기 세대(BC2400～1944)

방식	연도	세계 최초 사항	기종	발명가	특징
도구식	BC2400	탁상용 계산도구	주판(abacus)	미상	가장 장기간 사용
	1614년	승제산 계산도구	계산자	John Napier	슬라이드 장치
기계식	1623년	상용(4칙연산) 수동 계산기	Schickard calculator	Wilhelm Schickard	올림수 처리 불완전
	1642년	자동 올림수 처리 계산기	Pascaline	Blaise Pascal	치차식 계산기
	1671년	자동 상용(4칙) 계산기	Step reckoner	Von Leibnitz	Leibnitz 계단식 휠 메커니즘 사용
자동식	1822년	동력식 실수 미분 계산기	Difference Engine	Charles Babbage	수표 계산
	1833년	범용 자동 디지털 계산기	Analytical Engine	Charles Babbage	5대 장치로 설계
	1880년	전기식 자료 처리기	P.C.S	H.Hollerith	CARD 사용
	1941년	2진 및 실수 계산기	Z3	Conrad Zuse	
	1944년	자동 전기식 계산기	Mark I (ASCC)	H.Aiken IBM사	C.E.Shannon의 S/W 이론 실현

○ 컴퓨터 역사 시발점 : 숫자코드만을 처리하는 단순한 계산기를 전자 장치를 사용해서 고속 전자계산기로 만들고 이를 다시 문자 처리가 가능하도록 개량하여 오늘날의 컴퓨터로 발전한 것이므로 컴퓨터의 역사는 계산기부터 시작되었다.

○ 계산의 초기 단계 : 인류는 처음에는 조개껍질을 이용한 1 : 1의 개념에서 진법이 발전하면서 진흙판에 금을 그어 셈을 하다가 손가락을 이용한 10진법으로 발전하면서 계산법과 수리학의 발전으로 BC 2600년경 중국과 바빌로니아의 상인들이 계산도구로서 가장 간단한 주판을 사용하여 디지털계산도구의 역사는 시작되었다. 1617년경 네피어의 log 눈금자 2개를 이용한 승제산 아날로그 계산자가 등장하였다.

○ 디지털 계산기 역사 : 1642년 프랑스 수학자・철학자인 B. 파스칼이 공무원 아버지가 밤샘 세금 계산하는 것을 돕기 위해 톱니가 있는 치차바퀴로 구성된 탁상용 기계 계산기인 Pascaline을 고안하였다. 이 최초의 기계식 수동계산기는 덧셈과 뺄셈만이 가능했던 것으로 최초로 올림수를 자동 처리 하여 계산기의 시초로 볼 수 있다.
1671년 무렵 독자적으로 미분법을 발견한 독일 G.W. 라이프니츠가 이를 개량하여 변속기어 원리로 덧셈, 뺄셈의 반복으로 곱셈과 나눗셈도 가능한 최초의 4칙 연산 계산기인 Stepped reckoner(단계식 계산기)를 발명하였다.

○ 디지털 자동계산기 역사

- 동력 실수 계산기 : 1812년 무렵 영국 수학자 C. 배비지(Charles Babbage)는 처음으로 실수를 동력으로 계산하기 위한 유한자 계산용 자동 계산기에 대한 견해를 발표하였다. 그는 1823년 삼각함수표를 유효숫자 5자리까지 계산하는 다항식 계산기로 실수를 계산하여 종이에 인쇄하는 차분(미분)기관(Difference Engine)을 만들었다.
- 디지털 자동 계산기 시스템 : 1834년 차카드의 자동 방적기원리를 이용하여 종이테이프의 일련의 명령들을 해독하면서 자동으로 계산하여 방정식을 순차적으로 풀 수 있도록 고안된 범용 자동 디지털계산기의 일종으로 디지털 컴퓨터의 모든 요소를 포함하여 현재의 디지털 컴퓨터 5대 장치 구조의 선구가 되는 해석(분석)기관(analytical engine)을 설계하였다. 그러나 모두 기계적으로만 설계하여 당시의 기술적 제약 때문에 실현되지는

못하였고 아들에 의해 완성되었다.

- 해석기관의 5대 장치 : 차동기관의 실패에서 시스템 요소들로 나누어 설계하였다.
  - 중간결과수를 저장하는 장치(기억 장치 Store)
  - 저장된 수치간의 계산을 하는 장치(4칙연산 장치 Mill)
  - 기계의 동작을 제어하는 장치(제어 장치 Control)
  - 천공테이프 프로그램 입력 및 출력 장치(입출력 장치 In/Output)로 이루어져 오늘날의 컴퓨터의 5대 장치와 똑같은 구성으로 되어 있다.
- 최초의 프로그래머 : 에이다 오거스터(Lady Ada Augusta Lovelace)은 베비지 해석엔진의 프로그램 방법을 고안하였는데 반복 구문(loop)과 부 프로그램(서브루틴) 오늘날의 프로그램 설계의 중심요소를 발견하였다.

○ 최초의 전기식 자료 처리기 등장 : 미국의 1890년 인구조사에 헤르만 Hollerith의 PCS(punch card system), 분류기 등의 전기식 데이터 처리 장치를 사용하여 13년 걸리던 자료 처리를 2년으로 단축하였다. PCS는 최초로 인간의 눈을 대신하여 전기식 데이터(Data Processing)를 처리하는 시스템의 출현이었다. 최초의 데이터를 기록한 40칼럼 펀치 카드를 입력 시스템에 사용하였고 일괄 처리(Batch processing)의 효시가 되었다.

○ 디지털 전기식 계산기의 출현

- 콜로서스(Colossus) : 세계 최초의 자동 전기식 프로그램 계산기는 1943년에 제2차 세계 대전 중에 영국에서 독일의 노르망디 상륙작전에 암호를 해독하기 위해서 극비로 만들어진 콜로서스(Colossus)는 10진수 곱셈은 할 수 없었지만 컴퓨터의 개척자 역할을 하였다.
- 마크-원(MARK-Ⅰ) : 배비지가 기계식으로 실패한 자동계산기를 전기식으로 성공한 것은 1944년 하버드(Harvard) 대학 교수인 에이컨(H.H. Aiken)이 IBM사의 후원을 얻어 ASCC인 MARK-1을 설계, 제작하였다. 최초의 자동 계산기는 계전기를 사용하여 1초에 덧셈을 3번 할 수 있는 전기기계식 계산기 마크-원은 배비지의 해석기관 설계개념을 계전기와 스위치・전동기 등으로 구현한 것인데, 3000여 개의 계전기와 970Km의 전선과 4마력짜리 모터를 사용한 기어식 계산기로 만들어 천공된 종이테

이프로 제어되는 자동순차적 제어 방식이 특징이었다. 그러나 기계적 제약 때문에 연산 처리 속도는 늦었다. 맨하턴의 원자폭탄의 개발에 이용하였다.

○ 디지털 전자 전기식 계산기의 출현 : 1940년 아이오아 주립대의 John V. Atanasoff와 Clifford Berry Computer인 ABC에 진공관 50개와 릴레이를 사용하여 전자 전기식으로 디지털 컴퓨터 모체로 볼 수 있다. 프로그램의 버그라는 용어는 ABC의 Relay에 벌레가 들어가 연산이 틀리게 되면 벌레를 제거하는 데서 유래하였다.

▣ 제1세대 전자계산기 시대(1945~1958)

방식	연도	세계 최초 사항	기종	발명가	특징
진공관 세대	1945년	범용 디지털 전자식 컴퓨터	ENIAC	J.P.Eckert J.W.Mauchly	축차 제어 ringcounter(10진)
	1949년	프로그램 내장 방식	EDSAC	M.V.Wilkes	10진법, 기계어 프로그램
	1951년	폰노이만식 컴퓨터	EDVAC	Von.Neumann	2진 기억 장치, 프로그램내장 방식
	1951년	상업용 및 상용 데이터 처리 컴퓨터	UNIVAC-1	J.P.Eckert J.W.Mauchly	Main Frame Computer

○ 진공관 세대 : 인간들은 복잡한 계산을 손쉽게 해주는 기계가 필요했다. 이런 목적으로 진공관을 이용하여 연산하기 위해 만든 컴퓨터를 제1세대 컴퓨터라 한다. 주로 과학기술 계산 분야에 이용되었다. 진공관은 수명이 짧고 열이 많이 발생하므로 소비전력이 많았으며, 컴퓨터의 연산속도는 밀리초(ms) 단위였다. 주기억 장치는 자기 드럼을 사용하였다.

○ 최초의 전자식 계산기 : 1946년 미국의 펜실베니아 대학의 머클리(J.W. Mauchly)와 에커트(J.P.Eckert)에 의해서 ENIAC(Electronic Numerical Integrator And Computer)이라는 진공관을 사용한 최초의 자동 계산기인 컴퓨터가 만들어졌다.

에니악 컴퓨터는 진공관 1만 8050여 개와 6,000개의 스위치와 1,500개의 릴레이를 사용하여 만든 것으로 무게만 30톤이 넘고 부피도 10m×3m× 3m의 크기로 조작하기도 힘든 컴퓨터였다. 프로그램의 호환성이 없어 프로그램을 바꿀 때마다 배전반의 그 많은 스위치의 연결을 처음부터 다시 해야 하는 포선 논리 제어(Wired Logic Control) 방식이다. 전선의 길이만 130km나 된다. 1000만KW 전력을 소비하였고 에니악의 연산속도는 MARK I보다 10,000배 빠른 곱셈으로 매초에 5,000번의 덧셈을 하고, 십진수 10자리의 곱셈을 0.0028초(360회), 나눗셈을 0.006(170회)초 이내에 처리할 수 있는 컴퓨터였다. 영국의 샹크스(W. Shanks)가 평생 동안 걸려 계산한 소수점이하 707자리 원주율(π)을 13초 만에 해결하고 528자리에서부터 틀린 것을 증명하여, 당시엔 엄청난 발명품이었다.

- 군사용 컴퓨터 : 탄도표나 일기 예보, 원자 에너지 계산, 우주 광선 연구 등에 쓰이는 군사용 컴퓨터를 개발하였는데, 에니악은 탄도계산 목적으로 1946년 탄도연구소에 설치하였다.

○ 프로그램 내장 방식 : 마크-원에서는 계산을 제어하는데 종이테이프가 에니악에서는 배선판이 쓰였다. 그러나 어느 것이나 계산순서를 지령하는 일련의 명령은 그 대상인 데이터와는 별도로 주어졌다. 프로그램을 배선판에 일일이 배선하는 외부 프로그램 방식이었으므로, 에니악에서는 작업에 따라 배선판을 교체해야만 하였다. 그 뒤 에니악의 단점을 보완하기 위해 J. 노이만이 필요에 따라 다른 프로그램을 호출할 수 있는 기능을 보완하려면 기억 장치에 컴퓨터의 명령이나 데이터를 모두 기억시키는 프로그램 내장 방식을 제안하였다.

- 최초의 프로그램 내장 방식 : 1949년 영국 케임브리지대학의 모리스 윌크스는 프로그램 내장 방식을 채택하여 세계 최초로 내부기억 장치가 있는 에드삭(EDSAC)을 개발하였다. EDSAC는 연산 명령들을 코드화하여 연산 처리될 자료가 저장되어 있는 동일한 기억 장치에 저장하고 처리해야 할 문제의 해결 방법과 순서를 먼저 작성하여 컴퓨터의 기억 장치 속에 미리 기억시켜두고 저장된 명령에 따라 자동적으로 처리하는 프로그램내장 방식(Stored Program)이다.

- 최초의 폰노이만식 컴퓨터 : 미국에서는 1951년 노이만에 의해서 다시 2진수 체계를 사용한 전자식 프로그램 내장 방식인 펜실버니아대학교의 에드박(EDVAC) 컴퓨터가 개발되었다. 1946년에 노이만이 주장한 기억 장치에 프로그램과 데이터를 함께 기억시키는 프로그램 내장(Stored Program) 방식에 최초의 2진 연산 방식과 2진 기억 장치인 수은지연 회로를 사용한 폰노이만 컴퓨터가 완성되었다.

○ 최초의 상업용 컴퓨터 : 연구용 군사용 컴퓨터에서 1951년 레밍톤란트 회사에 머큐리가 참여하여 UNIVAC회사를 만들고 보조기억 장치로 스페리 랜드사의 자기 테이프를 입출력 장치로 사용하는 UNIVAC-1(UNIVersal Automatic Computer)을 상품화하여 성공한 최초의 상업용 컴퓨터이다. 숫자의 계산 외에 영문자의 대문자를 최초로 6비트 문자로 코드화하여 문자처리의 기반이 마련되면서 전자계산기+자료 처리기 = E.D.P.S 컴퓨터로서 대통령선거, 국세 조사에 사용하는 등 범용 컴퓨터로서 미국의 인구 통계국에 설치하였다. 문자의 사용은 2세대 E.D.P.S 시대를 개시하였고 에니악에 이어 메인프레임 컴퓨터의 모델이 되어 컴퓨터의 상용화와 범용화로 이어졌다.

○ 기타 1세대 컴퓨터 : 프린스턴고등연구소에서 노이만의 지도 아래 제작된 이아스(IAS) 컴퓨터는 5대 장치를 근간으로 설계하였다.

- 매사추세츠공대의 윌윈드(Whirlwind)
- 에커드와 머큐리의 바이낙(BINAC)
- 일리노이대학의 일리악(ILLIAC)
- 랜드회사의 조니악(JOHNIAC) 등이 제작되었다.

○ 산업사회에 컴퓨터 상용화 : 컴퓨터의 크기는 반도체 기술과 전자기술의 발달로 점점 작아지고 연산속도도 피코초(ps) 단위로 빨라졌으며, 이용범위도 확대되어 가정은 물론 산업사회의 여러 분야에서 다양하게 이용되고 있다.

▣ 제2세대 E.D.P.S 시대(1959~1964)

방식	연도	세계 최초 사항	기종	발명가	특징
TR세대	1959	TR식 탁상용 전자계산기	Burough B5500	Burough	최초의 TR식 계산기
	1960년	TR식 컴퓨터	IBM1401	IBM사	TR식 컴퓨터
	1960년	워크스테이션 컴퓨터 등장	Parc	Xerox사	그래픽 지원
	1961년	슈퍼컴퓨터 등장	Stretch	IBM사	Powerful 컴퓨터

○ TR 세대 : 전자 기술이 발달함에 따라 진공관을 대신할 TR(Transistor)이 1947년 발명되었다. TR은 진공관에 비해 크기도 작거니와 적은 전력으로 움직일 수 있고 신뢰성이 높은 부품이다. TR을 컴퓨터에 이용하여, 큰 컴퓨터를 작게 만들 수 있었다. TR식 컴퓨터는 많은 사람들이 이용할 수 있는 범용기계로 바뀌게 되었다. TR을 이용하여 만든 컴퓨터를 제2세대 컴퓨터라고 한다. 주기억 장치로는 자기코어(Magnetic core)가 쓰였고 보조기억 장치로 자기 디스크의 사용으로 기억용량이 커졌으며, Card reader, Printer 등의 모듈식 하드웨어 설계로 컴퓨터의 연산속도가 마이크로초(μs) 단위이며 Fortran, COBOL, ALGOL 등의 고급 언어와 원거리 데이터 통신이 도입되었다.

▣ 제3세대 A.D.P.S 시대(1965~1973)

방식	연도	세계 최초 사항	기종	발명가	특징
TR+IC	1965년	미니 컴퓨터 등장	PDP-8	DEC사	Unibus 사용
	1965년	인공지능 컴퓨터 등장	Expert	스탠포드대학	차세대 기본 기술
MSI IC	1967년	IC 컴퓨터 등장	IBM360	IBM사	Microprogramming
	1971년	마이크로 컴퓨터 (마이컴) 등장	INTEL4004	Ted Hoff	i4004(4BIT) MPU 개발

○ MSI IC 세대 : 제 3세대 컴퓨터는 반도체 기술이 진보로, 많은 TR과 저항으로 구성된 전자 회로를 반도체 결정체 위에 압축시킨 집적 회로(IC)를 이용한 컴퓨터이다. IC는 손톱만한 칩에 수십 개의 TR과 다른 부품들을 만들어 넣은 것으로 컴퓨터의 크기는 작아질 수밖에 없다. 과학기술 계산

외에 사무 처리도 할 수 있는 범용 컴퓨터가 개발되었다. 연산속도는 나노초(ns) 단위로 빨라졌다. 또한 컴퓨터 내부에서 시스템을 관리·제어하는 운영체제(OS)가 발달, 온라인(On-line)실시간 처리와 다중프로그래밍(Time sharing) 방식이 널리 보급되었다. 주기억 장치는 반도체메모리가 사용되었다. 모니터(Monitor)에서 소프트웨어를 개발하고 원격터미날로 통신이 처리되었다.

▣ 제4세대 M.D.P.S 시대(1974~현재)

방식	연도	세계 최초 사항	기종	발명가	특징
LSI IC	1974년 1975년	Micro computer 등장 PC KIT 등장	MARK-8 Altair 8800	Jonathan Titus MITS	i8080(8BIT MPU) i8086(16BIT) i80386(32BIT)
VLSI IC ULSI IC	1980년 1989년	신경망 컴퓨터 RISC 컴퓨터 등장	TRW MARK3 MIPS	미국 DIGITAL사	신경망 학습 GFLOPS 고속화

○ VLSI IC 세대 : 전자산업의 발달은 더욱 발달하여 하나의 칩에 수백만 개의 TR 회로를 집적시킨 고밀도 집적 회로(LSI)와 초고밀도 집적 회로(VLSI)를 사용하여 제 4세대 컴퓨터 시대를 열었다. 연산속도는 피코초(ps) 단위로 빨라졌다. 부피가 초소형화 된 마이크로프로세서의 개발로 Super computer 등의 대형 컴퓨터의 제작뿐만 아니라, W/S와 PC(Laptop, Notebook, Palmtop) 등의 초소형이며 값싸고 성능 좋은 마이크로 컴퓨터의 보급이 가능하게 되었다. 1976년 Apple 2(애플 투) 등장으로 PC가 보급화되고 1981년 IMB PC와 Apple사의 Macintosh(UI) 등장으로 컴퓨터가 각종 산업기계에 응용되었고, 공장자동화 시스템(FA)과 사무자동화(OA) 시스템까지 이룰 수 있게 되었다. 또한 전자제품·자동제어기기·오락 등에도 이용되고, 4세대 언어인 4GL(C++, JAVA) 통신기술의 발달로 세계 전역의 통신망이 컴퓨터와 연결되어 가정에서도 단말기를 통해서 모든 정보를 쉽게 얻을 수 있는 인터넷 활용으로 컴퓨터 이용의 대중화 시대가 열렸다.

▣ 제5세대 AI 시대(현재~미래) 인공지능 시대

방식	연도	세계 최초 사항	기종	발명가	특징
SLSI IC XLSI IC	1997년	장기 우승 컴퓨터	딥 블루	IBM	Thinking Computer
	1997년	휴먼로봇	아시모	일본	2족 보행로봇
	2001년	그림 그리는 컴퓨터	Aaron	미국	화가 로봇
	2004년	휴먼로봇	HUBO	KAIST	후진 보행로봇

○ 인공지능(AI) 시대 : 앞으로 개발될 제 5세대 컴퓨터는 회로소자가 더욱 집적화하여 분자나 원자 크기의 지능을 갖는 소자가 개발될 것이며, 컴퓨터의 처리속도도 현재보다 빨라질 것이다. 또한 인간의 지적인 보조자나 인간의 일부를 대신하는 기능을 갖춘 컴퓨터도 나타날 것이다.

- 5세대 컴퓨터 : 인류의 두뇌에 해당하는 중앙 처리 장치를 수만 개 연결하여 만든 초병렬 컴퓨터, 사람의 목소리로 움직이는 컴퓨터, 사람의 두뇌를 본뜬 신경망 컴퓨터(뉴로 컴퓨터), 살아있는 생물체의 뇌와 같은 기능을 가진 바이오 컴퓨터와 같은 차세대 컴퓨터에 대한 연구가 한참 활발하게 진행되고 있는 컴퓨터들을 제 5세대 컴퓨터라고 한다. 병렬 처리 컴퓨터 인공지능 컴퓨터(전문가 시스템, 자동 번역 시스템)는 1980년대에 만들어진 100만 개의 시냅스 회로를 가진 가장 강력한 신경망 컴퓨터 TRW Mark3의 능력도 파리의 뇌 능력에 비하면 1만 분의 1 정도라고 한다. 일본의 제 5세대 프로젝트 (FGCS) 10년 연구에 성공 못했다.
- 휴먼로봇 : 세계 최고 휴먼 로봇으로 꼽히는 일본의 아시모에 버금가는 한국형 인간형 2족 보행 로봇(Humanoid Robot)인 고성능 휴먼로봇 '휴보'(HUBO)는 지난 2002년부터 개발된 'KHR-1'과 'KHR-2'의 뒤를 잇는 모델로, 특히 KHR-2의 기능과 안정성을 크게 강화한 로봇이다. 일본은 이미 1997년부터 시작해서 2000년 계단을 오르거나 시속 3Km로 달리는 아시모를 선보였다.

1.2 컴퓨터 시스템 구성

1) 컴퓨터 구분

▣ 컴퓨터 구분의 양극화

용량·처리속도·가격 등을 기준으로 퍼스널·미니·마이크로·메인프레임 등으로 구분된다. 그러나 소형 기종의 기능이 점점 강화되어 상위기종의 기능을 겸비함에 따라 이러한 구분은 모호해지고 있으며, 소형·대형 등 2종류로 양극화하는 현상을 보이고 있다.

○ 미니 컴퓨터(Mini Computer) : 1965년 미국 덱(DEC)회사가 개발한 12비트 소형 컴퓨터 PPD-8에서 비롯된 8·12·16·24·32 비트의 소형 컴퓨터를 보통 미니 컴퓨터라 하는데, 최근에는 중형 규모의 기능까지 갖추고 있어서 절대적인 정의를 내리기는 어렵다.

○ 마이크로 컴퓨터(Micro Computer) : 고밀도 직접 회로 칩에 의해서 구성된 마이크로프로세서를 핵심으로 하여 컴퓨터로서의 기능을 수행하는 마이크로 컴퓨터는 사용 목적과 규모에 따라 단일기판 컴퓨터, 제어용 컴퓨터, 퍼스널 컴퓨터, 사무용 컴퓨터로 나뉜다.

○ 퍼스널 컴퓨터(PC) : 교육 분야에서도 60년대부터 컴퓨터를 이용하여 학습자 및 교수자의 활동을 효과적으로 진행해 나가는 학습이나 시스템의 개발로 80년대 PC의 보급으로 컴퓨터보조교육(CAI ; computer assisted instruction)이나 학습과정의 성취도 분석과 교육평가 등에 이용하는 컴퓨터보조교육관리(CMI ; computer managed instruction)가 학교 사무에 응용되었다.

○ 슈퍼퍼스널 컴퓨터 : 고해상도 표시 화면의 멀티윈도 기능과 100GB 정도의 자기 디스크를 가져 컴퓨터네트워크에 접속할 수 있는 가상메모리를 사용하는 슈퍼퍼스널 컴퓨터를 워크스테이션이라고 한다. 슈퍼퍼스널 컴퓨터의 원조는 제록스회사의 알토(ALTO) 시스템이다.

2) 컴퓨터 시스템 구성

▣ 컴퓨터 하드웨어 시스템 구성

컴퓨터 시스템은 하드웨어와 소프트웨어로 구성되며, 컴퓨터를 이용하여 원하는 작업을 수행하기 위해서 하드웨어는 여러 개의 장치로 구성되어 유기적으로 결합되어 하나의 시스템으로 동작하여야 한다.

범용 컴퓨터 H/W 구성 2 요소	중앙 처리기(CPU) 입출력 장치(I/O)
마이크로 컴퓨터 H/W 구성 3 요소	마이크로프로세서 처리기(MPU) 기억 장치(Memory) 입출력 장치(I/O)

❍ 컴퓨터의 구성 요소 기능

- 처리 장치 : 연산 장치, 제어 장치로 나누어진다.
- 기억 장치 : 주기억 장치, 보조기억 장치로 나누어진다. 주기억 장치는 범용 컴퓨터에서는 CPU 요소이지만 마이크로 컴퓨터에서는 MPU와 별도요소이다.
- 주변(I/O) 장치 : 입력 장치, 출력 장치의 2개로 나누어진다.

❍ 컴퓨터의 5대 장치 : 프로그램 내장형 컴퓨터 시스템의 5대 장치 기본 구성을 그림 1-3에서 보여 주고 있다.

- 연산 장치 : 컴퓨터 시스템에서 연산처리를 행하기 위한 장치
- 제어 장치 : 연산 순서에 따라 연산 장치의 동작 순서를 제어하는 장치
- 기억 장치 : 데이터와 연산 순서로 된 프로그램을 기억하는 저장 장치
- 입력 장치 : 외부와의 통신을 위해 입력 기능을 수행하는 장치
- 출력 장치 : 외부와의 통신을 위해 출력 기능을 수행하는 장치

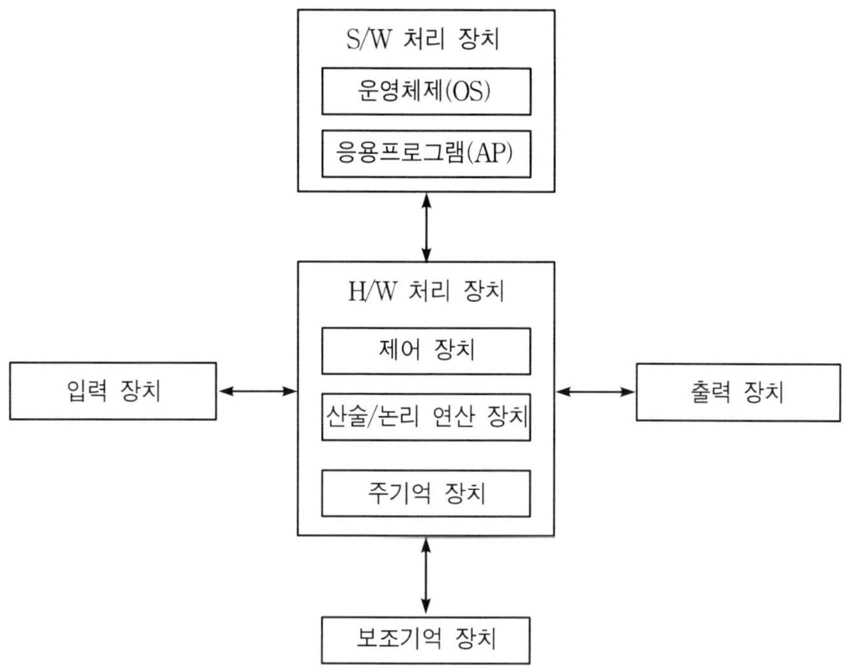

그림 1-3 컴퓨터의 기본 구성(5대 장치)

3) 컴퓨터 메모리 구조

▣ 프로그램 내장형 컴퓨터의 구조는 폰노이만(Von Neumann)의 논문에 제안되었고 EDVAC에서 실현되어 오늘날 모든 컴퓨터는 프로그램 내장형 구조를 따르고 있으며 폰노이만 메모리 구소와 하버드(Havard) 메모리 구조가 있다.

○ 포선 논리 제어 방식(Wired Logic) : 에니악처럼 데이터는 메모리에 저장하고 데이터 처리 명령 순서를 외부에서 하드웨어 논리로 제어하는 컴퓨터를 Hard Wire Control 방식이라 한다. 한번 데이터 처리 방식을 설정하면 바꾸기가 어려워 오늘날 이 기술은 프로그램 순서 제어에는 사용하지 않고 마이크로 명령 순서제어에 내부에서 하드웨어 논리로 제어하는 사용하는 RISC 방식에 응용한다.

○ 프로그램 내장형(Stored Program) : 현대의 컴퓨터들은 프로그램과 데이터들을 미리 기억 장치에 저장하고, 이 프로그램의 명령 순서에 따라 일을 처

리하는 방식을 채용하고 있다. 컴퓨터 하드웨어 전문지식이 없어도 누구나 프로그램을 쉽게 교환할 수 있는 장점이 있어 하나의 컴퓨터에 원하는 프로그램과 데이터만 바꾸어 다양한 작업을 할 수 있는 오늘날의 컴퓨터들을 프로그램 내장형 컴퓨터라 한다.

- 폰노이만 메모리 구조 : 데이터와 프로그램을 저장하는 메모리가 구별되지 않는 메모리 구조로 CPU와 MPU에서 주로 사용하는 메모리 구조이다.
- 하버드(Havard) 메모리 구조 : 데이터와 프로그램을 저장하는 메모리가 다른 메모리를 사용하는 메모리 구조로 MCU에서 프로그램은 ROM, 데이터는 RAM에 구별하여 저장하는 방식이다.

4) 중앙 처리 장치(CPU : Central Processing Unit)

▣ 프로세서 두뇌 역할

프로세서 처리 장치는 주기억 장치에 적재되어 있는 프로그램으로부터 명령어와 데이터를 가져와서 해독하고 해당 요소에게 작업을 지시하여 처리하는 장치로써 컴퓨터의 두뇌에 해당된다.

▣ 중앙 처리 장치의 핵심 요소

산술 연산 논리 장치(ALU), 제어 장치, 레지스터, 그리고 버스 접속 장치(BIU) 등이 있으며 처리 장치는 주기억 장치에서 데이터를 가져와 자신의 내부 메모리인 레지스터에 보관한 후, 이를 ALU에 전달하여 연산을 수행하고 그 결과를 다시 레지스터에 저장한 뒤 BIU를 통하여 주기억 장치에 전송한다.

○ 산술 연산 논리 장치 : 중앙 처리 장치의 핵심 요소로써 산술 연산과 논리 연산을 수행하는 장치이다. 산술 연산들은 각기 레지스터 수준에서 하드웨어로 구성된 논리 회로에 의해 구현되며, 논리 연산 결과는 반드시 누산기(ACC)에 저장되고 연산 상태는 상태 레지스터(PSW)에 저장된다.

- 산술 연산(Arithmetic Operation) : 주로 사칙 연산을 행하며, 정수 산술 연산(Integer Arithmetic Operation)과 실수 산술 연산(Floating-point Arithmetic Operation)으로 구분된다.
- 논리 연산(Logic Operation) : 참(True)과 거짓(False)을 판명하는데 AND, OR, NOT, XOR 등이 해당된다.

○ 제어 장치 : 처리 장치 내부에서 일어나는 각 작업을 관리하여 명령을 실행하는 역할을 한다.

- 마이크로 프로그램제어 방식은 마이크로코드(Microcode)를 가지고 있으며, 명령어 해석 장치(Decoder)가 해석한 매크로 명령어(Decoded Macro-instruction)를 다수의 마이크로명령어(Micro-instruction)로 변환하여 처리 장치를 구성하고 있는 장치들의 작업 순서 및 타이밍(Timing)을 제어한다.

○ 레지스터 : MPU 프로세서의 내부 기억 장치로써 일시적으로 데이터를 저장하는데 이용되며, 주로 ALU와 연결되어 사용되는 범용 레지스터(GPR)와 특별한 목적을 위해 사용하는 전용 레지스터(SPR)로 나누어진다.

○ 버스 접속 장치(BIU) : 처리 장치는 외부 버스를 통해 주변 회로와 데이터를 주고받으며 제어 신호(Control Signal)를 교환한다. 이러한 버스에 대한 접속 장치도 별도로 처리 장치 내에 구성된다.

▣ 처리 장치 부가 요소

대량의 레지스터, 보조프로세서(Co-Processor), 메모리 관리 장치(MMU), 캐시 메모리(Cache Memory), 추가된 ALU 등의 여러 요소를 부가하여 그 기능과 성능을 향상시킬 수 있다. 처리 장치의 구성 요소들을 여러 개의 칩으로 나누어 만들던 것(비트 슬라이스 프로세서)을 반도체 기술의 발전으로 단일 칩(single chip)으로 만든 프로세서 처리 장치를 마이크로프로세서(MPU)라고 부른다.

5) MPU 역사

▣ 최초의 MPU i4004

대용량의 집적 회로 기술을 이용하여 부속 장치들을 내부 버스(Internal Bus)로 연결하여 집적한 최초의 MPU는 미국의 인텔(Intel)사에서 1971년에 개발하여 발표한 i4004 프로세서는 4비트 수치 처리용이다.

▣ 인텔의 MPU 발전

1971년 개발된 i4004에서 펜티엄 IV까지는 집적된 TR(Transistor)의 수가 2천3백 개에서 1,000만 개로 늘어났다. MPU의 정보 기억량 배가 요소 기술로 회로 선폭을 좁혀 TR의 집적도를 높이는 미세 가공 기술이 필요하다. i4004는 선폭이 10 미크론 미터(㎛, 1백만분의 1m)이며, 27만여 개의 TR를 집적한 i386DX는 1㎛으로 되어 있다.

▣ MPU 선폭 기술

선폭이 1㎛ 이하부터는 드라이 에칭(Dry Etching) 첨단 기법으로 고전압을 이용해 불순물 가스나 이온을 직접 주입하여 반도체의 표면을 부식시키는 0.8㎛의 가공기술이 적용된 i486DX-50MHz 프로세서이고, 최근에는 인텔, IBM, AMD, Cyrix, DEC 등은 0.13㎛의 선폭 기술을 채용하고 있다.

▣ 인텔 계열의 MPU 발달 과정

○ 4비트 MPU

종류	발표연도	클록 속도 (MHz)	TR 수(개)/ 선폭(μm)	지원메모리/ 가상메모리	주요 기능
i4004	1971.11	-	2천 3백/10	640B	최초의 마이크로프로세서, 4칙연산
i4040	1972.2	-	2천 5백/10		i4004 후속 모델

○ 8비트 MPU, MCU

종류	발표연도	클록 속도 (MHz)	TR 수(개)/ 선폭(μm)	지원메모리/ 가상메모리	주요 기능
i8008	1972.4	-	3천 5백/10	16KB	데이터/문자 연산
i8080	1974.4	2	6천/6	64KB	i8008의 10배 성능
i8085				64KB	i8080 후속 모델
i8751				64KB	8비트 MCU

○ 16비트 MPU, MCU

종류	발표연도	클록 속도 (MHz)	TR 수(개)/ 선폭(μm)	지원메모리/ 가상메모리	주요 기능
i8086	1978.6	4.77, 8, 10	2만 9천/3	1MB	i8080의 10배 성능
i8088	1979.6	4.77, 8, 10	2만 9천/3	1MB	i8086의 8비트 버전
i80286	1982.2	6, 8, 10, 12	13만 4천/1.5	16MB/1GB	8086의 3~6배 성능
i8096					16비트 MCU
i80196					16비트 MCU
i80296					16비트 MCU

○ 32비트 MPU, MCU

종류	발표연도	클록 속도 (MHz)	TR 수(개)/ 선폭(μm)	지원메모리/ 가상메모리	주요 기능
i386DX	1985.10	16, 20, 25, 33	27만 5천/1	4GB/64TB	32비트 지원
i386SX	1988.6	12, 16, 20, 25, 33	27만 5천/1	4GB/64TB	i386DX 16비트 버전
i386SL	1990.4	16, 20, 25, 33	85만 5천/1	4GB/64TB	i386DX 노트북 버전
i486DX	1989.4	25, 33, 50	1백 20만/ 1~0.8	4GB/64TB	i386DX+1387+1차 캐시메모리 통합
i486SX	1991.4	25, 33	1백 18만/1	4GB/64TB	i387 없는 i486X
i486DX2	1992.1	66	1백 20만/ 0.8	4GB/64TB	Speed doubler기술
i80960					32비트 MCU

○ 32비트연산 64비트 MPU

종류	발표연도	클록 속도 (MHz)	TR 수(개)/ 선폭(μm)	지원메모리/ 가상메모리	주요 기능
펜티엄	1993.3	75~200	3백 30만/ 0.8	4GB/64TB	스케일러 아키텍처 i486DX(33)의 5배
펜티엄 프로	1995.11	180~200	5백 50만/ 0.6~0.35	4GB/64TB	동적실행 아키텍처
펜티엄 -MMX	1997.1	150~266	4백50만/ 0.35	4GB/64TB	MMX 기술

종류	발표연도	클록 속도 (MHz)	TR 수(개)/ 선폭(μm)	지원메모리/ 가상메모리	주요 기능
펜티엄-II	1997.5	233~400	7백 50만/ 0.35~0.25	4GB/64TB	MMX+DIB+SEC+2차 캐시 메모리 통합
펜티엄-III	1999.2	450~1200	1000백만/ 0.2	4GB/64TB	SIMD, SSE
펜티엄-IV	2001	1300~4000	1500백만/ 0.18~0.13	4GB/64TB	REE, ADE, ATC 넷버스트 아키텍처

▣ MPU 컴퓨팅 파워 증가

집적 기술 및 공정 기술의 발전에 따라 컴퓨팅 파워(Computing Power)가 7년 주기로 크게 증가되었다. 업체별 MPU의 개발 현황을 표 1-1은 보여 주고 있다. 최근에는 0.09㎛의 선폭 기술을 채용하고 있다.

표 1-1 업체별 MPU의 개발 현황

종류	개발회사	발표/상용 시기(연도)	클록속도	TR 수(개)/ 선폭(μm)	특 징	비 고
Winchester	AMD	98/2000	5백MHz	9백 30만/ 0.09	3D 그래픽스 지원, SSE	K7 후속
IA-64	인텔/HP	99/2000	5백~9백MHz	9백만/0.18	EPIC 기술	펜티엄-II 후속
알파21364	DEC	98/2000	1GHz	- /0.18	MVI 지원	알파 21264 후속
파워 PC-4	IBM/애플/ 모토롤러	99/2001	1.2GHz	-	-	파워 604e 후속

6) 기억 장치(Memory Device)

▣ 기억 장치 특징 : 컴퓨터 시스템은 프로그램과 프로그램 수행에 필요한 데이터를 저장하기 위해 다양한 기억 장치를 사용하고 있으며, 이러한 기억 장치에는 종류, 용량, 비용 그리고 기술 및 성능에 따라 여러 가지 유형의 저장 장치들이 있다. 컴퓨터 시스템에서 여러 가지 유형의 기억 장치들은 특징에 따라 표 1-2와 같이 분류할 수 있다.

표 1-2 기억 장치의 특징

항목	구분
위치	중앙 처리 장치, 캐시 메모리, 주기억 장치, 보조기억 장치
물리적 유형	반도체 기억 장치, 자기 기억 장치, 광 기억 장치
전송 단위	워드, 블록
접근 방식	순차 접근, 직접 접근, 임의 접근, 내용 접근
물리적 특성	소멸성/비소멸성, 삭제 가능/삭제 불가능
용량	워드 크기, 워드 수
성능	접근 시간, 주기 시간, 전송률

▣ 기억 장치 물리적 유형

데이터 저장을 위해 사용된 물리적 유형(Physical Type)은 반도체, 자기, 광 등 다양하다.

- 집적 회로 기술을 이용한 반도체(Semi-Conductor) 기억 장치
- 디스크와 테이프에 이용된 자기(Magnetic) 매체에 의한 기억 장치
- 광학(Optical) 기술 기억 장치에는 CD-ROM, DVD-ROM 등이 있다.

▣ 기억 장치 물리적 특성

- 기억 장치에 저장된 데이터가 전원의 공급이 중단되었을 경우, 데이터가 소멸되는 여부에 따라 소멸성, 비소멸성 기억 장치로 구분되어진다.
- 저장되어 있는 데이터를 삭제할 수 있느냐에 따라 삭제 가능, 삭제 불가능 기억 장치로 구분한다.

▣ 기억 장치 계층화(Memory Hierarchy Architecture)

컴퓨터 시스템에서의 메모리는 용량이 크고 고속일수록 좋지만 경제성을 고려하여 기억 장치의 용량을 증가시키고, 비용을 낮추기 위해 여러 가지 유형의 기억 장치를 계층화한다. 컴퓨터 시스템 기억 장치의 계층구조를 그림 1-4에서 도식화하여 보여 주고 있다.

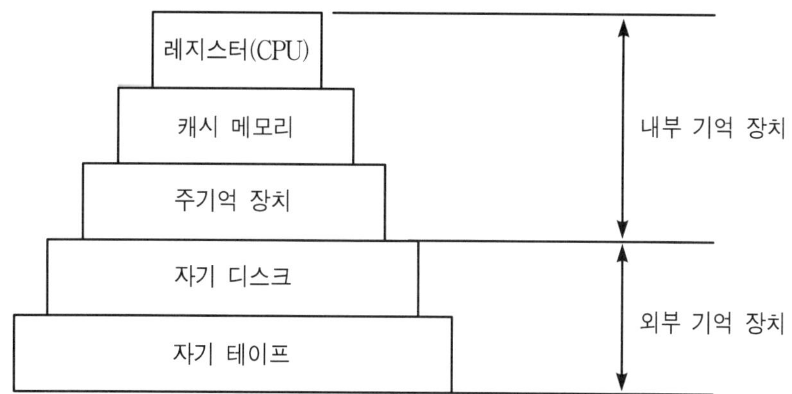

그림 1-4 기억 장치의 계층 구조

○ 기억 장치 계층구조 특성

- 아래쪽 기억 장치로 내려갈수록 비트당 비용이 감소하고, 용량이 커지며 접근 시간이 길어진다. 또한 프로세서에 의한 접근 빈도가 감소하게 된다.
- 프로세서에 물리적으로 가까운 곳에 위치한 기억 장치는 접근 시간이 감소하지만 비용은 증가한다.

▣ 컴퓨터 기억 장치 장소 구분

위치에 따라 내부, 외부 기억 장치로 구분된다.

○ 내부 기억 장치(Internal Memory) : 컴퓨터의 주기억 장치(Main Memory)를 1차 기억 장치(Primary Memory) 또는 내부 기억 장치라 하며, 컴퓨터의 프로세서가 실행중인 프로그램과 데이터를 저장하기 위해 사용한다. 내부 기억 장치는 비교적 처리 속도가 빠르고, 많은 정보를 기억할 수 있다. 처리 장치는 주기억 장치에 기억된 내용을 빠르게 접근할 수 있으며, MPU 처리 장치의 내부에도 레지스터와 같은 고속의 소용량 기억 장치가 있다.

○ 외부 기억 장치(External Memory) : 2차 기억 장치(Secondary Memory), 백업 메모리(Backup Memory), 보조기억 장치(Auxuary Memory) 또는 외부 기억 장치라고도 하며 입출력 제어기를 통하여 처리 장치에 의해 접근이 가능한 자기 디스크나 자기 테이프와 같은 주변 기억 장치를 보조기억 장치라고 하며 주기억 장치에 비해 저렴하고 그 처리 속도는 훨씬 느리나 기억 용량이 매우 크다.

▣ 기억 장치의 용량(Capacity)

특정 기억 장치가 수용 가능한 데이터의 기억 용량을 뜻하며 데이터의 양은

- 비트(Bit : Binary Digit) : 0과 1을 나타낼 수 있는 정보의 최소단위
- 니블(Nibble) : 4비트가 모여 이루어진 BCD 숫자의 최소단위
- 바이트(Byte : Binary Term) : 8비트로 된 문자의 최소단위
- 워드(Word) : 16비트 크기의 정수단위
- 배-워드(Double-word) : 32비트 크기의 실수단위
- 2배-워드(Quadruple-word) : 64비트 크기의 배정도 실수단위
- 페이지(page) : 256 Byte 메모리

- Block 또는 Sector : 512 Byte 외부 메모리
- Cluster : 1024 Byte 외부 메모리
- Page : 4096 Byte(4KB) 외부 메모리
- 세그먼트(Segment) : 65536byte(64KB) 메모리

▣ BIT

이진 정보 한자리를 수용할 수 있는 크기를 말하며 기억 장치는 이진 비트 정보를 기억하는 셀의 모임이다. 기억 장치로부터 특정 위치에 있는 정보를 참조하기 위해서는 일정한 수의 비트들의 모음에 해당하는 바이트나 워드 단위의 주소가 필요하다.

- 기억 장치는 접근하기 위한 주소가 필요하다.
- 레지스터는 접근하기 위한 이름이 필요하다.
- 내부 기억 장치의 기억 용량은 바이트나 워드를 단위로 나타낸다.
- 외부 기억 장치는 바이트 수로써 표시한다.

○ 데이터의 전송 단위

- 내부 기억 장치 : 외부 버스를 통해서 기억 장치에 전달되는 데이터 버스의 폭과 같다.
- 외부 기억 장치 : 512byte 전송 단위를 범용 컴퓨터는 블록(block), PC는 섹터라 하고 섹터(sector)나 트랙(Track)의 모임을 클러스터(cluster)라 한다.

▣ 기억 장치 접근 방식

정보를 참조하기 위해 기억 장치에 접근 방식에 따라 순차 접근 기억 장치, 직접 접근 기억 장치, 임의 접근 기억 장치, 내용 접근 기억 장치로 구분할 수 있다.

○ 순차 접근 기억 장치(SAM : Sequential Access Memory) : 레코드(Record) 데이터 단위로 구성되고 데이터에 대한 접근은 미리 정해진 순서에 따라 행해진다.

- SAM에서 레코드에 접근하는 시간은 레코드가 저장된 위치에 따라 달라진다.
- 자기 테이프 장치, CD-ROM과 DVD-ROM 같은 광 기억 장치(Optical Storage Device) 등이 있다.

○ 직접 접근 기억 장치(DAM : Direct Access Memory) : 각 정보는 물리적인 위치를 기준으로 고유의 주소를 가지며, 접근 시간은 해당 정보가 있는 위치까지 소요되는 탐색 시간과 순차 접근 시간의 합으로 구성된다. 자기 디스크 장치가 있다. 세미 랜덤(Semi Random)이나 인덱스 순차접근(Index Sequential Access Memory)이라고도 한다.

○ 임의 접근 기억 장치(RAM : Random Access Memory) : 기억 장소는 바이트나 워드를 단위로 고유한 주소가 부여되며, 주소를 이용하여 원하는 기억 장소에 어떤 순서로도 접근할 수 있다. RAM은 임의의 위치에 접근하는 시간이 항상 일정하며, 주기억 장치가 이 방식을 사용한다.

○ 내용 접근 기억 장치(CAM : Content Addressable Memory) : 주소를 이용하여 데이터에 접근하는 주기억 장치와는 달리 데이터의 내용을 이용하여 기억 장치에 대한 접근이 이루어진다. 내용접근 기억 장치를 연상 기억 장치(Associative Memory) 또는 연관메모리라고도 한다. 캐시의 태그 기억 장치가 있다.

▣ 기억 장치 성능

접근 시간, 주기 시간, 데이터 전송률로 나타낸다.

○ 접근시간(Access Time) : 원하는 기억 공간을 접근하기 위해 주소를 기억 장치에 보내지는 순간부터 데이터가 저장되거나 읽혀지는 순간까지의 시간으로써 읽거나 쓰는 작업을 수행하는데 걸리는 시간이다. 반도체 메모리 성능지수로 사용한다.

○ 주기 시간(Cycle Time) : 기억 장치에 다음 접근을 시작하기 위하여 요구되는 동작에 걸리는 시간과 접근시간을 합한 시간을 의미한다. 코아 메모리 성능지수로 사용하였다.

○ 전송률(Data Transfer Rate) : 기억 장치의 성능을 결정하는 가장 중요한 요소로 초당 몇 개의 바이트를 기억 장치로 전송할 수 있는가 하는 전송 속도를 나타낸다.

7) 입출력 장치(Input/Output Device)

▣ 주변 장치(Peripheral Device)

입출력 장치는 사용자들이 컴퓨터 시스템에서 입출력 작업을 수행할 수 있도록 입력 장치와 출력 장치로 구분되며, 주변 장치라고도 한다. 입출력 장치의 동작은 전용 제어기(Dedicated Controller)에 의해 제어를 받는다.

- I/O 장치는 동작 방법이 다양하고, 처리 장치나 주기억 장치에 비해 동작 속도가 매우 느리며 낮은 전송률을 갖고 있기 때문에 처리 장치와 간접적으로 I/O인터페이스를 통하여 연결되어 있다. I/O 장치들을 제어하기 위한 I/O 인터페이스 회로는 시스템 버스를 통하여 처리 장치와 기억 장치에 연결한다.

○ 입력 장치 : 컴퓨터 시스템에 자료를 입력하기 위하여 사용하는 키보드, 마우스, 조이스틱, 스캐너, 카드 판독기(Card Reader) 등이 있다.

구분	종류		용도
문자 입력 장치	KBD		문자데이터
광학 입력 장치	Card Reader Paper Tape Reader Bar Code Reader OMR OCR MICR		천공카드 종이테이프 바코드 수강신청, 대입수능 처리 광학문자 판독 은행수표 지로통지서
자기 입력 장치	Touch Screen Digitizer Light Pen Mouse Joystic Track Ball		메뉴 및 명령 선택 도표, 그림, 설계도면 등 입력 CAD, CAI분야 메뉴 및 명령 선택 컴퓨터 게임 CT, MRI
아날로그 신호 입력 장치	Analog Digital Converter		전압, 습도, 온도,
패턴인식 입력 장치	문자인식	MICR OCR	문자 자동식별
	음성인식	A/D Converter	A/D변환 신호
영상 입력 장치	Image Scanner Digital Cammer Digital CAM corder		그림 사진 동화상

○ 출력 장치 : 컴퓨터 내에서 처리된 결과를 알아보거나 사용할 수 있는 출력 매체로 내보내는 장치로는 모니터, 프린터, 플로터(Plotter) 등이 있다.

구분	종류		용도
펀치 출력 장치	Card Punch Paper Tape Punch		프로그램, 데이터 준비 수치 제어용 데이터 준비
영상 출력 장치	CRT LCD Plasma Display		문자 도형 출력 화상, 설계도면 시뮬레이션, 애니메이션
프린터	충격식	도트 매트릭스 활자 방식	문자, 도형, 그림 인쇄 시리얼 프린터 : 1문자씩 인쇄(CPS) 라인 프린터 : 1줄씩 인쇄(LPS) 페이지 프린터 : 1페이지씩 인쇄(PPM)
	비충격식	열전사 감열 잉크제트 레이져	
도형 출력 장치	X-Y Plotter		기계부품, 구조물, 전자 회로
아날로그 신호 출력 장치	D/A Converter		D/A변환 신호
음성 출력 장치	단어, 문구, 문장 재생 단어별 합성 음소별 합성		음성재생

▣ 입출력 장치 접근 방식

입출력 장치와 데이터를 상호 교환하기 위하여 사용하는 접근 방식에는 프로그램에 의한 입출력, 인터럽트 구동 입출력, DMA 입출력, 채널을 이용한 입출력 방식 등 4가지가 있다.

- 프로그램에 의한 입출력 방식(P/G I/O) : 처리 장치에 의해 입출력 장치의 상태 조사에서부터 데이터 전송에 이르기까지 모든 입출력에 관여된 동작이 직접 제어된다.
- 인터럽트 구동 입출력(INT I/O)은 입출력 : 인터페이스가 입출력 장치의 상태를 검사하여 데이터 전송이 가능한 준비 상태에 이르게 되면 인터럽트 신호(Interrupt Signal)를 처리 장치에 보내어 입출력 처리를 요구하는 방식이다.
- 직접 기억 장치 접근(DMA : Direct Memory Access) 방식 : 프로그램에 의한 입출력 방식과 인터럽트 구동에 의한 입출력 방식은 데이터 전송에 처리 장치가 직접 개입하므로 자원이 낭비되고 효율적이지 못한 단점이 있다.

- 프로세서의 개입 없이 입출력 인터페이스와 주기억 장치 간에 데이터를 직접 교환한다.
- 처리 장치가 입출력 동작의 시작과 끝에만 관여하므로 프로그램에 의한 입출력 방식과 인터럽트 구동에 의한 입출력 방식에 비해 효율적이다.
- 마이크로 컴퓨터에서 하드디스크를 입출력하는데 사용한다.

○ 채널을 이용한 입출력 방식(Channel I/O) : 입출력 장치에 대한 입출력의 처리를 수행할 수 있는 I/O 전용 프로세서인 입출력 채널(I/O Channel)이 처리 장치 대신 주기억 장치에 저장된 입출력 명령어를 해독하여 입출력 동작을 수행한다.

- 채널을 이용한 입출력 방식은 DMA 입출력 방식을 확장한 방식으로 입출력과 관련된 처리 장치의 개입을 크게 경감시키고, 입출력 장치의 입출력과 처리 장치에 의한 연산이 함께 병렬로 처리될 수 있다.
- 범용 컴퓨터에서 사용하는 I/O 방법이다.

C.H.A.P.T.E.R 02

데이터의 표현과 연산

2.1 데이터 표현

▣ **컴퓨터의 종류**

데이터를 표현하는 방법에 따라 디지털 컴퓨터·아날로그 컴퓨터·하이브리드 컴퓨터로 나뉜다.

○ 아날로그 컴퓨터(Analog Computer) : 길이·전압·전류 등과 같은 연속적인 양의 자료를 즉시 처리하는 컴퓨터. 자료를 변환시키지 않고 측정 장치로부터 직접 입력할 수 있다. 자료의 측정과 비교를 즉시 처리하므로 공장의 자동기기 제어에 이용되지만, 저장 기능이 없고 정밀도와 범용성이 디지털 컴퓨터보다 떨어진다. 자연의 연속형(상사형) 아날로그 신호{0~9}를 취급하는 컴퓨터로 신호의 합과 차, 신호의 미적분 등의 연구에 이용하는 아날로그 컴퓨터는 수치나 문자 코드를 처리하는 디지털 컴퓨터보다 정확도가 낮아 1960년 이후에는 거의 사용을 하지 않는다.

○ 디지털 컴퓨터(Digital Computer) : 실제 숫자나 수치적으로 코드화한 문자의 표현으로 이루어진 자료를 처리하는 컴퓨터이다. 일반적으로 컴퓨터라고 하면 디지털 컴퓨터를 말한다. 사칙연산이 바탕이 되며, 연속적인 양의 표현이 불가능하므로 자료의 표현에 오차가 생길 수도 있다. 불연속적 이산형(계수형) 디지털 신호 신호{0, … 9}를 취급하는 디지털 컴퓨터는 높은 정밀도와 신뢰성을 얻을 수 있어서 컴퓨터하면 디지털 컴퓨터를 의미한다.

○ 하이브리드 컴퓨터(Hybrid Computer) : 아날로그 기능과 디지털 기능을 하나의 컴퓨터 시스템에 혼합한 형태의 컴퓨터. 아날로그 자료를 입력하여 디지털 처리를 하고자 할 때에 유용하다.

▣ 컴퓨터의 디지털 신호

초기의 디지털 컴퓨터는 이산형 신호{0, … 9}를 사용하는 10진법을 사용하였지만 전자 부품의 물리적인 제약과 인간의 이진논리 때문에 디지털 시스템들은 2진법으로 더욱 제한되어 두 상태 값{0, 1}을 갖는 비트(bit)로만 자료를 나열되는 비트 스트링 그룹으로 표현된다. 디지털 컴퓨터 중에서 2진법 논리를 사용하는 디지털 컴퓨터를 컴퓨터라 한다.

○ 데이터의 내, 외부적 표현 : 비트 그룹은 문자나 다른 제어 신호를 표현하거나 컴퓨터의 명령어 집합을 표현하기도 한다. 컴퓨터는 외부의 자료들을 내부적 표현으로 바꾼 다음 처리하여 기억시킨 후 이를 필요에 따라 다시 외부적 표현 방법으로 바꾸어 결과를 출력한다.

2.1.1 진법(Number System)의 외부적 표현

▣ 컴퓨터 사용 진법

컴퓨터의 2진 기억 장치인 FF(Flip Flop)은 0, 1 두 개의 숫자로 표시한 비트로 구성한 수를 FF의 열로 만든 레지스터나 메모리에서 2진수 비트 스트링으로 보관한다.

- 컴퓨터는 내부적으로 2진법만을 사용하나 인간의 10진수나 실수, 문자를 표현하기 위해서 OS에서 2진법(Binary) 외에도 BCD 10진법(Decimal)과 8진법(Octal), 16진법(Hexadecimal)을 사용한다.

- 2진 정수 표현 : 2진 정수는 바이트나 워드(8, 16비트)단위의 비트열로 표현한다.
- 10진 정수 표현 : 10진 정수는 Nibble(4비트)이나 Byte(8비트)로 더블워드(32비트)단위의 BCD로 표현한다.
- 실수의 표현 : 16진 더블워드(32비트)나 배정도의 8바이트(64비트)로 표현한다.
- OS의 문자코드 8, 16진법 표현
  - SBCD코드를 사용 OS : 3비트 단위의 8진수로 표현한다.
  - ASCII, EBCDIC 코드 사용 OS : 4비트 단위의 16진수로 표현한다.

▣ 수 체계(Number System)

진법을 나타내는 일반식에서 보면 수는 가수와 가중치들의 합으로 표현된다.

$$\text{Number} = \sum_{i=-n}^{i=n-1} A \cdot R^{i}$$

- A : 가수(mantissa). 원소{0, … (R-1)} 수는 진법수와 같음
- R : 밑수 또는 기수(Radix or Base)로 진법을 나타낸다.
- i^{i} : 지수(exponential)로 정수는 0부터 시작한다.
- R^{i} : 디지트(Digit) 또는 가중치(Weight)라 한다.

○ 10진법(Decimal Number) 표현의 예

$3475.625 = 3*10^3+4*10^2+7*10^1+5*10^0+6*10^{-1}+2*10^{-2}+5*10^{-3}$

(10=R이면) $= 3*R^3+4*R^2+7*R^1+5*R^0+6*R^{-1}+2*R^{-2}+5*R^{-3}$

◆ 10진법인 이유

- A : 가수 가능 원소는 {0 … 3, 4, 5, 6, 7 … 9} 9+1 = 10개로 10진법
- R : 기수는 10으로 R = 10이므로 10진법
- R^i : 가중치는 모두 $R^i = 10^i$로 표현되므로 10진법

○ 2진수(Binary System) : 2를 밑으로 하는 수 체계이기 때문에 십진수를 2의 거듭제곱(Binary Weight)의 나열을 통하여 2진수로 변환할 수 있다.

즉, 7비트의 2진수 1001011을 10진수로 변환해보자.

$1\times2^6+0\times2^5+0\times2^4+1\times2^3+0\times2^2+1\times2^1+1\times2^0$

$= 1\times2^6+1\times2^3+1\times2^1+1\times2^3$

$= 2^6+2^3+2^1+2^0$

$= 64+8+2+1 = 75$

▣ 각 진법의 표현

진법은 아래첨자를 이용하는 방법과 프로그램 소스에서는 ASCII 문자를 첨부하는 방법이 있다.

○ 아래첨자 이용 방법

- 2진법 : 1001011.101_2
- 8진법 : 113.5_8
- 10진법 : $75.625_{(10)}$
- 16진법 : $4B.A_{16}$

○ ASCII 문자를 첨부하는 방법

진 법	어셈블리 언어		C 언어	
2진법	10110100B(b)	B나 b를 뒤에 첨부	사용안함	
8진법	264Q(O)	O는 숫자 0과 혼돈	0264	앞에 숫자0 첨부
10진법	190(D)	D는 주로 생략	190	숫자로만 표현
16진법	0B4H	첫 숫자 A~F 앞 0첨부	0xb4	앞에 0x 첨부

▣ 각 진법간의 변환

○ 2진법의 10진법 변환

방 법	예
가중치법(Weight method)을 사용하여 2진수 1에 가중치를 각각 더한다. 예) 1001011.101	64+8+2+0.5+0.125=75.625 해) 75

○ 10진법의 2진법 변환 : 소수점 이상은 DDM 방법으로 나머지를 올려 쓰고 소수점 이하는 DMM 방법으로 올림수를 내려 쓴다. 소수점 이하가 계속되면 필요한 자릿수(보통 4자리 정도)까지만 구한다.

방 법	예
예) 75.625는 75와 625나누어 처리하여 더한다. 해) 1001011.101B • DDM(Double dabble method) : 소수점 이상은 2로 나누어 가면서 몫이 0이 되면 나머지를 올려 쓴다. 예) 75	올려쓰기 또는 내려쓰기 몫…나머지 75/2 = 37…1 37/2 = 18…1 18/2 = 9…0 9/2 = 4…1 4/2 = 2…0 2/2 = 1…0 1/2 = 0…1 (↑) 6 - - - - 1 2) 1 - - - - 0 2) 2 - - - - 0 2) 4 - - - - 1 2) 9 - - - - 0 2) 18 - - - - 1 2) 37 - - - - 1 2) 75 (↓) 해) 1001011B
• DMM(Double multiple method) : 소수점 이하를 2로 곱해 가면서 소수점이하가 0이 되면 올림수를 내려 쓴다. 예) 0.625	올림수 0.625×2 = 1.25 0.25×2 = 0.5 0.5×2 = 1.0 (↓) 해) 0.101B

○ 2진법과 8진법 상호 변환 : 2^3 = 8이므로 2진수 3비트를 2^2, 2^1, 2^0 웨이트 4, 2, 1을 조합하여 0~7로 변환하고 Q를 첨부한다.

- 3비트가 안되면 앞뒤로 0을 첨부한다.
- 8진법은 0~7을 3비트의 2진수로 변환한다.
- 제일 앞과 뒤에 필요 없는 0들을 지운다.

방 법	예
◆ 2진법의 8진법 변환 2진수 3자리를 8진수 1자리로 처리한다. 예) 1001011.101B	1 001 011. 101 B = 001 001 011. 101 해) 1 1 3. 5 Q
◆ 8진법의 2진법 변환 8진수는 2진수 3자리로 처리한다. 예) 1 1 3. 5 Q	1 1 3. 5 Q 001 001 011. 101 해) 1 001 011. 101 B

○ 2진법과 16진법 상호 변환 : 2^4 = 16이므로 2진수 4비트를 2^3, 2^2, 2^1, 2^0 웨이트 8, 4, 2, 1을 조합하여 0~F(A=10, B=11, C=12, D=13, E=14, F=15)로 변환하고 H를 첨부한다.

- 4비트가 안되면 앞뒤로 0을 첨부한다.
- 16진수는 0~F를 4비트의 2진수로 변환한다.
- 제일 앞과 뒤에 필요 없는 0들을 지운다.

방 법	예
◆ 2진법의 16진법 변환 2진수 4자리를 16진수 1자리로 처리한다. 예) 1001011.101B	100 1011. 101 B 0100 1011. 1010 해) 4 B . A
◆ 16진법의 2진법 변환 16진수는 2진수 4자리로 처리한다. 예) 4 B. A H	4 B. A 0100 1011. 1010 해) 100 1011. 101 B

○ 8진법과 16진법 상호 변환 : 8진법을 10진법으로 바꾸어서 16진법으로 변환하는 것보다 2진법으로 변환하여 16진법으로 변환하는 것이 더 편리하다.

- 16진법을 8진법으로 변환할 때도 2진법을 활용하면 더 편리하다.
- 제일 앞과 뒤에 필요 없는 0들을 지운다.

방 법	예
• 8진법의 16진법 변환 8진법-2진법-16진법으로 변환한다. 예) 1 1 3. 5 Q	1 1 3. 5 Q 001 001 011. 101 0100 1011. 1010 해) 4 B . A H
• 8진법의 16진법 변환 16진법-2진법-8진법으로 변환한다. 예) 4 B H	4 B . A H 0100 1011. 1010 B 001 001 011. 101 해) 1 1 3. 5 Q

▣ 각진법의 표기

2, 8, 10, 16진법 관계를 표 2-1로 나타낸다.

표 2-1 각 진법의 표기

2진법	8진법	10진법	16진법
0000	0	0	0
0001	1	1	1
0010	2	2	2
0011	3	3	3
0100	4	4	4
0101	5	5	5
0110	6	6	6
0111	7	7	7
1000	10	8	8
1001	11	9	9
1010	12	10	A
1011	13	11	B
1100	14	12	C
1101	15	13	D
1110	16	14	E
1111	17	15	F

2.1.2 수치 데이터의 내부적 표현

<table>
<tr><td rowspan="10">수치 데이터</td><td rowspan="8">2진수</td><td rowspan="3">정수(고정소수점)</td><td colspan="2">부호절대치 방식</td></tr>
<tr><td colspan="2">1의 보수법(1'C)</td></tr>
<tr><td colspan="2">2의 보수법(2'C)</td></tr>
<tr><td rowspan="5">실수(부동소수점)</td><td rowspan="2">정도</td><td>단정도(32Bit)</td></tr>
<tr><td>배정도(64Bit)</td></tr>
<tr><td rowspan="3">방식</td><td>IBM(64bias)</td></tr>
<tr><td>VAX(128bias)</td></tr>
<tr><td>IEEE(128bias)</td></tr>
<tr><td rowspan="2">10진수</td><td colspan="3">PACK DECIMAL(4비트 BCD)</td></tr>
<tr><td colspan="3">UNPACK DECIMAL(8비트 BCD)</td></tr>
</table>

1) 정수형 데이터의 표현

▣ 정수형 데이터의 표현

컴퓨터에 표현하는 정수는 음수, 0, 양수의 세 부분으로 구성되면 소수점을 포함하지 않는 수로 대부분 2진형과 10진형으로도 쓴다.

❍ 고정 소수점(Fixed Point) 표현 : 소수점이 어느 한 곳에 고정되어 있는 수이다(예 34.56).

❍ 정수 : 소수점 이하가 0이 되어 우측에 고정된 소수점이 생략된 수이다(예 34.0 → 34).

▣ 정수 표현 요소

- 부호 비트(Sign Bit) : n비트의 고정 길이로 표현하려고 할 때 최상위 한 비트(MSB)는 부호(sign)를 표시하기 위한 비트로 $(-)n^S$에서
  - s = 0이면 $((-)n)^0 = +n$,
  - s = 1이면 $((-)n)^1 = -n$으로
  - s = 0은 양수, s=1은 음수로 나타난다.
- 숫자 크기 : 부호 비트 뺀 나머지 (n-1) 비트로 숫자 크기를 표현하고 음수에 따라 정수 표현은 3가지 방법이 있다.

- 보수(Complement) : 감산은 보수의 가산으로 하는데 R 진법에서 R-1보수와 R의 보수가 있다.
  - 10진법은 9의보수와 10의 보수가 있다.
  - 2진법은 1의보수와 2의 보수가 있다.

▣ 2진 정수 표현

부호화 절대치, 1의 보수, 2의 보수 표현 형식이 있다.

○ 부호화 절대치(signed magnitude) 방식 : 10진법에서 음수를 표시하는 방법처럼 양수 절대치 앞에 -부호를 앞에 첨가하여 2진법의 음수를 나타내는 방법이다.

  - 양수와 음수의 차이점은 부호 bit뿐이고 그 절대치는 같다.

- 2진 부호(sign bit)
  - 위치는 2진수 절대 값의 가장 왼쪽인 첫째 bit(MSB)에 표시한다.
  - 부호는 음수의 경우는 1, 양수인 경우는 0으로 나타난다.
- 단점 : 간단한 표현 방법이나 단점으로+0(00000000)과 -0(10000000)이 2개가 존재하고 두 0을 더하면 -0이 되며 감산을 컴퓨터로 하면 틀린 결과가 나와서 계산할 때마다 부호 처리를 위한 부수적인 과정이 필요하기 때문에 컴퓨터 계산에서는 사용하지 않는다.
- 표현 범위 : $-(2^{n-1}-1) \sim 2^{n-1}-1$이다.

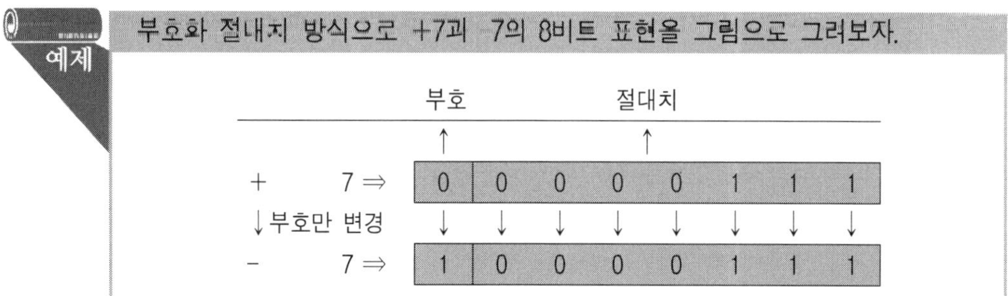

○ 1의 보수(1's complement) 방식 : 보수란 어떤 수를 완전수로 만들기 위한 보완수를 의미한다.

- 1의 보수 : 더하면 1이 되는 수로 0+[1]=1, 1+[0]=1이 되므로 0의 1의 보수

는 1, 1의 1의 보수는 0이다.

- 1의 보수 방식에서 보수화 : 양수는 부호화 절대치와 같은 방법이고 음수는 같은 수의 양수 표현에서 2진수의 각 비트를 1의 보수(1은 0으로, 0은 1)로 바꾸어 표현한다.
- 표현 범위 : $-(2^{n-1}-1) \sim 2^{n-1}-1$이다.

EXERCISE 예제 1의 보수 방식으로 +7과 -7의 비트 표현을 그림으로 그려보자.

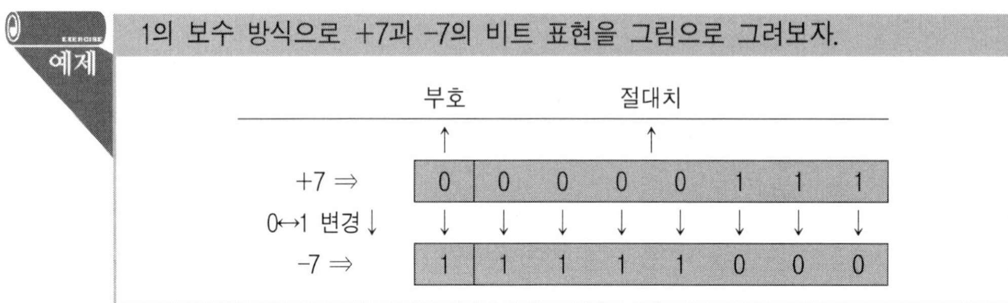

- 1의 보수 표현 0이 2개 : 0이 +0(00000000)과 -0(11111111)으로 부호화 절대치 방법처럼 0이 부호 비트만 다른 2개의 0의 합이 절대로 0이 되지 않는다.
- 1의 보수법 감산 불합리 : 덧셈 결과에+1을 더해서 2의 보수로 고치는 2번의 덧셈을 해야 한다.

○ 2의 보수(2's complement) 방식 : 컴퓨터에서 사용하는 방법으로 2의 보수란 완전수를 2로 하는 보수 체계로 1의 보수에 1을 더하는 것과 같은 값을 갖게 된다. 양수 표현법에서는 부호화 절대치 방법과 1의 보수 표현 방법, 2의 보수 표현 방법이 모두 같다. 음수는 같은 크기의 양수 값의 2의 보수로 나타낸다.

- 0의 표현 유일 : +0(00000000)과 -0(00000000) 표현이 유일한 0 하나로 해결된다.
- 표현 범위 : $-(2^{n-1}) \sim 2^{n-1}-1$이다.
- 장점 : 음수 표현 범위가 1만큼 더 크다.
- 2의 보수법 감산 : 감산을 1회의 가산으로 처리할 수 있다.

8비트 2진수 10000000이 10진수 가장 적은 -128이 되는 것을 증명해보자.

- 제일 앞의 MSB는 부호비트로서 1은 음수를 나타낸다.
- 0000000은 2의 보수이므로 절대치는 1의 보수에+1을 한다.
- (0000000)′+1 = 1111111+1 = 10000000은 128로 절대치이다.
- 부호와 절대치를 같이 처리하면 -10000000은 -128이다.

2의 보수 방식으로 +7과 -7의 비트 표현을 그림으로 그려보자.

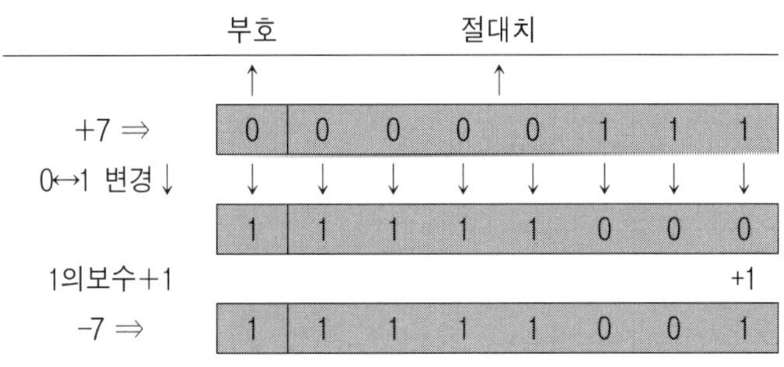

표 2-2 고정 길이 표현 형식에 의한 정수의 표현

	정 수	부호화 절대치	1의 보수	2의 보수
양수	+3	0000 0011	0000 0011	0000 0011
	+2	0000 0010	0000 0010	0000 0010
	+1	0000 0001	0000 0001	0000 0001
0	+0	0000 0000	0000 0000	0000 0000
		≠	≠	=
	-0	1000 0000	1111 1111	0000 0000
음수	-1	1000 0001	1111 1110	1111 1111
	-2	1000 0010	1111 1101	1111 1110
	-3	1000 0011	1111 1100	1111 1101

▣ 10진수 데이터 형식(Decimal data format)

2진 고정 소수점 연산보다 속도가 느리지만 10진수 형태로 데이터를 표현하는 경우 4비트(nibble)로 된 BCD(8421) 코드 부호를 이용한 표현 방법은 팩, 언팩 10진법 형식이 있다.

- 10진법의 부호 자리(sign digit) : 최하위 byte나 digit에 11XX의 4비트 (nibble)를 사용한다.
  - (+)→1100(C_{16})
  - (-)→1101D(D_{16})
  - (무부호)→1111(F_{16})

○ 팩 10진법형(packed decimal format) 방식 : 밀집 10진수 형식으로 1Byte에 두 개의 10진수를 표현하며 마지막 4비트(LSD)가 부호를 나타내며 1100, 1101이 각각 양, 음의 부호이며 형식은 다음과 같다.

← 1바이트 →		………					← 1바이트 →	
d	d	d	d	…	d	d	d	s

d : 10진 숫자 s : ① 양수(+)일 경우 $C_{16}(1100_2)$

② 음수(−)일 경우 $D_{16}(1101_2)$

③ 부호 없는(unsigned) 경우 $F_{16}(1111_2)$

그림 2-1 팩 10진법 형식

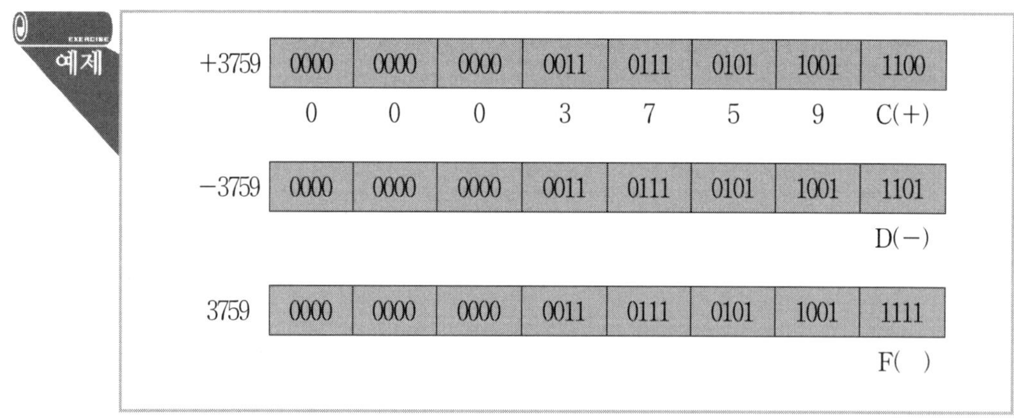

예제

+3759	0000	0000	0000	0011	0111	0101	1001	1100
	0	0	0	3	7	5	9	C(+)
−3759	0000	0000	0000	0011	0111	0101	1001	1101
								D(−)
3759	0000	0000	0000	0011	0111	0101	1001	1111
								F( )

○ 언팩 10진법형(unpacked or zoned decimal format) 방식 : 부호는 마지막 바이트의 상위 4비트를 사용하여 표현하는데 1100과 1101이 각각 양, 음의 부호 값이다. 이 때 BCD 코드를 사용하므로 수를 표현할 때 각 바이트의 상위 4비트는 존(zone) 영역으로 1111로 나타내며 형식은 다음과 같다.

← 1바이트 →		....				← 1바이트 →	
1111	d	1111	d	···	1111	d	s	d

d : 10진 숫자 s : ① 양수(+)일 경우 $C_{16}(1100_2)$

② 음수(−)일 경우 $D_{16}(1101_2)$

③ 부호 없는(unsigned) 경우 $F_{16}(1111_2)$

그림 2-2 언팩 10진법 형식

+3759	1111	0011	1111	0111	1111	0101	1100	1001
	F	3	F	7	F	5	C(+)	9
-3759	1111	0011	1111	0111	1111	0101	1101	1100
							D(−)	9
3759	1111	0011	1111	0111	1111	0101	1111	1001
							F( )	9

- 범위
  - 팩형은 -9999999∼+9999999
  - 언팩형은 -9999∼+9999 범위
  - 장단점 : 언팩형은 8비트 문자 코드인 EBCDIC 10진법 형식으로 편리하나 팩형이 기억장소를 절약할 수 있고, 연산을 하는데 효율적이다.

▣ 실수 표현 방식

소수점을 사용하여 실수를 나타내는 방식으로 고정 소수점(fixed point) 표현 방식과 부동 소수점(floating point) 표현 방식이 있다. 고정 소수점 방식으로 매우 큰 실수나 작은 실수를 표현하려고 한다면 많은 자리가 필요하여 비경제적이므로 소수점의 위치 이동이 가능한 부동 소수점 방식을 많이 사용하고 있다. 부동 소수점 방식으로 수를 표현할 때는 필요한 자릿수를 많이 줄일 수 있으며 또한 같은 수의 비트로 정밀도가 높아져 매우 큰 수나 작은 수를 표현할 때 경제적이다.

○ 부동 소수점(floating point) : 소수부와 지수부를 두어 표현하는 실수형태의 데이터로서 절대 값이 매우 크거나 매우 작은 수 등 정밀도를 요할 때 사용된다. 단점은 0이나 ∞를 나타낼 수 없다. 부동 소수점은 가수와 가수의 지수를 사용해서 $A \times R^n$ 형식으로 나타낸다.

고정 소수점 34.567을 $A \times 10^2$과 $A \times 10^{-2}$의 부동 소수점 형식으로 A의 소수점 위치를 바꾸어 보자.

$$0.34567 \times 10^2$$
$$= 3456.7 \times 10^{-2}$$

- 지수 바이어스 : 지수에 부호 비트가 이용되지 않고 음수 지수 값을 조정하기 위해서 지수에 더하는 바이어스(bias) 값이 $(64)_{10}=(40)_{16}$이므로 64 (40H)바이어스 법이라 한다. 조정된 지수 부분을 특성 값(characteristics)이라 부른다. 소수점은 비트를 필요로 하지 않는다.

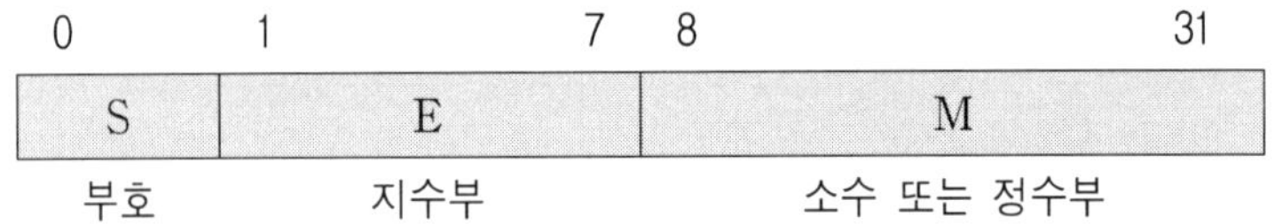

그림 2-3 부동 소수점(실수)의 표현

- 지수부가 7비트이므로 0부터 127(1111111_2)까지 표현할 수 있다. 그러나 지수는 양수승과 음수승이 있으므로 64를 기준으로 하여 −64부터 63승까지 표현하도록 했다. 실제 저장되는 지수 값은 지수에 64(40_{16})를 더한 값이다.

0	…	62	63	64	65	66	…	127	(실제 저장되는 지수 값 : 10진수)
0	…	3E	3F	40	41	42	…	7F	(실제 저장되는 지수 값 : 16진수)
−64	…	−2	−1	0	+1	+2	…	+63	(지수의 표현 값)

예를 들어 지수가 16^2일 경우 지수부에 실제 저장되는 값은 2+40H = 42_{16} (1000010_2)이고 지수가 16^{-1}일 경우는 40H-1 = $3F_{16}$(0111111_2)이 저장된다.

- 소수 또는 정수부에서 최상위 비트의 값이 0이 되지 않도록 하고 지수 값을 조정하여 표현한 변위 소수점을 정규형(normal form)이라 한다. 정규형은 수의 크기를 간단하게 비교할 수 있고 표현된 수의 정밀도를 높일 수 있다. 또한 지수부의 부호를 제거시키는 IBM360에서는 excess-64 방식을 이용한다. 지수 전체를 양수로 하여 64를 +0으로 하여 증가되는 수에 따라 지수가 정해진다.

십진수 35925를 부동 소수점으로 표현해보자. 단, 32bit로 나타낸다.

먼저 16진수로 바꾸고 정규화를 수행하면 다음과 같이 변하게 된다.

- 16신수 변환 : 35925 → $8C55_{16}$ = $0.8C55 \times 16^4$
- 부호 : 양수로 0이다.
- 특성 값 : 40바이어스에 지수를 더하면 $40_{16}+4$ = 44_{16}이다.
- 소수 : 소수점 이하 6자리는 $8C5500_{16}$이다. 6자리가 되는 이유는 16진수는 4bit로 나타내므로 6×4=24bit이고 부호 bit 1자리, 지수 7자리로 전체 bit수는 32bit가 된다.

0	1000100	1000 1100 0101 0101 0000 0000
	4 4	8 C 5 5 0 0

2.1.3 비수치 데이터의 내부적 표현

비수치 데이터	문자	숫자코드	Weighted Code
			Non Weighted Code
			Error Detecting Code
			Error Correcting Code
		문자코드	SBCD(6bit)
			ASCII(7bit)
			EBCDIC(8bit)
			UNICODE(16bit)
	논리	True(1)	
		False(0)	
	음성	MP3, WAV, OGG, ASF	
	도형	WMF, CDR, EPS	
	영상	GIF, BMP, JPG, PCX, PSD	
	동영상	MPEGII, MPEGIII, MOV	

▣ 문자형 자료의 표현

문자가 기억 장소에 저장되는 단위는 Byte이며 1Byte에 한 문자씩 저장된다.

- 문자(character) : 숫자, 알파벳 문자, 특수문자로 구성된 집합의 한 원소를 말한다. 컴퓨터 시스템마다 문자 집합은 서로 다르다.
- 문자열(character string) : 여러 개 합쳐진 문자를 문자열이라 한다.
- 문자수 : 영문자(대문자, 소문자) 52자, 숫자 10자, 한글 2350자(KSC 5601), 한자 4880자, 특수문자 등 기타문자 830자로 표현된다.
- 2진 코드(Binary code) : 정보를 표현하기 위한 기호 체계로, 컴퓨터 내부에서 정보를 표현하는 2진수 "1"과 "0"을 여러 개 조합한 것으로 정보와 대응되게 되어 있다.

코드 분류	종류
Alphanumeric Code	• SBCD • ASCII • EBCDIC
	• UNICODE
Weighted Code	• 8421 • 2421
Nonweighted Code	• Excess-3 • Gray
Error Code	• Biquinary • Parity • Hamming
Self Complement Code	• 2421 • Excess-3 • $74\bar{2}1$

○ BCD 코드(Binary Coded Decimal Code) : 2진화 10진 코드 또는 8421 코드라고도 부르며 2진수 체계를 사용해서 10진수를 표현하는 가장 기본적인 코드이다. 2진수 네 자리(4bit)를 사용하여 10진수 0에서부터 9까지를 표현하는데 weighted(2^3, 2^2, 2^1, 2^0) 네 개의 값을 조합해서 표시한다. 즉 1자리의 10진수를 BCD 코드로 표현하는 데는 2진수 4자리(nibble)가 필요하다.

10진수 7975는 BCD로 0110 0101 1000는 10진수로 변환해보라.

• 7975 → BCD

0111	1011	0111	0101

• 0110 0101 1000 → 658

○ 표준 2진화 10진 코드(Standard Binary Code Decimal Code) : 8421 코드에 두 개의 zone 비트를 확장한 코드이다. 컴퓨터에서 문자, 숫자, 특수 문자 등을 4비트로 표현하기에는 부족하기 때문에 BCD 코드에 존 비트를 확장한 것으로서 하나의 문자를 표시할 때 6개의 데이터 비트와 1개의 체크 비트(check bit)로 구성되어 있다. 이 코드는 실제로 6개의 비트로 문자를 표현하는 종류가 64(2^6)가지이며 문자의 그룹을 표시하는 존 비트(zone bit)와 디지트 비트(digit bit)로 이루어져 있다.

6개의 Data Bit로 구성되어 있으며 그 중에서 Zone Bit(B, A) 2자리와 숫자(digit) 비트 4자리(8, 4, 2, 1)로 이루어져 있다.

• Parity Bit(C)는 1자리로 에러를 검출하는 비트로 구성되어 있다.

Parity Bit	Zone Bit		데이터 비트 (Data Digit Bit)			
C	B	A	8	4	2	1
0 or 1	0 0 : 숫자(0~9) 0 1 : 영문자({A~I) 1 0 : 영문자(}J~R) 1 1 : 영문자(\ S~Z)		$(2^3, 2^2, 2^1, 2^0)$ = 0~9			

그림 2-4 6비트 표준 2진화 10진 코드의 구성

A, K, T, 5를 SBCD 코드로 변환해보자.

A		K		T		5	
Zone	numeric	Zone	numeric	Zone	numeric	Zone	numeric
01	0001	10	0010	11	0011	00	0101
21Q		42Q		63Q		05Q	

○ EBCDIC 코드(Extended Binary Coded Decimal Interchange Code)

EBCDIC는 확장 2진화 10진 코드라고 하며 표준 BCD 코드로 문자를 표현할 경우 단지 64가지의 문자만 표현하는 단점을 보완하여 더 많은 수의 문자를 표현할 수 있도록 구성한 코드로 대부분의 컴퓨터에서 사용되고 있는 코드이다. 8비트 코드이므로 2^8=256가지의 문자, 숫자 등의 원소를 표현할 수 있다.

parity bit	Zone 1Bit		Zone 2Bit		Numeric Bit			
C	0(D)	1(C)	2(B)	3(A)	4(8)	5(4)	6(1)	7(1)
0 or 1	00 : Undefined 01 : 특수문자 10 : 소문자 11 : 대문자, 숫자		ex) 대문자숫자경우 11 00(C) : A~I 11 01(D) : J~R 11 10(E) : S~Z 11 11(F) : 0~9		$(2^3, 2^2, 2^1, 2^0)$ = 0~9			

그림 2-5 8비트 EBCDIC 코드의 구성

- 구성은 8비트이며 존 비트는 각각의 문자를 식별하는데 사용되고 디지트 비트는 숫자(numeric) 비트로서 4비트 2진수가 코드화된다.
- Zone Bit(4자리)는 각 문자의 4그룹을 구별한다.
- Digit Bit(4자리) – 8421 형태의 4비트로 BCD를 표시한다.
- EBCDIC 코드는 IBM360에서 사용하기위해 개발한 글자코드로 256문자까지 표현할 수 있어 많은 특수 문자와 영문자의 소문자 및 Graphic 문자의 표현까지 가능하며 컴퓨터의 내부코드로 사용한다.

RAn5를 EBCDIC 코드로 해보자.

R		A		n		5	
zone	numeric	zone	numeric	zone	numeric	zone	numeric
1101	1001	1100	0001	1001	0101	1111	0101
D9H		C1H		95H		F5H	

○ ASCII 코드(ASCII : American Standard Code for Information Inter change Code) : 미국 표준 코드는 1968년 컴퓨터 통신을 하기 위하여 국제표준기구(ISO : International Standard Organization)에서 개발되고 미국 국립표준연구소(ANSI : American National Standard Institute)에 의해 제정되었다.

- 각 시스템간의 코드 불일치로 발생하는 문제점들을 방지하고 원거리 시스템간의 정보교환을 위해 데이터 통신에 공통의 코드 값을 적용하기 위하여 제정한 코드로서 7비트와 8비트의 두 종류가 있다.

Parity Bit	Zone Bit			Digit Bit			
C	7	6	5	4	3	2	1
0 or 1	000 ~ 010 : 제어문자 011 : 0 ~ 9 : ; < = > ? 100 : @A ~ O 101 : P ~ Z [/] ^ - 110 : ·a ~ o 111 : p ~ z { | } ~ DEL			$(2^3, 2^2, 2^1, 2^0) = 0\sim F$			

그림 2-6 7비트 ASCII-7 코드의 구성

- ASCII 코드의 비트 번호는 EBCDIC와는 달리 오른쪽에서 왼쪽으로 부여한다. 데이터 통신 업체의 표준 코드로 취급하기 때문에 EBCDIC 코드보다 많이 사용되고 있다. ASCII 코드로 전송되어 온 자료를 EBCDIC 체계인 컴퓨터에서 처리할 때는 코드 변환을 하여 사용해야 한다. 컴퓨터의 외부코드로 사용한다.

RAn5를 ASCII로 변환해보자.

R		A		n		5	
zone	numeric	zone	numeric	zone	numeric	zone	numeric
101	0010	100	0001	110	1110	011	0101
52H		41H		6EH		35H	

▣ **웨이티드 코드(Weighted Code)**

2진수를 코드화했을 때 각각의 비트마다 일정한 크기의 값을 갖는 코드를 말하며 그렇지 않는 코드를 논웨이티드 코드(non-weighted code)라고 한다.

○ 8421 코드(BCD Code) : 8421 코드는 대표적인 코드로서 10진수 한자리를 2진수 4자리로 표시한다. 즉 0~9까지를 2진수인 0000, 0001, 0010, 0011, 0100, 0101, 0110, 0111, 1000, 1001로 표현하여 사용하는 것이다.
8421 코드는 부호화가 쉽지만 보수(complement)와 상호변환 법칙이 없다.

○ 2421 코드 : 5 이상에서는 앞에 2를 사용하므로 5 이상인 수를 구별하기 쉽고 2진수 0을 1로, 1을 0으로 바꿈으로서 보수를 얻을 수 있는 코드를 자보수 코드(self complementing code)라고 한다.

○ 5421 코드 : 맨 왼쪽 자리의 2진수 값이 0이면 4 이하의 10진수이며 맨 왼쪽 자리의 2진수 값이 1이면 5 이상의 10진수라는 것을 알 수 있기 때문에 연산이 쉽다.

▣ **논웨이티드 코드(Non-Weighted Code)**

가중치(weight)를 갖지 않은 코드로서 비순서 코드, 비가중치 코드 또는 비연산 코드라고도 한다.

○ 그레이 코드(Gray Code) : 그레이 코드는 웨이트가 없는 코드로서 1 비트씩 변해가면서 새로운 코드가 만들어지는데 이러한 특징 때문에 연산에는 부적당하나 A/D 변환기(analog/digital converter)나 입출력 장치의 코드로 주로 사용된다.

● 2진수의 그레이 코드 변환

- 2진수 첫 번째 비트, 즉 최상의 비트(MSB : Most Significant Bit)는 그대로 그레이 코드의 첫 비트가 된다.
- 이웃해 있는 두 비트를 XOR(⊕)하여 그 결과를 다음 그레이 비트로 정한다. 즉, 합해서 자리올림(carry)은 버리고 합(sum)을 취한다.
- 두 과정을 반복한다.

0 1 1 1을 Gray Code로 변환해보자.

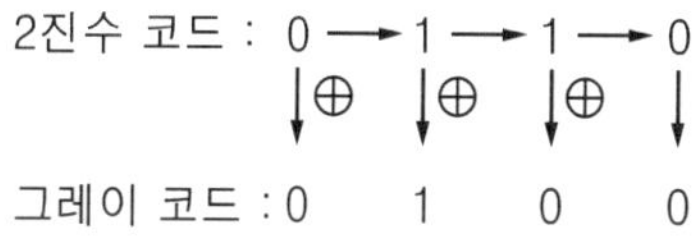

● 그레이 코드의 2진수 변환

- 그레이 코드의 최상위 비트를 그대로 2진수의 첫 비트가 되도록 한다.
- 2진수의 첫 비트와 그레이 코드의 두 번째 비트를 대각선으로 합해서 합만 취하고 자리올림은 버리는 XOR(⊕)를 한다.
- 두 과정을 반복한다.

0 1 0 0 Gray Code를 BCD로 변환해보자.

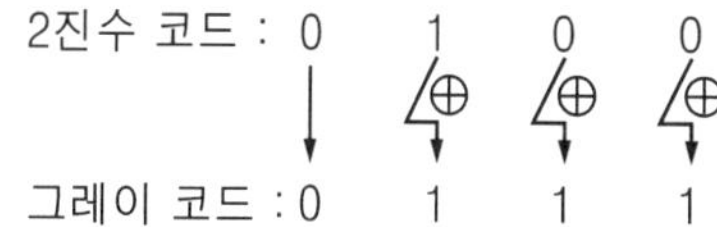

표 2-3 그레이 코드

10진수	2진수	그레이 코드
0	0 0 0 0	0 0 0 0
1	0 0 0 1	0 0 1 0
2	0 0 1 0	0 0 1 1
3	0 0 1 1	0 0 1 0
4	0 1 0 0	0 1 1 0
5	0 1 0 1	0 1 1 1
6	0 1 1 0	0 1 0 1
7	0 1 1 1	0 1 0 0
8	1 0 0 0	1 1 0 0
9	1 0 0 1	1 1 0 1
10	1 0 1 0	1 1 1 1
11	1 0 1 1	1 1 1 0

○ 액세스-3 코드(excess-3 code) : 논웨이티드의 가장 대표적인 코드로서 8421 코드의 표현에다 2진수 0011(10진수 3)을 더해서 만든 코드이다. 액세스-3 코드는 자기 보수 코드로 어떠한 경우에도 2진수 0이 될 수 없기 때문에 비동기식 통신에서 무 신호와 0을 구별할 수 있는 코드이다.

표 2-4 액세스-3 코드

10진수	액세스-3 코드
0	0 0 1 1
1	0 1 0 0
2	0 1 0 1
3	0 1 1 0
4	0 1 1 1
5	1 0 0 0
6	1 0 0 1
7	1 0 1 0
8	1 0 1 1
9	1 1 0 0

▣ 에러 검출 코드(Error Detecting Code)

10진수를 코드화하여 2진수로 나타냈을 때 잘못된 정보를 검출하거나 정정하는 기능을 가질 수 있도록 하는 코드이다.

○ 비퀴너리 코드(Biquinary Code) : 7개의 비트로 구성되어 있으며 그 비트 중에서 "1"의 개수가 꼭 2개만 가지고 있어 에러 검출이 가능한 코드로 이것은 "BI"는 2를 의미하고 "QUINARY"는 5를 의미하여 2~5진 코드 또는 5043210 코드라고도 한다.

- 한 비트에 에러가 발생하면 1의 개수가 달라지기 때문에 에러를 검출할 수 있다. 1이 0으로 0이 1로 서로 바뀌어 비트의 개수가 두 개로 될 경우에 에러를 검출할 수 없다.

○ 링 카운터 코드(Ring Counter Code) : 10비트로 구성된 그룹 중에서 1을 갖는 비트가 단 1개뿐이다. 10진 코드로 웨이트를 0, 1, 2, 3, 4,… 9를 갖는다. ENIAC은 기어 대신에 10진 전자식 링카운터로 동작하였다.

○ 2-아웃-오브-5 코드(2-out-of-5 Code : 5중 2 코드) : 전체 5개 bit 중에서 1의 개수가 두 개 있기 때문에 비퀴너리 코드와 유사한 검출 기능을 갖고 있으며 통신 계통에 많이 이용되며 오류 검사가 간단하다.

○ 패리티 체크(Parity Check) 방식 : 데이터를 원거리에 전송하거나 대량의 정보를 주고받을 때 주위 조건이나 회로상의 잘못으로 에러가 발생할 수 있다. 정보에 에러 검출용 비트를 하나 더 추가시켜 언제나 전체 부호 속에 포함되어 있는 1의 수가 홀수 또는 짝수 개로 되도록 하여 에러가 생기면 이 규칙이 무너지기 때문에 에러를 인지할 수 있다. 추가된 검출용 비트를 패리티 비트(parity bit)라고 한다.

- 짝수 패리티 체크(PE : even parity check) 방식 : 전체 부호 속에 1의 합계가 짝수 개로 되도록 검출용 비트를 붙여서 검출하는 방법.
- 홀수 패리티 체크(PO : odd parity check) 방식 : 1의 합계가 홀수 개로 되도록 검출용 비트를 붙여서 검출하는 방법.

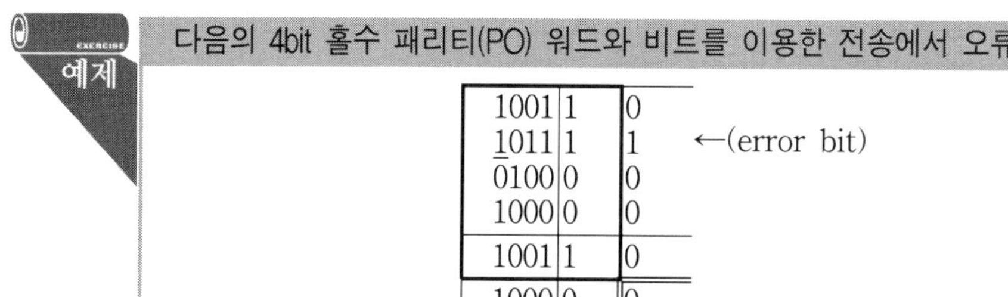

다음의 7bit PO 워드와 비트 전송에서 오류를 찾아보자.

							parity bit
0	1	1	1	1	0	0	1
0	0	0	0	0	1	1	1
1	0	0	0	1	1	1	1
0	1	1	0	1	1	1	0
0	0	1	1	0	0	0	1
0	1	0	1	1	0	0	0
1	1	1	1	0	0	0	1
1	1	1	1	1	0	0	0

parity word

							parity bit
0	1	1	1	1	0	0	1
0	0	0	0	0	1	1	1
1	0	0	0	1	1	1	1
0	1	1	0	1	1	1	0
0	0	1	1	1	0	0	1
0	1	0	1	1	0	0	0
1	1	1	1	0	0	0	1
1	1	1	1	1	0	0	0

○ 해밍 코드(Hamming Code) : 오류 발생시 검출(check)을 하고 자체 교정이 가능한 코드(error correcting code)를 말한다. 해밍 코드표를 보면 1, 2, 4 번째 비트는 패리티 비트이며, 3, 5, 6, 7번째 비트는 8, 4, 2, 1의 가중치를 갖고 있으며, 패리티 체크 비트 C_1, C_2, C_3는 다음과 같은 순서로 시스템을 체크하면서 교정한다.

- C_1 : 1, 3, 5, 7bit의 우수(짝수) 패리티 체크
- C_2 : 2, 3, 6, 7bit의 우수 패리티 체크
- C_3 : 4, 5, 6, 7bit의 우수 패리티 체크
- $C_4C_2C_1$: 짝수 체크 값을 2진수로 조합한 후 10진수로 변환하여 10진수 위치의 비트를 보수화(NOT) 비트로 고치면 1비트 에러는 자동 정정된다. $C_4C_2C_1$ 값이 0이면 에러가 없는 정상 수신이다.

Hamming code로 1100010을 수신했을 때 Error bit를 찾아 수정하고 BCD를 구하여 10진수로 표현해보자.

	C_1	C_2	8	C_4	4	2	1	
bit	1	2	3	4	5	6	7	
HC	1	1	0	0	0	1	0	
C_4(4, 5, 6, 7)				0	0	1	0	C_4=1
C_2(2, 3, 6, 7)		1	0			1	0	C_2=0
C_1(1, 3, 5, 7)	1		0		0		0	C_1=1
정정코드	1	1	0	0	1	1	0	

$C_4C_2C_1$=101(5)이므로 5bit를 보수 처리하면 BCD는 (3, 5, 6, 7)bit 이므로 0010으로 고친다. 10진수 2가 아니라 6을 전송한 것이 잘못 수신되어 에러를 자동으로 정정할 수 있다.

표 2-5 해밍 코드

10진수	C_1	C_2	8	C_4	4	2	1
	1	2	3	4	5	6	7
0	0	0	0	0	0	0	0
1	1	1	0	1	0	0	0
2	0	1	0	1	0	1	0
3	1	0	0	0	0	1	1
4	1	0	0	1	1	0	0
5	0	1	0	0	1	0	1
6	1	1	0	0	1	1	0
7	0	0	0	1	1	1	1
8	1	1	1	0	0	0	0
9	0	0	1	1	0	0	1

2.2 산술 및 논리 연산

2.2.1 산술 시프트

▣ 산술 시프트

부호 비트 변화 없이 비트 손실이 있는 1bit 좌우자리 이동으로 2^n곱셈과 $1/2^n$ 나눗셈에 보조적으로 사용되기도 한다. 논리 시프트와 다른 점은 시프트에 의해 생기는 빈자리에 들어오는 비트가 항상 0이 아니라는 점이다.

○ 좌측 시프트(Left Shift) : 좌측으로 n비트 시프트 하면 원래 수에 2^n을 곱한 것과 같다. 시프트 후에 MSB의 유효 비트 1을 잃게 된다면 결과가 오버플로우(overflow)된다.

○ 우측 시프트(Right Shift) : 좌측으로 n비트 시프트 하면 원래 수에 2^n을 나눈 것과 같다. 시프트한 결과 LSB의 유효 비트 1을 잃게 된다면 소수점 이하를 잃게 되어 정수형으로는 표현할 수 없는 절단(truncation)현상이 된다.

2.2.2 논리 연산

▣ 논리 자료 표현

논리 자료란 두 가지 상태만을 표시하기 때문에 기억장소의 한 개 비트로 충분히 표현이 가능하다. 기억 장치의 주소는 1바이트 단위나 1워드(word) 단위이므로 논리 자료를 기억 장치에 저장하기 위해서는 1바이트나 1워드를 사용한다.

❍ 1바이트 논리 자료 내부 표현 세 가지 경우

- 가장 하위 비트인 LSB를 참인 경우에는 1(00000001)로 나타내고 거짓인 경우에는 0(00000000)으로 나타내는 방법
- 참인 경우에는 1바이트 전체를 1(11111111)로 나타내고 거짓인 경우에는 0(00000000)으로 나타내는 방법
- 거짓인 경우에는 0(00000000)으로 나타내고 참인 경우에는 1인 비트가 하나 이상 존재하도록 하는 방법

❍ AND와 OR 연산 : AND와 OR 연산은 논리 시프트, 로테이트와 함께 정보 검색, 문장 편집 등에 사용된다.

- AND 연산은 자료 중에 원치 않는 부분을 제거(Masking)할 때
- OR 연산은 두 자료를 섞는데 사용된다.

3456+2648을 Unpack Decimal로 AND와 OR 연산을 사용하여 덧셈 처리를 하는 과정을 표현해보자.

3456 = F3F4F5F6, 2648 = F2F6F4F8

- 3456과 2648에 0F0F0F0F를 AND로 Masking하여 zone bit를 제거하고

  3456 = 03040506

  2648 = 02060408
- Masking된 3456과 2648을 더하면

  6104 = 06010004
- Unpack Decimal에 zone bit를 추가하기 위해 F0F0F0F0를 OR연산하면 된다.

  6104 = F6F1F0F4

■ **논리적 시프트**

SR(shift right)과 SL(shift left)는 시프트해서 밀려나는 비트는 잃어버리며 새로 들어오는 비트는 항상 0이다.

○ 우측 시프트(Right Shift) : 최하위 비트가 밀려나고 최상위 비트에 새 비트가 들어온다.

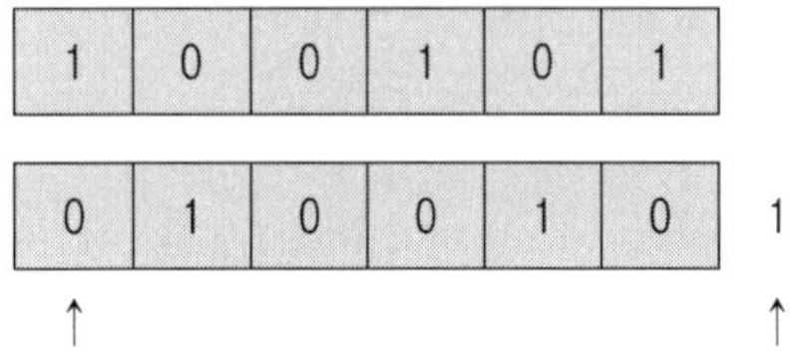

새로 들어온 0　　　　　　밀려난 1은 버린다.

○ 좌측 시프트(Left Shift) : 최상위 비트가 밀려나고 최하위 비트가 들어온다.

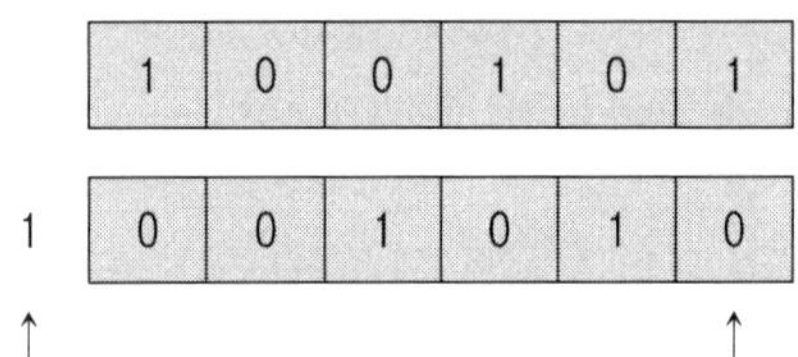

밀려난 1은 버린다.　　　　　　새로 들어온 비트

부울대수와 논리 회로

3.1 디지털(Digital) 논리 회로

▣ 논리 회로

전자적 신호는 상사형 신호와 이산형 신호가 있다. 상사형 신호를 취급하는 전자 회로를 아날로그 회로라 하고 이산형 신호를 취급하는 전자 회로를 디지털 회로가 있다. 디지털 회로 중에서 0과 1의 두 숫자만 사용하는 2진법 신호를 취급하는 회로만을 논리 회로(Logic Circuit)라 한다.

- Analog Computer+Digital Computer를 Hybrid Computer라 한다.

형태			전기 신호	전자 회로	컴퓨터
0~9	연속형	상사형	Analog Signal	Analog Circuit	Analog Computer
0…9	이산형	계수형	Digital Signal	Digital Circuit	Digital Computer
0, 1	논리형	부울형	Logic Signal	Logic Circuit	폰노이만 Computer

○ 2진 논리 컴퓨터 : 컴퓨터 내부의 정보가 제한된 수의 불연속적인 이산 값인 디지털 신호로 표시된다. 초기의 전자식 디지털 컴퓨터들은 십진수를 사용하는 링카운터로 산술 계산을 수행하였는데 십진수 {0, 1, 2……9}는 10개의 불연속적인 값이므로 디지털 컴퓨터라 하였다. 전자 부품의 물리적인 제약과 인간논리가 이진적(True 또는 False, Yes 또는 No)인 이유 때문에 디지털 시스템들은 오직 두 값만 가진 2진수로 더욱 제한되었다.

숫자	Color 1	Color 2	Logic	Anser	Switch
0	Block	Blue	False	No	Off
1	White	Red	True	Yes	On

정논리	Voltage	Gate	존재	승강	신호
Low	0V	0~1.4V	무	Down	No pulse
High	5V	5~2.8V	유	Up	Pulse

○ 디지털 컴퓨터 : 자료의 처리, 계산, 통신용 교환기 등 여러 분야에서 컴퓨터가 활용되고 있다. 디지털 컴퓨터는 아날로그 컴퓨터에 비하여 정밀도, 신뢰성, 경제성에서 우수하다. 디지털 컴퓨터는 신호나 물리적인 양 등을 나타내는 정보를 2진수(Binary)의 원소인 {0, 1} 두 값만으로 정논리(High를 1로 하는 논리)나 부논리(Low를 0으로 하는 논리)로 사용한다.

▣ 컴퓨터 사용 진법

전자 회로에 TR은 ON이나 OFF로 2개 신호 값만을 표현하면 신뢰성이 높아진다는 폰노이만의 주장과 부품수 1/3, 부피 1/5, 제작기간 1/7, 가격 1/10, 속도향상, 기억저장, 프로그램해석 용이 등의 장점에 따라 디지털 컴퓨터의 H/W의 수의 체계는 2진법이 되었지만 여러 가지 목적에 따라 컴퓨터의 OS는 10진법과 8진법이나 16진법이 사용되기도 한다.

○ 비트 그룹 정보 : 디지털 컴퓨터는 2진수 시스템이다. 하나의 2진 숫자를 비트(bit)라고 부르며 디지털 컴퓨터에서의 정보는 비트열들의 그룹으로 표현된다. 이는 문자를 표현하거나 컴퓨터에서의 완전한 명령어 집합을 나타낼 수도 있다.

3.1.1 섀논의 스위칭 이론(Shannon Switching Theory)

▣ 부울대수 등장

컴퓨터가 등장하기 100년 전인 19C 중엽 영국의 수학자 부울(George Boole, 1815~1874)이 논리 신호인 0과 1의 숫자 대신 문자를 사용하는 논리대수를 처음 사용하여 부울대수라고도 한다. 부울함수는 (F=)으로 표현한다.

○ 부울의 3 기본 연산자 : 부울의 기본 논리 연산자는 AND, OR, NOT이 있다.

○ 부울대수 연관 사항

- 집합이론 : 합집합은 OR, 교집합은 AND, 부정집합은 NOT
- 벤다이어 그램 : 논리의 증명 시각화
- 카르노 맵 : 부울식의 간략식 논리 회로의 최적화
- 드몰간 정리 : 논리 회로의 전 회로 NAND화 실현
- 섀논의 스위칭 이론 : 부울대수 최초로 전기적 실현
- 논리 게이트 : 부울대수 전자적 실현으로 컴퓨터 실현

▣ 부울대수 실현

컴퓨터 내부에서는 모든 정보를 0 또는 1로 구성된 2진수로 표현하므로 컴퓨터 내의 구조는 2진수의 정보를 저장하거나 처리할 수 있는 전기적 스위치나 전자적 게이트 장치들로 구성할 수 있다. 1938년 Shannon(Claude E. Shannon)의 스위칭 이론(Switch theory)에 의해 2진수의 정보를 표현하는 간단한 전기 스위치는 ON 상태를 1, OFF 상태를 0 두 상태 중 하나인 2진 정보로 표현할 수 있다. 두 개의 직렬, 병렬 스위치는 AND, OR 논리 연산을 Relay는 NOT 논리 연산을 실행할 수 있다.

(OFF switch)	(ON switch)
0 (OFF) 상태	1 (ON) 상태

○ 직렬 스위칭 : 직렬 연결된 두 스위치(x1, x2)는 모두 연결 상태가 되어야만 입력이 출력으로 연결되어, 두 스위치의 동작은 AND 논리 연산으로 동작한다(그림 3-1(a)).

○ 병렬 스위칭 : 병렬 연결된 두 스위치(x1, x2) 중 하나만 1상태로 연결되어도 입력이 출력으로 연결되어 OR 논리 연산으로 동작한다(그림 3-1(b)).

○ 계전기(Relay) 스위칭 : Relay S/W는 x에 0을 입력하면 1이 출력되고 1을 입력하면 0을 출력하는 NOT 논리 연산을 한다(그림 3-1(c)).

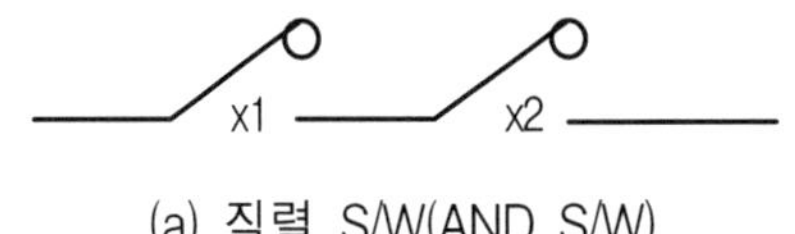

(a) 직렬 S/W(AND S/W)

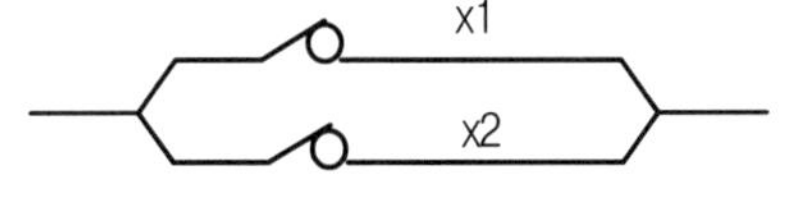

(b) 병렬 S/W(OR S/W)

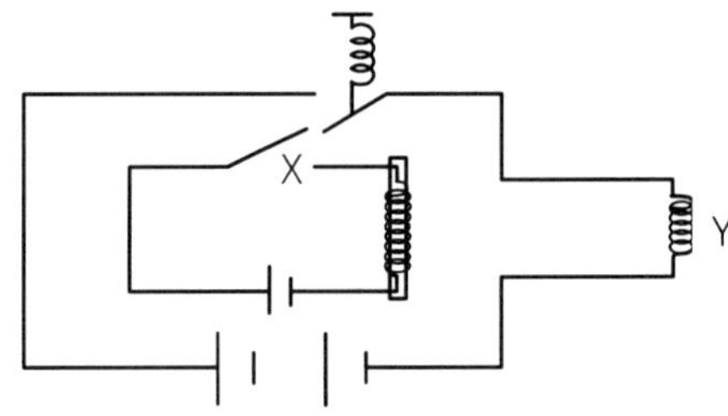

(c) 계전기(Relay) S/W(NOT S/W)

그림 3-1 새논의 전기 스위치 이론

3.1.2 논리 게이트(Logic gate)

▣ 논리 게이트

Shannon의 전기스위치는 전자 회로가 발전하면서 전기스위치보다 빠르고 소형이면서 신뢰성 있는 논리 게이트로 대체되었다. 디지털 컴퓨터에서 이진 정보를 물리량인 전압 신호를 이용하여 0과 1로 표현되는 이진 정보의 처리는 게이트(gate)라 불리는 논리 회로에서 행해진다.

○ 논리 게이트 : 입력 논리의 필요조건을 만족할 때 1 또는 0의 신호를 만드는 하드웨어의 블록이다.

- 게이트는 총 8개로 심볼 기호가 있고 동작은 부울의 대수함수의 입출력 관계는 진리표로 표시된다.
- 논리 표현식에서 '표시는 보수(complement)를 의미하며, 기호 표시 심볼에서 작은 버블(원)도 인버터(inverter), 즉 보수(NOT)를 의미한다.

○ 기본 연산자 의미 : 10진 대수는 4칙(+, -, ×, ÷) 연산자로 모든 수식을 표현할 수 있으나 부울대수는 AND, OR, NOT의 기본 연산자로 부울식을 게이트로 논리 회로를 표현할 수 있다.

- 논리 회로식 표현 : 모든 부울 논리수식은 3개의 기본 연산자 AND, OR, NOT 연산자로 표현이 가능하다.
- 부울의 법칙 : 모든 논리 회로는 3개의 기본 게이트 AND, OR, NOT 게이드로 설계될 수 있다.
- 만능구성의 법칙 : 모든 논리 회로는 NAND나 NOR 게이트만으로도 설계된다.

○ 논리 회로의 IC 구현 방법

- RTL(Register Transister Logic)
- TTL(Transister Transister Logic)
- ECL(Emitter Couple Logic)
- MOS(Metal Oxide Semiconductor)
- CMOS(Complementary Metal Oxide Semiconductor)

▣ 게이트의 표현

게이트는 1962년 MIC 규격에 의해 심볼로 표현한다.

논리곱	A · B = AB	$A \wedge B$	$A \cap B$	
논리합	A+B	$A \vee B$	$A \cup B$	
논리부정	$\overline{A}$	A′	~A	

▣ 논리 게이트 동작

○ AND GATE : 이항연산 논리곱으로 F = AB = $A \wedge B$ = $A \cap B$ = A&B = A · B 논리식으로 표현되며 입력에 0이 있으면 0이 우선 출력된다.

게이트	기호	수식	진리표		
			A	B	X
AND		X = A · B or = A B = (A′+B′)′	0	0	0
			0	1	0
			1	0	0
			1	1	1

○ OR GATE : 이항연산 논리합으로 F = A+B = $A \vee B$ = $A \cup B$으로 입력에 1이 있으면 1이 우선 출력된다.

게이트	기호	수식	진리표		
			A	B	X
OR		X= A′B+AB′+AB = A+B = (A′B′)′	0	0	0
			0	1	1
			1	0	1
			1	1	1

○ NOT GATE : 단항연산 논리부정으로 F = A′ = $\overline{A}$ = ~A 입력과 출력은 보수관계로 입력과 출력의 합은 항상 1이 된다. NOT 게이트와 인버터가 있다.

- NOT : 게이트 출력에 작은 원(부정 기능)으로 나타낸 부정게이트
- Inverter : 버퍼(증폭기)+작은 원(부정 기능)의 잡음을 제거할 수 있는 NOT(부정)게이트

게이트	기호	수식	진리표	
NOT(Inverter)		X = A′ = A‴	A	X
			0	1
			1	0

▣ 기본 게이트 부정

AND, OR, NOT를 부정한 NAND, NOR, BUFFER가 있다.

○ NAND, NOR 만능 회로 구성 : 드몰간 정리에 의해 만능구성 소자이므로 모든 논리 회로는 NAND 또는 NOR 게이트 하나만 사용하여 회로를 구성할 수 있다.

	NAND의 만능 구성	NOR의 만능 구성
AND화	Y=(AB)″=AB	Y=(A′+B′)′=A″B″=AB
OR화	Y=(A′B′)′=A″+B″=A+B	Y=(A+B)″=A+B
NOT화	Y=(AA)′=A′	Y=(A+A)′=A′

○ 버퍼(BUFFER) 필요성 : 버퍼는 논리 이론상으로는 필요 없지만 실제 논리 회로상에서 없어서는 안 되는 중요한 소자로 논리게이트의 잡음여유도(1.4~2.8V)를 복구하는 기능이 있다. 이상적인 논리 회로는 논리 0은 0V, 논리 1은 5V만 출력해야 하지만 실제로는 잡음여유가 있다.

- 1.4V 이하 : 0의 잡음여유도 한계
- 2,8V 이상 : 1의 잡음여유도 한계
- 0V~1.4V : 논리 0이다.
- 1.4V~2.8V : 잡음전압이다.
- 2.8V~5V : 논리 1이다.

▣ 잡음여유도 문제

논리 회로는 게이트의 다단접속으로 설계하는데 출력에 0이나 1이 출력되어야만 하는데 잡음 전압이 나오면 0도 아니고 1도 아니지만 실제로 0이나 1로 출력되어 다음 단에 입력되므로 출력에 엉뚱한 결과가 나올 수 있다.

❍ 논리 0 잡음 첨가 문제 : 0V의 0이 논리 회로에 능동소자들의 잡음으로 각 단계에서 신호전송에서 잡음이 1V씩 신호전압이 증가된다면 최종 출력 F는

신호 전송 단계	1단계	2단계	3단계	4단계
논리 0 누적 잡음	F = 1V	F = 2V	F = 3V	F = 4V
최종 출력 논리 상태	논리 0	논리 ?	논리 1	논리 1

- 1단계 : 논리 0 신호 잡음여유도 1.4V보다 낮아 논리는 0이다.
- 2단계 : 0 신호 잡음여유도 1.4V보다 높아 논리 0으로 볼 수 없고 에러가 발생할 수 있다.
- 3단계 : 논리 1 신호 잡음여유도 2.8V보다 잡음 누적 전압이 높아 논리 1로 되어 치명적인 에러가 발생한 것이다.
- 4단계 이상 : 논리 0 신호 0V에 1, 2, 3단계 누적잡음이 1V씩 첨가되어 4V나 5V가 되면 결국 논리 0이 논리 1로 데이터가 변경되어 옳은 결과는 기대할 수 없다.

❍ 논리 1 신호 감쇄 : 5V의 논리 1이 각 단계에서 긴 선로를 전송하면서 전압 감쇠, 수동소자들을 거치면서 전압강하 등의 잡음으로 1V씩 신호가 감소한다면

신호 전송 단계	1단계	2단계	3단계	4단계
논리 1의 신호 감쇄	F = 4V	F = 3V	F = 2V	F = 1V
최종 출력 논리 상태	논리 1	논리 1	논리 ?	논리 0

- 1단계 : 논리 1 신호 5V가 잡음으로 1V 감소되어 4V가 되었다면 논리 1 신호의 잡음여유도 2.8V 때문에 논리에는 문제없다.
- 2단계 : 논리 1 신호 4V는 감쇄로 3V로 감소되고
- 3단계 : 논리 1 신호 3V는 잡음으로 2V로(논리X) 감소되어 논리 1의 잡음여유도 2.8V 보다 낮아 논리 1로 볼 수 없다.
- 4단계 이상 : 1V 이하가 되었다면 논리 0의 잡음여유도 1.48V보다 낮아 4단계 이상을 거친 논리 1이 논리 0으로 변하는 치명적인 에러가 발생할 것이다.

○ 논리 잡음 제거 : 디지털 신호의 장거리 전송에서 2Km 마다 버퍼(증폭기)를 각 단계에서 사용하는 다단계 전송에서 버퍼가 잡음 전달을 사전에 제거하여 0이 1로 또는 1이 0으로 되는 에러를 방지한다.

신호 전송 단계	1단계	2단계	3단계	4단계
버퍼 논리 0 잡음 제거	F = 0V	F = 0V	F = 0V	F = 0V
버퍼 논리 1 감쇄 보상	F = 5V	F = 5V	F = 5V	F = 5V

○ NAND나 NOR의 잡음 보상 기능 : 각 단계에 버퍼나 2개의 인버터를 한조로 접속하여도 버퍼로 동작하여 잡음이나 감쇄를 보상하므로 인버터가 들어있는 NAND나 NOR 게이트가 AND, OR보다 잡음보상 기능이 있어 다단계 논리 회로 설계에서 NAND나 NOR의 만능구성과 잡음보상 때문에 NAND 게이트만의 회로를 많이 사용한다.

게이트	기호	수식	진리표		
NAND		X = (A B)′ X = A′+B′	A	B	X
			0	0	1
			0	1	1
			1	0	1
			1	1	0
NOR		X = (A+B)′ X = A′B′	A	B	X
			0	0	1
			0	1	0
			1	0	0
			1	1	0
Buffer		X = A = A″	A		X
			0		0
			1		1

▣ 비교 게이트

XOR와 이의 부정 XNOR가 있다. XOR는 배타적으로 반일치 회로(A≠B), 또는 1의 홀수 회로이고, XNOR는 일치 회로(A=B), 또는 1의 짝수 회로 게이트이다.

게이트	기호	수식	진리표		
			A	B	X
Exclusive-OR (XOR) ($A \neq B$)		$X = A \oplus B$ or $= A'B + AB'$ $= (A \odot B)'$ $= (A' + B')(A + B)$	0 0 1 1	0 1 0 1	0 1 1 0
			A	B	X
Exclusive-NOR (XNOR) or Equivalence ($A = B$)	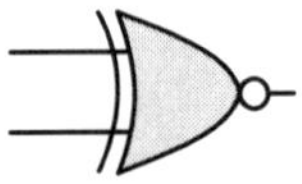	$X = (A \oplus B)'$ or $= (A \odot B)$ $= (A \oplus B')'$ $= A'B' + A\ B$ $= (A' + B)(A + B')$	0 0 1 1	0 1 0 1	1 0 0 1

3.1.3 부울대수 연산(Boolean Algebra)

▣ 부울대(함)수(Boolean Algebra)

일반 대수학은 10진법에서 미지의 변수를 x, y 문자로 대신 표기하여 소문자 f(x) 함수로 표현한다. 부울대수는 이진 변수와 논리 동작을 취급하는 대수이다. 변수는 A, B, x, y와 같이 문자로 대신 표시한다. x변수의 값이 주어질 때 부울함수는 1(x)이거나 0(x')이 된다. 부울대수는 대문자 F(1), F(x, y)로 표현한다.

○ 부울함수식 표현

- 부울수식 : F(1) = 001+011+101+111
- 부울대수식(원식) : F(xyz) = x'y'z+x'yz+xy'z+xyz
- 부울민텀식 : F(m) = m1+m3+m5 +m7 = $\sum$m(1, 3, 5, 7)

다음의 F=x+y'z 부울함수를 진리치표와 논리 회로를 살펴보자.

부울함수의 0과 1로 입출력을 나타낸 진리표는 표 3-1, 논리도는 그림 3-2와 같다.

표 3-1 진리치표

x	y	z	F
0	0	0	0
0	0	1	1
0	1	0	0
0	1	1	0
1	0	0	1
1	0	1	1
1	1	0	1
1	1	1	1

논리식 : $F = x + \overline{y}z$

x
y
z
NOR
AND
1
2
F

그림 3-2 논리 회로

○ 부울대수 3위 일체 기능 : 디지털 회로의 해석과 설계를 쉽게 하고 다음 사항을 수행하는 편리한 도구이다.

- 변수 사이의 진리표 관계를 대수 형식으로 표시
- 논리 회로도의 입출력 관계를 대수 형식으로 표시

- 논리 회로의 최적화로 같은 기능을 가진 더 간단한 회로를 발견
- 진리치표, 논리식, 논리 회로는 3위 일체로 변형시킬 수 있다.

▣ 부울대수 공리와 정리

표 3-2는 영국의 수학자 부울(George Boole, 1815~1874)의 부울대수의 공리와 정리들의 기본적인 관계를 보인다. 각각은 모두 진리표로 증명될 수 있다.

- ①~⑧은 항상 0이나 1의 단일 상수관계이고
- ⑨~⑬까지는 보통의 대수와 비슷하나
- ⑭는 보통 대수식에서는 적용되지 않는 부울식이다.
- ⑮, ⑯은 De Morgan 정리로 NAND와 NOR 회로 정리이다.
- ⑰은 이중 부정은 긍정이 되는 정리이다.
- ⑲~㉔는 흡수법칙의 간략화를 보인다.
- ㉕ 2변수 3항의 Consensus 법칙 간략화를 보인다.
- ㉖ 3변수 3항의 Consensus 법칙 간략화를 보인다.

표 3-2 부울대수의 관계

항등법칙	① $x+0=x$	② $x\cdot 0=0$
	③ $x+1=1$	④ $x\cdot 1=x$
동일법칙	⑤ $x+x=x$	⑥ $x\cdot x=x$
보원법칙	⑦ $x+x'=1$	⑧ $x\cdot x'=0$
교환법칙	⑨ $x+y=y+x$	⑩ $xy=yx$
결합법칙	⑪ $x+(y+z)=(x+y)+z$	⑫ $x(yz)=(xy)z$
분배법칙	⑬ $x(y+z)=xy+xz$	⑭ $x+yz=(x+y)(x+z)$
De Morgan 정리	⑮ $(x+y)'=x'y'$	⑯ $(xy)'=x'+y'$
다중부정	⑰ $(x')'=x$ (짝수부정)	⑱ $(x'')'=x'$ (홀수부정)
흡수법칙	⑲ $x+xy = x$ ⑳ $x+x'y = x+y$ ㉑ $x+xy' = x$	㉒ $x(x+y) = x$ ㉓ $x(x'+y) = xy$ ㉔ $x(x+y') = x$
Consensus 법칙	㉕ $x'y+xy'+xy = x+y$	㉖ $xy+xz+y'z = xy +y'z$

▣ **동일법칙**

하나의 변수나 변수들로 이루어진 부울 수식에 모두 적용된다.

F = AB′+C′D+AB′+C′D 부울 동일법칙을 보자.

- $F = AB'+C'D+AB'+C'D$
  $= AB'+AB'+C'D+C'D$(교환법칙)
  $= AB'+C'D$(동일법칙)

또는 $X = AB'+C'D$라고 하면

- $F = AB'+C'D+AB'+C'D$
  $= X+X = X = AB'+C'D$

○ 결합법칙 합동 회로 : $X+Y+Z = (X+Y)+Z = X+(Y+Z)$의 회로

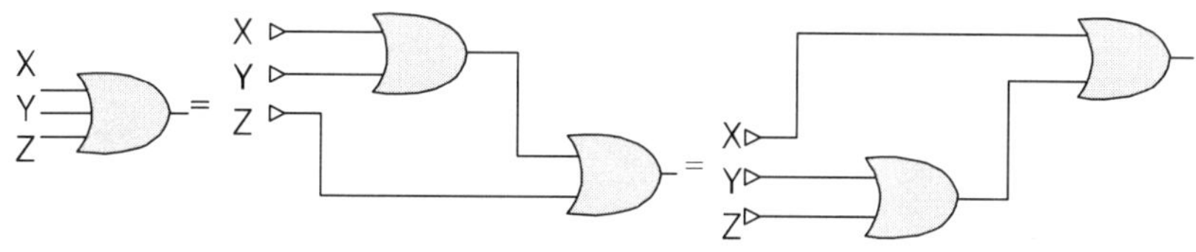

○ 분배법칙 증명 : ⑭ $x+yz=(x+y)(x+z)$의 증명

- $(x+y)(x+z) = x+yz$로 교환법칙 적용
- $(x+y)(x+z) = xx+xz+xy+yz$ 전식만 전개하면
- 동일법칙으로 $= x+xz+xy+yz$
- 항등법칙으로 $= \underline{x \cdot 1+xz+xy+yz}$
- 결합법칙으로 $= x(\underline{1+z+y})+yz$
- 항등법칙으로 $= \underline{x \cdot 1+}yz$
- 항등법칙으로 $= x+yz$가 되어
- $(x+y)(x+z) = x+yz$가 성립하고
- 교환법칙으로 $x+yz = (x+y)(x+z)$이다.

▣ **De Morgan 정리**

NOR와 NAND를 취급하는데 매우 중요하다. 이 정리를 3변수로 확장한 수식을 쌍대성 원리(부정하면 AND는 OR, OR는 AND로 전환 원리)에 의해 논리

식과 게이트 회로로 표현하면

$$(x+y+z)' = x'y'z' \qquad (xyz)' = x'+y'+z'$$

3변수 드모르간 정리를 그림 3-3과 같다.

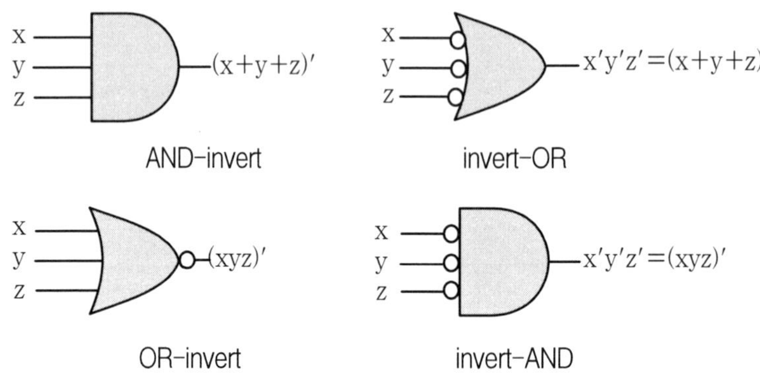

그림 3-3 확장 드몰간 정리(3변수)

▣ **흡수법칙**

⑲ x+xy = x을 벤다이어그램으로 증명하면 x+xy = x가 됨을 시각적으로 확인할 수 있다.

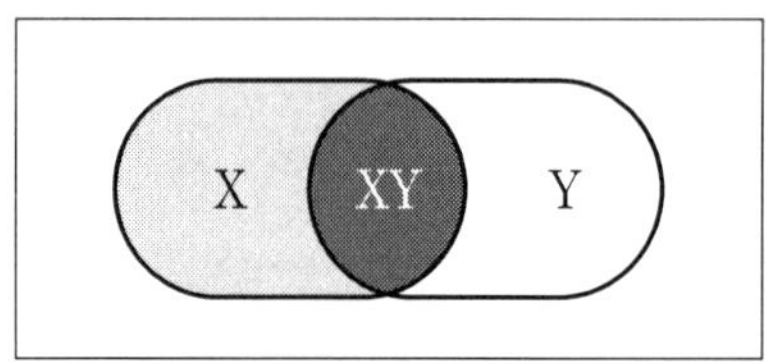

▣ **Consensus 법칙**

○ 2변수(x, y)에서 ㉕ x'y+xy'+xy = x+y 증명

- x'y+xy'+xy = x'y+xy'+xy+xy(동일법칙 역 적용)
- = x'y+xy+xy'+xy(뒤식의 교환법칙 적용)
- = y(x'+x)+x(y'+y)(결합법칙 적용)
- = y · 1+x · 1(보원법칙 적용)
- = y+x(항등법칙 저용)

- = x+y(교환법칙 적용)으로 좌우식이 같다는 것이 증명된다.

○ 3변수(x, y, z)에서 ㉖ xy+xz+y′z = xy +y′z 증명

- xy+xz+y′z =(앞 식에 항등법칙 적용)
- xy · 1+xz · 1+y′z · 1(보원법칙 적용)
- xy(z′+z)+xz(y′+y)+y′z(x′+x)(분배법칙 적용)
- xyz′+xyz+xy′z+xyz+x′y′z+xy′z(동일법칙 적용)
- xyz′+xyz+xy′z+x′y′z(결합법칙 적용)
- xy(z′+z)+(x+x′)y′z(보원법칙 적용)
- xy · 1+1 · y′z(항등법칙 적용)
- xy+y′z로 뒤 식과 같다는 것이 증명된다.

▣ **논리 회로 간략화**

부울대수는 디지털 논리 회로를 간단히 하는데 사용될 수 있다.

예제 EXERCISE

F=ABC+ABC′+A′C 부울대수로 나타낸 회로를 간략화 하여라.

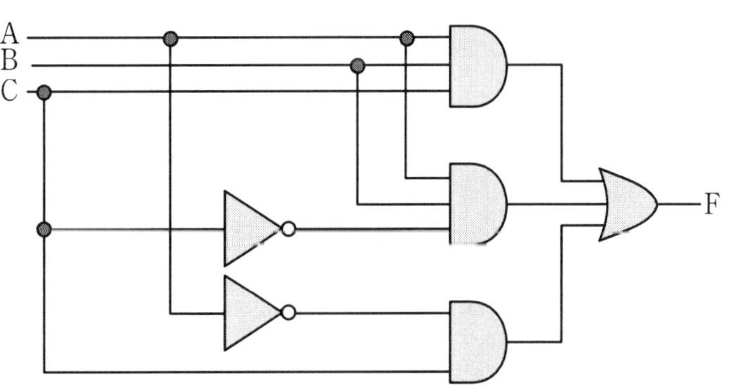

그림 3-4(a) F=ABC+ABC' +A'C 간략전 논리 회로

부울대수를 적용해 보면, 보원법칙으로 (C+C′)=1이고 ④의 항등법칙에 의해 AB · 1=AB이므로 이 식을 간소화하면

- F = ABC+ABC′+A′C
  = AB(C+C′)+A′C
  = AB · 1+A′C = AB+A′C

그림 3-4(a)의 6개의 게이트 논리 회로를 논리식의 간략화로 4개의 게이트만 최적화 논리 회로의 3-4(b)를 얻을 수 있다.

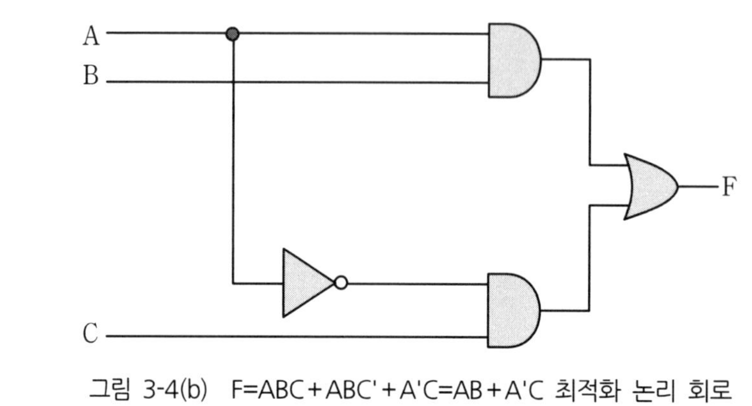

그림 3-4(b) F=ABC+ABC'+A'C=AB+A'C 최적화 논리 회로

▣ **수식의 보수**

수식 F의 보수는 De Morgan 정리의 쌍대성 원리로 OR 연산은 AND로 AND 연산은 OR로 바꾸어 각 변수의 보수화를 적용하면 된다.

De Morgan 정리의 확장 형태는 다음과 같다.

- (x1+x2+x3+...+xn)′ = x1′x2′x3′...x′n
- (x1x2x3....xn)′ = x1′+x2′+x3′+...+x′n

○ 게이트의 이중부정

- AND : F = $\overline{\overline{AB}}$ = $\overline{A'+B'}$
- OR : F = $\overline{\overline{A+B}}$ = $\overline{A'B'}$
- XOR : F= $\overline{\overline{A \oplus B}}$ = $\overline{A \odot B}$= $A \odot \overline{B}$

○ 수식의 보수 예 : De Morgan 정리를 이용하면

- F = A B+C′D′+B′D
- F′ = (A′+B′)(C+D)(B+D′)

○ 이중 부정 수식 : 긍정이 되므로 $\overline{\overline{F(1)}}$= $\overline{F(0)}$= F′(0) = F(1)과 같다.

- F(1)는 곱의 합식(SOP)이 구해지고 AND-OR 논리 회로가 구성된다.
- F′(0)은 합의 곱식(POS)이 구해지고 OR-AND 논리 회로가 구성된다.

예제 다음 진리치표에서 F(1)로 곱의 합식을 구하고 F'(0)으로 합의 곱식을 구하자.

A	B	F
0	0	0
0	1	1
1	0	1
1	1	0

곱의 합식 F(1) = 01+10(수식) = A'B+AB'(대수식)

합의 곱식 F'(0) = (00+11)'(수식) = (A'B'+AB)'(대수식)

= (A'B')'(AB)' = (A''+B'')(A'+B')

= (A+B)(A'+B') = (A'+B')(A+B)

F = A'B+AB'(곱의 합식) = (A'+B')(A+B)(합의 곱식)

3.1.4 카르노 맵(Karnaugh Map) 간략화

▣ 카르노 맵(Karnaugh Map)

진리표로부터 논리 표현식을 얻는다. 간략화된 논리 표현식은 여러 가지 규칙의 부울대수를 사용해서 간단히 만들 수 있으나 맵(map) 방법은 부울함수를 곧바로 간소화할 수 있다. 맵 방법에서는 Karnaugh 맵과 Veitch 다이어그램이 있다.

- 진리표에서 변수의 곱(문자의 곱)의 각 조합을 대수항 또는 민텀(minterm) 또는 최소항이(m)라 한다. n개의 변수가 있으면 2^n개의 민텀이 있게 된다. (예 : xy′z는 101의 문자 곱이므로 m5)
- 진리표에서 변수의 합(문자의 합)의 각 조합을 맥스텀(maxterm) 또는 최대항이(M)라 한다(문자의 부정이 1이다).
  (예 : xy′+z는 0+1+0의 합이므로 m2)

다음 진리치표에서 출력 F가 1이 되는 민텀항 만을 뽑은 Σ(1, 4, 5, 6, 7)은 민텀의 논리합을 의미한다. 논리식을 만들어보자.

민텀항	입력변수			출력	대수항
m	x	y	z	F	xyz
0	0	0	0	0	0
1	0	0	1	1	x′y′z
2	0	1	0	0	0
3	0	1	1	0	0
4	1	0	0	1	xy′z′
5	1	0	1	1	xy′z
6	1	1	0	1	xyz′
7	1	1	1	1	xyz

F가 1인 민텀항의 합을 식으로 나타내면
F(x, y, z) = Σ m (1, 4, 5, 6, 7)
민텀항식 = m1+m4+m5+m6+m7
부울수식 = 001+100+101+110+111
대수식 = x′y′z+xy′z′+xy′z+xyz′+xyz

○ 카르노 맵 표현 : {2, 3 및 4}개 변수를 갖는 함수의 맵을 그림 3-5는 표시한 것이다.

- 맵은 2^n개의 사각형으로 이루어지고,
- 논리 표현식의 출력이 1이 될 때 해당 민텀항의 구역에 1을 넣고,

- 출력이 0이 될 때에는 해당 민텀항의 구역에 0을 넣거나 공백으로 놓아둔다.
- 구역 안의 숫자는 진리표의 위에서부터 몇 번째의 민텀인가를 보이는 숫자(민텀 번호) 0부터 시작하여 0, 1, 2 …를 넣는다.

○ 대수항 간략화 : 진리표에 표시되는 부울함수는 그 함수의 값이 1이 되는 민텀을 해당되는 구역에 1로 넣고 2^n개씩 사각형으로 묶는다.

- 인접 구역의 1을 수직 수평으로 중복되어도 가능한 크게 묶는데,
- 단 2, 4, 8개씩, 즉 2^n개씩 사각형으로 묶는다.
- 묶어낸 각각의 그룹은 대수항을 표시하고
- 대수항의 논리합(OR)을 식으로 표현한다.

○ 대수항 표현 : 카르노맵은 2^n개 사각형으로 묶이서

2변수 : 2개 항은 1개 변수로 표현

3변수 : 4개 항은 1개 변수, 2개항은 2개 변수로 표현

4변수 : 8개 항은 1개 변수, 4개항은 2개 변수 2개 항은 3개 변수로 취급

대수항은 BC가 10, 11일 때는 B는 모두 1이고 C는 0과 1로 상쇄되어 10(BC′), 11(BC)은 BC′+BC = B(C′+C) = B・1 = B의 대수항이 된다.

A \ B	B'(0)	B(1)
A′(0)	A′B′(00) = (m0)	A′B(01) = (m1)
A(1)	AB′(10) = (m2)	AB(00) = (m3)

(a) 2변수 맵

A \ BC	00	01	11	10
0	000 (m0)	001 (m1)	011 (m3)	100 (m2)
1	100 (m4)	101 (m5)	111 (m7)	110 (m6)

(b) 3변수 맵

AB \ CD	00	01	11	10
00	m0	m1	m3	m2
01	m4	m5	m7	m6
11	m12	m13	m15	m14
10	m8	m9	m11	m10

(c) 4변수 맵

그림 3-5 {2, 3, 4} 변수 카르노맵

F(A, B, C) = Σ(3, 4, 6, 7) 부울함수를 간단히 해보자.

F 함수는 세 개의 변수 (A, B, C)를 갖고 있고, 출력이 1이 되는 민텀 번호는 (3, 4, 6, 7)이다. 이를 Karnaugh 맵으로 표시하면 그림 3-6과 같이 민텀을 묶은 결과는 대수항은 AC′와 BC가 된다. 두 개의 묶음의 대수항의 논리합을 취하여 간소화된 논리식(F)는

- F = BC+AC′

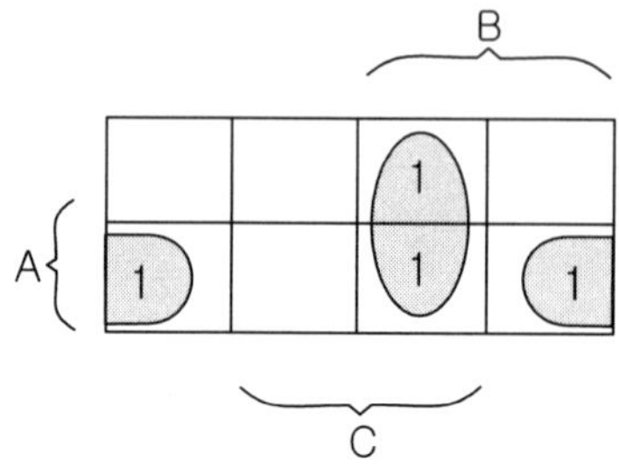

그림 3-6 3변수 Karnaugh 맵

F(A, B, C) = Σ(0, 2, 3, 6, 7) 부울함수를 간단히 해보자.

- F = AC′+B

	B′C	B′C	BC	BC′	
A	1		1	1	AC′
A′			1	1	B

F(A,B,C) = Σm(0, 1, 3, 4, 6, 7)의 두가지식으로 간략화 해보자.

- F = Y′Z′+XZ+X′Y = XY′+YZ+X′Z′+X′Z′

	X′Z′	Y′Z	YZ	YZ′
X	1	1	1	0
X′	1		1	1

F=Y′Z′+XZ+X′Y

=

	X′Z′	Y′Z	YZ	YZ′
X	1	1	1	0
X′	1		1	1

F=XY′+YZ+X′Z′+X′Z′

F(A,B,C,D) = ∑m(1, 2, 3, 4, 5, 7, 9, 10, 11, 12, 13, 15)를 간략화 해보자.

• F = D+BC′+B′C

	C′D′	C′D	CD	CD′
A′B′		1	1	1
A′B	1	1	1	
AB	1	1	1	
AB′		1	1	1

1) 논리합의 논리곱

▣ SOP와 POS 논리식

앞의 예에서 맵으로부터 유도한 부울함수는 논리곱의 논리합(SOP : sum of products)의 논리식이다. 논리곱(product)은 AND항이고 합(sum)은 OR항이다.

○ POS식 구하기 : 논리합의 논리곱(POS : product of sums) 논리식을 구할 경우에는 함수가 0이 되는 민텀의 구역에 0을 넣고 인접한 0을 크게 묶는다. 이러한 방법으로 얻은 결과는 F′가 되므로 De Morgan 정리에 의하여 F(1) = F′(0)를 얻는다.

F(A, B, C, D)=Σ (0, 1, 2, 5, 8, 9, 10) 부울함수를 (a) SOP, (b) POS의 형식으로 간단히 해보자.

	$\overline{C}\overline{D}$	$\overline{C}D$	CD	$C\overline{D}$
$\overline{A}\overline{B}$	1	1	0	1
$\overline{A}B$	0	1	0	0
AB	0	0	0	0
$A\overline{B}$	1	1	0	1

그림 3-7 4변수 Karnaugh map 간략화

4변수 맵에 F식의 민텀에는 1을 민텀이 아닌 구역에 0을 넣고 1을 크게 묶어서 간소화시킨 결과는

• F = A′D′+B′C′+A′C′D

4변수 맵에 F식의 민텀에는 1을 민텀이 아닌 구역에 0을 넣고 1을 크게 묶어서 간소화시킨 결과는

- F = A′D′+B′C′+A′C′D

0을 크게 묶어서 간소화시킨 결과는

- F′ = AB+CD+BD′

De Morgan 정리에 의해서 보수 양변을 부정하면

- F = (A′+B′)(C′+D′)(B′+D)

위의 예에서 두 가지 방식으로 얻은 결과 표현식을 회로로 표시하면 아래 그림과 같이 SOP식은 AND-OR 회로로 POS식은 OR-AND 회로가 된다.

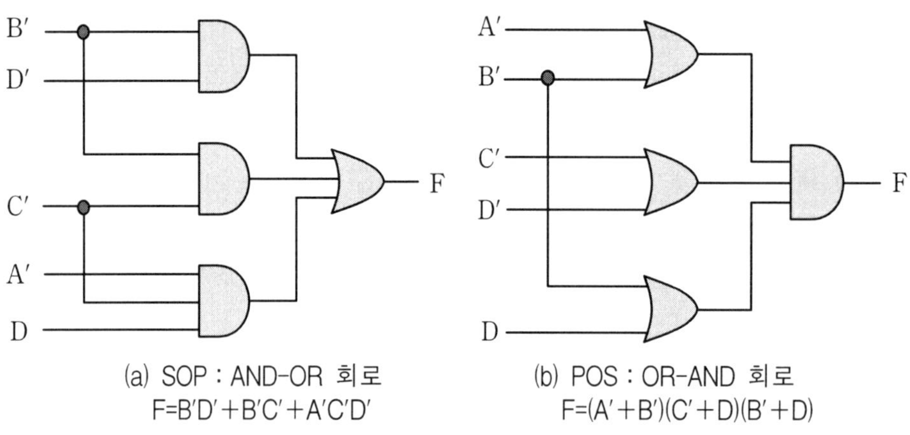

그림 3-8 논리합식과 논리곱식의 회로

2) NAND, NOR 만능구성

▣ NAND의 만능화

그림 3-8(a)의 SOP의 AND-OR의 논리 회로에서 1단의 AND 게이트 출력에 이중 부정하면 긍정이 되므로 NAND 게이트로 바꾸고 2단은 드모르간 정리에 의해 출력을 3입력 NAND로 고치면 그림 3-9(a)의 NAND화 회로로 변경할 수 있다.

▣ NOR의 만능화

그림 3-8(b)의 POS의 OR-AND의 논리 회로에서 1단의 OR 게이트 출력에 이중 부정의 원리로 NOR 게이트로 바꾸고 2단은 드모르간 정리에 의해 출력

을 3입력 NOR로 고치면 그림 3-10(b)의 NOR화 회로로 변경할 수 있다.

- NAND나 NOR의 만능 구성 : 그림 3-8(a), (b)는 그림 3-9와 같이 (a)는 NAND, (b)는 NOR의 게이트들만의 회로가 구성된다. 모든 논리 회로는 이처럼 NAND나 NOR만의 회로로 구성할 수 있는데 이것을 NAND나 NOR의 만능 구성 블록이라 한다.
- NAND나 NOR의 잡음제거 기능 : NAND나 NOR만의 논리 회로 출력에 인버터는 다단 접속에서 잡음을 제거하는 기능을 갖기 때문에 대형 다단 논리 회로는 NAND만의 회로로 설계하고 NAND게이트만으로 구현하는 것을 많이 사용한다.

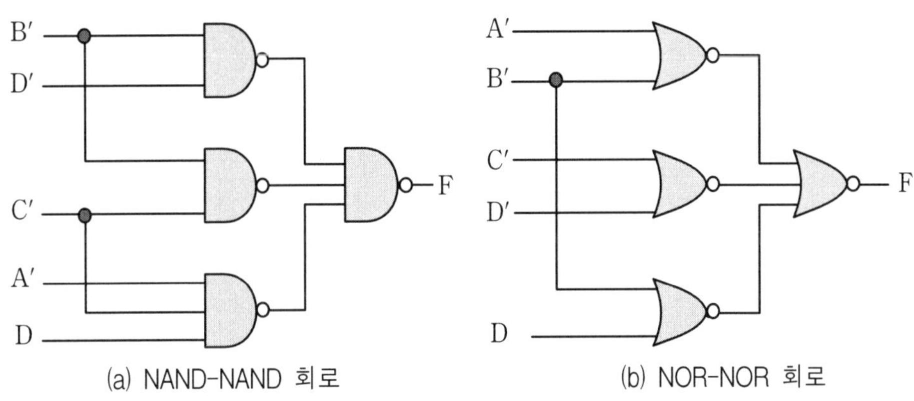

그림 3-9 NAND와 NOR의 회로

3) Don't Care 조건

▣ don't care

맵의 민텀 구역에는 1이나 0이 들어가는데 1, 0이 되거나에 관계없이 같은 출력함수 d(X)의 값을 갖는 경우가 있다. 이러한 don't care를 맵에서는 X로 집어넣고 간소화시키기 위하여 묶는데 편리하고 유리한 방향으로 1로 보거나 0으로 본다.

다음 2식의 부울함수를 한식으로 간소화 해보자.

- 민텀항 조건식 : $F(1) = F(A, B, C) = \Sigma(0, 2, 6)$
- don't care 조건 : $d(X) = d(A, B, C)=\Sigma(1, 3, 5)$이다.

만약 don't care X를 전부 0으로 생각하여 묶으면

- F = A'C'+BC'

가 되는데 카르노 맵에서 한 묶음 안에 들어간 don't care X를 1로 봄으로써 네 개의 민텀을 A'로 크게 묶을 수 있게 된다. 간소화된 표현식 결과 한 묶음 안에 들어간 X를 1로 유리하게 보면 표현식이 더욱 간단하여 최적화할 수 있다.

- F = A'+BC'

	00	01	11	10	
0	1	X=1	X=1	1	← A'
0	0	X=0	0	1	← BC'

3.2 조합 논리 회로

3.2.1 조합 논리

▣ 논리 회로 종류

디지털 시스템에 대한 논리 회로는 조합적이거나 순서적인 것일 수 있으므로 조합 논리 회로와 순서 논리 회로가 있다.

- ○ 조합 회로 : 현재의 출력은 이전의 입력과는 관계없이 현재의 입력조합에 의해서 직접 결정되는 논리 회로로 기억 능력(FF 회로)을 가지지 않는 회로이다. 조합 논리는 입력변수, 논리 게이트 그리고 출력 변수로 이루어져 있다. 논리 게이트는 입력으로부터 신호를 받아 신호를 생성하여 출력에 보낸다. 조합 논리 회로에 대한 진리표는 입력란과 출력란으로 구성되며 n개의 2진 입력과 m개의 2진 출력으로 구성된다. 논리 회로도는 게이트의 연결 형태를 그림으로 나타내며 출력 신호는 입력 신호에 대해서 부울함수로 나타낸다.

3.2.2 가감산기 구현

▣ 산술 연산(arithmetic operation)의 조합 회로 구현

디지털 컴퓨터에서 처리하는 산술 연산(arithmetic operation)중 가장 기본적으로 수행하는 것은 비트의 덧셈과 뺄셈이다.

1) 가산기(Adders)

▣ 가산기

덧셈을 수행하는 조합 논리 장치로 두 비트의 덧셈 연산은 4가지 경우로 0+0=0, 0+1=1, 1+0=1, 1+1=10에서 처음 세 경우는 한 비트의 합(sum), 네 번째 결과는 두 비트 연산 2비트로 연산된다. 2비트 중 앞자리는 올림수(carry)이다. 출력에 합(sun)과 올림수(carry) 출력을 갖는 논리 회로를 가산기라 한다.

▣ 가산기(Adders) 종류

두 비트의 입력만을 더하는 경우와 바로 전의 숫자에서 발생된 자리 올림수까지 포함해서 연산하는 3개의 비트를 더하는 가산기가 있다.

- ❍ 반가산(HA)기 : 자리올림 입력이 없는 2 비트 가산 장치로 2개의 입력과 2개의 출력을 갖는 조합 회로이다.
  - HA 입력은 A, B
  - HA 출력은 C, S
- ❍ 전가산기(FA) : 전의 입력에서 자리올림(carry)이 발생한 3비트 가산 장치로 3개의 입력과 2개의 출력을 갖는 조합 회로이다.
  - FA 입력은 A, B, C
  - FA 출력은 C, S
  - FA 심볼

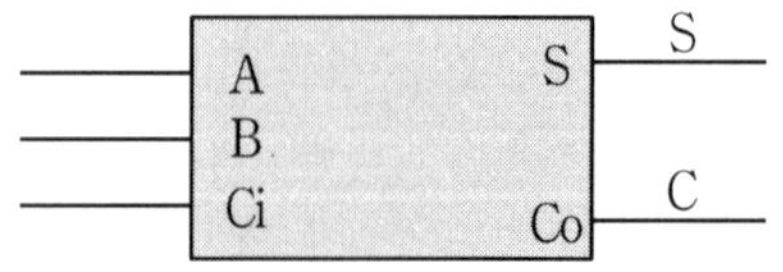

2) 반가산기(HA : Half Adder)

▣ 반가산기 설계

두 비트의 덧셈 결과 올림수를 고려하지 않는 가산기를 반가산기라 한다.

- 논리 회로는 2개의 2진 입력과 2개의 2진 출력을 가지는 2bit 덧셈기이다. 입력 변수는 피가수(augend)와 가수(addend)를 나타내며, 출력 변수는 합(s)과 올림수(c)를 의미한다.
- 입력 변수에는 피가수와 가수를 나타내는 문자 x, y를 사용하며,
- 출력 변수에는 올림수와 합을 나타내는 C(2^1), S(2^0)를 사용한다.

○ 반가산기의 설계, 진리치표, 논리식, 논리 회로는 그림 3-10과 같다. 진리표로 나타내면 다음과 같다.

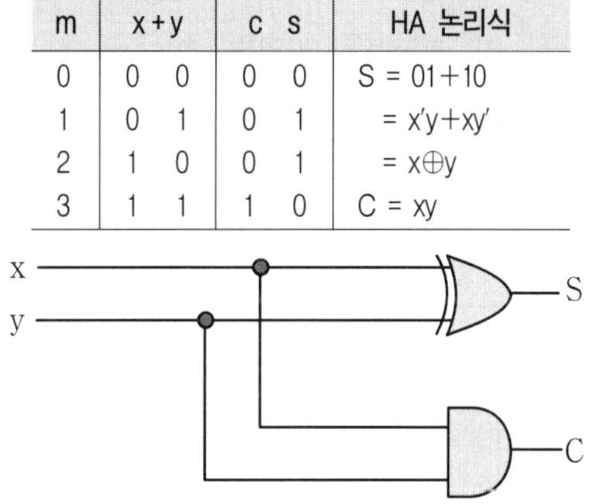

m	x+y		c s		HA 논리식
0	0	0	0	0	S = 01+10
1	0	1	0	1	= x'y+xy'
2	1	0	0	1	= x⊕y
3	1	1	1	0	C = xy

그림 3-10 반가산기의 진리치표와 조합 논리 회로 구현

3) 전가산기(FA : Full Adder)

▣ 전가산기 설계

전가산기는 3개의 입력과 2개의 출력으로 구성되며,

- 입력 변수 x와 y는 덧셈을 수행하여 현재 위치의 비트를 나타내며
- 입력 변수 z는 밑의 자리에서 발생하여 올라오는 캐리이고
- 출력 중 c는 다음 자리로 올라가는 캐리이다.

표 3-3 전가산기 진리표

m	x+	y+	z	c	s	FA 논리식
0	0	0	0	0	0	• S = $\sum$ m (1, 2, 4, 7)
1	0	0	1	0	1	• C = $\sum$ m (3, 5, 6, 7)
2	0	1	0	0	1	
3	0	1	1	1	0	
4	1	0	0	0	1	
5	1	0	1	1	0	
6	1	1	0	1	0	
7	1	1	1	1	1	

진리표에서 카르노 맵을 이용하여 그림 3-11에서 간소화된 논리식을 구하고 논리식을 논리 회로도로 표현한 FA 회로는 그림 3-12이다.

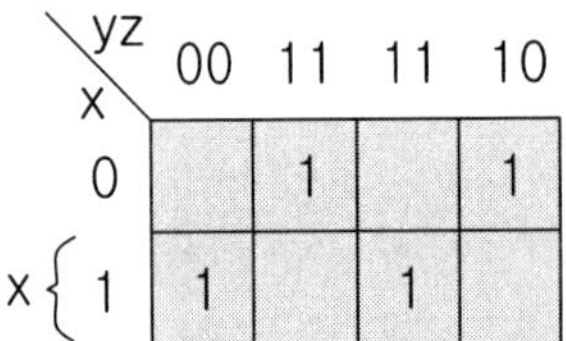

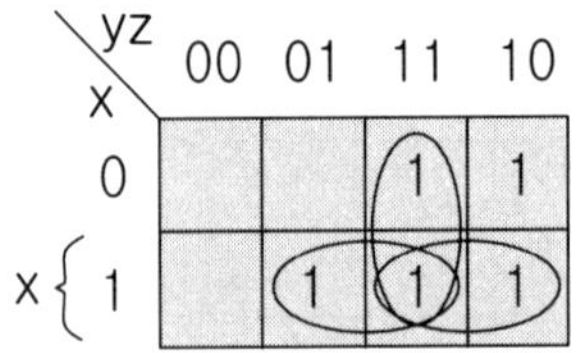

그림 3-11 전가산기 맵

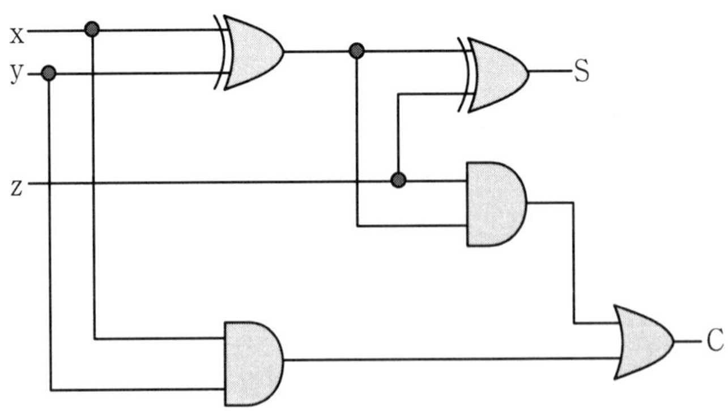

그림 3-12 전가산기의 논리 회로

▣ HA로 FA 설계

FA=2HA+OR로 2개의 반가산기와 하나의 OR 게이트로도 나타낼 수 있는 FA 논리 회로는 그림 3-13과 같다.

출력 S는 두 번째 반가산기의 출력으로, 첫 번째 반가산기의 출력과 z를 배타적-OR한 것으로 구성할 수 있다.

- 출력 S = Σ m (1, 2, 4, 7)
- S = x′y′z+x′yz′+xy′z′+xyz
  - = x′yz′+xy′z′+x′y′z+xyz
  - = (x′y+xy′)z′+(x′y+xy′)′z
  - = (x⊕y)z′+(x⊕y)′z
  - = (x⊕y)⊕z
- 올림수 C = Σ m (3, 5, 6, 7)
- C = x′yz+xy′z+xyz′+xyz
  - = (x′y+xy′)z+xy(z′+z)
  - = (x ⊕ y)z+xy

또는

- C = x′yz+xy′z+xyz′+xyz
  - = xy+yz+xz

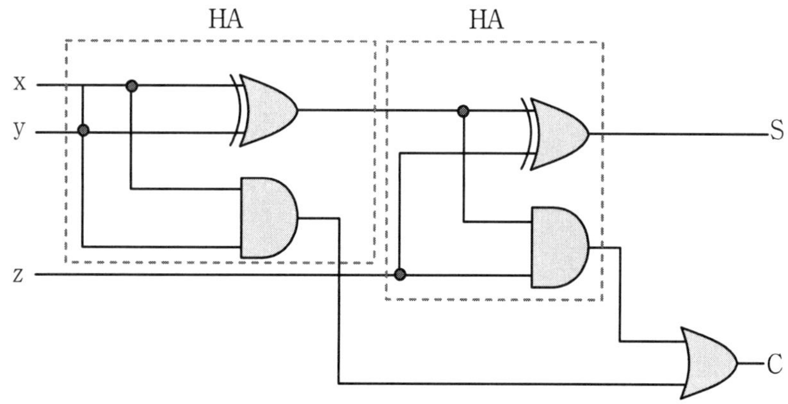

그림 3-13 HA를 이용한 FA의 설계

4) 감산기(Subtractor)

▣ 감산기 설계

뺄셈을 수행하는 조합 논리 장치로 뺄셈은 보수를 취하여 피감수에 덧셈으로 수행한다. 감산은 가산기 또는 감산기로 할 수 있다. 출력에 차(difference)과 빌림수(borrow) 출력을 갖는 논리 회로이다.

- 두 2진수의 뺄셈은 감수의 보수를 구하여 그 값을 피 감수에 더하여 구할 수 있다.
- 뺄셈을 하는 감산기를 이용하여 뺄셈을 할 수도 있다.
- 두 2진수의 뺄셈은 0 − 0 = 0, 10 − 1 = 1, 1 − 0 = 1, 1 − 1 = 0인데 두번째 0−1을 수행할 수 없기 때문에 빌림수(borrow)가 필요하다.

○ 반감산기 : 입력 2 비트에서만 감산을 하는 논리 회로이다.

○ 전감산기 : 바로 전의 수행 단계에서 빌려준 1을 고려한 3비트 감산기 논리 회로이다.

5) 반감산기(HS : Half Subtractor)

▣ 반감산기 설계

반감산기는 두 비트의 뺄셈을 수행하는 조합 회로로서 두 비트의 뺄셈을 수행하여 결과를 D로 출력으로 나타내고 전 단계에서 1을 빌림수의 여부를 B로 표시한다.

- x는 피감수 비트 y는 감수 비트를 나타낸다.
- x−y에서 x≥y이면 가산기의 경우와 같이 0−0=0, 1−0=1, 1−1=0의 계산이 가능하며 이를 차(difference)라 한다.
- x<y이면 0−1 계산은 앞자리 수를 빌려와 10−1=1로 계산되며 이 경우 빌림수(borrow)가 발생하였다.

▣ 반감산기의 설계

진리표와 논리식은 표 3-4와 같다.

표 3-4 반감산기 진리표

m	x − y	B D	HS 논리식
0	0 0	0 0	• D = 01+10
1	0 1	1 1	= $x'y+xy' = x\oplus y$
2	1 0	0 1	• B = $x'y$
3	1 1	0 0	

6) 전감산기(FS : Full Subtractor)

▣ 전감산기 설계

전감산기는 바로 전의 수행에서 빌려 준 1을 고려해 두 비트 뺄셈을 수행하는 조합 회로이다.

- x, y 두 개는 각각 입력 데이터이고
- z는 전에 밑의 자리에 빌려준 비트이다.
- 출력 D(Difference)는 차를 의미한다.
- B는 빌림수(Borrow)로서 위의 자리로부터 빌린 것을 의미한다.

표 3-5 감산기 진리표

m	x	-y	-z	B	D	FS 논리식
0	0	0	0	0	0	• $D = \Sigma m(1, 2, 4, 7)$
1	0	0	1	1	1	• $B = \Sigma m(1, 2, 3, 7)$
2	0	1	0	1	1	
3	0	1	1	1	0	
4	1	0	0	0	1	
5	1	0	1	0	0	
6	1	1	0	0	0	
7	1	1	1	1	1	

- 차 : $D = \Sigma m(1, 2, 4, 7)$
- $D = x'y'z+x'yz'+xy'z'+xyz$
  $= (x'y+xy')z'+(xy+x'y')z$
  $= (x'y+xy')z'+(x'y+xy')'z$
  $= (x\oplus y) \oplus z$
- 빌림수 : $B = \Sigma m(1, 2, 3, 7)$
- $B = x'y'z+x'yz'+x'yz+xyz$
  $= x'y+x'z+yz$

또는

- $B = x'y'z+x'yz'+x'yz+xyz$
  $= z(x'y'+xy)+x'y(z'+z)$
  $= z(x \oplus y)'+x'y$

3.2.3 디코더(Decoder)

▣ 디코더(Decoder)

2진 입력정보를 10진 코드 형식으로 출력하는 디지털 논리 회로이다.

- n비트의 2진 코드는 2^n개의 서로 다른 코드화된 정보를 표현한다.
- 2진수의 n개의 입력 조합에 따라 2진 정보를 최대 2^n개의 출력선이 하나로만 동작하도록 만든 회로이다.

○ 2×4 디코더 : 2개의 입력이 4개의 AND 게이트로 각각 민텀 중 하나를 선택하여 출력으로 해독되며, 각 출력은 2개 입력 변수의 민텀 중 하나를 나타낸다. 디코더는 입력은 2진수, 출력은 4진수로 2진-4진 변환기로 응용된다.

표 3-6 2×4 디코더에 대한 진리표

민텀항	입력		출력				출력
m	x	y	D_0	D_1	D_2	D_3	논리식
0	0	0	1	0	0	0	• $D_0 = x'\ y'$
1	0	1	0	1	0	0	• $D_1 = x'\ y$
2	1	0	0	0	1	0	• $D_2 = x\ y'$
3	1	1	0	0	0	1	• $D_3 = x\ y$

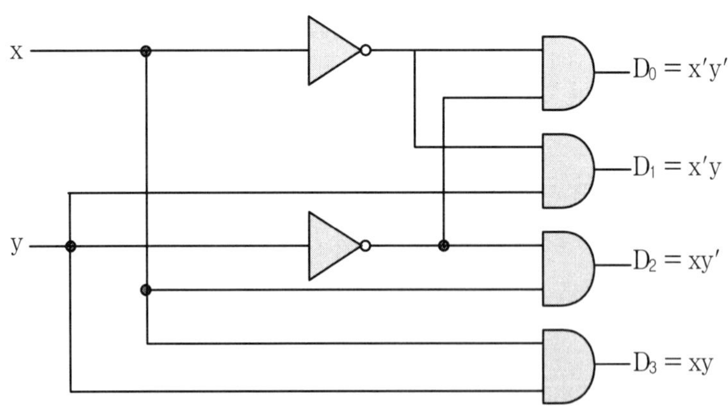

그림 3-14 2×4 디코더의 논리 회로

3.2.4 엔코더(Encoder)

▣ 엔코더(Encoder)

엔코더는 디코더의 역 기능을 수행하는 조합 논리 회로이다.

- 2^n개 이하의 입력선과 n개의 출력선을 갖는다.
- 엔코더는 디코더와 반대로 10진 입력을 2진 변환하여 출력하는 조합논리 회로이다.

❍ 4×2 엔코더 : D_0~D_3입력에 출력 $A=D_2D_3$, $B=D_1D_3$의 논리식이 된다.

❍ 8×3 엔코더 : 8개의 숫자에 대하여 8개의 입력과 그에 해당하는 2진수를 출력하는 3개의 출력선으로 이루어진다. 엔코더는 OR 게이트로 구성되며 이 OR 게이트의 입력은 표 3-7의 진리치표로부터 결정된다.

표 3-7 8×3 엔코더 진리치표

	입력								출력			8x3엔코더
m	D_0	D_1	D_2	D_3	D_4	D_5	D_6	D_7	x	y	z	논리식
0	1	0	0	0	0	0	0	0	0	0	0	
1	0	1	0	0	0	0	0	0	0	0	1	• $x = D_4D_5D_6D_7$
2	0	0	1	0	0	0	0	0	0	1	0	
3	0	0	0	1	0	0	0	0	0	1	1	
4	0	0	0	0	1	0	0	0	1	0	0	• $y = D_2D_3D_6D_7$
5	0	0	0	0	0	1	0	0	1	0	1	
6	0	0	0	0	0	0	1	0	1	1	0	• $z = D_1D_3D_5D_7$
7	0	0	0	0	0	0	0	1	1	1	1	

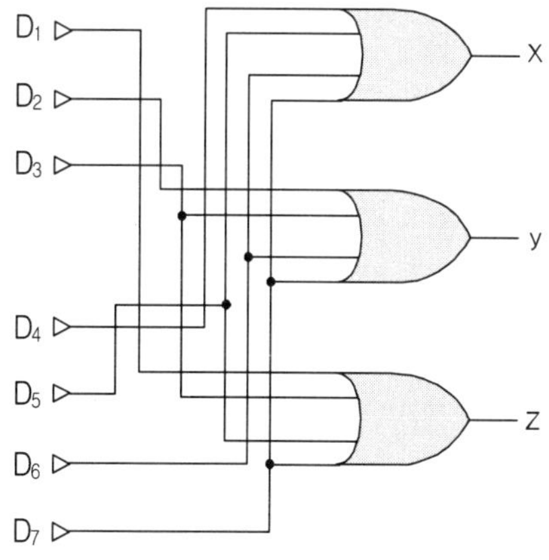

그림 3-15 8×3 엔코더 논리 회로

3.2.5 멀티플렉서(Multiplexer)

▣ 멀티플렉서(Multiplexer)

멀티플렉서는 많은 정보 단위를 보다 적은 채널이나 선으로 전송시키는 데이터 선택하는데 디지털 멀티플렉서는 많은 입력선 중에서 어느 하나를 선택하여 출력선에 실어 주는 기능을 수행하는 조합 논리 회로이다.

- 2^n개의 입력선과 n개의 선택선(S), 단 1개의 출력선이 멀티플렉서를 구성한다.

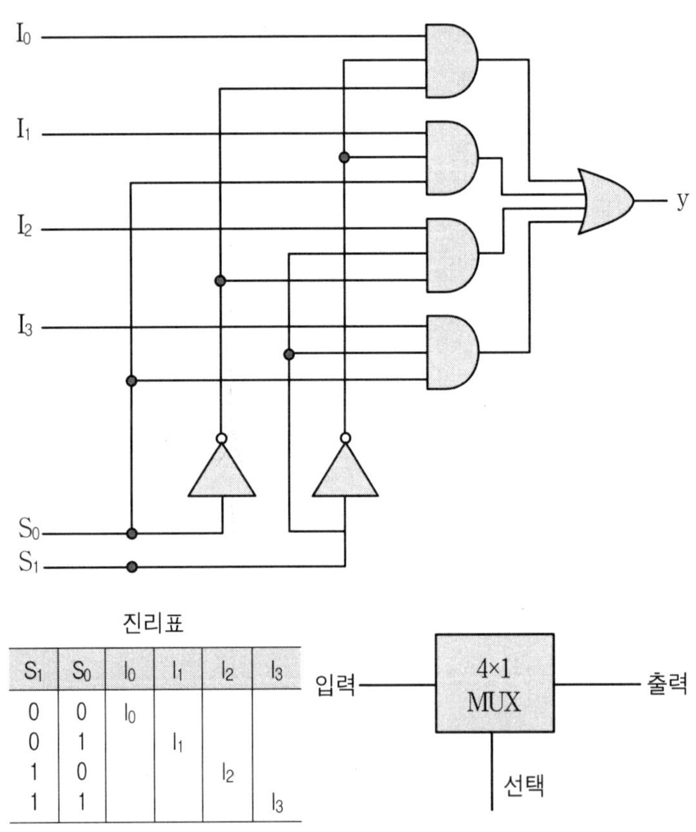

S1	S0	I0	I1	I2	I3
0	0	I0			
0	1		I1		
1	0			I2	
1	1				I3

그림 3-16 4×1 멀티플렉서

▣ 4×1 MUX 설계

4개의 입력선 I_0, I_1, I_2, I_3가 각각 2×4 데코더의 4개의 AND 게이트에 입력되고, 선택된 S_0와 S_1이 해독되어 하나의 AND 게이트가 선택되며 연결된 입력이 하나의 OR게이트로 출력된다.

- $Y = I_0S_1'S_0' + I_1S_1'S_0 + I_2S_1S_0' + I_3S_1S_0$

3.2.6 디멀티플렉서(Demultiplexer)

▣ 디멀티플렉서(Demultiplexer) 설계

디멀티플렉서란 하나의 선으로부터 정보를 받아 이 정보를 2^3개의 출력선 중 어느 하나에 보내어 주는 데이터 분배 회로이다.

- 디멀티플렉서의 입출력선의 관계는 1×2^3이고 제어 신호(S)를 이용해 입력 신호를 원하는 출력 선에 보낼 수 있다.

▣ MUX

멀티플렉서 1개와 디멀티플렉서 1개를 1 채널 MUX라 하고 출력이 1이면 멀티플렉서, 입력이 1이면 디멀티플렉서가 된다.

- 4×1 MUX는 출력이 1이므로 4×1 멀티플렉서
- 1×4 MUX는 입력이 1이므로 1×4 디멀티플렉서

○ 1×4 MUX 설계

- $D_0 = E \cdot S_1'S_0'$
- $D_1 = E \cdot S_1'S_0$
- $D_2 = E \cdot S_1S_0'$
- $D_3 = E \cdot S_1S_0$

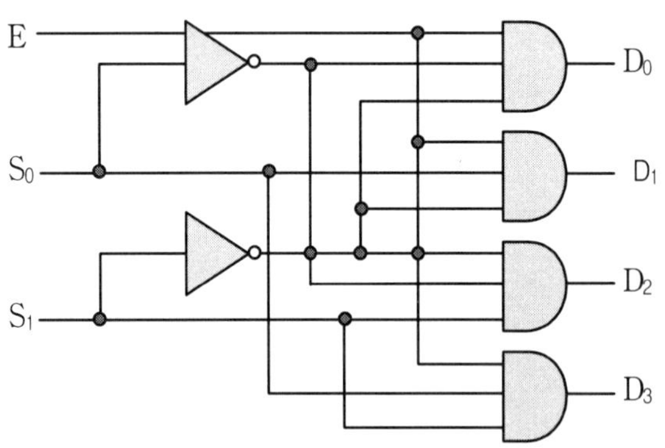

진리표

S_1	S_0	D_0	D_1	D_2	D_3
0	0	E	0	0	0
0	1	0	E	0	0
1	0	0	0	E	0
1	1	0	0	0	E

그림 3-17 1×4 디멀티플렉서

3.2.7 비교 회로(Comparator)

▣ 1비트 비교 회로(Comparator)

비교 회로는 2진수의 대소 관계를 비교하여 출력하는 회로이다.

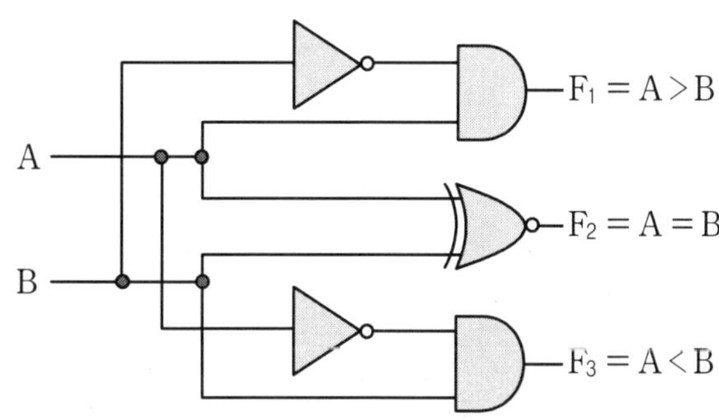

그림 3-18 1 비트 비교 회로

표 3-8 비교 회로의 진리표

입 력		출 력		
		F_1	F_2	F_3
A	B	A=B	A>B	A<B
0	0	1	0	0
0	1	0	0	1
1	0	0	1	0
1	1	1	0	0

비교 회로 그림 3-18에서 동작 원리를 비교식으로 나타내면

- F_1 = 1, if A = B
- F_2 = 1, if A > B
- F_3 = 1, if A < B

3.2.8 패리티 회로(Parity Circuit)

▣ 패리티 회로

비트의 부호가 짝수 개의 1을 가지면 짝수 패리티, 홀수 개의 1을 가지면 홀수 패리티라고 한다. 2진수에서 1의 총수가 우수인지 기수인지를 구분하는 회로로 송신측의 패리티 발생(Parity Generator) 회로와 수신측의 패리티 체크(Parity Check) 회로가 있다.

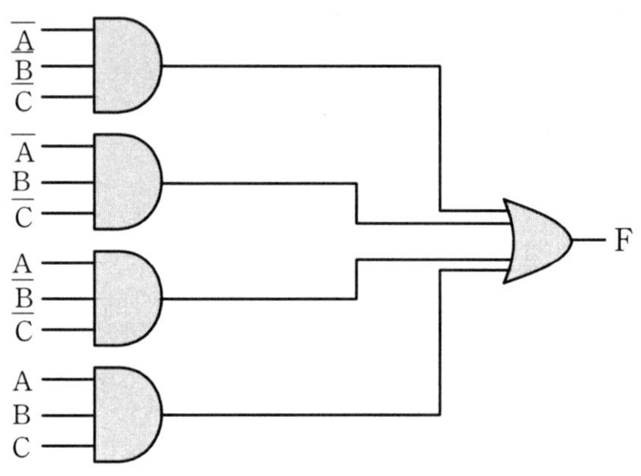

그림 3-19 패리티 체크 회로

- 3 변수 A, B, C에서 1의 수가 기수가 되는 3비트 기수 패리티 체크 회로는 (001, 010, 100, 111)인 경우로
- F = $\sum$ m (1, 2, 4, 7) 논리식은
- F = $A'B'C+A'BC'+AB'C'+ABC = A \oplus B \oplus C$가 되어
- F식은 송신측 3비트 홀수패리티 발생 회로 출력 F가 1이면 홀수가 입력되는 것을 확인할 수 있다.
- 송신측 3비트 홀수패리티 발생 회로의 F, A, B, C를 다 송신하면 수신측에서 4비트 짝수 패리티 체크 회로가 된다.

3.2.9 Gray/binary code 변환기 회로

■ gray/binary code converter

gray 코드란 카르노 맵에서 이웃하는 변수 값과 1비트만 다른 코드로 각도를 나타내는데 사용한다. gray를 binary로 변환하기 위한 논리 회로는 그림 3-20(a)이고 (b)는 binary 코드를 gray 코드로 변환하기 위한 회로이다.

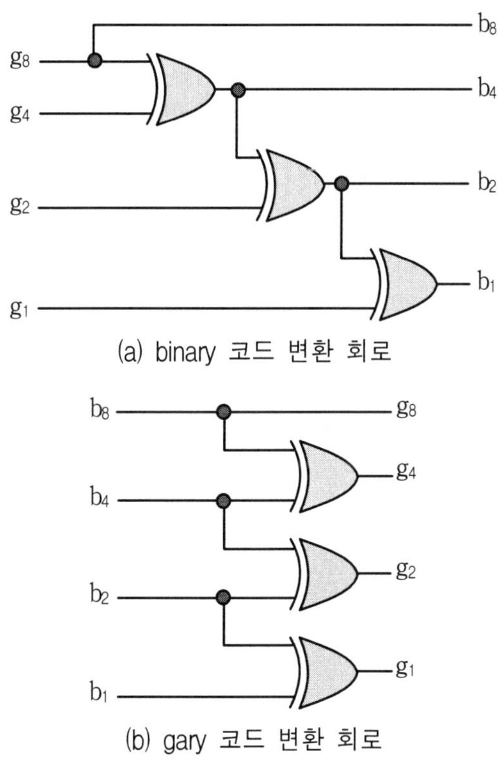

그림 3-20 gray/binary 변환기 회로

표 3-9 gray와 binary 코드

Value	Gray Code				Binary Code			
	g_8	g_4	g_2	g_1	b_8	b_4	b_2	b_1
0	0	0	0	0	0	0	0	0
1	0	0	0	1	0	0	0	1
2	0	0	1	1	0	0	1	0
3	0	0	1	0	0	0	1	1
4	0	1	1	0	0	1	0	0
5	0	1	1	1	0	1	0	1
6	0	1	0	1	0	1	1	0
7	0	1	0	0	0	1	1	1
8	1	1	0	0	1	0	0	0
9	1	1	0	1	1	0	0	1
10	1	1	1	1	1	0	1	0
11	1	1	1	0	1	0	1	1
12	1	0	1	0	1	1	0	0
13	1	0	1	1	1	1	0	1
14	1	0	0	1	1	1	1	0
15	1	0	0	0	1	1	1	1

3.3 순차 논리 회로(Sequential Circuit)

▣ 순차 회로(Sequential Circuit)

게이트들로만 구성된 조합 회로에 기억소자인 플립플롭(FF)들을 연결한 것으로 플립플롭이 포함된 회로를 순차 회로라 한다.

- ○ 조합 회로 : 게이트들만의 조합 회로로 현재의 입력 변화에 의해서만 다음 상태의 출력이 결정되는 논리 회로이다.
- ○ 순차 회로 : 현재의 입력뿐만 아니라 전 상태의 입력 신호와 조합 회로의 현재 입력에 의해서 출력이 결정되는 회로로 조합 회로와 기억 기능을 갖는 플립플롭(FF)이나 레지스터 장치들로 구성되는 논리 회로이다.

▣ 순차 회로 종류

동기여부에 따라 동기식, 비동기식 순차 회로가 있다.

- ○ 동기 순차 회로(synchronous sequential circuits) : 신호의 타이밍(timing)에 따라서 각 시간의 순간마다 들어오는 클록 펄스(clock pulse)에 의해 일률적으로 동작 및 제어하는 순차 회로이다.
- ○ 비동기 순차 회로(asynchronous sequential circuits) : 클록 펄스가 필요 없이 입력 순서에 의해 시간에 관계없이 어떠한 시각에도 변화 가능한 순차 회로이다. 비동기 순차 회로에 작용되는 메모리 요소는 시간 지연 장치로 시 신호가 각 소자(cell)에 전달되는 데는 어느 정도의 시간이 필요하기 때문이다.

3.3.1 플립플롭(Flip-Flop)

▣ 플립플롭(Flip-Flop)

순차 회로의 간단한 형태로 1비트 기억소자로 출력이 플립 Q와 플롭 Q′로 표시되며 출력은 Q+Q′=1로 항상 보수관계이다. 플립플롭의 동작은 두 가지로 논리 1(QQ′=10) 또는 논리 0(QQ′=01) 중에서 무기한으로 오랜 시간 동안 어느 한쪽 상태를 유지할 수 있는 쌍안정 상태를 갖는다.

- 컴퓨터 내부에서 2진수 0 또는 1의 1비트를 기억하는 2진 소자이며 계수기(count), 레지스터(register), 제어 논리(control logic) 기능들로 이용되고 있다.
- FF의 입력 값에 대한 상태변화를 나타내는 표는 진리치표라 하지 않고 순차 회로 특성표라 한다.
- 1개의 FF의 출력 값에 대한 상태변화를 입력으로 나타내는 표를 여기표라 한다.
- 순서 논리 회로나 FF의 동작변화를 순서대로 입출력 관계를 표로 표현하는 것을 상태표라 한다.

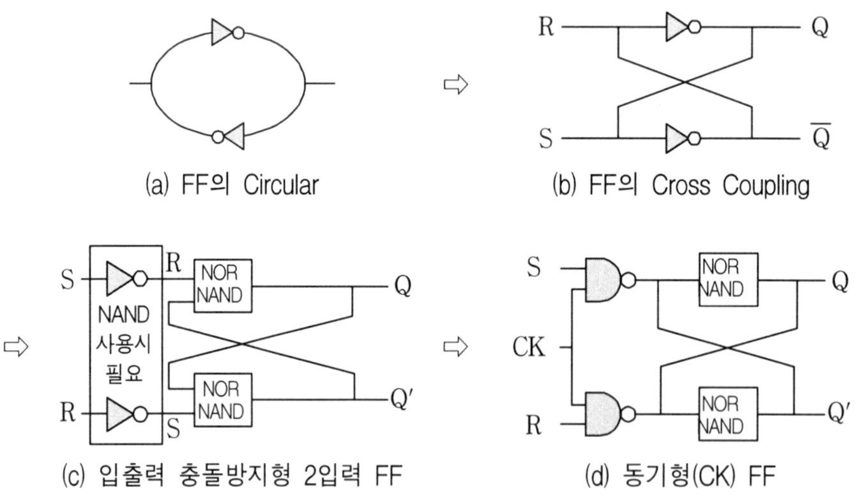

(a) FF의 Circular
(b) FF의 Cross Coupling
(c) 입출력 충돌방지형 2입력 FF
(d) 동기형(CK) FF

그림 3-21 FF의 원리도

1) RS(Reset set) 플립플롭

▣ 쌍안정 SR-FF

입력 변수 R(Reset)과 S(Set)로 정의되는 두 가지 입력선과 Q, Q′ 출력을 갖는 플립플롭을 RS-FF이라 하고, RS-FF 회로의 동작 상태는 NOR 게이트로 구성할 수 있고 비동기식 순차 회로에 속한다(00불확실, 11불변).

- 다음 표는 RS-FF의 입력 값에 대한 상태변화를 나타내는 상태표이다.
- S와 R이 모두 0인 경우에는 입력이 없으므로 현재의 상태가 보존되며,
- S와 R이 동시에 1인 경우는 불안정하여 인정하지 않는다.

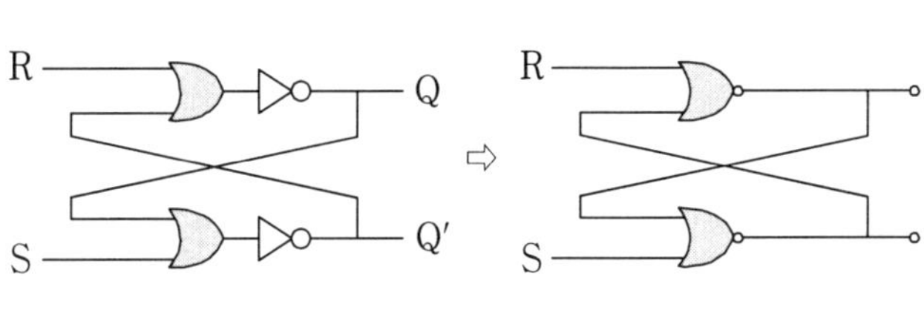

RS-FF 특성표

입력	출력
S R	Q $\overline{Q}$
0 0	무변화(불변)
0 1	0 1
1 0	1 0
1 1	불허(불확정)

(a) NOR형 RS-FF

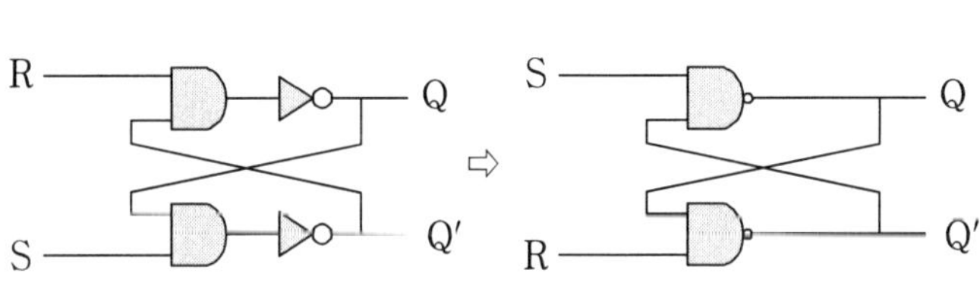

SR-FF 특성표

입력	출력
S R	Q $\overline{Q}$
0 0	불허
0 1	1 0
1 0	0 1
1 1	무변화

(b) NAND형 SR-FF

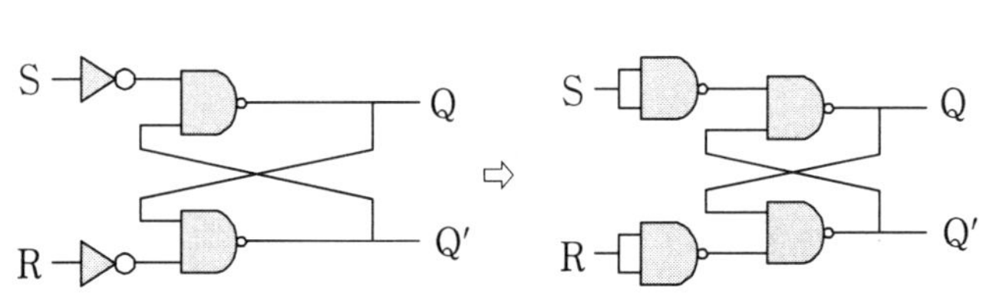

NOT입력 SR-FF 특성표

입력	출력
S R	Q $\overline{Q}$
0 0	무변화(불변)
0 1	0 1
1 0	1 0
1 1	불허(불확정)

(c) 입력에 NOT가 부가한 SR-FF

그림 3-22 RS-FF 회로도와 특성표

2) 클록 SR(Set Reset) 플립플롭

▣ 클록 SR 플립플롭(CK-SR-FF)

디지털 컴퓨터의 동작은 클록(clock) 신호가 발생되었을 때 변화가 일어나도록 클록 신호에 동기 된다. CK- SR-FF은 CP(Clock Pulse)가 상승 에지 동기 경우에는 1일 경우에만 정보가 기본 FF에 전달되며 S(Set)와 R(Reset) 입력은 신호가 발생되는 동안 NAND 게이트 출력 Q, Q′로 전달된다.

- CK-SR-FF 회로의 동작 상태는 NAND 게이트로 구성할 수 있다.
- CK에 인버터를 첨가하면 하강 에지 동기 CK-SR-FF 회로가 되어 CK가 0이 경우에만 정보가 FF에 전달된다.

표 3-10 SR-FF 특성표

입력			출력	
CK	S	R	Q	Q′
0	X	X	불변	불변
1	0	0	불변	불변
	0	1	0	1
	1	0	1	0
	1	1	불확정	불확정

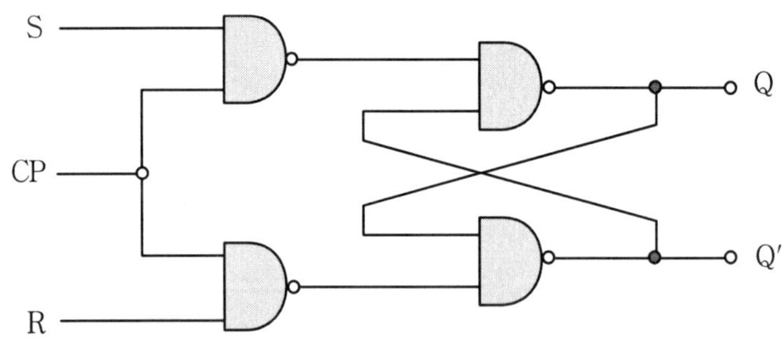

그림 3-23 CK-SR-FF

3) JK(Jack king) 플립플롭

▣ JK-FF

SR-FF의 S와 R이 모두 1인 경우 불안정 상태가 되는 경우 현재의 상태와 반

대가 되도록 개량한 것이다. JK-FF은 CK-SR-FF에 S=JQ′, R=KQ가 되도록 입력에 AND 게이트를 붙여 입력 J, K와 출력Q, Q′로 만든다.

표 3-11 JK 플립플롭 특성표

입력		출력		동작
J	K	Q	Q'	
0	0	불변	불변	변하지 않는다.
0	1	0	1	리셋
1	0	1	0	세트
1	1	Q'	Q	토글(반전)

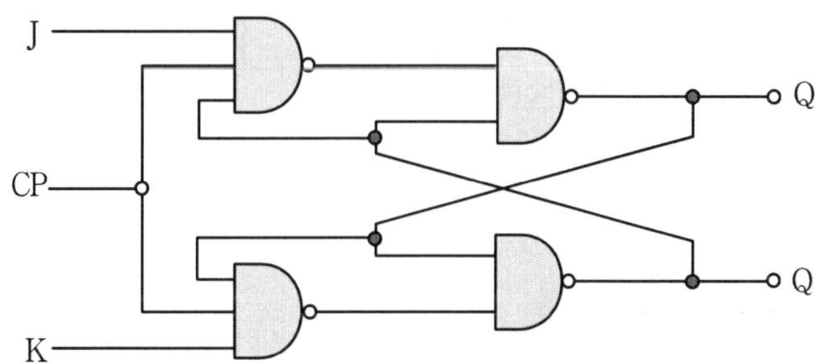

그림 3-24 JK 플립플롭 회로도

4) D(Delay) 플립플롭

▣ D-FF

SR-FF에서 S≠R이나 JK-FF에서 J≠K가 되도록 D 입력을 하나로 만들어 D(Delay) 입력과 Q, Q′출력으로, 시간 펄스(CP)에 의해 동기식으로 동작하며, D=1인 경우는 SR-FF의 S가 입력되는 것과 같고 D=0인 경우는 R=1인 것과 같이 동작한다.

- D-FF에서는 CP에 의해서만 활성화되므로 CP를 활성화라 부르며 E(Enable)로 표시하기도 한다. 입력된 내용과 동일한 상태가 되도록 하여 데이터의 일시적인 보관이나 디지털 신호의 전송되는 시간을 늦추어 주는 지연(Delay) 목적에 사용한다.

표 3-12 D 플립플롭 특성표

입력	출력	
D	Q	Q'
0	0	1
1	1	0

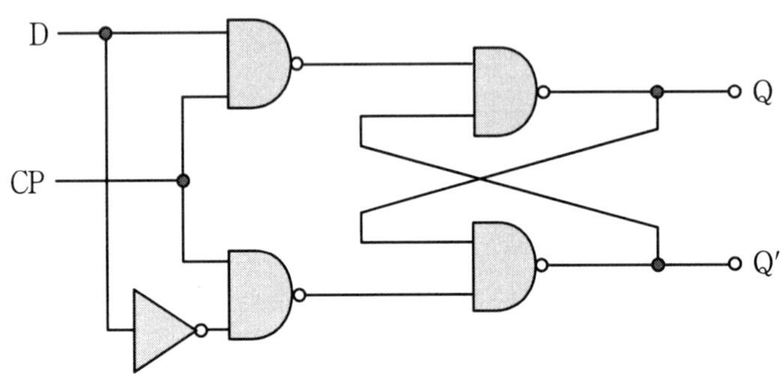

그림 3-25 D 플립플롭 회로도

5) T(Toggle) 플립플롭

▣ T-FF

JK-FF을 J=K로 한 개의 T(Toggle)입력과 Q, Q'출력으로 클럭입력으로 1과 0이 번갈아 바뀌는 토글(toggle) 신호를 만드는 회로이다. 즉, JK-FF에서 J와 K가 동시에 입력되면 현재 상태의 반대가 되는 성질을 이용하여 J와 K를 하나의 T입력으로 한 것이다.

표 3-13 T 플립플롭 특성표

입력	출력	
T	Q	Q'
0	Q	Q'
1	Q'	Q

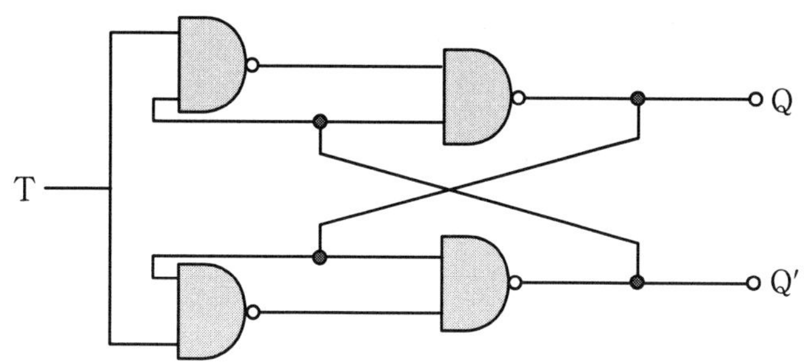

그림 3-26 T 플립플롭 회로도

6) 마스터슬레이브 동기형 FF

▣ 순차 회로 종류

동기여부에 따라 동기식 순차 회로와 비동기식 순차 회로가 있다. 동기식 순차 회로는 2가지 방식이 있다.

○ 비동기식 순차 회로 : 동기용 CK가 없는 NOR 게이트로 만든 RS-FF은 CK가 없어 동기를 할 수 없다.

○ 동기식 순차 회로 : 동기용 CK가 있게 NAND 게이트로 만든 CK-SR, CK-JK, CK-D, CK-T-FF 등이 있다. 동기 방식에 따라 3가지가 있다.

- 상승 에지(rising edge) 동기식 FF : CK가 정논리로 0에서 1로 될 때 입력을 받아서 출력 Q, Q′로 전송한다.
- 하강 에지(falling edge) 동기식 FF : CK 입력에 버블(NOT)을 접속하여 CK는 부논리로 1에서 0로 될 때 입력을 받아서 출력 Q, Q′로 전송한다.

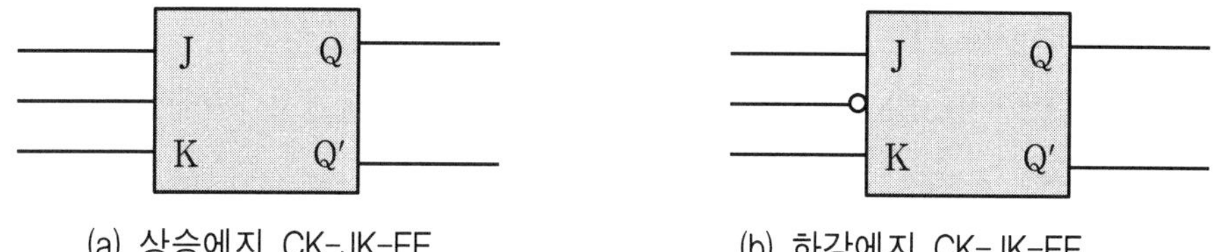

(a) 상승에지 CK-JK-FF (b) 하강에지 CK-JK-FF

그림 3-27 에지형 CK-JK-FF

- 마스터 슬레이브 동기식 FF : 전단에 상승 에지 동기 FF, 후단에 하강 에지 동기 FF을 한조로 하여 CK가 상승과 하강을 하는 한 클럭(-⊞-)에 입력을 출력 Q, Q′로 전송하는 FF이다.

■ **마스터 슬레이브(Master Slave) 동기식 FF**

○ NAND의 경쟁(Race) 현상 :동기식에 사용하는 NAND게이트의 두 입력이 모두 0일 때 출력에 1이 되는 과정에서 순간적으로 0이 되었다 1로 되는 현상이 있는데 저속 논리 회로에서는 문제없지만 초고속 논리 회로에서는 이런 현상이 없어야 한다.

○ 마스터 슬레이브 동기식 FF 필요성 : 초고속 논리 회로에서 NAND게이트의 경쟁(Race)을 방지하기 위하여 1 비트를 처리하는데 2개의 FF을 사용하여 전단의 마스터(주인 FF)는 상승 에지 동기 FF과 후단에 슬레이브(종 FF)는 하강 에지 동기 FF을 한조로 하여 CK가 상승과 하강을 하는 한 클럭에 입력을 출력 Q, Q′로 전송하는 FF이다.

○ 마스터 스레이브(MS) JK-FF 설계 : 4개의 FF(SR, JK, D, T-FF) 모두 마스터 스레이브 동기형으로 할 수 있다. MS-JK-FF는 주 JK-FF과 종 JK-FF, 그리고 1개의 인버터(inverter)로 구성할 수 있다.

○ MS-JK-FF 동작 설명

- CK가 0일 때 주 JK-FF은 동작 금지(disable) 상태가 되나 종 JK-FF은 동작상태(enable) 상태로 주 JK-FF의 출력 Y, Y′를 종 JK-FF 출력 Q, Q′에 출력한다.
- CK가 상승으로 1이 될 때 주 JK-FF의 입력 J, K를 주 JK-FF 출력 Q, Q′에 출력하나 종 JK-FF의 CK=0의 동작 금지(disable) 상태가 된다.
- 다시 CK가 하강으로 0이 되면 주 JK-FF은 동작 금지(disable) 상태가 되어 외부입력이 출력 Q. Q′에는 영향을 미치지 못한다.

○ MS-JK-FF 동작 타이밍도

- MS-JK-FF출력 Q, Q′가 0, 1로 클리어 상태에서 가정하면 Y=0이 Q=0이 된 상태에서 J=1, K=0의 SET입력이 들어오고 하나의 CK 클럭펄스가 Q=1로 출력시키는 타이밍 관계를 그림으로 보면
- 그림 3-29에서 클럭펄스가 0에서 1로 변하는 t1에서 주 JK-FF이 동작하여 Y=1로 변화하고 종 JK-FF은 영향을 받지 않는다.
- 클럭펄스가 1에서 0로 변하는 t2에서 주 JK-FF의 출력 Y=1이 종 JK-FF의 출력 Q로 전송되어 Q=1이 된다.

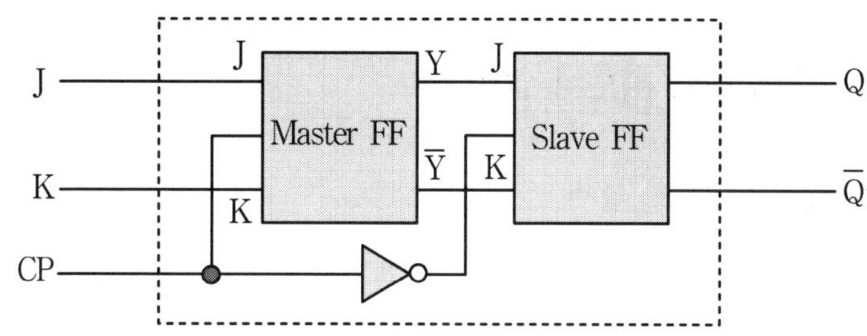

(a) MS JK-FF의 원리도

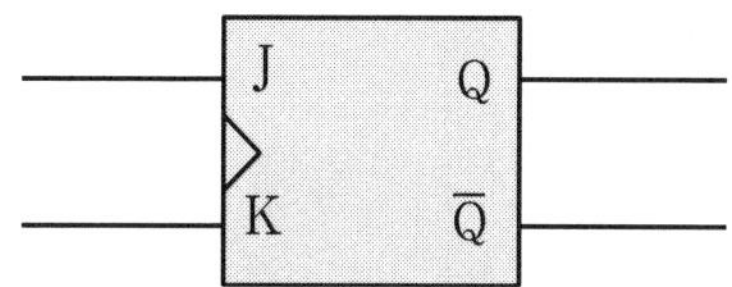

(b) MS JK-FF 심볼화

그림 3-28 MS-JK-FF 회로

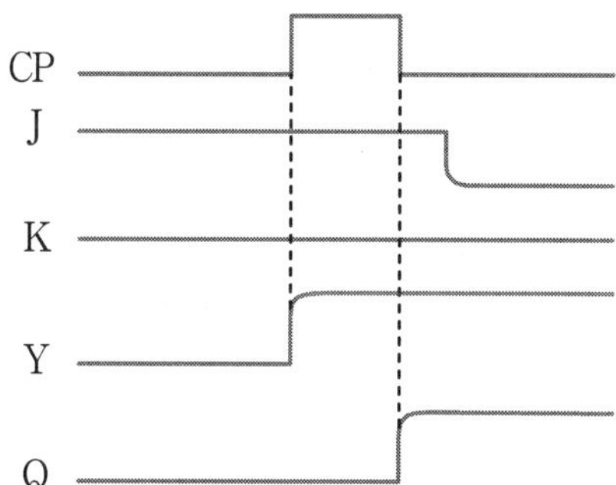

그림 3-29 MS-JK-FF 디이밍 괸계

3.3.2 순차 논리 회로의 설계

▣ 디지털 순차 회로 설계

설계 사양의 기술에서 시작해서 논리도나 이를 얻을 수 있는 함수를 얻는다.

- 조합 회로는 진리표로 표시된다.
- 순차 회로는 상태표를 필요로 한다.

▣ 순차 회로의 설계 단계

- 상태표
- 상태도
- 상태 방정식을 얻는다.
- FF의 수는 2n = m이 되는 정수 n = [$\log_2$ m] 식으로 구한다.

○ 순차 회로 설계 과정

- 회로의 작동을 글로 서술한다.
- 회로에 관해 주어진 정보로부터 상태 표를 얻는다.
- 만일 순차 회로가 상태 수에 무관한 입출력 관계에 의해 특성 지을 수 있다면 상태 축소 방법에 의해 상태의 수를 줄인다.
- 상태표가 문자를 갖고 있으면 각 상태에 2진 값을 할당한다.
- FF의 수를 결정해서 문자기호를 부여한다.
- 사용될 FF의 형을 선택한다.
- 상태표에서 상태변화표와 출력 표를 유도한다.
- 카르노 맵 같은 단순화 방법을 써서 회로 출력함수와 FF의 입력함수를 그린다.
- 논리도를 그린다.

3.3.3 레지스터(Registers)

▣ 레지스터(Registers)

2진 정보를 일시적으로 기억하는 2진 소자인 FF들의 집합을 말한다.

- 레지스터는 MPU 내의 SRAM 기억 장치로서 주기억 장치의 DRAM에 비해 접근 시간이 빠르고 레지스터마다 이름이 있다.
- 범용레지스터, 누산기(ACC), 프로그램 계수기(PC), 인덱스 레지스터(IX), 명령 레지스터(IR) 등이 있다.

1) 병렬 레지스터

▣ 병렬 레지스터(Parallel Register)

n비트 입력에 n비트 출력의 기능으로 동시에 읽고/쓰기 가능하도록 1비트 FF을 n개 조합한 n비트 데이터를 저장하는 기억소자로 구성되어 있다.

- SR-FF을 이용한 8비트 병렬 레지스터의 동작을 그림 3-30에 나타낸다.

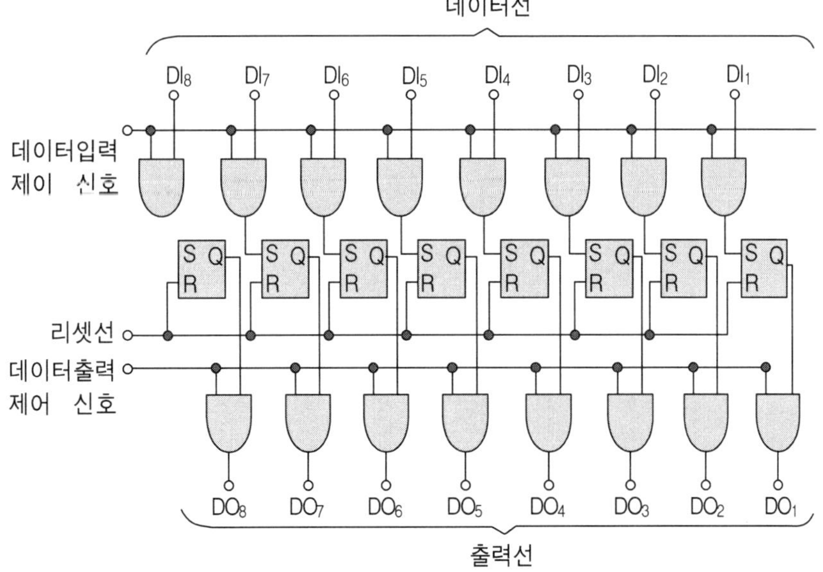

그림 3-30 8비트 병렬 레지스터

- 입력 제어 신호는 DI_1에서 DI_8로 표시된 신호선으로부터 레지스터에 데이터를 적재하는 것을 제어한다. 데이터를 레지스터로 전송할 때 원하는 장치를 선택하기 위한 멀티플렉서의 출력이다.
- 리셋(reset) 신호는 필요시 레지스터의 값을 0이 되도록 하고, 이것은 D-FF을 이용하여도 쉽게 구성할 수 있다.

2) 시프트 레지스터(Shift Registers)

▣ 시프트 레지스터(Shift Registers)

직렬레지스터로 n비트 데이터를 저장하는데 이용되고 1비트 입력에 1비트 출력의 기능으로 동시에 읽고/쓰기 가능하도록 1비트 FF을 n개 조합한 n비트 기억소자로 구성되어 데이터를 전송하거나 받아들일 때 1비트씩 처리한다.

○ 시프트 동작 : 그림 3-28과 같이 6비트의 데이터 101101이 시프트 레지스터에 저장되어 있으면 데이터의 입력은 제일 좌측 FF에서만 이루어지며, 클록 신호가 발생될 때마다 데이터는 1자리씩 우측으로 옮겨지게 되고, 제일 우측 비트는 밖으로 밀려나와서 전송된다.

- 시프트 레지스터는 직렬 입출력 장치의 인터페이스(interface)의 버퍼로 사용되고, ALU 내에서 논리 시프트, 로테이트(rotate) 기능을 수행하는 경우에는 병렬 레지스터 회로와 함께 구성되는 것이 유용하다.

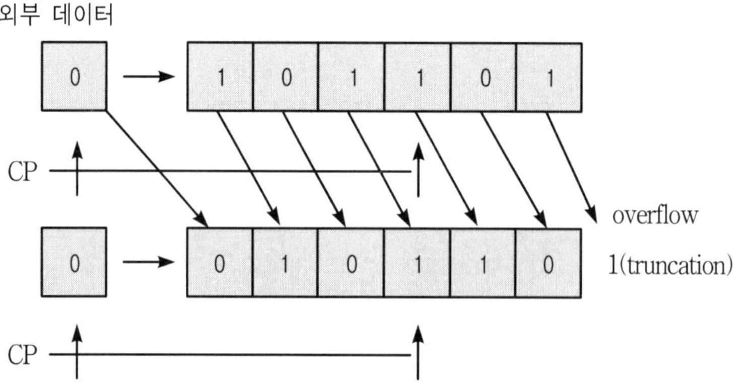

그림 3-31 6비트 시프트 레지스터의 동작

3.3.4 카운터(Counter)

▣ **카운터(Counter)**

계수기 동작과 타이머(Timer) 기능을 처리하는 순차논리 회로로 동기식과 비동기식이 있다.

- 동기식 카운터 : 카운터를 구성하는 모든 FF의 클럭펄스 단자가 하나로 연결되어 클럭펄스가 모든 FF에 동시에 인가되는 카운터이다.
- 비동기식 카운터 : 카운트를 구성하는 FF의 클럭펄스 단자가 하나로 연결되어 있지 않은 구조의 카운터이다.

1) 비동기식(Asynchronous) 카운터

▣ **비동기식 카운터**

그림 3-32의 카운터는 사용된 모든 FF의 클럭펄스 단자가 하나로 연결되어 있지 않으므로 하강에지 MS 비동기식 카운터이다. 주어진 카운터를 구성하는 모든 JK-FF은 JK 입력단자가 모두 "1"이 인가되어 다음 상태는 현재상태의 Toggle (NOT)한 결과와 같다. 카운터가 증가를 위해 FF 출력에 연결되어 있어서 잔물결(Ripple) 같이 FF 내용이 변화하므로 비동기식 카운터를 파동(Ripple) 카운터라 부른다.

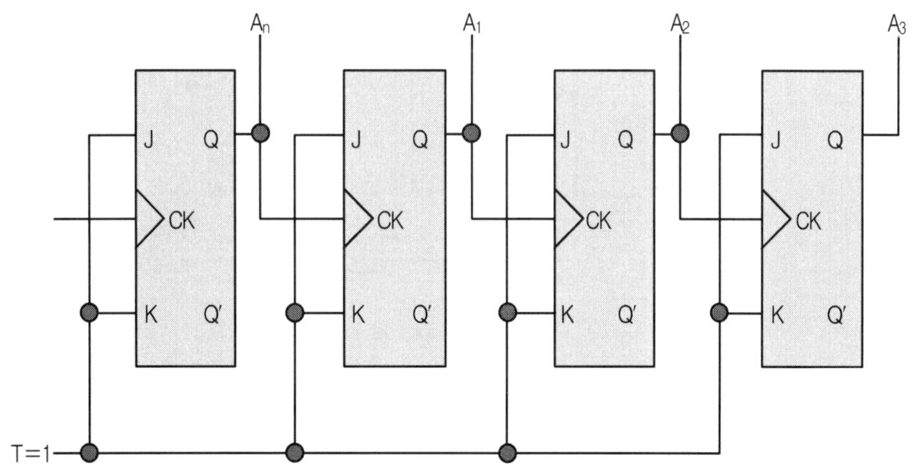

그림 3-32 비동기식 카운터

2) 동기식(Synchronous) 카운터

▣ 동기식(Synchronous) 카운터

비동기식 카운터는 즉시적으로 처리하지 못하고 전파지연이 발생한다. 리플 카운터는 늦어서 고속동작에는 적합하지 않다. 전파 지연을 피하려면 카운트 하려는 입력 클럭펄스를 모든 FF에 공통으로 인가하는 동기식 카운터를 사용하여야 한다. 그림 3-29는 상승에지 MS 동기식 카운터를 나타낸 것이다.

- F_0의 J, K단자가 HIGH로 묶여 있으므로 F_0은 토글작용을 한다. 따라서 Q_0의 변화는 타이밍도의 제2행과 같다. F_1의 J, K와 Q_0이 한데 묶여 있으므로 t_1, t_2, … 직전에 Q_0=1이면 F_1은 토글되고 Q_0=0이면 F_1 출력 Q_1은 불변이다. 따라서 Q_1의 변화는 타이밍도의 제3행과 같다.
- F_2의 J, K는 Q_0, Q_1의 AND 출력에 함께 묶여 있으므로 클럭 펄스의 트리거링 직전에 Q_0, Q_1=1이면 F_2는 토글하고 0이면 F_2출력 Q_2는 불변이다. 따라서 Q_2의 변화는 타이밍도 제4행과 같다.
- F_3 J, K는 두 번째 AND 게이트 출력에 묶여 있으므로 $Q_0 \cdot Q_1 \cdot Q_2$와 같으며 이것이 1이면 t_8, t_{16}, …에서 F_3은 토글하고 0이면 F_3 출력 Q_3은 불변이다. 따라서 Q_3의 변화는 타이밍도의 제5행과 같다.

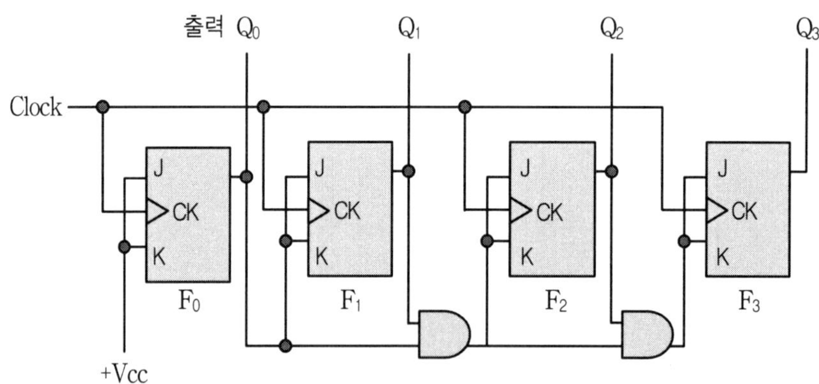

(a) 4bit 16진 동기식 카운터

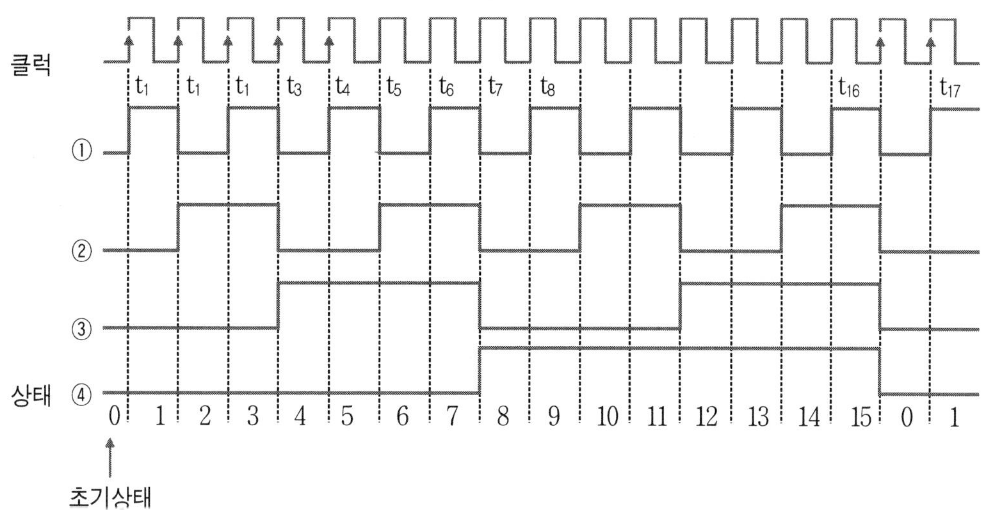

(b) 16진 카운터 타이밍도

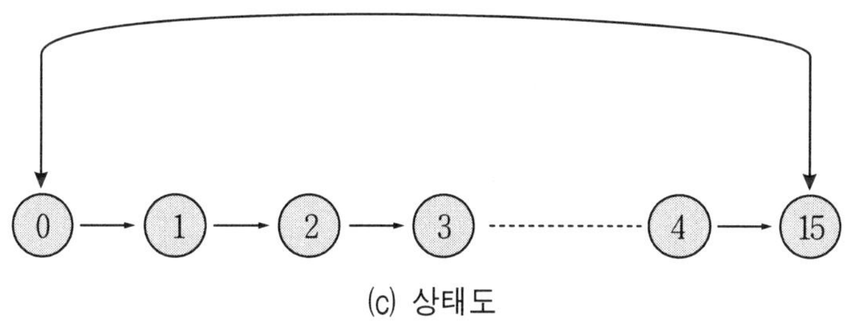

(c) 상태도

그림 3-33 동기식 카운터

■ **동기식 카운터 설계 방법**

단계 1. 상태도를 그린다.

단계 2. 상태도를 만든다.

단계 3. FF의 여기표를 참조로 하여 상태표를 완성한다.

단계 4. 카르노 맵을 그린다.

단계 5. 간략화된 식을 구하고 식으로부터 카운터를 설계한다.

x가 0인 경우 현 상태를 유지하고 $x=1$인 경우 증가하는 동기식 2bit 카운터를 설계하라. 단, JK-FF을 사용하라.

JK-FF의 여기표는 JK-FF의 특성표에서 얻을 수 있다.

J	K	$Q_{(t+1)}$
0	0	$Q_{(t)}$
0	1	0
1	0	1
1	1	$Q'_{(t)}$

<JK-FF 특성표>

→

J	K	$Q_{(t)}$	$Q_{(t+1)}$
0	0	0	0
0	0	1	1
0	1	0	0
0	1	1	0
1	0	0	1
1	0	1	1
1	1	0	1
1	1	1	0

↙

$Q_{(t)}$	$Q_{(t+1)}$	J	K
0	0	0	0
0	0	0	1
0	1	1	0
0	1	1	1
1	0	0	1
1	0	1	1
1	1	0	0
1	1	1	0

→

$Q_{(t)}$	$Q_{(t+1)}$	J	K
0	0	0	×
0	1	1	×
1	0	×	1
1	1	×	0

<JK-FF 여기표>

여기서 x는 don't care를 나타내고 0 혹은 1이다.

단계 1. 상태도를 그린다.

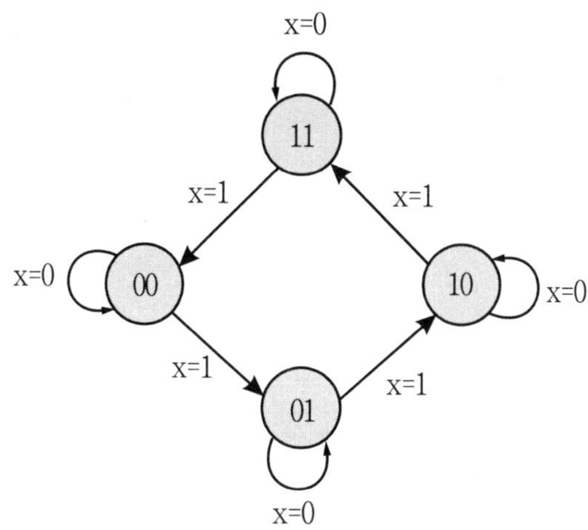

단계 2. 상태도에서 먼저 상태표(Ⅰ)를 완성한다.

두 bit를 A와 B라고 하자.

$A_{(t)}$	$B_{(t)}$	x	$A_{(t+1)}$	$B_{(t+1)}$
0	0	0	0	0
0	0	1	0	1
0	1	0	0	1
0	1	1	1	0
1	0	0	1	0
1	0	1	1	1
1	1	0	1	1
1	1	1	0	0

상태 표(I)

단계 3. 상태표(I)에서 상태표(II)를 완성한다. 이때 JK-FF의 여기표를 참조한다.

$A_{(t)}$	$B_{(t)}$	x	$A_{(t+1)}$	$B_{(t+1)}$	J_A	K_A	J_B	K_B
0	0	0	0	0	0	×	0	×
0	0	1	0	1	0	×	1	×
0	1	0	0	1	0	×	×	0
0	1	1	1	0	1	×	×	1
1	0	0	1	0	×	0	0	×
1	0	1	1	1	×	0	1	×
1	1	0	1	1	×	0	×	0
1	1	1	0	0	×	1	×	1

←— 상태표(I) —→←— 상태표(II) —→

단계 4. 카르노 맵을 그린다.

J_A에 대하여

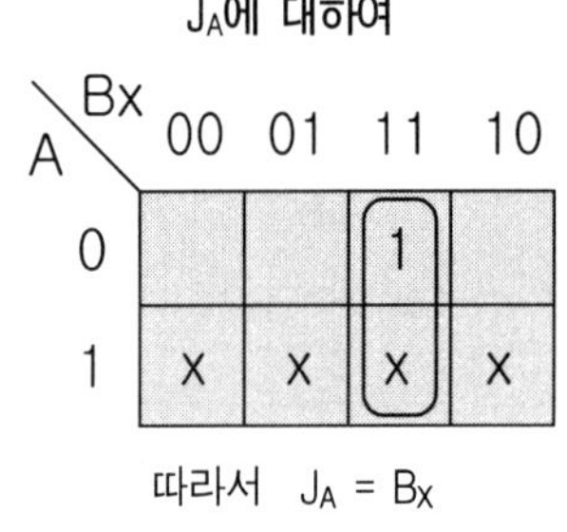

따라서 $J_A = Bx$

K_A에 대하여

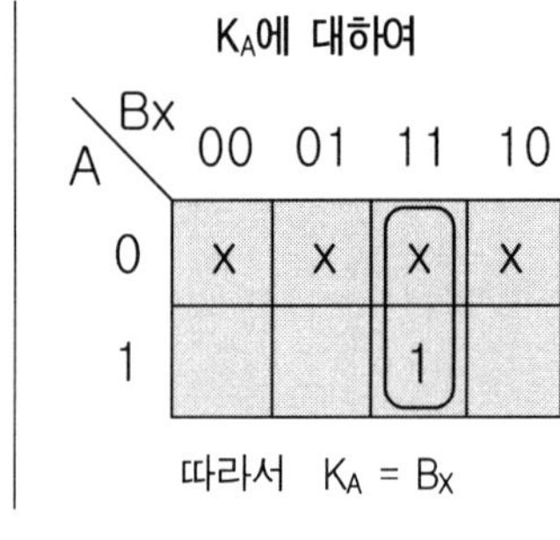

따라서 $K_A = Bx$

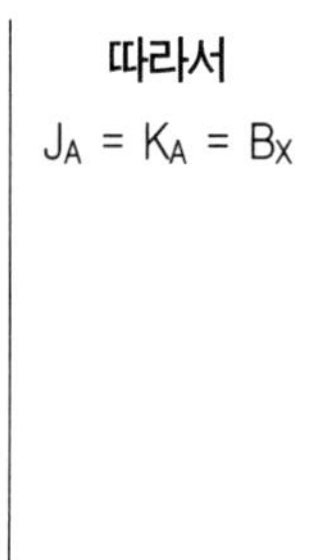

따라서

$J_A = K_A = Bx$

J_B에 대하여

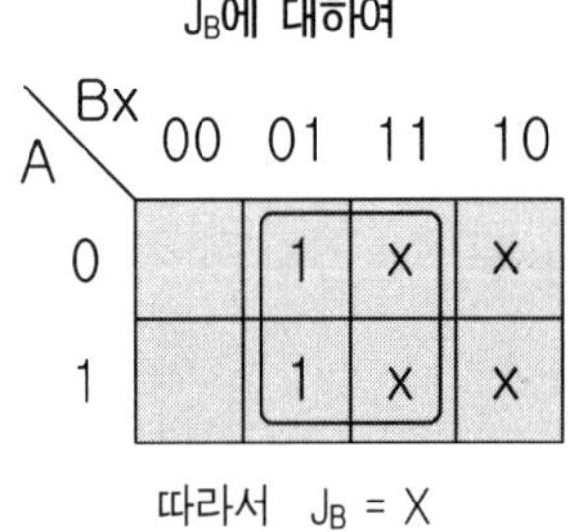

따라서 $J_B = X$

K_B에 대하여

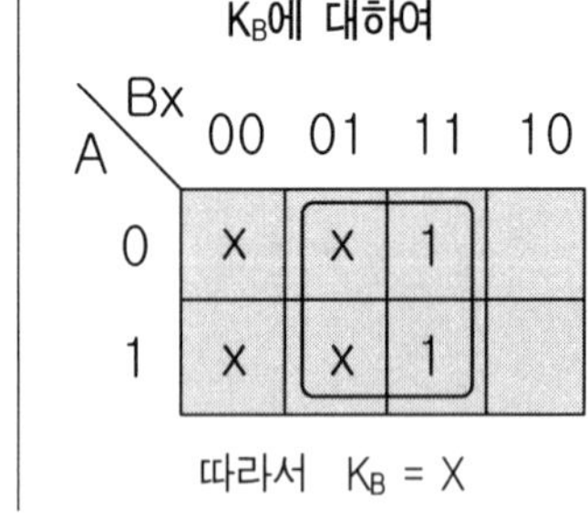

따라서 $K_B = X$

따라서

$J_B = K_B = X$

단계 5.

$J_A = K_A = B_X$이고 $J_B = K_B = X$이므로 다음 회로가 구성된다.

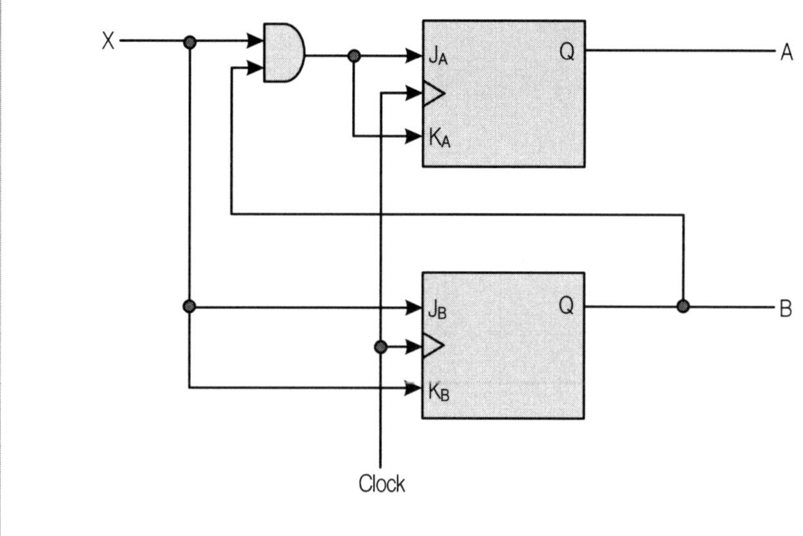

3.3.5 타이밍 신호(Timing Signal) 발생

1) 타이밍 신호와 카운터

■ 타이밍 신호(Timing Signal) 발생

처리 장치(Process Unit)는 ALU와 제어 장치로 나누어지며, 제어 장치는 처리 장치의 동작을 제어하는 타이밍 신호를 발생한다. 제어 장치에서 발생되는 다양한 타이밍 신호는 카운터와 레지스터 등 적절히 조합하여 발생시킨다. 레지스터 간 직렬 전송 시 클럭펄스는 클럭펄스 단자에 직접 인가되지 않고 레지스터 비트 수만큼 카운트되어 타이밍 신호와 AND 게이트에 입력되어 그 출력이 클럭펄스 단자에 인가된다.

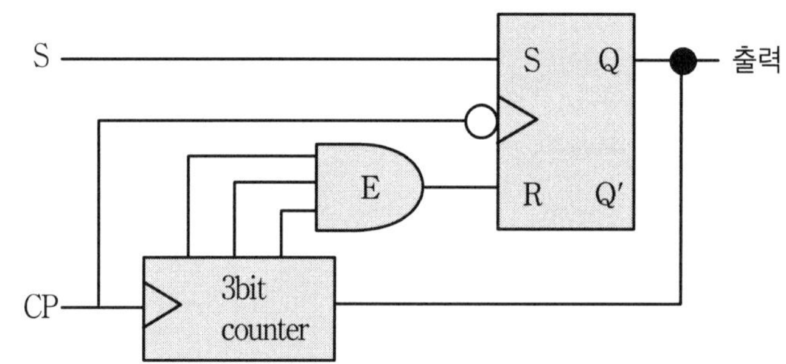

(a) 8비트 레지스터간의 직렬 전송

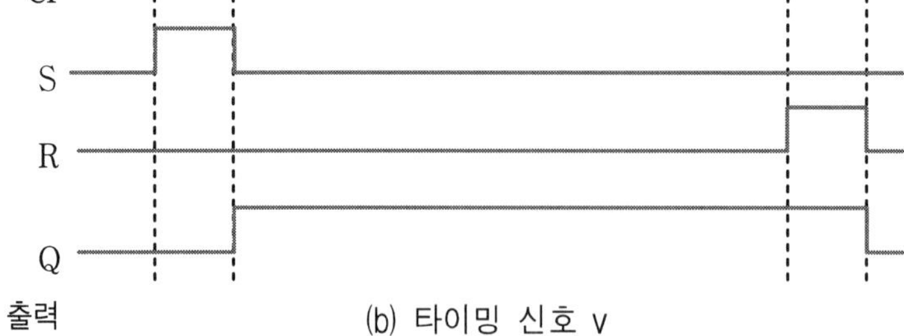

(b) 타이밍 신호 v

그림 3-34 타이밍 신호

○ 8 타이밍 신호 발생기 : 8비트 레지스터 간 직렬 전송을 위한 타이밍 신호는 FF의 클럭펄스 단자에 버블(NOT)이 있으므로 하강 에지 동기형으로 FF은 "1"에서 "0"으로 변화할 때 클럭펄스를 인식한다.

- 3비트 카운터는 0(=000_2)~7(=111_2)까지 상태를 반복하는 카운터로 8가지 상태를 갖는다. 카운터의 3비트 출력은 AND 게이트로 입력되어 그 출력이 FF의 R단자에 입력된다. 카운터 상태가 0(=000_2)~6(110_2)인 경우는 R=0이고, 카운터 상태가 7(=111_2)인 경우에 R=1이 된다.
- FF 출력에서 카운터에 연결된 E는 카운터 동작을 허락하는 신호로써 E=0이면 클럽펄스가 인가되어도 상태 변화가 없으며, E=1인 경우 클럭펄스 인가에 따라 비로소 카운터 동작을 한다.
- RS FF과 카운터의 초기상태가 "0"이라 가정하고 처음 S=1인 경우(카운터 상태가 "0"이므로 R=0) 클럭펄스가 인가되면 "1"에서 "0"으로 변하는 순간에(클럭펄스 단자에 버블로 하강에지 동기) Q=1이 되고 이것은 E=1을 의미하므로 다음 클럭펄스 입력부터 카운터가 동작한다(즉 "0"상태에서 "1" 상태가 된다). 따라서 "b"를 1번이라 하며 6번 클럭펄스 인가까지 S=R=0이므로 Q(t+1)=Q(t)=1을 유지한다.
- 7번 클럭펄스 인가시 카운터 상태는 "7(=111_2)"이므로 R=1이 된다. 이때 S=0, R=1이므로 "c"의 클럭펄스에서 Q=0이 되며 카운터 상태는 "0"이 된다. 동시에 E=0이므로 카운터는 동작하지 않는다.
- Q 타이밍 신호는 8개의 클럭펄스 길이에 해당되고 8비트 레지스터간 직렬전송에 필요한 타이밍 신호 발생에 사용할 수 있다.

3.3.6 RAM(Random Access Memory)

▣ RAM(Random Access Memory)

랜덤하게 호출하며 읽고 쓸 수 있는 메모리를 RAM이라 한다. 데이터의 변화가 많은 경우에 RAM을 사용하게 된다. RAM은 비휘발성 메모리로 전원이 끊어지면 데이터가 소멸된다.

○ 메모리 버스선 종류

- 번지선(Address bus) : 주변 장치와 주기억 장치간의 통신을 위한 주소를 지정하는 버스이다. A-bus선은 기억 장치의 위치를 선택하여 준다.
- 데이터선(Data bus) : 데이터의 입출력선이다.
- 제어선(Control bus) : Read/Write 등의 제어를 C-bus선을 통하여 이루어지는 제어는 데이터의 전송 방향 등을 제어한다.

▣ 메모리 A-bus 선수 : 메모리의 K개 bit의 번지선(A-bus)은 $2^k = n$개 중 1개를 선택하도록 한다.

- 1K = 2^{10} = 1,024 [10bit] : A-bus 10개
- 1M = 2^{20} = 1,048,576 [20bit] : A-bus 20개
- 1G = 2^{30} = 1,073,741,824 [30bit] : A-bus 30개
- 4K = $2^2 \cdot 2^{10}$ = 2^{12} = 4,096 [12bit] : A-bus 12개
- 64K = $2^6 \cdot 2^{10}$ = 2^{16} = 65,636 [16bit] : A-bus 16개
- 16M = $2^4 \cdot 2^{20}$ = 2^{24} = 16,777,216 [24bit] : A-bus 24개

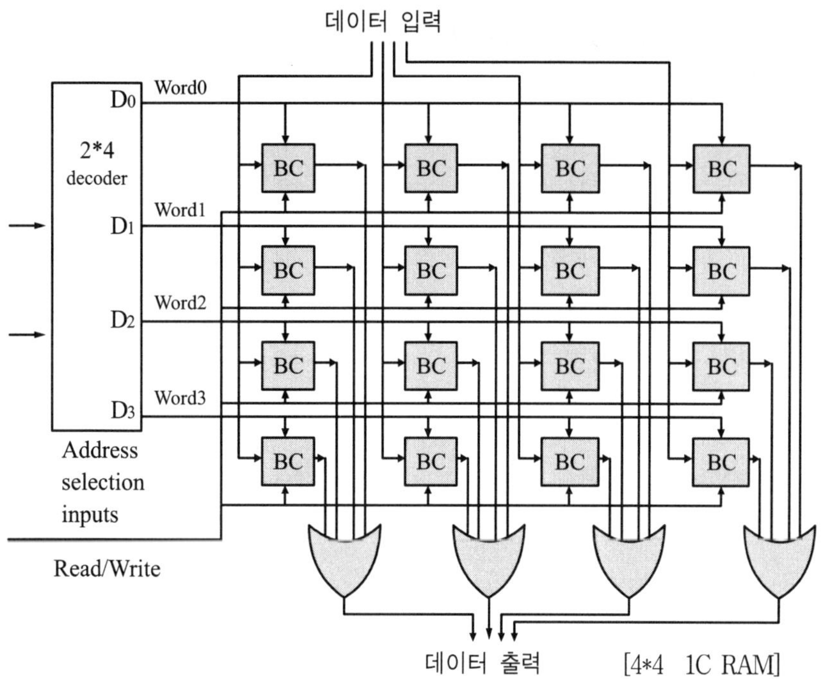

그림 3-35 RAM

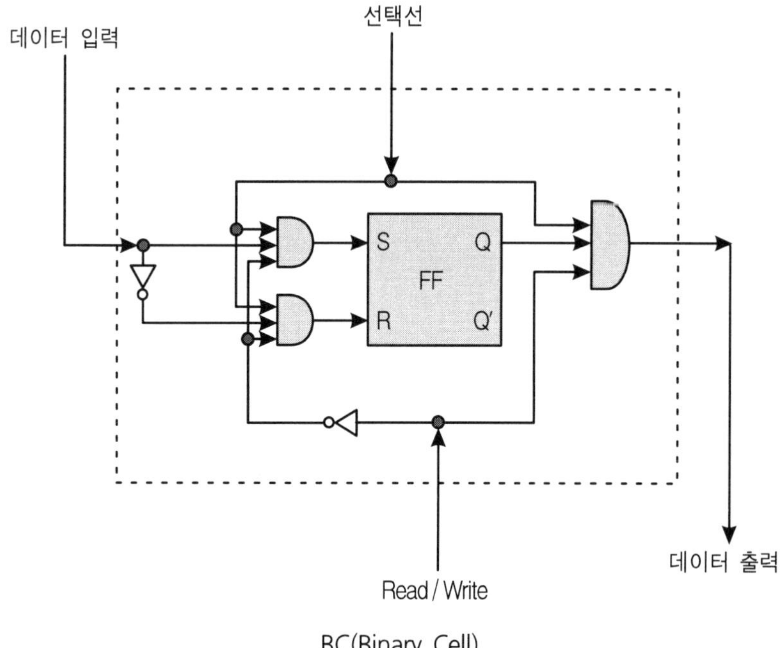

BC(Binary Cell)

3.4 논리 회로 응용

3.4.1 ROM(Read Only Memory)의 FA 구현

▣ ROM(Read Only Memory)

읽기만 가능한 기억소자로 한번 저장된 자료는 변형할 수 없다. ROM은 Chip 제작 이후에 사용자가 전기적인 신호로 단 한번만 쓰기가 가능하다.

▣ ROM에 의한 FA 구현 : FA의 S와 C식에서 최소항(민텀항 또는 대수항)을 OR하면 된다.

- $S = \sum m\ (1,\ 2,\ 4,\ 7)$
- $C = \sum m\ (3,\ 5,\ 6,\ 7)$

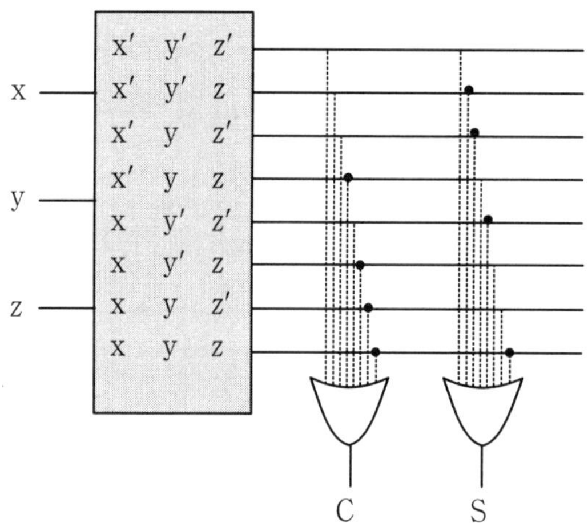

그림 3-36 ROM에 의한 FA 구현

3.4.2 1비트 산술 논리 연산 장치(ALU) 구현

▣ **1비트 산술논리 연산장치(1-bit ALU)**

○ 4×1 MUX를 이용한 ALU 설계

선택신호 S_1, S_0로 4사지 기능 중 하나를 선택하도록 MUX를 사용한다.

- S_1S_0 = 00인 경우 F=A+B(가산기 연산)
- S_1S_0 = 01인 경우 F=A · B(and 연산)
- S_1S_0 = 10인 경우 F=A⊕B(×or 연산)
- S_1S_0 = 11인 경우 F=A′(not 연산)

○ 표로 정리하면

S_1	S_0	F
0	0	A+B
0	1	A · B
1	0	A⊕B
1	1	A′

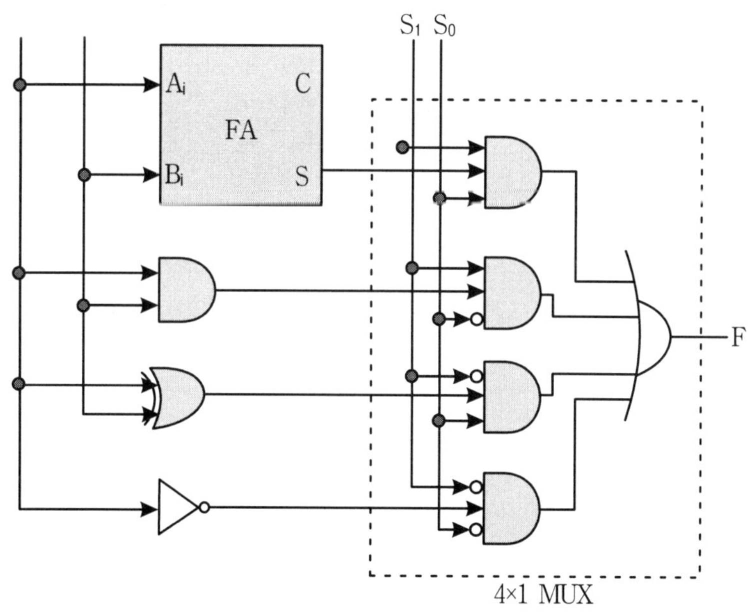

그림 3-37 1비트 산술논리 연산장치

3.4.3 4비트 제어 논리 연산 장치(LU) 구현

▣ 4비트 제어 논리 연산기(Logic Unit) 구현

4비트 제어(W, X, Y, Z)를 갖는 논리 연산기 논리식 F는

- F = A′B′W+A′BX+AB′Y+ABZ

진리치표와 회로는 그림 3-38과 같다.

m	W	X	Y	Z	F	비고
0	0	0	0	0	F = 0	False 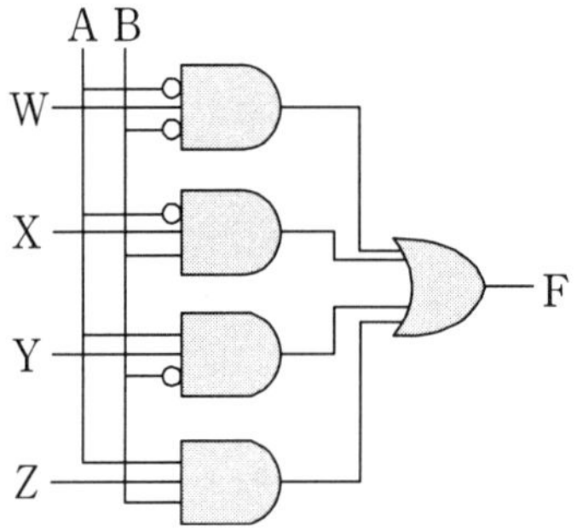
1	0	0	0	1	F = AB	AND
2	0	0	1	0	F = AB′	A AND B′
3	0	0	1	1	F = A	BUFFER A
4	0	1	0	0	F = A′B	A′ AND B
5	0	1	0	1	F = B	BUFFER B
6	0	1	1	0	F = A⊕B	A XOR B
7	0	1	1	1	F = A+B	A OR B
8	1	0	0	0	F = A′B′ =(A+B)′	A NOR B
9	1	0	0	1	F = A⊙B	A XNOR B
10	1	0	1	0	F = B′	NOT B
11	1	0	1	1	F = A+B′	A OR B′
12	1	1	0	0	F = A′	NOT A
13	1	1	0	1	F = A′+B	A′ OR B
14	1	1	1	0	F = A′+B′=(AB)′	A NAND B
15	1	1	1	1	F = 1	True

논리 회로

그림 3-38 4제어 논리 연산기(Logic Unit)

3.4.4 4비트 병렬 2진 가감산기 구현

▣ 가감산기의 원리

컴퓨터 ALU연산 장치는 감산도 가산으로 할 수 있어 가산과 감산을 전가산기 FA만의 회로로 설계할 수 있다. 한 비트 계산하고 올림이 있으면 다음 비트에 1을 더해서(carry) 그다음 비트를 계산하는 식의 가산기를 리플 가산기(Ripple Adder)라 하고 미리 각 비트에 자리올림이 있을지 없을지를 선견 올림수(Carry Lookahead)를 예측하여 각 비트 계산기의 올림(carry)에 집어넣는 회로를 Lookahead Carry 회로를 다단의 가감산기에 결합할 수 있다.

○ 10진법 감산의 가산 처리 : 10의 보수를 이용한다. 10의 보수는 9의 보수에 1을 더하여 만들거나 감수(B)의 자리수가 n이라면 10^n을 더해서(10의 보수로 만들고 계산 후 10^n을 감산하여 올림수를 제거하면 된다.

- (10^n-B)는 10의 보수를 만드는 것이고
- -10^n는 올림수를 제거하는 것이다.

A - B	=	{A+	(10^n-B)}	- 10^n
감산(-) 형태		가산(+) 형태	보수를 만듦	올림수 제거

- 10진법 감산의 예 75 - 38 = 37을 10의 보수를 이용한 덧셈으로 처리해보자. 38은 2자리이므로 10^2=100을 먼저 더하고 나중에 감소시킨다. 식으로 표현하면
- 75 - 38 = {75+(100 - 38)} -100 = {75+(10^2 - 38)} -10^2
- (100 - 38)은 38의 10의 보수를 구하는 것으로 62
- \- 100은 10의 보수를 만들기 위한 임시 가수로 계산 후 제거 필요
- 75 - 38 = {75+62} - 100 = 137 - 100 = 37

○ 2진법 감산의 가산 처리 : 75 - 38 = 37을 2진법의 2의 보수를 이용한 덧셈으로 처리하려면 먼저 8비트의 2진수로 고친다.

- 01001011 - 00100110 = 00010101
- 2의 보수법을 이용 감산을 가산으로 처리하기 위해서 감수(38) 00100110이 8비트 이므로 2^8-00100110로 계산하여 보수를 구할 수 있으나 2진법에

서는 1의 보수+1= 2의 보수이므로 이를 이용하는 것이 편리하다.

- 감수 00100110의 1의 보수 : 0은 1로 1은 0으로 각 비트를 보수화 하면 되므로 (00100110)′= 11011001이다.
- 감수 00100110의 2의 보수를 구하려면 1의 보수 11011001에 1을 더하면 된다.
- 감수 00100110의 2의 보수 : (00100110)′+1 = 2^8-00100110와 같다.
- {01001011+(00100110)′+1} - 2^8(=100000000)
- {01001011+(11011001+1)} - 100000000
- {01001011+11011010} - 100000000
- 100100101 - 100000000(올림수 2^8 제거) = 00100101(37)

▣ 병렬 가감산기의 구성 원리

가산기로 B를 감산을 하려면 B의 2의 보수를 더해주면 되는데 2의 보수는 1의 보수에 1을 더하면 된다.

○ B의 2의 보수 구하기 : B의 1의 보수(B′)+1하면 2의 보수가 구해지므로 B를 보수기로 처리한 후의 B′에 Carry Input = 1을 주고 더하면 A←A+(B′+1)이 되어 감산을 덧셈으로 할 수 있게 된다.

○ 보수기 원리 : F = A+(B⊕C)에서 가산식 F에서 C는 제어 신호

- 제어 신호 C=0인 경우 : B⊕C = B⊕0 =B이므로 F = A+B가 되어 가산기로 동작한다.
- 제어 신호 C=1인 경우 : B⊕C = B⊕1 =B′이므로 F = A+B′가 되고 여기에 Carry Input = 1로 +1해주면 F = A+B′+1 = A-B로 되어 감산기로 동작한다.

○ 가감산기와 증감기 동작 원리

- C_{in} = 0 : CTRL(C)가 0인 가산기에서 C⊕C_{in} = 0⊕0 = 0이 된다. 즉 C_0 = 0이 되고, 감산기 동작은 CTRL(C)가 1이므로 C⊕C_{in} = 1⊕C_{in} = C_{in}′에서 1⊕0=1이 된다. 즉 C_{in} 보수가 C_0 = 1로 출력되어 B의 1의 보수(B′)에 +1을 하여 2의 보수로 만들어 감산을 가산으로 할 수 있다. 4비트 가감산기 회로에서 감산연산에서 C_3 올림수는 좌측의 올림수 제거기에서 버려지는 XOR연산으로 C_4에서 제거된다.

- C_{in} = 1 : CTRL(C)이 0에서 증가기로 동작하는데 $C \oplus C_{in} = 0 \oplus 1 = 1$로 C_0 = 1에 출력되어 더해지면 A+B+C_0에서 B=0000이므로 A+1이 되어 A를 1증가시킨다. CTRL(C)이 1에서 감소기로 동작하는데 $C \oplus C_{in} = 1 \oplus 1 = 0$로 C_0=0에 출력되어 더해지면 A+B′+0에서 B=0000이므로 B′=1111이 되어 A+1111= A-1의 연산이 되어 A를 1 감소시킨다. 올림수는 버려진다.

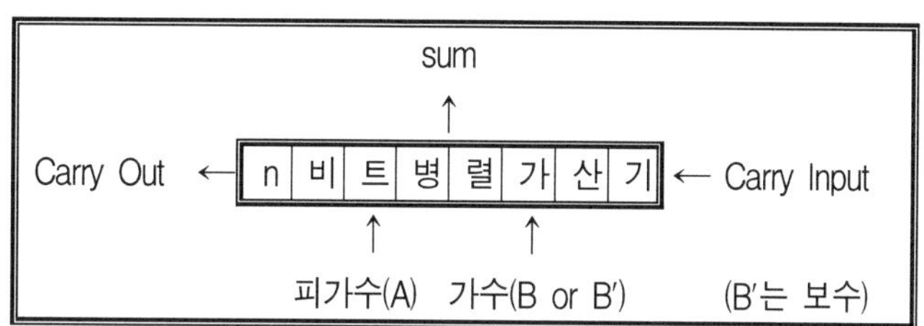

그림 3-39 병렬가산기의 구성 원리

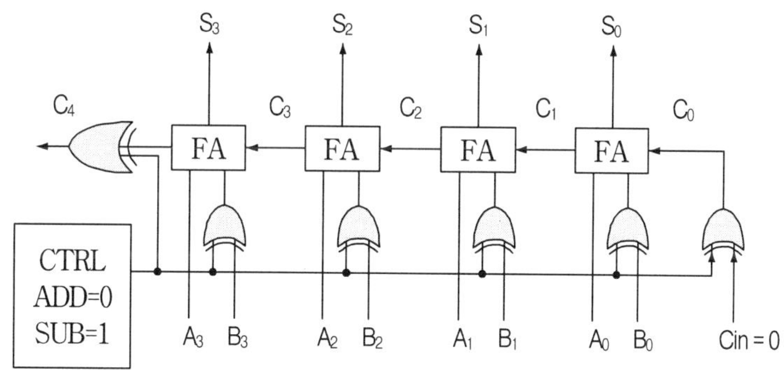

그림 3-40 4비트 병렬 가감산기의 구현

○ 4비트 병렬 가감산기에서 XOR 게이트들의 역할

- C_4에 XOR 게이트 : 감산동작을 가산동작으로 하기 위해 1의 보수를 만들기 위해 더해준 올림수를 버려야 하는데 계산 후 자동 올림수 제거용
- B_n에 XOR 게이트 : 감산에서 B를 B′의 1의 보수로 만드는 보수기
- C_{in}에 XOR 게이트 : 가감산기와 증감기 연산 제어용이다.
  - 가감산기에서는 C_{in} = 0으로 입력하면 C_0 = 0이므로 A+B+C_0 = A+B로 되어 가산기로 동작하고

- 가감산기에서는 $C_{in} = 0$으로 입력하면 $C_0 = 1$이므로 $B' + C_0$는 B의 1의 보수에 1을 더한 B의 2의 보수이므로 $A + B' + C_0 = A + \overline{B} + 1 = A - B$로 되어 감산기로 동작한다.
- 증감기에서는 B=0000으로 하고 $C_{in} = 1$로 입력하면 $C_0 = 1$이 되므로 $A + B + C_0 = A + 1$이 되어 증가기로 동작한다.
- 증감기에서는 B = 0000으로 하고 $C_{in} = 1$로 입력하면 $C_0 = 0$이 되므로 $A + B + C_0 = A + (0000)' + 0 = A + 1111$이 되어 C_3 올림수만 자동 제거한 C_4로 만들면 A-1로 되어 감소기로 동작한다.

표 3-14 4비트 병렬 가감산기의 연산동작

CTRL	입력조건	연산	오퍼레이션	비고
0	C_{in} = 0	A←A+B	A←A+B	가산기 동작
1	C_{in} = 0	A←A+B'+1	A←A-B	감산기 동작
0	C_{in} = 1, B=0000	A←A+1	A←A+1	+1 증가기(Increment)
1	C_{in} = 1, B=0000	A←A+1111	A←A-1	-1 감소기(Decrement)

3.4.5 BCD 가산기 구현

▣ BCD 가산기 구현

10진 BCD 가산기를 구현하려면 4비트 병렬가산기에 10 이상을 검출하여 6을 더하면 된다.

○ BCD 가산기 : 4비트 10진 가산기로 4비트 덧셈 결과가 BCD로 나오는 가산기이다.

○ BCD 가산기 원리 : 4비트의 10진 가산기의 출력은 0~9를 출력해야하므로 4비트 2진의 8421 가산기를 10진 가산기로 변형하려면 16 이상에서 생기는 올림수 C_4가 있는 수나 10 이상인 A~F(1010, 1011, 1100, 1101, 1110, 1111) 수를 10진수로 변형하면 10진 가산기로 만들 수 있으므로 2진 가산기의 출력 10 이상에 6(0110)를 더해주면 된다.

○ 4비트 가산기 출력 10 이상 검출 식 : 16 이상 검출과 10~15를 검출하여 두 가지 경우에 +6을 하여 10진법으로 전환한다.

- 16 이상 검출 : 1X검출로 16 이상에서 생기는 올림수 C_4
- 10~15(A~F) 검출 : 6개 A~F(1010, 1011, 1100, 1101, 1110, 1111)

가산기 출력 $S_3S_2S_1S_0$에 10~15(A~F)를 카르노 맵으로 논리 간략식을 구하면

S_3S_2 \ S_1S_0	0 0	0 1	1 1	1 0	
0 0					
0 1					
1 1	1	1	1	1	S_3S_2
1 0			1	1	S_3S_1

- $C_{10} \sim C_{15} = S_3S_2 + S_3S_1$
- 4비트 가산기의 합이 10 이상의 검출식 C_{10}은
- $C_{10} = C_4 + S_3S_2 + S_3S_1$
- 4비트 가산기의 합이 10 이상이 검출되면 $C_{10} = 1$인 신호로 0110를 더하기 위해서 $S_3S_2S_1$에 각각 HA, FA, HA를 첨가한다.

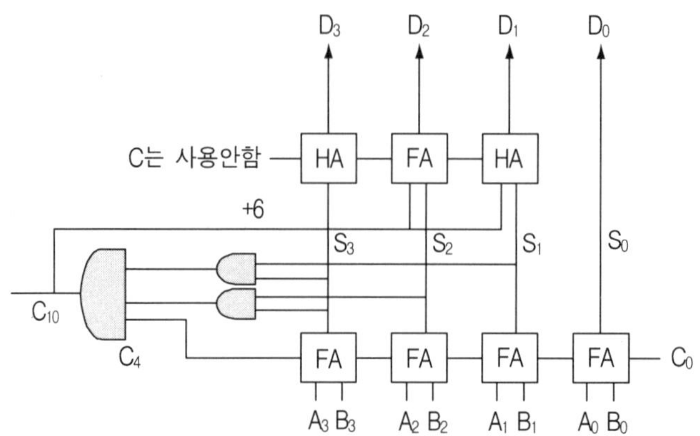

그림 3-41 BCD 가감산기의 구현

예제 BCD 가산형태로 7+8의 가산을 전개해보자.

	10진수 계산	BCD 계산	비 고
소스	7 +8	0111 +1000	피가수 BCD화 가수 BCD화
계산	15 ↓	1111 +0110 (1) (0101)	합이 15 이므로 +6을 가산한다. 4비트씩 묶으면
결과	15 (D)	← 1 5 (H)	BCD 가산결과도 15

3.4.6 4비트 시프트 레지스터(Shift Register)

▣ 시프트 레지스터

하나의 입력과 하나의 출력을 갖는 4비트 시프트 레지스터를 D-FF이나 JK-FF(SR-FF)으로 구현할 수 있다.

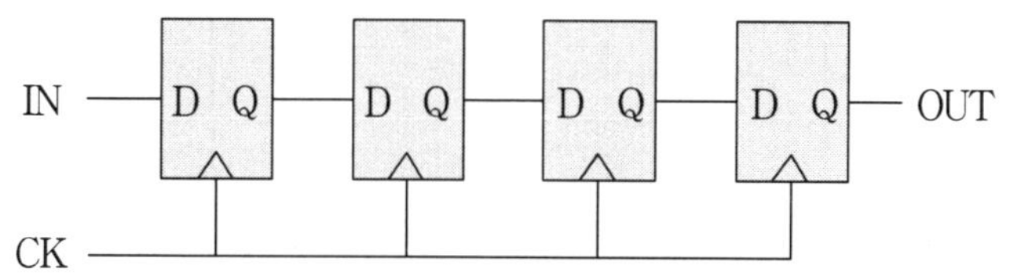

(a) D-FF을 이용한 shift register

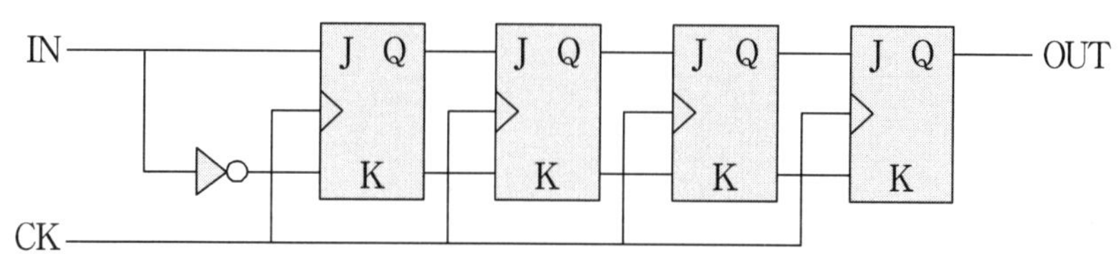

(b) JK-FF을 이용한 shift register

그림 3-42 4비트 시프트레지스터

3.4.7 Neumann의 직렬가산기

■ 직렬가산기 회로

노이만이 설계한 초창기의 HA를 이용한 직렬가산기 회로는 그림과 같다. 지연 회로(Delay)는 D-FF을 이용할 수 있다.

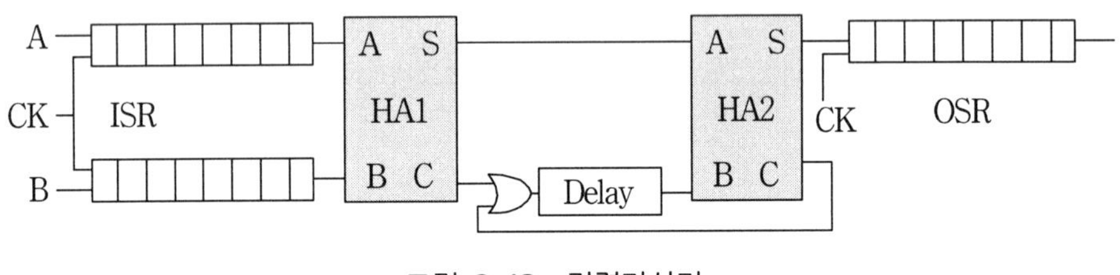

그림 3-43 직렬가산기

3.4.8 Excess-3 코드 가산기

▣ 3초과 가산기

3초과수를 가산기로 처리할 경우에는 캐리가 발생하면 0011을 더해주고 캐리가 발생하지 않으면 0011을 빼주어야 한다.

올림수 없는 3+5와 올림수 있는 7+5의 3초과 가산을 해보자.

예) 3+5 = 8(올림수 없음)	예) 7+5 = 12(올림수 있음)
0110 → (3의 3초과 코드)	1010 → (7의 3초과 코드)
+1000 → (5의 3초과 코드)	+1000 → (5의 3초과 코드)
1110 → (5의 3초과 코드)	1 0010 → (올림수 빌생)
+1100 → (-3 : 1의 보수 가산)	+0011 0011 → (3을 각각 더함)
1 1010 → (올림수 1 발생)	0100 0101 → (12의 3초과 코드)
+ 1 → (올림수 1 더함)	
1011 → (8의 3초과 코드)	

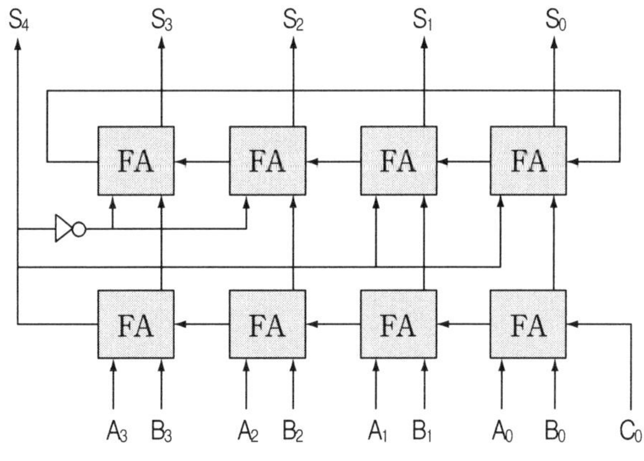

그림 3-44 Excess-3 코드 가산기

3.4.9 True/Complement, One/Zero 회로

▣ 참/보수, 0/1 회로

가산기 입력 B에 대한 보수를 처리하기 위한 회로로 그림과 같은 회로를 사용한다.

S_1	S_0	Yi
0	0	0
0	1	Bi
1	0	$\overline{Bi}$
1	1	1

$Y_i = S_1B_i' + S_0B_i$

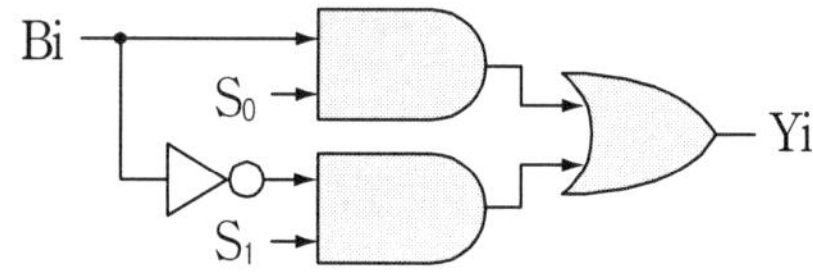

그림 3-45 True/Complement, One/Zero 회로

3.4.10 3비트 제어 산술 연산 회로

▣ 3비트 제어 FA의 8가지 연산

FA의 입력 B에 참/보수, 0/1 회로를 첨가하면 8가지 연산이 가능하다. 단, F = A+B+C_0이다.

	Function S_1 S_0 C_0	Y	출력	기능
①	0 0 0	0	F = A	A를 전송
	0 0 1	0	F = A+1	A를 증가
	0 1 0	B	F = A+B	덧셈
	0 1 1	B	F = A+B+1	Carry 덧셈
	1 0 0	$\overline{B}$	F = A+ $\overline{B}$	Borrow 뺄셈
②	1 0 1	$\overline{B}$	F = A+ $\overline{B}$+1	감산
	1 1 0	1	F = A-1	A를 감소
③	1 1 1	1	F = A	A를 전송

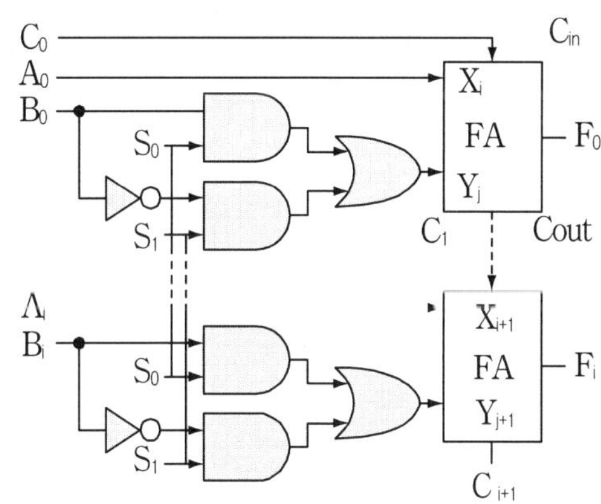

그림 3-46 산술 연산 회로

① F = A+B+C_0에서 B = C_0 = 0이므로 F = A

② F = A+$\overline{B}$+1 = A - B, $\overline{B}$+1은 -B이다.

③ F = A+B+C_0에서 B = 111 ⋯1은 -1이고
C_0 = 1이므로 F = A−1+1 = A이다.

3.4.11 2비트 제어 논리 연산 회로

▣ 논리 연산 회로

2×1 MUX를 이용 2비트 논리 연산 회로는 그림과 같이 설계할 수 있다.

S_1 S_0	출력	동작
0 0	$F_i = A_i \vee B_i$	OR
0 1	$F_i = A_i \oplus B_i$	XOR
1 0	$F_i = A_i \wedge B_i$	AND
1 1	$F = \overline{A}$	NOT

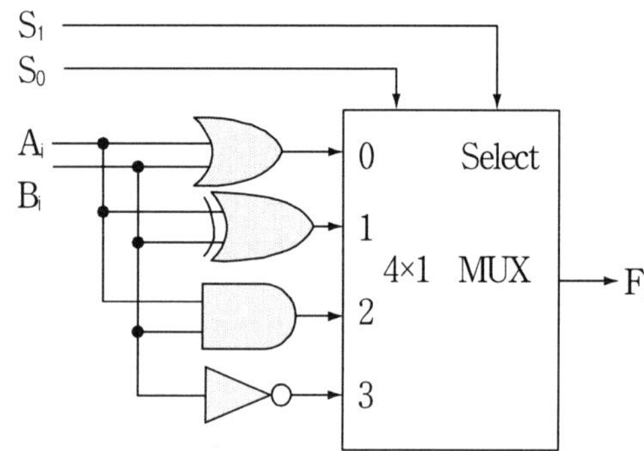

그림 3-47 2비트 제어 논리 연산 회로

3.4.12 3비트 제어 산술 논리 연산 장치 ALU

▣ 산술 연산 장치(AU)와 논리 연산 장치(LU)를 2×1 MUX를 이용 S_2로 제어하면 ALU를 만들 수 있다.

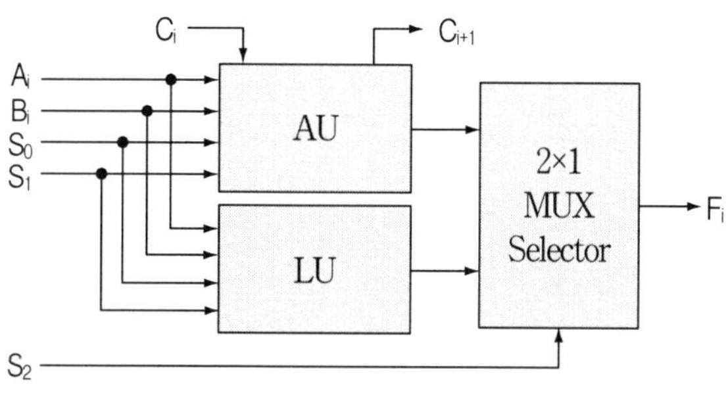

그림 3-48 2×1 MUX를 이용한 ALU

▣ ALU 설계

FA의 Sum의 출력식 $F_i = X_i \oplus Y_i \oplus C_i$

$S_2 = 1$이면 산술 연산 장치(AU)로 동작하고

- $X_i = A_i + S_2 \overline{S_1}\,\overline{S_0} B_i + S_2 S_1 \overline{S_0}\,\overline{B_i}$
- $Y_i = S_1 \overline{B_i} + S_0 B_i$
- $Z_i = \overline{S_2} C_i$

에서 $S_2 = 0$이면 논리 연산 장치(LU)로 동작한다.

- $X_i = A_i$
- $Y_i = S_1 \overline{B_i} + S_0 B_i$
- $Z_i = 0$

S_2	S_1	S_0	C_i	출력	기능
0	0	0	0	F = A	A 전송
0	0	0	1	F = A + 1	A 증가
0	0	1	0	F = A + B	가산
0	0	1	1	F = A + B + 1	Carry 가산
0	1	0	0	F = A - B - 1	Borrow 감산
0	1	0	1	F = A - B	감산
0	1	1	0	F = A - 1	A 감소
0	1	1	1	F = A	A 전송
1	0	0	x	$F = A \vee B$	OR
1	0	1	x	$F = A \oplus B$	XOR
1	1	0	x	$F = A \wedge B$	AND
1	1	1	x	$F = \overline{A}$	A 보수

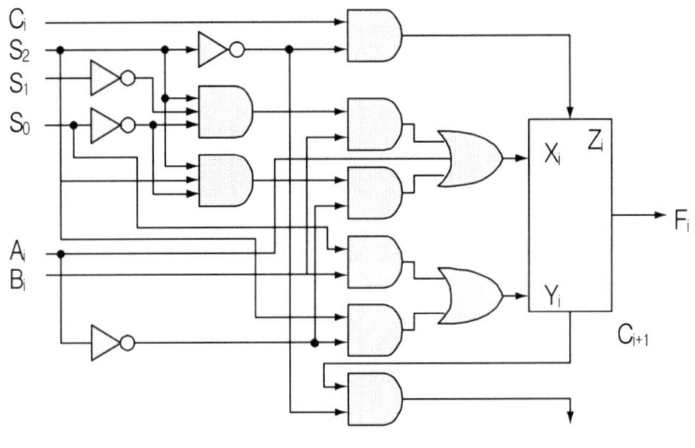

그림 3-49 3비트 제어 ALU

3.4.13 JK-FF응용 1비트 누산기 설계

▣ ACC 동작표

9가지 연산을 수행하는 누산기(Accmulator)를 설계하려면 ACC의 마이크로 오퍼레이션 동작표는 표 3-15와 같다. 누산기의 각 셀(Cell)을 JK-FF으로 구현해보자.

표 3-15 누산기 동작표

제어 신호	입력	동작
P_1	A ← A + B	ADD B
P_2	A ← 0	CLR
P_3	A ← $\overline{A}$	CPL
P_4	A ← A ∧ B	AND B
P_5	A ← A ∨ B	OR B
P_6	A ← A ⊕ B	XOR B
P_7	A ← SR A	SR A
P_8	A ← SL A	SL A
P_9	A ← A + 1(If A=0 then Z=1)	INC A

○ P_1제어 설계(A ← A + B)

JK-FF의 여기표로 ACC의 여기표(excitation table)를 완성한다.

현상태	입력	출력	다음 상태	FF입력
A_i	B_i C_i	C_{i+1}	A_i	JA_i KA_i
0	0 0	0	0	0 X
0	0 1	0	1	1 X
0	1 0	0	1	1 X
0	1 1	1	0	0 X
1	0 0	0	1	X 0
1	0 1	1	0	X 1
1	1 0	1	0	X 1
1	1 1	1	1	X 0

FF의 입력 참고 — JK-FF의 여기표

현상태	다음 상태	FF입력
A	A'	JA KA
0	0	0 X
0	1	1 X
1	0	X 1
1	1	X 0

이를 카르노 맵으로 간소화 한다.

C_{i+1}					JA_i					KA_i				
A \ BC	00	01	11	10	A \ BC	00	01	11	10	A \ BC	00	01	11	10
			1				1		1			X		X
		1	1	1			X		X			1		1
$C_{i+1} = A_iB_i + A_iC_i + B_iC_i$					$JA_i = B_i\overline{C_i} + \overline{B_i}C_i$					$KA_i = B_i\overline{C_i} + \overline{B_i}C_i$				

JK 입력에 제어입력 P_1을 AND하면 식들은 다음과 같다.

- $JA_i = B_i\overline{C_i}P_1 + \overline{B_i}C_iP_1$
- $KA_i = B_i\overline{C_i}P_1 + \overline{B_i}C_iP_1$
- $C_{i+1} = A_iB_i + A_iC_i + B_iC_i$

○ P_2제어 설계($A \leftarrow 0$)

JK-FF을 클리어($A \leftarrow 0$)하기 위해서는 A가 1일 때만 K에 $P_2 = 1$ 신호로 리셋(reset)하도록 제어하는 식은

- $JA_i = 0$
- $KA_i = P_2$

○ P_3제어 설계($A \leftarrow \overline{A}$)

JK입력에 $P_3 = 1$ 제어 신호로 $J = K = 1$로 토글하도록 제어하려면

- $JA_i = P_3$
- $KA_i = P_3$

○ $P_4(A \leftarrow A \wedge B)$, $P_5(A \leftarrow A \vee B)$, $P_6(A \leftarrow A \oplus B)$ 제어 설계

논리 연산 표를 작성하고 카르노 맵에서 구한 식들에 각 제어 신호 P_4, P_5, P_6를 논리곱(AND)하여 제어신호 식들을 구한다.

입력		AND		OR		XOR	
현상태	입력	다음 상태	FF입력	다음 상태	FF입력	다음 상태	FF입력
A_i	B_i	A_i	JA_i KA_i	A_i	JA_i KA_i	A_i	JA_i KA_i
0 0 1 1	0 1 0 1	0 0 0 1	0 X 0 X X 1 X 0	0 1 1 1	0 X 1 X X 0 X 0	0 1 1 0	0 X 1 X X 0 X 1
카르노맵		AB 0 1 0 1 X X	AB 0 1 0 X X 1 1	AB 0 1 0 1 1 X X	AB 0 1 0 X X 1	AB 0 1 0 1 1 X X	AB 0 1 0 X X 1 1
논리 연산식		• $JA_i = 0$	• $KA_i = \overline{B_i}P_4$	• $JA_i = B_iP_5$	• $KA_i = 0$	• $JA_i = B_iP_6$	• $KA_i = B_iP_6$

○ $P_7(A \leftarrow SR\ A)$, $P_8(A \leftarrow SL\ A)$ 제어 설계

- $JA_i = A_{i+1}P_7$
- $KA_i = \overline{A_{i+1}}P_7$
- $JA_i = A_{i-1}P_8$
- $KA_i = \overline{A_{i+1}}P_8$

○ $P_9(A \leftarrow A + 1)$ 제어 설계

$J = K = 1(P_9)$에서 토글(toggle)하여 카운터(up-counter)로 동작한다.

- $JA_i = E_i$ (Ei는 카운터 각 단계의 캐리출력)
- $KA_i = E_i$
- $E_{i+1} = E_iA_i$ (단 $E_1 = P_9$)

● A = 0 조사

Z는 ACC 내용이 0(Zero)인가 검사하는 플레그(flag)로 논리함수는

- $Z_1 = 1$
- $Z_{i+1} = Z_i\overline{A_i}$ (다단접속의 최상위 Zi+1는 Z flag)

▣ **ACC 종합식(단 $E_1 = P_9$)**

- $JA_i = B_i\overline{C_i}P_1 + \overline{B_i}C_iP_1 + P_3 + B_iP_5 + B_iP_6 + A_{i+1}P_7 + A_{i-1}P_8 + E_i$
- $KA_i = B_i\overline{C_i}P_1 + \overline{B_i}C_iP_1 + P_2 + P_3 + \overline{B_i}P_4 + B_iP_6 + \overline{A_{i+1}}P_7 + \overline{A_{i-1}}P_8 + E_i$

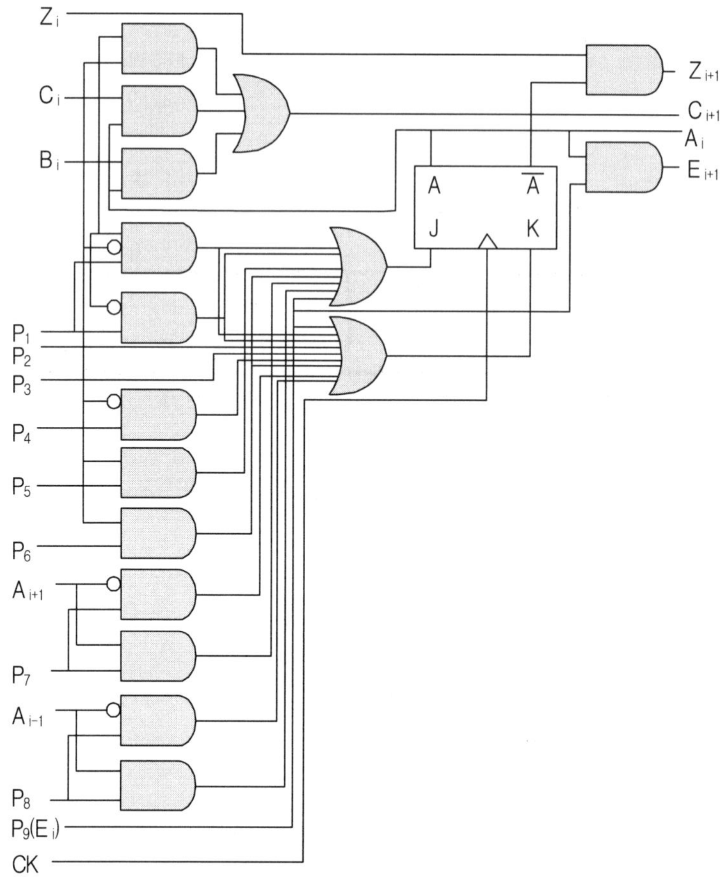

그림 3-50 1비트 누산기(ACC)

○ 다단계 누산기 접속시 캐리출력 식들

- C_{i+1} = $A_iB_i + A_iC_i + B_iC_i$
- E_{i+1} = E_iA_i
- Z_{i+1} = $Z_i\overline{A_i}$

3.4.14 4비트 비교기

○ 4비트 비교기 : n 비트를 비교하려면 n개의 1비트 비교기가 필요하므로 4비트 비교기를 설계하는데 4개의 1비트 비교기가 필요하다.

$X_i = A_i \odot B_i$라 하면

- $F(A<B) = A_3'B_3 + X_3A_2'B_2 + X_3X_2A_1'B_1 + X_3X_2X_1A_0'B_0$
- $F(A>B) = A_3B_3' + X_3A_2B_2' + X_3X_2A_1B_1' + X_3X_2X_1A_0B_0'$
- $F(A=B) = X_3 \cdot X_2 \cdot X_1 \cdot X_0$

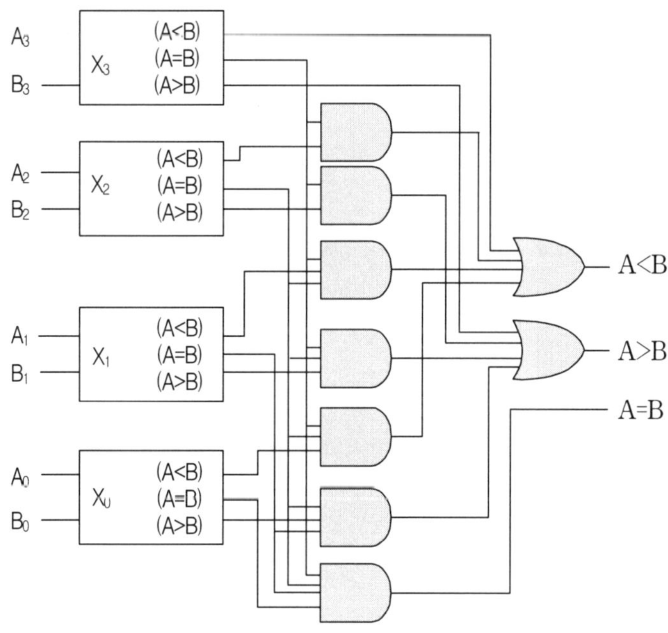

그림 3-51 4비트 비교기

C.H.A.P.T.E.R 04

프로세서의 구조

4.1 MPU 내부 구조

▣ **프로세서 기능**

프로그램 내장형 컴퓨터에서 수행되는 기본 기능은 프로그램 수행이다. 프로그램 수행은 프로세서에 의해 이루어지며, 중앙 처리 장치(CPU : Central Processing Unit)와 마이크로프로세서(MPU : Micro Processor Unit)는 주기억 장치의 프로그램에 의해 기술된 명령어들을 실행하여 작업을 수행한다.

▣ **MPU**

ALU, 데이터 처리(Data Processing), 그리고 내부 장치(Internal Unit)들을 제어하기 위해 다수의 명령어들을 가지고 있으며, MPU의 동작은 이러한 명령어들에 의해 결정된다. 이에 따라 MPU의 내부 구조는 정의된 기계 명령어(Machine Instruction)들을 보다 효율적으로 실행할 수 있도록 구성된다.

▣ **MPU 구성 요소**

레지스터, ALU, 제어 장치, 버스 접속 장치 등이 그림 4-1과 같이 있다.

- 레지스터 : MPU의 연산 과정에서 데이터의 임시 보관을 위해 사용되며 고속으로 동작하도록 설계되어 있다.
- 산술 논리 연산 장치(Arithmetic/Logic Manipulation) : MPU의 핵심 요소로서 MPU 내의 다른 장치들과 연결되어 명령어의 명령 코드(Instruction Code)에서 지정한 산술 연산과 논리 연산을 실행하는 장치이다.
- 제어 장치(Control Unit) : 산술 논리 연산 장치와 레지스터들을 이용하여 MPU 내부에서 일어나는 각 작업을 관리하는 역할을 수행한다. 이 장치는

MPU가 실행할 수 있는 명령어 집합(Instruction Sets)에 따라 각 명령어의 실행을 제어하며, 또한 실행 단계별로 필요한 제어 신호를 발생한다.

○ 버스 접속 장치(Bus Interface Unit) : MPU와 다른 주변 회로를 연결하는 통로 역할을 수행하고 MPU는 이 장치를 통해 주변 장치와 데이터를 주고 받으며 제어 신호(Control Signal)를 상호 교환한다.

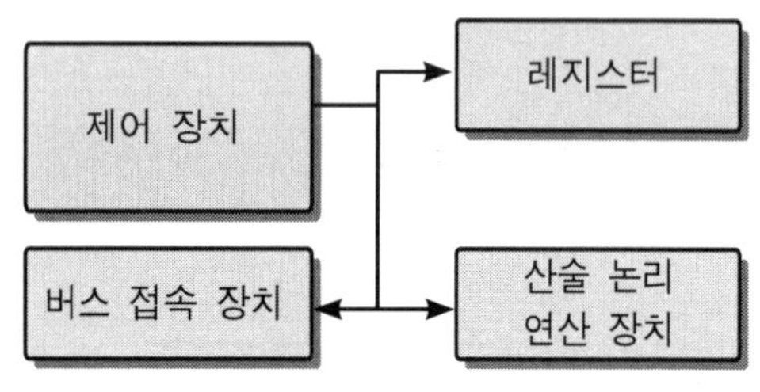

그림 4-1 MPU의 구성 요소

▣ MPU 내부구조

ALU, 레지스터들, 제어 장치로 구성되어 있는 MPU의 내부 구조를 그림 4-2에서 보여주고 있다.

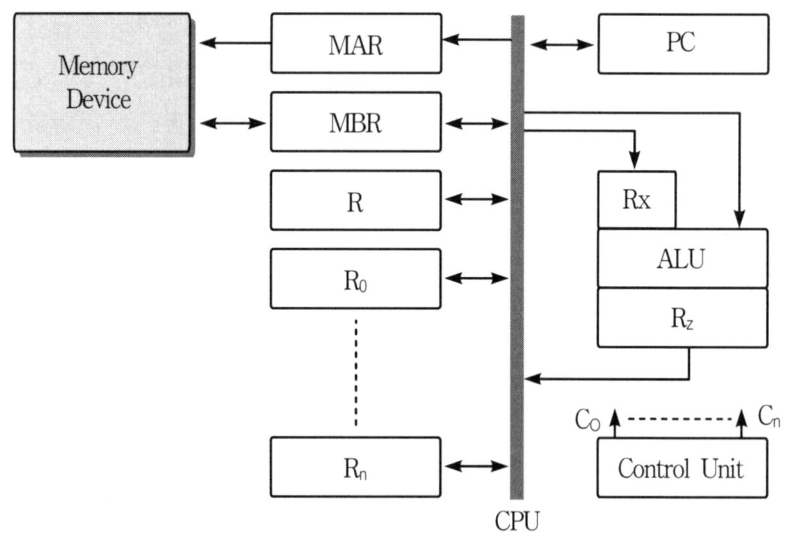

그림 4-2 MPU의 내부 구조

▣ 프로그램 수행 과정

MPU는 기억 장치로부터 명령어의 코드를 읽어와서, 이 코드가 어떠한 동작을 요구하는지를 해석 및 피연산자의 유효 주소(Operand Effective Address)를 계산한 후, 피연산자의 유효 주소로부터 피연산자(operand)를 인출하여 연산을 수행한다. 그리고 이 결과를 레지스터나 또는 접속 장치를 통하여 외부 기억 장치에 기록한다. MPU에서는 이러한 일련의 과정을 통하여 하나의 명령어가 처리된다.

▣ 매크로와 마이크로 동작

MPU 내부의 ALU, 레지스터 등은 MPU의 클록 주기에 따라 제어 장치에 의해 동기적으로 동작한다. 이와 같이 클록 주기에 수행되는 MPU 내의 동작으로 기계 명령어의 실행을 구성하는 각 단계별 실행은 마이크로 연산(Micro-Operation)이라 한다. 기계 명령어 자체의 실행은 매크로 연산(Macro-Operation)이라 한다.

▣ 제어 장치

마이크로 연산은 레지스터부터 또는 레지스터로의 자료 전송, 레지스터에 저장된 자료에 대한 산술 및 논리와 시프트 연산을 나타낸다. 실제 기계 명령어의 실행은 주소 지정 모드에 의해 명령어의 실행에 필요한 마이크로 연산의 처리 순서가 정해지고, 동작 코드(Op-Code)에 의해 ALU의 구성 및 실행 마이크로 연산의 내용도 각기 다르게 정해진다. MPU 내에서 각 명령어에 따라 그 실행에 필요한 마이크로 연산들을 시성하고, 이를 수행하는 데 필요한 제어 신호를 발생하는 장치를 제어 장치라 한다.

○ 제어 장치 종류 : 논리 회로로 구현하는 하드와이어적 방식과 저급 수준의 마이크로 프로그램에 의해 구현하는 마이크로 프로그래밍 방식이 있다.

4.2 명령어 집합(Instruction Set)

▣ 명령어 집합(Instruction Set)

컴퓨터에 기본 기능은 프로그램 수행이며, C 또는 베이직(Basic)과 같은 고급 프로그램 언어(High-Level Programming Language)로 작성한 프로그램은 기계어(Machine Language)로 변환된 후 MPU에 의해 실행하게 된다. 기계어는 2진수로 다양한 연산을 수행하는 컴퓨터의 동작을 정의한다. 기계어를 사람이 이해하기 쉽게 표현한 것을 명령어(Instruction)라 하며 이들 명령어의 집합을 명령어 집합이라 한다.

▣ 명령어 주기(Instruction Cycle)

컴퓨터에서는 정의된 작업을 수행하기 위해 MPU가 주기억 장치에 저장되어 있는 명령어 집합으로 이루어진 프로그램을 읽어 수행하고 다음 명령어를 가져오는 과정을 계속적으로 반복함으로써 프로그램이 실행되면서 원하는 작업을 수행한다. MPU의 명령어 실행에 요구되는 과정을 명령어 주기(Instruction Cycle)라 하며 각 명령어 주기는 인출 주기(Fetch Cycle)와 실행 주기(Execution Cycle)의 두 부분으로 구성되어 진다. 이러한 MPU에 의해 수행되는 명령어 주기는 프로그램 수행의 끝을 나타내는 명령어를 만났을 때 종료하게 된다.

▣ 명령어 집합 설계

명령어 집합 구조는 명령어로 작성하는 프로그래밍 언어와 명령어가 실행되는 MPU의 내부 구조 등을 고려하여 설계하여야 한다. 명령어 수가 많고 그 기능이 다양하면, 컴퓨터가 수행할 수 있는 형태로 표현하기가 용이하고 번역기(Interpreter)의 설계도 용이해진다. 반면에 명령코드의 비트 수가 많아지게 되므로 명령어의 크기가 커지고, 명령 코드의 다양한 내용을 수행하기 위해 ALU 제어 장치가 보다 더 복잡해지게 된다. 명령어 집합은 레지스터의 수와 크기, ALU의 기능 및 구조, 제어 장치 구조 등의 MPU의 내부 구조와 메모리 구조의 설계에 직접 영향을 미치므로 이를 고려하여 설계되어야 한다.

4.2.1 명령어 형식(Instruction Format)

▣ 명령어 형식(Instruction Format)

컴퓨터에서 각 명령어는 일련의 비트로 표현되고 명령어는 그 구성 요소에 따라 몇 부분으로 나눌 수 있다. 이러한 명령어의 구성 형태를 명령어 형식이라 하며 각 명령어는 실행할 내용을 나타내는 동작 코드(Op-code : Operation Code) 부분과 명령어의 실행에 필요한 자료의 저장 장소를 나타내는 자료주소 부분(Operand)으로 구성된다. 동작 코드와 두 개의 피연산자로 구성되어 있는 명령어의 간단한 예를 그림 4-3에서 보여주고 있다.

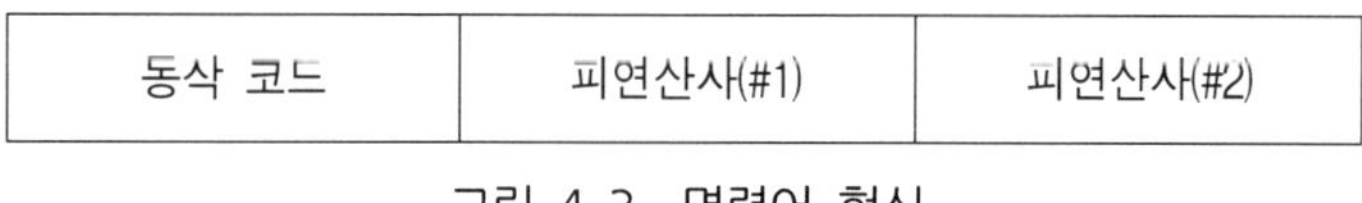

동작 코드	피연산자(#1)	피연산자(#2)

그림 4-3 명령어 형식

- 동작 코드 : MPU가 실제적으로 실행할 수 있는 연산들을 나타내는 부분으로 동작 코드가 n비트이면, 실행 가능한 연산들의 최대 수는 2^n이다.
- 자료주소 : 그 명령어가 처리할 자료 값 또는 그 자료가 저장 장치의 주소에 관한 정보를 포함한다. 자료가 저장되어있는 장소를 지정하는 방법을 주소지정모드(addressing mode)라 한다.

○ 명령어 fetch : 명령어 집합 내에 명령어 수행 중에 MPU의 명령어 레지스터(IR)에 명령어가 적재되고, 또한 MPU는 요구된 동작을 수행하기 위해 IR로부터 데이터를 읽어와서 처리한다.

○ 기호식 동작 코드 : 컴퓨터에서 명령어의 동작을 나타내는 동작 코드는 기호식(Mnemonics)이라 부르는 생략된 형태로 표현한다. 명령어의 동작 코드를 표 4-1에서 보여주고 있다.
또한 피연산도 기호식으로 표현하는데 예를 들면 "ADD X, [Z]"는 기억 장치의 Z번지에 있는 데이터를 읽어와서 레지스터 X의 내용에 더한 후, 레지스터 X에 저장하라는 의미이다. Z는 기억 장치 내의 장소를 가리키는 주소를 뜻하고 X는 여러 레지스터 중에서 한 레지스터를 나타낸다.

표 4-1 명령어의 동작 코드

동작 코드	기 능
ADD	덧셈(Add)
SUB	뺄셈(Subtract)
MPY	곱셈(Multiply)
DIV	나눗셈(Divide)
LW	기억 장치로부터 레지스터로 데이터 적재(Lode Word)
SW	기억 장치에 데이터 저장(Store Word)

▣ 동작 코드(Op-code)의 종류

MPU에 따라 그 수나 유형에 있어서 큰 차이가 있으나

- 레지스터들 사이 또는 레지스터와 주기억 장치 사이의 데이터 전송을 위한 데이터 전송(Data Transfer) 코드
- 수치 데이터에 대한 산술 계산을 수행하는 산술(Arithmetic) 코드
- 비수치 데이터에 대한 논리 계산을 수행하는 논리(Logic) 코드
- 프로그램 수행 순서를 변경하는 제어 전송(Transfer of Control) 코드
- 레지스터 또는 주기억 장치와 외부 I/O 사이의 데이터 전송을 위한 입출력(Input/Output) 코드 등이 있다.

▣ m-주소 기계(m-Address Machine)

○ 피연산자의 수 : 명령어에 포함된 피연산자의 수는 MPU의 구조를 설계하는데 중요한 요소 중의 하나이다. 산술 또는 논리 명령어는 피연산자가 하나인 단항(Unary) 연산이거나, 피연산자가 2개인 이항(Binary)연산이다. 따라서 2개의 피연산자를 지정하기 위해서는 명령어 내에 2개의 주소가 필요하며 연산의 결과를 저장하기 위한 주소까지 고려하면, 3개의 주소가 필요하다, 또한 현재의 명령어 수행이 완료되면, 수행을 계속하기 위하여 다음 명령어를 인출하기 위한 주소도 필요하다. 이러한 사항들을 모두 고려하면, 피연산자를 위해 2개, 연산 결과를 위해 1개, 다음 명령어의 주소까지 4개의 주소가 필요하다. 그러나 실제로 4개의 주소를 갖는 명령어는 드물다.

- 주소의 수 : 대부분의 MPU에서는 명령어에 포함된 주소의 개수에 따라 1-주소(One-Address), 2-주소(Two-), 또는 3-주소(Three-) 명령어를 제공하고 있으며, 다음 명령어의 주소는 PC로부터 얻어지므로 묵시적으로 표현된다. 명령어에서 주소의 수는 컴퓨터 설계의 주소 수가 작을수록 MPU의 구성은 간단해지며, 명령어의 길이도 짧다. 반면에 프로그램의 전체 명령어 수가 많아지면 복잡해지고, 이에 따라 수행 시간이 길어지게 된다.
- 누산기와 레지스터 : 1-주소 명령어와 다수의 주소를 갖는 명령어와의 차이점은 1-주소인 경우, 누산기(Acc)라는 범용 레지스터(General Register)가 하나만 있어도 되지만, 다수의 주소를 갖는 경우에는 범용 레지스터의 수도 복수 개가 된다. 레지스터로의 접근이 기억 장치 접근보다 빠르므로 수행 시간을 단축할 수 있기 때문이다.
- 주소 지정 방식 구별 비트 : MPU 설계에서 명령어의 주소의 수를 선택하는 것은 그 주소가 레지스터인지 기억 장치인지 구별해야 된다. 레지스터 주소는 기억 장치의 주소에 비해 레지스터의 수가 적음으로 주소에 할당되는 비트 수가 적다. 컴퓨터는 다양한 주소 지정 방식을 구별하기 위한 비트가 명령어에 추가되어야 한다.
- 자료의 출처와 표현 방식 : 명령어 형식에서 연산자는 어떤 기능을 수행할 것인지를 나타내는 것 이외에도 수행에 필요 한 자료의 출처가 레지스터, 기억 장치, 스택 중에서 어느 것인지를 나타낼 수 있고 또한 자료의 종류가 문자, 고정 및 부동 소수점 표현 방식 중 어느 것인지를 나타낼 수도 있다.
- m-주소 기계 : 프로세서의 명령어에서 허용되는 최소한의 오퍼랜드 주소 수가 m이라면 이 프로세서를 m-주소 기계(m-Address Machine)라 부른다. 명령 코드와 오퍼랜드 주소로 구성된 명령어 형식은 0-4 주소가 있다. 명령어에 나타난 주소 수가 줄어들수록 전체 프로그램의 크기가 줄어 메모리의 효율이 높아지나 연산을 여러 동작으로 나누어야 함으로써 명령어의 줄 수가 늘어나게 된다. 따라서 작동 시간도 길어지게 된다.

1) 0-주소 명령어 형식(Zero-Address Instruction)

▣ 0-주소 명령어 형식(Zero-Address Instruction)

명령어에 나타난 연산자 수행에 있어서 입력 자료들의 출처와 연산 결과를 기억시킬 장소가 스택 등으로 고정되어 있거나 특수한 구조상의 기능에 의해서 그 주소들을 항상 안다면 명령어 내에서는 자료의 주소를 지정할 필요가 전혀 없으며 연산자만 나타내면 된다. 이러한 형식의 명령들을 0-주소 명령어 형식이라 한다.

- 0-주소라는 명칭은 연산 명령어 형식에서 주소 부분이 없기 때문이다. 0-주소 명령어 형식을 사용하는 컴퓨터의 특징은 연산을 위하여 스택을 가지며 모든 연산은 스택에 있는 자료를 이용하여 수행하고 그 결과 또한 스택에 보존된다.

▣ 스택 운영

후입 선출에 의해서 레지스터 또는 기억 장치의 위치를 지적하며 스택에 저장된 자료를 가지고 연산을 한다. 동작을 위한 팝(POP)은 스택의 탑(top)에 저장된 자료를 삭제하는 작업이고 푸시(PUSH)는 스택에 자료를 하나씩 삽입한다. 그러나 연산자에 필요한 자료를 미리 스택에 기억시켜 놓거나 스택에 남아있는 최종 계산 결과를 기억 장치에 기억시키기 위해서는 오퍼랜드는 필요치 않다.

- 전달 기능 연산자인 POP과 PUSH 명령에서만 기억 장치의 주소가 이용된다. 전달 기능 명령어는 1-주소 명령어 형식이다.
  기억 장치에 기억된 자료를 스택에 옮기는 스택 조작 명령어는 PUSH X의 형식을 갖는다. 주소 X는 자료 자신일 수도 있고, 자료가 기억된 곳의 주소일 수도 있다. PUSH X는 X로써 나타낸 자료를 스택의 top이 지정하는 공간 다음의 빈 공간에 기억시키고 top은 그곳을 지정한다.
- 스택에 기억된 자료를 기억 장치에 옮기는 스택 조작 명령어는 POP X의 형식을 갖는다. 주소 X는 기억 장치에 자료를 기억시킬 곳의 주소를 나타내며, 이 명령어는 스택 top이 지정하는 곳의 자료를 기억 장치의 주소 X가 지정하는 곳에 기억시킨다.

▣ 역-폴리스 식(Reverse Polish formula) 형태

스택을 사용한 컴퓨터에서 수식을 계산하기 위해서는 먼저 수식을 연산자 후치형인 역-폴리스 식(Reverse Polish) 형태로 바꾸어야 한다.

예제 F = (3+4) * (5+7) / (8 - 6)을 역-폴리스 식으로 고치고 스택연산 프로그램을 작성해보라.

- 역-폴리스 변환식 : 3, 4, +, 5, 7, +, *, 8, 6, -, /, F
- 스택연산 프로그램

```
PUSH 3
PUSH 4
ADD
PUSH 5
PUSH 7
ADD
MUL
PUSH 8
PUSH 6
SUB
DIV
POP F
```

- 프로그램에서 0주소 연산 사용 명령들 : ADD, SUB, MUL, DIV
- 프로그램에서 1주소 연산 사용 명령들 : PUSH X, POP X

○ 컴퓨터의 수식 표현법 3가지

- 전치형(prifix = police formula) : 컴퓨터 어셈블리 명령어에서 사용하는 형식으로 연산자가 앞에 오는 수식 표현으로 +A, B 대신에 ADD A, B로
- 중치형(infix = arithmetic formula) : 컴퓨터 산술식 프로그램에서 사용하는 형식으로 연산자가 중간에 오는 수식 표현으로 A+B
- 후치형(postfix = reverse police) : 컴퓨터 스택연산 0주소 프로그램에서 사용하는 형식으로 연산자가 끝에 오는 수식 표현으로 A, B, +

2) 1-주소 명령어 형식(1-Address Instruction)

▣ 1-주소 명령어 형식(1-Address Instruction)

누산기를 하나만 갖고 있는 컴퓨터에서는 누산기에 기억되어 있는 자료를 모든 명령어에서 사용하며 누산기가 하나밖에 없으므로 명령어에서 입력 자료가 기억되어 있음을 나타낼 필요는 없다. 따라서 하나의 입력 자료의 주소를 생략할 수 있다. 또한 연산 결과도 항상 누산기에 기억하도록 하면 연산 결과의 주소를 지정할 필요가 없다. 이러한 컴퓨터에서 사용하는 명령어에는 나머지 하나의 입력 자료의 주소만을 지정해 주면 되므로 1-주소 명령어 형식이라 한다.

- 동작 코드와 1개의 피연산자로 구성되어 있는 1-주소 명령어 형식을 그림 4-4에서 보여주고 있다. 8비트 MCU들이 1-주소 명령어 형식을 사용했다.

  ADD #1

  동작 : AC ← ACC+#1

동작 코드	피연산자

그림 4-4 1-주소 명령어 형식

3) 2-주소 명령어 형식(2-Address Instruction)

▣ 2-주소 명령어 형식(2-Address Instruction)

연산 후에 입력 자료 보존의 필요성이 없으며 연산 결과를 두 개의 입력 자료가 기억되어 있던 곳들 중에서 하나에 기억시킬 수 있다. 이러한 경우 연산 결과를 기억시킬 곳의 주소를 명령어 내에 표시할 필요가 없어진다. 이러한 형식의 명령어들을 2-주소 명령어 형식이라 하고 인텔의 16비트 이상의 MPU에서 사용한다.

- 동작 코드와 2개의 피연산자로 구성되어 있는 2-주소 명령어 형식을 그림 4-5에서 보여주고 있다. 이 형식에서 자료의 주소가 모든 기억 장치의 주소를 나타낼 경우 명령어의 길이가 길어지기 때문에 이를 MPU 내의 레지스터를 지정하게 할 수 있다. 따라서 2-주소 명령어 형식은 각 주소

의 영역은 레지스터나 기억 장치의 주소를 지정한다. 물론 결과를 기억 장치의 어느 한 곳이나 MPU 내의 누산기에 동시에 기억하도록 할 수 있으며 이 경우 계산 결과를 검토할 필요가 있을 때 MPU 내에서 직접 검토가 가능하므로 시간을 절약할 수 있다.

ADD #1, #2

동작 : #1 ← #1+#2

동작 코드	피연산자(#1)	피연산자(#2)

그림 4-5 2-주소 명령어 형식

4) 3-주소 명령어 형식(3-Address Instruction)

▣ 3-주소 명령어 형식(3-Address Instruction)

컴퓨터의 연산에 필요한 두 피연산자와 결과의 저장 장소가 모두 상이할 경우 별도의 3주소를 모두 명령어에서 지정해야 한다. 3-주소 명령어 형식은 자료의 주소들로 인하여 명령어의 길이가 길기 때문에 각 자료의 주소를 기억 장치의 주소와 레지스터의 지정을 섞어서 사용하는 경우가 많다. 이 형식은 연산에 필요한 자료의 주소를 구체적으로 지정하여 주는 것으로 기억 장치의 대역폭(Bandwidth) 이용의 효율과 자료 처리 능력의 향상, 프로그램 편의를 위하여 다른 명령어 형식들의 이용이 불가피하다.

- 명령어 형식은 동작 코드와 2개의 피연산자와 1개의 결과를 지정하는 3개의 피연산자로 구성되어 있고 그림 4-6에서 피연산자(#3)는 연산의 결과를 저장하는 주소이다.

ADD #1, #2, #3

동작 : #3 ← #1+#2

동작 코드	피연산자(#1)	피연산자(#2)	피연산자(#3)

그림 4-6 3-주소 명령어 형식

5) 4-주소 명령어 형식(4-Address Instruction)

▣ 4-주소 명령어 형식(4-Address Instruction)

3-주소 명령어 형식에 다음에 처리할 명령어의 주소(NIA : Next Instruction Address)를 그림 4-7처럼 추가한 것이다. 따라서 모든 명령어들은 분기 명령어이므로 무조건 분기(Un-conditional Jump) 명령어나 PC가 별도로 필요 없다. 그러므로 명령어 형식이 작으면 작을수록 전체 프로그램이 크기가 줄어들어 기억 장치의 효율은 우수하나, 상대적으로 연산을 여러 동작으로 나누어야 함으로써 명령어의 수가 늘어나 작동 시간이 길어진다.

- 예를 들어 C=A+B를 수행하는 경우 1-주소 명령어 형식은 3개의 명령어와 프로그램 카운터가 필요하지만 4-주소 명령어 형식은 1개의 명령어만 필요하다. 이러한 상반된 장단점 때문에 최근에는 1-주소 및 2-주소 명령어 형식의 시스템이 널리 사용되고 있다.

ADD #1, #2, #3, NIA

동작 : #3 ← #1+#2, JP NIA

동작 코드	피연산자(#1)	피연산자(#2)	피연산자(#3)	NIA

그림 4-7 4-주소 명령어 형식

4.2.2 명령어 종류

▣ 동작 코드에 따라 명령어 종류

명령어 형식의 동작 코드에 따라 명령어의 종류에는 데이터 전송 명령어, 데이터 처리 명령어 및 프로그램 제어 명령어가 있다.

❍ 데이터 전송 명령어 : 내용의 변경 없이 한 장소에서 다른 장소로 데이터를 옮기만 하는 명령으로 기억 기능 및 입출력 기능을 가지고 있다.

- 레지스터와 메모리 사이에서 메모리에서 레지스터로 옮기는 것을 Load
- 레지스터에서 메모리로 옮기는 것은 Store
- 레지스터간의 이동에는 Move
- 두 레지스터 사이에서는 Exchange
- 레지스터와 I/O 사이는 Input과 Output
- 레지스터와 스택 사이에서 스택에 저장하는 경우는 Push
- 스택에서 인출하는 경우는 Pop으로 나타낸다.

❍ 데이터 처리 명령어 : 모든 컴퓨터 동작의 주체로 연산 기능을 가지며

- 4칙 연산 및 증감
- 2의 보수 등을 행하는 산술 명령
- 피연산자의 각 비트를 하나씩 논리 처리하는 논리 연산
- 비트 처리 명령
- 어떤 워드의 비트들을 모두 이동시키는 시프트 명령이 있다.

❍ 프로그램 제어 명령어(Program Control Instruction) : PC의 값을 변경할 수 있는 제어 기능을 가지며

- 조건 및 무조건 분기의 분기(Branch) 명령
- 바로 다음 명령으로 건너뛰는 스킵(Skip) 명령
- 서브루틴 호출(Call)과 복귀(Return)를 위한 서브루틴 명령
- 비교 명령과 테스트 명령이 있다.

○ 메모리 참조 명령어(MRI : Memory Reference Instruction) : 동작 코드가 해당하는 주소의 메모리 내용으로 수행되는 명령어이며

- 레지스터 참조 명령어(RRI : Register Reference Instruction) : 주소 부분에 레지스터의 동작이나 테스트를 기술하여 하나 이상의 레지스터 내용으로 작동되는 명령어이다.
- 입출력 참조 명령어(Input Output Instruction) : 주소 부분에 입출력 동작이나 테스트를 기술한 명령어이다.

4.2.3 명령어 주소(Addressing Mode) 지정 방식

▣ 명령어 주소(Addressing Mode) 지정 방식

명령어 형식에 있어서 어떤 필드든지 그 길이는 제한적이며 대용량의 주기억 장치 또는 가상기억 장치의 특정 장소를 접근하기 위해서는 다양한 주소 지정 방식이 사용된다. 명령어에 언제나 피연산자가 저장된 메모리 주소를 직접 포함하는 것은 프로그램의 유연성을 줄이고 명령어의 크기가 커지게 된다.

따라서 포인터, 인덱싱 등의 여러 기법으로 피연산자에 접근할 수 있는 방법을 프로그래밍 시에 제공하고, 작업 수행에 필요한 명령어의 수와 명령어의 길이를 줄이고, 다양한 형태로 프로그램이 가능토록 하기 위해 명령어 내에 피연산자가 저장된 주소를 다양한 방법으로 표시할 수 있도록 주소 지정 모드를 사용한다.

▣ 주소 지정 방식

연산에 사용될 데이터를 주기억 장치의 어떤 위치에서 가져올 것인가를 명령어 형식의 오퍼랜드 주소부(address part)에 미리 지정하는 방식을 말한다. 명령어의 OP 코드(operation code)는 처리해야 할 연산을 표시하고, 이 연산은 레지스터나 메모리 워드에 저장된 데이터에 대해 수행을 하고 주소 지정 방식에 따라 달라진다.

○ 주소 지정 방식 사용 이유

- 포인터(pointer), 카운터 인덱싱(indexing), 프로그램 리로케이션(relocation) 등의 편리함을 사용자에게 제공함으로 프로그램작업에 도움을 준다.
- 명령어의 주소 부분의 비트를 줄일 수 있다. 다양한 주소 지정 기법을 사용함으로써 숙련된 프로그래머는 명령어의 수나 수행 시간에 비해 훨씬 효율적인 프로그램을 작성할 수도 있다.

1) 즉시 주소 지정(Immediate Addressing)

▣ 즉시 주소 지정 방식

주소 지정 방식 중에서 가장 간단한 형태의 하나로 오퍼랜드는 실질적으로 명령어 내에 있다. 즉, "Operand=A"이다. 그러므로 상수로 취급되며 변수의 초

기 값을 두는데 이용된다. 전형적으로 2의 보수로 표현되고 부호 비트는 최좌측 비트가 된다. 장점은 오퍼랜드를 위해 추가로 기억 장치를 접근할 필요가 없으므로 기억 사이클 하나를 줄일 수 있다는 점이며, 제한 사항은 주소 필드 내에 피연산자를 두기 때문에 워드 길이에 비해 그 크기가 작아서 데이터를 표현할 길이가 짧다는 것이다.

- 그림 4-8은 동작 코드와 1개의 피연산자로 구성되어 있는 구성되어 있는 즉시 주소 지정 방식을 보여주고 있다.

  - ADD A, n

동작 코드	실제 데이터(n)

그림 4-8 즉시 주소 지정 방식

2) 직접 주소 지정(Direct Addressing)

▣ 직접 주소 지정(Direct Addressing) 방식

그림 4-9와 같이 피연산자 내의 주소가 실제 데이터의 주소로 직접 매핑(mapping)이 그림 4-9와 같이 이루어진다. 기억 장치 상의 주소와 프로그램상의 주소가 일치해야 하기 때문에 간결한 장점은 있으나, 융통성이 부족한 단점이 있다. 이 방식은 매우 간단한 형태의 주소 지정으로써 주소 필드는 오퍼랜드의 유효 주소를 갖는다.

- 직접 주소는 절대적인 주소형태로 있기 때문에 처리기가 이러한 종류의 주소를 취하는데 어떤 작업도 수행하지 않는다. 보편적인 주소 지정 방법이지만 주소를 표현하는데 많은 비트를 필요로 하기 때문에 메모리와 처리기 사이의 연결에 비용이 많이 든다. 피연산자를 얻기 위해 필요한 정보는 명령어 내에 있으나 이외 다른 주소 지정 방법들에서는 피연산자를 얻기 위한 정보의 일부가 명령어 내에 있고, 또한 일부분은 처리기 내에 존재한다.

• ADD A, m

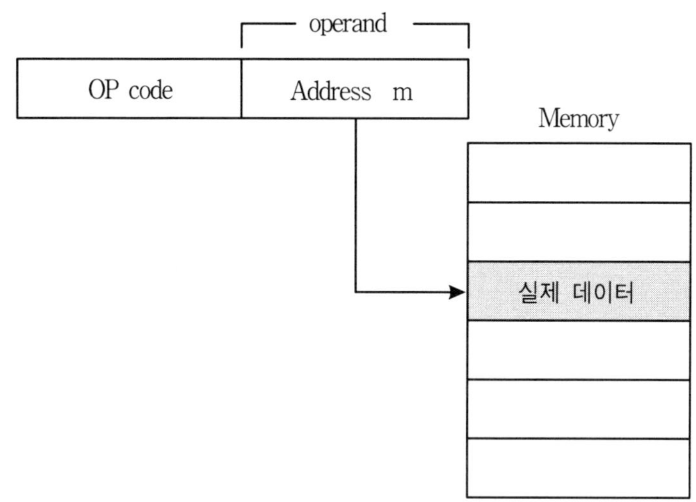

그림 4-9 직접 주소 지정 방식

3) 간접 주소 방식(Indirect Addressing)

▣ 간접 주소 방식(Indirect Addressing) 방식

직접 주소 지정은 주소 필드의 길이가 워드 길이보다 작기 때문에 주소 지정 공간이 제한된다는 문제점이 있었다. 이러한 문제점을 해결하는 한가지 방법으로는 주소 필드가 기억 장치의 한 워드를 가리키도록 하고 그 워드의 내용이 피연산자의 주소가 되도록 하면 워드 크기만큼의 주소 필드를 갖는 효과가 있다. 이러한 수소 지정을 간접 주소 지정이라 한다.

▣ 간접 주소 지정(Indirect Addressing) 방식 특징

워드 길이 n에 대해 주소 지정이 가능한 공간은 2^n이 된다. 이에 따라 메모리를 임의로 사용한다거나 프로그램상의 융통성을 발휘할 수 있다. 단점으로는 명령어를 수행하기 위해서 피연산자를 인출하는데 두 번 기억 장치(level 2)를 참조하여야 된다는 점이다. 즉, 한 번은 오퍼랜드의 주소를 얻기 위해서 또 한 번은 오퍼랜드를 얻기 위해서 필요하다. 프로세서에서는 레지스터 간접 주소(Register Indirect Addressing) 방식이 사용되고 있다. 그림 4-10은 간접 주소 지정 방식을 보여 주고 있다.

• ADD A, (m)

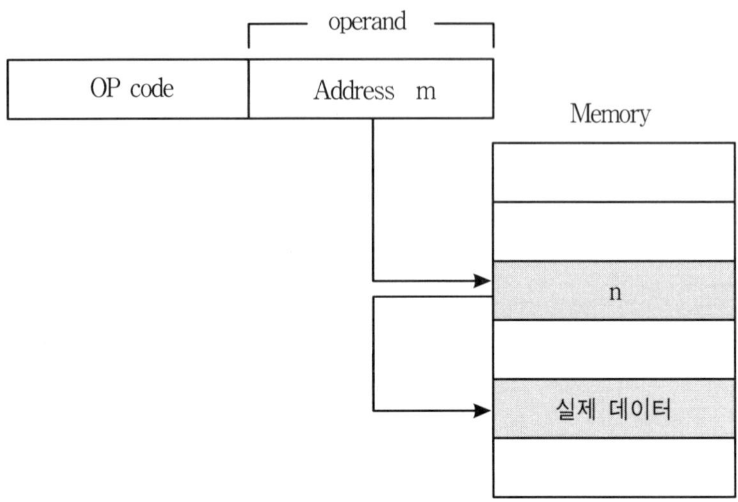

그림 4-10 간접 주소 지정 방식

4) 레지스터 주소 지정(Register Addressing)

▣ 레지스터 주소지정(Register Addressing) 방식

MPU 내의 레지스터가 명령어에 따라 지정되는 것으로 그 레지스터에 실제 데이터가 기억되어 있다. 직접 주소 지정 방식과의 차이점은 주소 필드가 참조하는 것은 기억 장치가 아니라 레지스터라는 점이다. 레지스터를 참조하는 주소 필드는 참조될 범용 레지스터 수가 8내지 16이 되도록 3내지 4비트이다.

▣ 레지스터 주소지정 방식 특징

기억 장치 참조(level)가 필요 없으며 레지스터의 접근 시간이 기억 장치를 접근하는 것보다 훨씬 짧다는 것을 들 수 있다. 즉, 레지스터를 액세스하는 것이 속도가 매우 빠르다. 또한 레지스터를 액세스하는데 필요한 정보는 레지스터의 개수가 이미 정해져 있기 때문에 매우 작은 수의 비트로 가능하다. 이러한 장점은 수행시간이나 메모리를 절약할 수 있게 한다. 메모리 워드는 다른 주소 지정 방법에 비해 훨씬 줄어든다. 반면에 단점은 주소 지정이 가능한 공간이 적다는 것이다. 만약 레지스터 주소 지정을 명령어 집합 내에서 많이 사용한다면, 그만큼 MPU 레지스터를 많이 이용하는 것이다. 기억 장치의 용량에

비해 레지스터의 수는 지극히 제한되어 있으므로 이 방식을 효율적으로 사용하는 것이 바람직하다.

- 모든 피연산자가 기억 장치에서 레지스터로 적재되고 한 번 연산이 수행된 후 그 결과를 기억 장치에 저장한다면 불필요한 중간 과정이 추가되어 있다. 그 대신에 중간 계산 결과가 레지스터에 남아 있다면 보다 효율적인 처리가 된다. 그림 4-11은 이와 같은 레지스터 주소 지정 방식을 보여주고 있다.

• ADD A, B

그림 4-11 레지스터 주소 지정 방식

5) 레지스터 간접 주소 지정(Register Indirect Addressing)

• ADD A, (m)

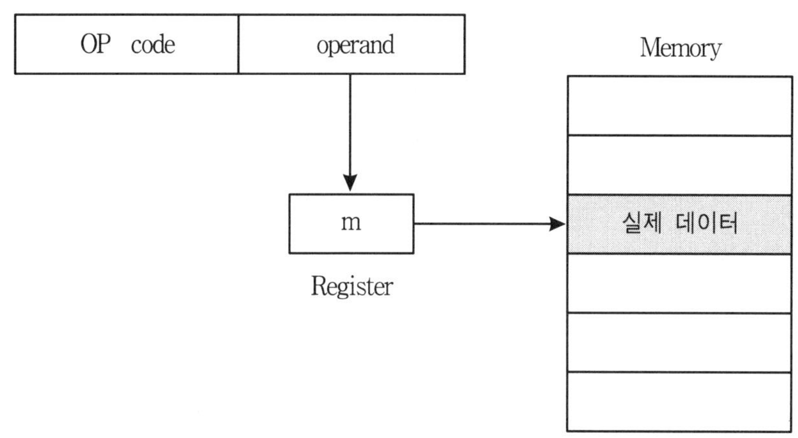

그림 4-12 레지스터 간접 주소 지정 방식

▣ 레지스터 간접 지정(Register Indirect Addressing) 방식

피연산자가 레지스터를 지정하고 다시 그 레지스터의 값이 실제 데이터가 저장되어 있는 기억 장소의 주소를 지정한다. 데이터가 표(table) 형식으로 연속된 경우에는 편리하나, 불규칙한 불연속인 경우에는 불편하다.

레지스터 간접 주소 지정 방식에서는 레지스터에 나타난 정보는 피연산자가 아니라 그림 4-12와 같이 메모리 내의 주소이다. 간접 주소 지정에 비해 기억 장치 참조 횟수(level)가 적다.

6) 상대 주소 방식(Relative Addressing Mode)

▣ 주소 메모리 연관 방법

주소를 실제의 메모리 공간과 연관시키는 방법에 따라 절대 주소와 상대 주소가 있다.

- ○ 절대 주소 : 주소로 직접 데이터의 접근 방식에 따라 접근할 수 있다.
- ○ 상대 주소 : 절대 주소로 변환하여야 되며 그 주소로는 직접 데이터에 접근할 수 없고 모든 주소는 어느 기본 주소(Base Address)에 상대적으로 표시되므로 절대 주소를 구하기 위해서는 상대 주소와 기본 주소를 이용한 계산이 필요하다.

▣ 상대 주소 방식(Relative Addressing Mode)

피연산자의 주소는 프로그램 카운터(PC)와의 관계에 따라서 지정된다. 이 주소 방식에서는 명령어에 포함된 주소는 PC에 수치로서 가산되고 피연산자를 얻는다.

마이크로 컴퓨터의 메모리는 페이지(page)라는 구조를 가지고 있다. 1페이지는 256워드로 구성되어 있는 경우가 대부분이고, 페이지 구조에 따라 메모리는 조그마한 프로그램으로 분할된다.

▣ 상대 주소 방식 장점

그림 4-13과 같이 PC를 베이스 레지스터로 간주하며 현재 명령어의 주소가 주소 필드의 값과 합해져서 유효 주소(Effective Address)를 얻는다. 그러므로 명령어 자신의 주소를 참조한다. 이 경우 주소 필드의 값은 2의 보수로 유효 주소는 명령어의 주소에서 상대적으로 변위만큼 떨어진 장소가 된다. 기억 장치의 참조 국부성에 의거한 방식으로서 대부분의 기억 참조가 수행되는 명령어에 근접하여 이루어진다면, 상대 주소 지정의 사용은 명령어 내의 주소 비트를 절약할 수 있는 방식이 된다.

• JR m →(PC ← PC+m)

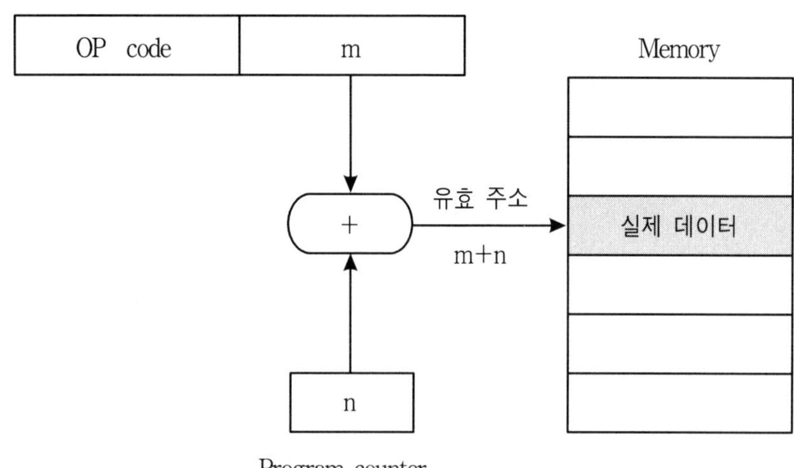

그림 4-13 상대 주소 지정 방식

7) 베이스 레지스터 주소 방식(Base Register Addressing)

▣ 베이스 레지스터 주소 지정 방식

주소 지정을 위해 베이스 레지스터라는 레지스터 내용을 기준 주소로 사용하는 방식이다. 이 방식에 사용되는 레지스터를 베이스 레지스터(Base Register)라고 한다. 베이스 레지스터는 기준 주소를 갖고 있고, 명령어에 있는 주소는 기준 주소에 대해서 변위를 나타낸다. 이 방식은 다수의 베이스 레지스터를 사용함으로써 주소 길이가 줄어든다. 베이스 레지스터는 기억 장소에 대한 포인터(Pointer)를 갖는다. 이 경우에는 베이스 레지스터의 내용을 명령어의 주소 부분에 더하여 유효 주소를 구한다.

- 이 방식은 인덱스 주소 방식과 유사하며 다른 점은 단지 인덱스 레지스터 대신에 베이스 레지스터가 사용되었다는 것만 다르다. 이 두 가지 방법의 차이점은 유효 번지를 계산하는 방법이 아니라 사용 방법이 다르다. 인덱스 레지스터는 명령어의 주소 부분에 대한 상대적인 위치를 가지고 있으나, 반면에 베이스 레지스터는 베이스 주소를 가지고 있다.
- 명령어의 주소 부분은 이 베이스 주소로부터의 상대적인 변위(Displacement)가 된다. 프로그램이나 데이터가 메모리의 한 세그먼트(Segment)로

부터 다른 세그먼트로 옮겨질 경우 명령의 주소는 이러한 위치의 변경을 반영하여야 한다. 이 방식에서 베이스 레지스터가 있다면 명령어의 변위는 변경될 필요가 없으나, 베이스 레지스터의 값이 다른 메모리 세그먼트의 시작 부분을 참조로 해서 변경하면 된다. 그림 4-14는 베이스 레지스터 지정 방식을 보여주고 있다.

- ADD A, m(n)

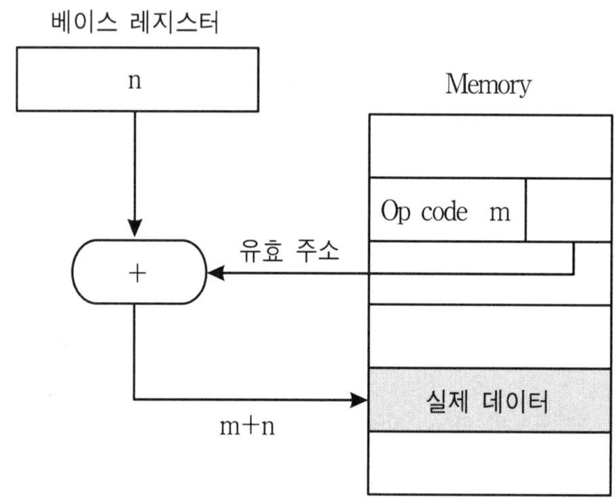

그림 4-14 베이스 레지스터 지정 방식

8) 인덱스 주소 지정(Indexed Addressing)

인덱싱(Indexing)은 주소 필드 주기억 장치의 주소를 가리키며 참조하는 레지스터는 양의 변위를 갖는다. 이것은 베이스 레지스터 주소 지정 방식의 반대이다. 인덱싱에서는 주소 필드가 기억 장치의 주소로 간주되기 때문에 베이스 레지스터 주소 지정 방식의 명령어에 비해 주소 필드의 비트 수가 더 많다. 인덱싱은 인덱스 레지스터가 있어서 이 내용과 메모리 주소 레지스터(MAR)의 값을 필요할 때마다 더하여 피연산자를 참조한다. 인덱스 레지스터의 값을 변형함에 따라 여러 자료에 대하여 같은 연산을 반복할 수 있다.

- 상대 주소 지정에서의 기준 주소는 PC이지만 인덱스 주소 지정 방식은 오퍼랜드 부분이 지정하는 인덱스 레지스터의 번호와 상수(Constant) 값, 즉 변위(Displacement)로 나뉘어 있다. 따라서 실제 사용해야 할 데이터의 주소는 지정된 인덱스 레지스터의 내용과 상수 값을 합하여 주소를 지정한다.
- 주소 지정은 피연산자의 길이를 가능한 짧게 하면서 기억 장치의 모든 주소를 지정하는 장점을 갖고 있다. 그리고 인덱스 주소 지정은 배열(array) 또는 데이터를 표나 사전처럼 구성한 구조를 포함하는 프로그램을 처리할 경우에 대단히 편리하다. 즉, 표의 첫 요소 주소를 인덱스 레지스터에 기억시키고, 다른 표의 요소는 첫 번째 요소와의 상대 관계로 주소화할 수 있다.
- 인덱스 레지스터 수소 지정은 변화되는 부분은 인덱스 레지스터를 사용하는 반면에 벡터의 주소는 명령어 내에 가진다. 유효 주소는 처리기의 주소 계산 기구에 의해 두 구성 성분을 합하여 계산된다. 이 경우 인덱스 레지스터에 존재하는 변화 부분인 변위에 대해서만 프로그램에 의해 갱신된다. 그림 4-15는 인덱스 주소 지정 방식을 보여 주고 있다.

  - ADD A, (x+m)

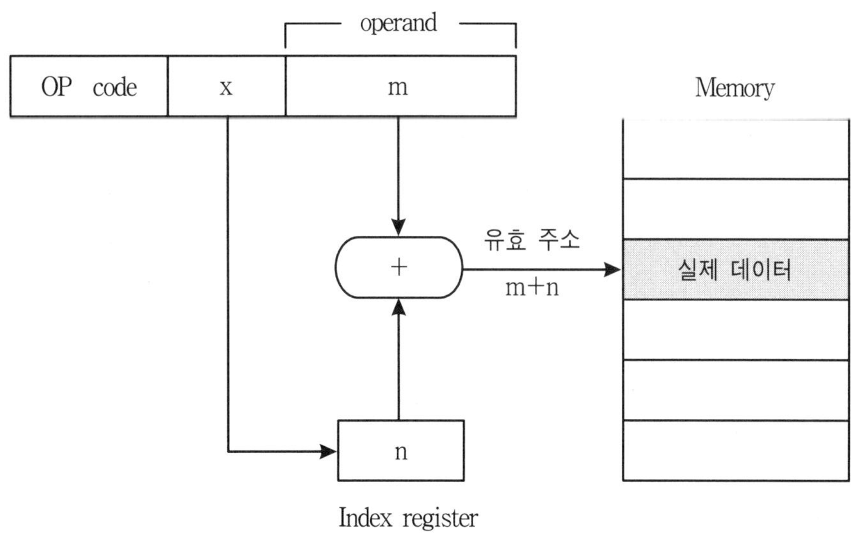

그림 4-15 인덱스 주소 지정 방식

9) 자료 주소의 표현 방식

▣ 자료 주소의 표현 방식

완전 주소, 약식 주소, 생략 주소, 데이터 자신으로 구분할 수 있다.

○ 완전 주소 : 정보가 데이터이거나, 또는 주소이거나 구별하지 않고 그 기억된 장소에 직접 사상(Direct Mapping)시킬 수 있는 완전한 주소를 뜻한다.

○ 약식 주소 : 주소의 일부분을 생략한 것을 말한다. 계산에 의한 주소는 대부분 이 약식 주소에 속한다.

○ 생략 주소 : 주소를 구체적으로 나타내지 않아도 원하는 정보가 기억된 곳을 알 수 있을 경우에 사용된다. 하나의 누산기를 가진 컴퓨터에서는 항상 누산기를 연산에 사용하여야 되는데 오히려 이를 지정할 필요가 없으므로 생략한다.

- 누산기 생략 주소 : 예를 들면 ADD B의 명령의 경우 A와 B를 더해서 A에 저장하라는 명령 ADD A,B에서 A가 생략되었다.
- 스택 연산에 주소 : 0주소 연산명령에서 스택 피연산자를 생략할 수 있다. 스택 연산 예를 들면 ADD는 ADD (SP+1), (SP)동작에서 (SP+1), (SP) 주소들이 생략되었다

▣ 명령에 주소 표시 방법

- 생략 주소는 명령어의 길이를 축소하는데 가장 큰 도움을 준다(ADD A, B를 ADD B로).
- 데이터 자신을 표시할 경우, 주소를 위해 별도의 비트가 필요 없지만 데이터 스스로를 위해서는 상당한 수의 비트가 필요하다(MOV A, #34H).
- 약식 주소는 분명히 완전 주소보다 적은 수의 비트를 필요로 하지만, 중앙 처리 장치내의 레지스터를 이용하여야 한다(ADD A, @R0).
- 완전 주소는 주소를 표시하는 방법 중에서 가장 많은 비트 수를 필요로 하는 방식으로 메모리의 용량이 2^n워드일 때 n개의 비트를 필요로 한다 (ADD A, B).

10) 스택 주소 지정(Stack Addressing)

▣ 스택(Stack)

푸시다운 스택(Pushdown Stack)을 간단히 부르는 것으로, 기억 장치에 자료를 일시적으로 저장하여 쌓아두었다가 필요시에 꺼내어 사용할 수 있도록 기억 장치나 레지스터의 일부를 할당하여 사용하는 임시적인 자료 저장 장치(data storage device)를 말한다. 그러므로 스택은 기억 장치 내에 연속적으로 기억된 데이터 항목(워드, 문자, 비트 등)으로 구성된다.

▣ 스택의 구조

스택의 구조는 가장 나중에 저장된 자료를 먼저 꺼내는 후입 선출(LIFO : Last-In First-Out) 알고리즘을 취하며 자료 삽입을 푸시(push down), 자료를 꺼내는 것을 팝(pop up)이라고 한다. 이 두 가지 동작이 한쪽에서만 가능한 위치를 탑(top)이라 하며 연산에서 탑의 값은 1씩 증감시킴으로써 수행할 수 있다.

▣ 스택 주소 지정(Stack Addressing) 방식

스택의 탑 위치를 보유한 주소 레지스터를 스택 포인터(SP : Stack Pointer)라고 한다. 스택 포인터는 MOV SP, #70H처럼 전송형 명령어에 의해 초기치가 주어진다. 이 때부터 푸시나 팝이 일어날 때마다 스택 포인터는 자동적으로 증가되거나 감소된다. 따라서 메모리 스택의 장점은 주소를 항상 이용할 수 있으며, 스택 포인터에 기억된 주소 값에서 자동적으로 1 증감시킴으로써 조정이 가능하기 때문에 프로세서는 주소를 명시할 필요가 없이 스택을 사용할 수 있다는 특징을 지니고 있다. 이렇게 주소 없이 기억 장치에 판독하거나 기억할 수 있는 주소 지정 방식을 스택 주소 지정 방식이라고 한다. 이러한 이유 때문에 스택 동작을 포함하는 명령어를 0-주소 또는 내포(implied) 명령어라고 한다.

▣ 스택 0-주소 연산

스택에 기억된 자료를 이용하여 0-주소 연산으로 MUL과 ADD를 연산하는 과정을 그림 4-16은 나타낸 것이다.

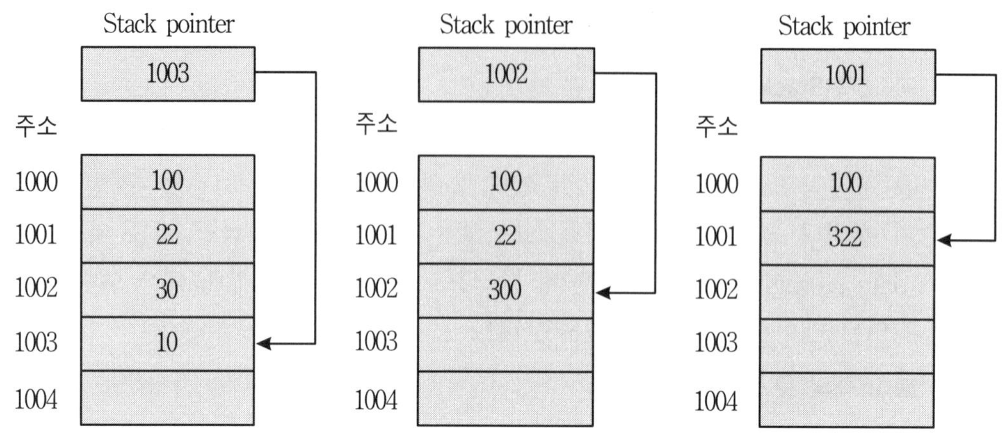

그림 4-16 스택 연산의 예

▣ 스택 단항과 이항 연산

스택을 이용한 단항 연산과 이항 연산의 과정을 그림 4-17은 나타낸다.

- ❍ 스택 단항 연산 : 하나의 자료만 필요하므로 탑이 지정하는 곳에서 자료를 얻어 이를 처리한다. 처리된 결과는 자료를 얻는 곳에 다시 보관하므로 탑의 값은 변하지 않는다.
- ❍ 스택 이항 연산 : 두 개의 자료가 필요한데, 이 때 사용하는 자료는 스택의 상단부에 위치한 두 자리에서 얻는다. 처리된 결과는 탑이 지정하는 곳의 하단에 저장되며 탑은 그 곳을 지정하도록 그 내용을 변경시켜 주어야 한다.

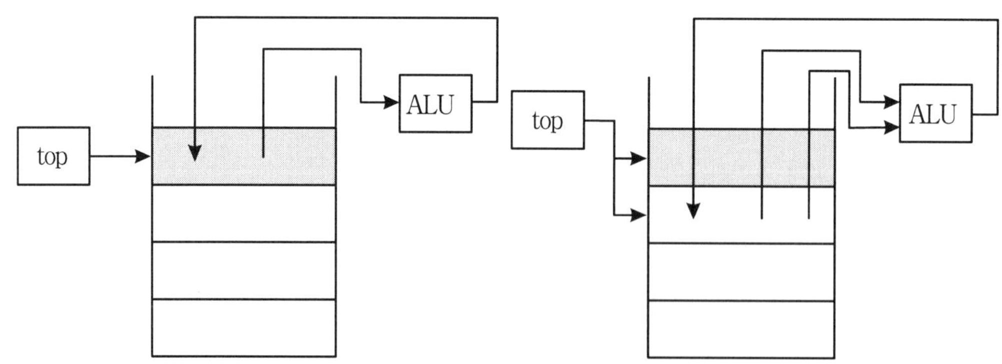

그림 4-17 스택 연산(단항/이항)

4.3 레지스터(Register)

▣ 레지스터(Register)

MPU 내부에서는 여러 장치 간에 수많은 작업이 고속으로 이루어지고 있다. 산술 연산의 경우 다음 계산의 진행을 위해 바로 전의 결과를 임시 보관해야 할 필요가 많다. 또한 조건문을 처리하는 경우, 조건 수식(Conditional Expression)의 연산 결과에 대해 여러 가지 가능성을 두고 그에 따른 해당 작업이 미리 정해져 있으므로 그 결과를 각 단계 별로 보관할 필요도 있을 것이다. 이와 같이 레지스터는 MPU에서 필요한 데이터를 임시 보관하는 역할을 하는 소자들의 모임을 의미한다.

▣ 레지스터의 분류

전용 레지스터와 범용 레지스터로 나누어진다. 전용 레지스터는 MPU의 명령어 실행을 위해 제어 장치에 의해 사용되며, 범용 레지스터는 일반적인 정보를 명령에 의해 지정하여 사용할 수 있다.

1) 범용 레지스터(GPR : General-Purpose Register)

▣ 범용 레지스터(GPR : General-Purpose Register)

MPU의 연산 과정에서 레지스터가 필요하며, 레지스터는 고속이므로 많으면 많을수록 좋다. 이처럼 MPU가 작업을 위해 범용적으로 쓰는 레지스터를 범용 레지스터(GPR)라고 한다. GPR들은 대부분 ALU와 연결되어 사용된다. GPR은 특정한 용도의 정보가 아닌, 일반적인 정보를 저장하며 여러 개의 레지스터들로 구성된다. 레지스터들을 구별하기 위해 이름을 부여하는데 RISC 계열에서는 R0, R1, R2, R3, 인텔 계열에서는 A, B, C, D와 같은 레지스터 이름을 사용하고 있다. GPR의 가장 중요한 목적은 MPU의 내에서 생성되는 데이터를 임시로 보관하는 것이지만 특별한 용도로 연산을 할 수 있다. A는 누산기(ACC)로서의 역할을 하거나 특정 주소 지정 방식에서 주소 지정 목적으로 쓰이기도 한다.

2) 전용 레지스터(DPR : Dedicated-Purpose Register)

■ **전용레지스터(Dedicated-Purpose Register)**

특수레지스터(SPR : Special Purpose Register)라고도 하며 범용 레지스터에 비해 특별한 목적을 가진 레지스터로 여러 종류가 있다. 전용레지스터(DPR)에는 누산기, 명령어 레지스터, 메모리 지정 레지스터, 스택 레지스터, 상태 레지스터 등이 있다. 범용 레지스터가 성능의 향상을 고려해 그 양이 정해지는 반면 이 레지스터들은 대부분 반드시 있어야 한다.

■ **누산기(ACC : Accumulator)**

전용 레지스터 중에서도 가장 범용 적으로 쓰이는 대표적인 레지스터이다. 이 레지스터는 증가(Increment), 감소(Decrement), 이동(Shift), 데이터 변환 등 여러 가지 기능이 집약되어 있다. 누산기는 성능이 낮은 MPU에서 다른 레지스터들이 보관하는 기능밖에 갖고 있지 못할 경우, 연산의 편의성을 위해 자주 쓰이는 레지스터이다.

예를 들면 1 증가 연산을 ALU에서 수행한다면 ADD A, 1 명령이 덧셈기(Adder)로 입력되어 연산되지만 ACC에 의해 INC A를 처리할 경우 기계어의 길이도 짧고 적은 클록으로 빠르게 수행될 수 있다.

■ **마이크로 명령어(Micro Instruction)**

메모리로부터 코드(code)가 버스 접속 장치(BIU)를 통해 넘어오면 이것은 우선 프리페치 코드 큐에 쌓이고 명령어 해독기에 의해 하나씩 해석되어 명령어(decoded instruction)로 바뀌게 된다. 코드란 매크로 명령어(Macro Instruction)로 보면 되고 명령어란 이것이 MPU 구조에 밀접하게 독자적인 형태로 바뀐 마이크로 명령어(Micro Instruction)를 의미한다.

■ **명령어 레지스터(IR : Instruction Register)**

명령어 레지스터(IR)는 명령어를 수행하기 위해 잠시 이것을 보관하고 있는 레지스터이다. IR에 명령어가 적재되면 필요한 하드웨어를 구동하는 작업이 바로 이어지면서 명령어가 수행된다. IR는 명령어를 보관하므로 명령어와 그 형태가 동일하다. 그림 4-18의 IR에서 동작 코드(Op-code)에는 덧셈, 뺄셈, 분기 등의 동작코드를 가지고 있고 피연산자(A)는 주소 지정 모드로 동작하며

피연산자(B)는 해당 모드에 필요한 주소 값을 가지고 있다. 동작 코드의 비트 수에 의해 존재할 수 있는 명령어의 가짓수가 정해진다.

동작 코드	피연산자(A)	피연산자(B)

그림 4-18 명령어 레지스터(IR)

▣ 메모리 지정 레지스터

메모리 주소 레지스터, 인덱스 레지스터, 세그먼트 레지스터, 메모리 버퍼 레지스터, 프로그램 카운터 등이 있다.

○ MAR(Memory Address Register) : 메모리 주소 레지스터(MAR)은MPU가 기억 장치를 참조하는데 반드시 필요한 레지스터이다. 이 레지스터 내에 존재하는 값은 MPU가 실질적으로 참조할 기억 장치의 주소를 나타내기 때문에 유효 메모리 번지(Effective Memory Address)라고 부른다.

○ MBR : 메모리 주소 레지스터(MAR)에 상대적인 레지스터로 메모리 버퍼 레지스터(MBR)가 있다. MAR가 지정하는 주소의 데이터가 이 레지스터로 적재된다. 따라서 MBR의 크기는 메모리 한 워드의 크기와 같다. 반면에 MAR의 크기는 주소 공간의 크기에 좌우된다.

○ 세그먼트 레지스터(Segment Register) : 세그먼트란 메모리 한 묶음으로 보통 64KB의 크기를 갖는다. 이 레지스터들은 MPU가 읽어야 할 코드나 또는 데이터가 있는 세그먼트가 기억 장치의 어느 위치에 있는지 인덱스를 가리키는 레지스터이다. 인텔 계열의 MPU에 있는 CS(Code Segment), DS(Data Segment), SS(Stack Segment), ES(Extra Segment) 등은 코드나 데이터, 스택이 있는 세그먼트를 가리키는 기능을 갖는다.

○ 인덱스 레지스터(Index Register) : 메모리를 지정하는 인덱스 레지스터가 있다. 이 레지스터의 내용과 명령어 레지스터에 있는 피연산자(B)의 값이 더해져서 여러 가지 주소 지정 모드(Addressing Mode)를 만들어내며 이때 피연산자(B)의 값은 변위(Offset)의 역할을 한다.

- 이 레지스터들이 없다면, MPU는 각 지점에 대한 포인터 변수를 메모리

에 설정하여 작업하여야 하는데, 이 경우 주소 연산 과정에서 MPU와 메모리간의 잦은 연산이 생기게 된다. 이는 메모리간에 데이터를 옮기는 작업시 시간이 많이 걸리기 때문에 큰 부하(Overhead)로 작용하게 된다.

○ SI(Source Index)레지스터 : 이 레지스터는 메모리간에 대량의 데이터를 옮길 때 시작지의 위치를 가리키는 용도로 쓰인다.

○ DI(Destination Index) 레지스터 : 이 레지스터는 메모리간에 대량의 데이터를 옮길 때 목적지의 위치를 가리키는 용도로 쓰인다.

▣ 프로그램 카운터(PC : Program Counter)

메모리 지정 레지스터(Pointer)의 일종으로 인텔의 16비트 이상 MPU에서 IP(Instruction Pointer)라고도 부른다. 이 레지스터는 MPU가 명령을 수행하기 위해 메모리를 참조하는데 있어 가장 중요한 레지스터이며 항상 프로그램 메모리(Program Memory)에서 다음에 가져올 명령어의 주소를 가리키기 위해 워드(Word) 수 단위로 증가하지만, 분기(Jump)나 복귀(Return) 명령어 또는 인터럽트들을 만나면 PC 값이 변하게 된다. MPU는 다음의 명령어 수행 기간에 PC에 있는 값에 따라 해당 주소에서 명령어를 가져와서 명령어 레지스터(IR)에 적재하여 명령어가 해석되어 실행에 옮겨지는 것이다. 컴퓨터의 다운(Down)되는 경우는 PC가 엉뚱한 주소를 가리키면 MPU는 이상한 명령어를 수행한 것이다.

▣ 스택 레지스터(Stack Register)

스택 및 데이터 메모리의 효율적인 관리를 위해 스택 포인터(SP : Stack Pointer) 레지스터와 베이스 포인터(BP : Base Pointer) 레지스터가 쓰인다.

SP는 스택의 최상위 부분을 나타내며, BP는 메모리의 특정 번지를 나타내고 있다. BP 레지스터가 가리키는 번지로부터 적당한 범위 내에 떨어져 있는 번지는 적은 수의 변위 값으로 지정할 수 있다.

○ 스택의 유지 영역(Holding Area) 기능 : 한 프로그램을 수행하다가 다른 부분의 프로그램을 수행할 경우가 생기면, 그때 레지스터의 값들을 스택에 넣고 다른 프로그램을 수행하게 되는 문맥 교환(Context Switch)을 한다. 문맥교환은 인터럽트 처리 루틴(Interrupt Service Routine)이나 또는 예외사항 처리(Exception)를 수행할 때 사용한다.

▣ 상태 레지스터(Status Register)

A, B 두 값이 같으면, 즉 뺄셈 결과가 0이면 무엇을 하고 A가 더 크면, 즉 결과가 양수면 다른 것을 하라는 식의 어떤 연산이 다음 연산에 절대적으로 영향을 끼치는 프로그램을 볼 수 있다. 그 연산의 결과에 따라 MPU는 분기(jump) 작업을 하게 되는 것이다. 이 때 MPU의 다음 동작의 기준을 위해서 연산의 상태를 저장하고 있는 레지스터를 상태 레지스터(Status Register) 또는 플래그 레지스터(Flag Register)라고 부른다.

○ 상태 레지스터 플래그 : 부호 플래그, 0 플래그, 오버플로우 플래그, 캐리 플래그 등이 있다.

- 부호 플래그(Sign Flag) : 산술 연산의 결과에 대한 부호 비트로 음수일 때 1로 세트된다.
- 0 플래그(Zero Flag) : 연산의 결과가 0일 때 1로 세트된다.
- 오버플로우 플래그(Overflow Flag) : 산술 연산의 결과에 대한 오버플로우를 나타내기 위해 사용된다.
- 캐리 플래그(Carry Flag) : 덧셈의 경우는 최상위 자리에서 캐리의 발생, 뺄셈일 경우는 자리 빌림이 발생되면 1로 세트되며 복수 개의 워드에 걸쳐서 산술 연산이 이루어질 때 사용된다.

4.4 제어 장치

▣ 제어 장치

MPU가 실행할 수 있는 명령어 집합에 따라 MPU 내부에서 각 명령어의 실행을 제어하고 관리하기 위한 장치이며, 명령어의 실행 단계별로 필요한 제어 신호를 발생한다. 제어 장치의 근본적인 동작은 명령어 주기 동안에 발생되는 일련의 마이크로 연산(Micro Operation)을 수행한다. 즉, 제어 장치는 수행될 명령어를 기초로 하여 적절한 순서로 일련의 마이크로 연산들을 MPU가 실행할 수 있도록 순서 제어와 수행될 각 마이크로 연산을 실행시키는 장치이다.

- 제어 장치는 내부적으로 순서 제어와 실행 제어를 위해 필요한 논리 회로를 갖고 있어야 된다. 각 명령어에 대해 정해진 클록 주기 순서로 제어 신호를 생성하는 제어 장치의 구현에는 제어 신호들을 논리 게이트 및 논리 회로로 생성하는 방법으로 구현하는 하드와이어적 제어 장치와 마이크로 프로그램 기술을 이용하여 마이크로 명령어의 각 비트 또는 각 필드가 직접적으로 제어 신호를 생성하는 마이크로 프로그램된 제어 장치가 있다.

▣ 제어 신호(Control Signal)

제어 장치에서 명령어들의 실행 과정을 단계별로 제어하고 관리하기 위해 생성되는 제어 신호들의 기능에는 각 명령어의 실행 단계를 위한 순차적 제어 클록 생성(T_0, T_1, T_2, …, T_n), 명령어 인출과 인출된 명령어의 명령 코드의 디코딩, 주소 지정 모드에 따른 유효 주소 계산 및 오퍼랜드 인출, 각 레지스터의 입력과 출력 제어, ALU에 대해 필요한 연산 및 입출력의 지정, 메모리에 대한 읽기/쓰기 신호 등이 있다.

○ MPU의 제어 신호 : 그림 4-19는 제어 장치의 제어 신호를 보여주고 있다.

- 외부적인 제어 신호를 발생 : 제어 장치는 기억 장치와 입출력 모듈과 데이터 전송을 위한 외부적인 제어 신호를 발생한다.
- 내부적인 제어 신호를 발생 : 레지스터 사이의 데이터 전송을 위해 산술논리 연산 장치에 어떤 지정된 연산을 수행하게 하는 내부적인 제어 신호를 발생한다.

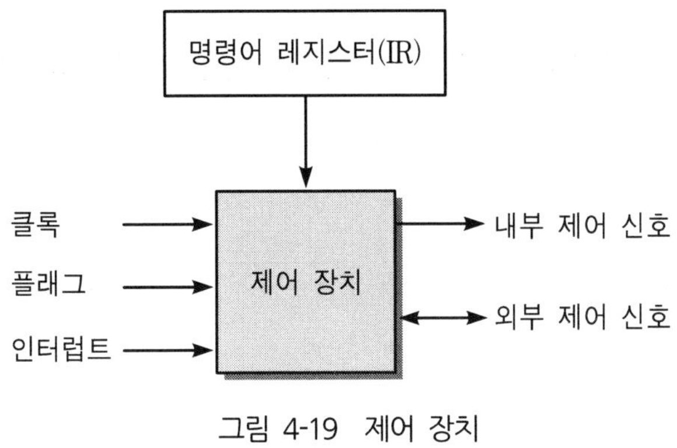

그림 4-19 제어 장치

- 제어 장치의 입력 신호 : IR, ALU 연산 결과를 저장하고 있는 플래그 레지스터의 상태 정보, 그리고 외부 장치로부터의 인터럽트 신호 등으로 이루어진다.

○ 입력 제어 신호

- 명령어 레지스터(IR)의 동작코드(Op Code) : 실행 주기 동안에 수행될 마이크로 연산을 결정하는데 사용되며,
- 플래그(Flags) 입력 : 이전의 산술 논리 연산의 출력과 MPU의 상태를 결정하기 위해서 제어 장치에 의해 사용되어진다.
- 각 클록 주기마다 : 제어 장치는 한 개의 마이크로 연산을 수행한다.

○ 내부 외부 제어 신호

- MPU의 내부 제어 신호 : 한 레지스터에서 다른 레지스터로 데이터의 전송 및 특성한 논리 연산 기능을 수행하도록 하는 신호이다.
- 외부 제어 신호 : 시스템 버스로부터 제어 장치에 인터럽트 요청 또는 인터럽트 인식과 같은 제어 신호를 제공하거나 외부 기억 장치와 입출력 모듈로 보내는 제어 신호이다.

4.4.1 하드와이어적 제어 장치(Hardwired Control Unit)

▣ 하드와이어적 제어 장치(Hardwired Control Unit)

신호 제어기, 제어 신호 생성기, 디코더, 그리고 입력 신호로 구성되어 있다. 제어 장치의 주요 입력에는 명령어 레지스터(IR), 클록, 플래그 레지스터의 상태 정보, 외부의 제어 신호 등이 있다.

- 제어 장치는 입력 신호에 따라 제어 신호가 되는 출력 논리 신호를 생성하며 플래그 레지스터의 상태 정보와 외부의 제어 신호는 개별 비트들이 각각 의미를 갖는다. 그리고 제어 장치는 명령어 레지스터의 동작 코드에 따라 서로 다른 조합의 논리 신호를 생성하여 다양한 동작을 수행한다. 이러한 기능은 디코더에 의해 이루어지며, 디코더는 n개의 입력과 2^n개의 서로 다른 2진 출력을 갖는다. 또한 제어 장치는 인가된 클록에 따라 규칙적으로 반복되는 제어 클록을 생성하여 마이크로 연산을 수행한다. 제어 장치를 하드와이어적으로 구현하는 기본 구조는 그림 4-20과 같다.

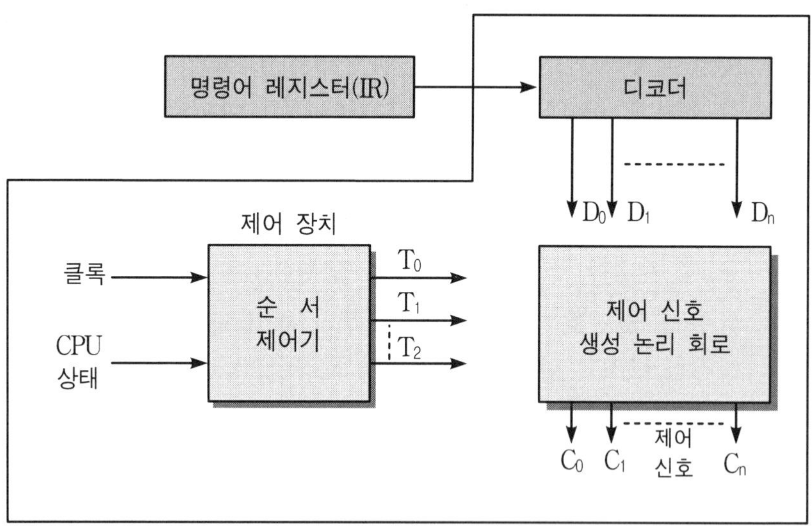

그림 4-20 하드와이어적 제어 장치의 기본 구조

- 하드와이어적 제어 장치에서는 각 명령어의 실행 단계의 순차적 제어 클록(T_0, T_1, T_2, ⋯, T_n)을 순서 제어기를 통해 생성하고, 각 단계별로 해당

명령어 실행에 필요한 제어 신호를 제어 신호 생성 논리 회로로 생성한다. 제어 신호 생성기는 각 명령어에 따라 지정된 제어 클록 주기에 정의된 제어 신호(C_1, C_2, …, C_n)를 발생하며 제어 신호에 따라 제어 장치는 마이크로 연산을 한다. 그리고 제어 신호 생성기에 인가되는 제어 클록은 명령어 주기 끝에서 다시 T_0에서 시작될 수 있도록 순서 제어기에 의해 초기화된다.

○ "ADD R1, X" 마이크로 연산 : 기억 장소 X의 내용을 레지스터 R1에 더하는 "ADD R1, X"를 실행하기 위한 마이크로 연산들의 수행 클록 순서는 다음과 같다.

- T_0 : MAR ← PC
- T_1 : MBR ← M[MAR], PC ← PC+1
- T_2 : IR ← MBR, 디코딩
- T_3 : MAR ← IR(address)
- T_4 : MBR ← M[MAR]
- T_5 : R1 ← R1+(MBR)

즉, "ADD R1, X"에 대한 마이크로 연산은 6단계의 동작으로 이루어진다.

- T_0 클럭 : PC의 내용을 MAR로 옮긴다.
- T_1 클럭 : MAR에 의해 지정된 기억 장소의 내용이 MBR로 옮겨지고 PC의 내용은 1 증가된다.
- T_2 클럭 : MBR의 내용을 IR로 전송되며, 동작 코드를 해독하고 유효 주소를 계산한다.
- T_3 클럭 : 기억 장소 X에 있는 피연산자를 인출하기 위해 IR의 주소 부분이 MAR로 들어간다.
- T_4 클럭 : 참조된 기억 장소를 읽는다.
- T_5 클럭 : R1과 MBR의 내용은 ALU에 의해 더해지고, 결과는 R1 레지스터에 저장된다.
- 각 명령어 실행의 제어 클록 T_0, T_1, T_2의 명령어 인출(fetch)과 명령어 해독인 디코딩(decording) 단계는 모든 명령어에 공통으로 수행되기 때문

에 제어 장치는 모든 명령어에 대해 동일한 제어 신호를 생성한다. 실행 단계(T_3~T_5)는 명령 코드가 ADD에 해당하는 경우에만 실행되도록 제어 신호를 발생한다.

▣ 하드와이어적 제어 장치 장단점

제어 신호 생성에 필요한 지연 시간이 매우 작다는 장점이 있으나, 각 제어 신호 생성에 필요한 논리 회로는 명령 코드 및 주소 지정 모드 등에 따라 매우 복잡해질 수 있다는 단점을 지니고 있다. 하드와이어적 제어 장치는 단순한 명령어들을 갖는 RISC MPU 구조의 구현에 사용하였다.

4.2.2 마이크로 프로그램에 의한 제어 장치(Micro-Programmed Control Unit)

▣ 마이크로 프로그램된 제어 장치

MPU의 제어 장치에서 각 명령어 실행 단계별로 마이크로 연산에 필요한 제어 신호를 논리 회로로 구현하는 대신 각 실행 단계별로 마이크로 연산에 필요한 제어 신호에 해당하는 비트를 갖는 명령어를 수행함으로써 제어 신호를 생성할 수 있다. 각 기계 명령어의 실행을 구성하는 마이크로 연산들을 수행하는데 필요한 제어 신호들을 마이크로 명령어로 생성하고 마이크로 프로그램을 수행하는 제어 장치가 마이크로 프로그램된 제어 장치이다.

▣ 펌 웨어(F/W : Firm Ware)

기계 명령어 실행을 위한 제어 장치내의 제어 프로그램을 구성하는 명령어를 마이크로 명령어라고 한다. 마이크로 프로그램된 제어 장치는 그림 4-21과 같이 구성된다. 마이크로 프로그램은 제어 기억 장치에 저장되고 제어 기억 장치(Control ROM)로부터 마이크로 명령어를 가져와서 각 기계 명령어 실행에 필요한 제어 신호를 발생한다.

- 제어 기억 장치를 참조하기 위해서는 참조할 주소가 제어 주소 레지스터(CAR)에 적재되어야 하는데, 다음에 인출될 마이크로명령어의 주소는 처리되는 기계 명령어의 명령 코드와 순서 제어기에 의해 정해진다. 제어 프로그램을 구성하는 루틴의 수는 명령어의 형식, 명령 코드의 수, 주소 지정 모드의 수에 따라 정해진다.
- 마이크로 명령어로 구성되는 마이크로 프로그램은 읽기만 수행하므로 제어 기억 장치는 ROM으로 구현하는 것을 펌 웨어(F/W : Firm Ware)라 한다.

▣ 마이크로 프로그래밍의 CISC 구현

복잡한 명령어의 실행을 제어하는 제어 장치에 대해서도 마이크로 프로그래밍은 하드와이어적 방식에 비해 구현이 비교적 간단하므로 마이크로 프로그래밍으로 인해 보다 복잡한 명령어들의 구현이 가능케 되었다. 또한 논리 회로로 구현하는 하드와이어적 제어에 비해 마이크로 프로그래밍은 명령어 집합 설계에 유연성과 자유성을 줌으로써 보다 복잡한 명령어들을 갖는 CISC MPU 구조의 구현을 가능하게 하였다.

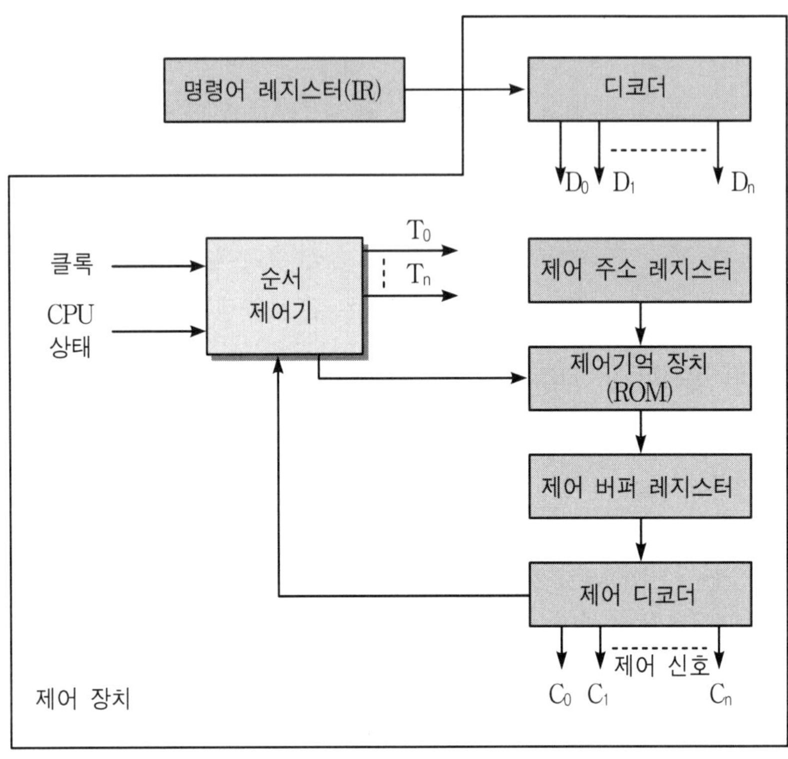

그림 4-21 마이크로 프로그램에 의한 제어 장치

▣ **마이크로 프로그래밍**

마이크로 프로그래밍의 작성은 기계 명령어 프로그램에 비해 매우 단순하다. 마이크로 명령어의 기능은 기계 명령어의 실행을 제어하는 것이므로 기계 명령어의 실행에 공통적인 명령어 인출 및 디코딩을 위한 마이크로 프로그램 루틴은 공통으로 사용하고 피연산자 인출과 명령 코드의 실행을 위해 각 기계 명령어의 명령 코드에 따라 별도의 마이크로프로그래밍 루틴이 존재해야 한다.

- 제어 장치의 마이크로 프로그래밍 기법은 마이크로 프로그램을 구성하는 각 마이크로 명령어를 MPU 클록 주기에 실행하여 제어 신호를 생성하므로 하드와이어적 제어에 비해 제어 신호 생성에 시간이 더 오래 요구되는 단점을 극복하기 위해 마이크로 명령어가 하나 이상의 마이크로 연산들

의 동시 제어를 가능하게 한다. 이로 인해 마이크로 프로그래밍에서는 여러 연산 또는 자료 전송이 중첩되게 실행될 수 있다.

▣ 마이크로 명령어의 형식

마이크로 프로그램 루틴을 구성하는 마이크로 명령어는 기계 명령어의 각 실행 단계에 필요한 마이크로 연산들을 포함해야 한다. 마이크로 프로그램을 구성하는 마이크로 명령어의 형식은 필요한 제어 신호를 명령어 내부에 표시하는 방법에 따라 수평적 마이크로 명령어와 수직적 마이크로 명령어로 분류할 수 있다.

- 수평적 마이크로 명령어 방식 : 각 제어 신호에 대해 각각 별도의 비트를 부여하는 방법이며, 실행 속도 면과 자원의 병렬 전송면에서는 바람직하나 반면에 마이크로 명령어의 길이가 길어져 비실용적이다. MPU 내의 구조상 동시에 수행될 수 없는 마이크로 연산들이 있다. 따라서 이와 같이 동시에 실행될 수 없는 마이크로 연산들을 그룹으로 묶고, 각 그룹별로 별도의 비트들을 부여하는 수직적 마이크로 명령어가 가능하다.
- 수직적 마이크로 명령어 방식 : 각 필드마다 하나 이하의 마이크로 연산을 활성화한다. 이를 위해 코딩 방법을 사용하며 n비트의 필드인 경우에는 그 필드에서 2^n개의 마이크로 연산들 중의 하나를 지정할 수 있다. 이에 따라 실제 실행 시에는 각 필드의 값을 디코드하며, 제어 신호를 생성한다. 즉, 수직형 마이크로 명령어는 명령어 디코딩하는 시간이 더 필요하나 마이크로 명령어의 크기는 작아진다는 장점이 있다.

4.5 i8051 연산명령어 동작

▣ 8051 MCU

8051 코아가 내장된 모든 8051 계열의 원칩을 의미합니다. 8051 코아를 사용하는 8051은 계열은 8031, 8051, 80C51, 8751, 87C51, 8032, 8052, 8752, 80C51BH, 80C251Sx, AT89S51, AT89S2051, DS5002, 51F000, ADUC812, ADUC814, 73M2910, 80451, P83C434, C501, C515, MSM80C48, 8049, 83C154, 83C320 등 등이 있다.

○ 8051내부구성과 핀배치도 : 그림 4-22와 같다.

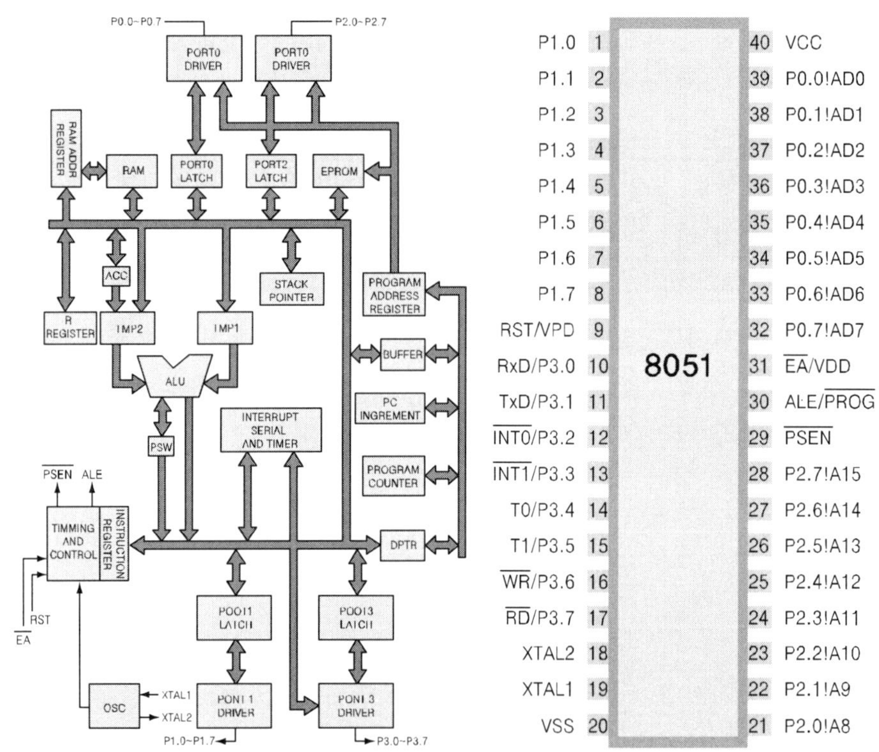

그림 4-22 8051내부구성과 핀배치도

○ 8051 BANK 선택 : 내부램 00~1FH 영역에 BANK를 PSW의 RS1, RS0를 이용하여 선택할 수 있다.

BANK	R0	R1	R2	R3	R4	R5	R6	R7
Bank 0	00	00	00	00	00	00	00	00
Bank 1	00	00	00	00	00	00	00	00
Bank 2	00	00	00	00	00	00	00	00
Bank 3	00	00	00	00	00	00	00	00

그림 4-23 8051 BANK 0~3(00~1FH)

○ 8051 내부메모리 영역 : 20H~2FH는 비트주소 영역이고 30H~7FH 영역은 사용자 영역으로 70H~7FH는 사용자정의 스택 영역으로 사용하기도 한다.

※ 00H, 03H, 0BH, 13H, 1BH, 23H, 2BH는 인터럽트 Vector 주소로도 사용한다.

Int.	0	1	2	3	4	5	6	7	8	9	A	B	C	D	E	F
20	00	00	00	00	00	00	00	00	00	00	00	00	00	00	00	00
30	00	00	00	00	00	00	00	00	00	00	00	00	00	00	00	00
40	00	00	00	00	00	00	00	00	00	00	00	00	00	00	00	00
50	00	00	00	00	00	00	00	00	00	00	00	00	00	00	00	00
60	00	00	00	00	00	00	00	00	00	00	00	00	00	00	00	00
70	00	00	00	00	00	00	00	00	00	00	00	00	00	00	00	00

그림 4-24 8051 내부 데이터 메모리(RAM)

○ 8051 특수레지스터 영역 : 80H~FFH 영역은 특수레지스터 영역이다.

- 포트주소 : P0 = 80H, P1=90H, P2=A0H, P3=B0H
- 레지스터 : Acc=E0H, B=F0H, PSW=D0H, DPTR=82~83H
- 인터럽트 : IE=A8H, IP=B8H, SP=81H
- 타이머 : TCON=88H, TMOD=89H, TL=8A~8BH, TH=8C~8DH
- 통신기타 : PCON=87H, SCON=98H, SBUF=99H
- PC : SFR이나 BANK에 없지만 MCU에 NIA(Next Instruction Address) Point가 있다.

PC	0000	DPTR	0000	SP	07	A	00	B	00

PSW	CV	AC	F0	RS1	RS0	0V	USR	P
00	0	0	0	0	0	0	0	0
IP	-	-	-	FS	PT1	PX1	PT0	PX0
00	x	x	x	0	0	0	0	0
IE	EA	-	-	ES	ET1	EX1	ET0	EX0
00	0	x	x	0	0	0	0	0
TCON	TF1	TR1	TF0	TR0	IE1	IT1	IE0	IT0
00	0	0	0	0	0	0	0	0
TMOD	GATE	C/T	M1	M0	CATE	C/T	M1	M0
00	0	0	0	0	0	0	0	0

P0	1111 1111	TH1	00	PCON	00
P1	1111 1111	TL1	00	SCON	00
P2	1111 1111	THO	00	SBUF	00
P3	1111 1111	TLO	00		

그림 4-25 8051 특수 레지스터(SFR)

○ 8051 프로그램 메모리 : 16비트 주소 0000H~FFFFH의 64KB 영역이 프로그램 메모리이나 8X51에는 4KB, 8X52는 8KB의 내부 ROM이 내장되어있다.

Dump	0	1	2	3	4	5	6	7	8	9	A	B	C	D	E	F
0000	FF	FF	FF	FF	FF	FF	FF	FF	FF	FF	FF	FF	FF	FF	FF	FF
0010	FF	FF	FF	FF	FF	FF	FF	FF	FF	FF	FF	FF	FF	FF	FF	FF
0020	FF	FF	FF	FF	FF	FF	FF	FF	FF	FF	FF	FF	FF	FF	FF	FF
0030	FF	FF	FF	FF	FF	FF	FF	FF	FF	FF	FF	FF	FF	FF	FF	FF
0040	FF	FF	FF	FF	FF	FF	FF	FF	FF	FF	FF	FF	FF	FF	FF	FF
0050	FF	FF	FF	FF	FF	FF	FF	FF	FF	FF	FF	FF	FF	FF	FF	FF
0060	FF	FF	FF	FF	FF	FF	FF	FF	FF	FF	FF	FF	FF	FF	FF	FF
0070	FF	FF	FF	FF	FF	FF	FF	FF	FF	FF	FF	FF	FF	FF	FF	FF

그림 4-26 8051 프로그램 메모리(ROM)

Address	기계어			명령어(Nimonic)	
0030	75	81	60	MOV	SP,#60H
0033	74	9E		MOV	A,#9EH
0035	90	FC	48	MOV	DPTR,#FC48H
0038	F0			MOVX	@DPTR,A
0039	74	FE		MOV	A,#FEH
003B	F5	90		MOV	P1,A
003D	12	00	4A	LCALL	004AH
0040	23			RL	A
0041	44	F0		ORL	A,#FOH
0043	B4	FF	F5	CJNE	A,#FFH,003BH
0046	74	FE		MOV	A,#FEH
0048	80	F1		SJMP	003BH
004A	78	02		MOV	R0,#02H
004C	79	00		MOV	R1,#00H
004E	7A	00		MOV	R2,#00H
0050	00			NOP	

그림 4-27 8051 프로그램메모리(ROM)

○ 8051 산술 연산명령 : 그림 4-28과 같다.

니모닉+오퍼랜드		OP코드	Bute/Cyc	오퍼레이션	PSW			
					C	AC	OV	P
ADD	A,#data	24	2/1	A<-A+8비트 데이터	T	T	T	T
ADD	A,@R0	26	1/1	A<-A+(R0)	T	T	T	T
ADD	A,@R1	27	1/1	A<-A+(R1)	T	T	T	T
ADD	A,Rn	2x	1/1	A<-A+(Rn)	T	T	T	T
ADD	A,direct	25	2/1	A<-A+direct	T	T	T	T
ADDC	A,#data	34	2/1	A<-A+8비트 데이터+C	T	T	T	T
ADDC	A,@R0	36	1/1	A<-A+(R0)+C	T	T	T	T
ADDC	A,@R1	37	1/1	A<-A+(R1)+C	T	T	T	T
ADDC	A,Rn	3x	1/1	A<-A+(Rn)+C	T	T	T	T
ADDC	A,direct	35	2/1	A<-A+direct+C	T	T	T	T
SUBB	A,#data	94	2/1	A<-A+8비트 데이터-C	T	T	T	T
SUBB	A,@R0	96	1/1	A<-A+(R0)-C	T	T	T	T
SUBB	A,@R1	97	1/1	A<-A+(R1)-C	T	T	T	T
SUBB	A,Rn	9x	1/1	A<-A+(Rn)-C	T	T	T	T
SUBB	A,direct	95	2/1	A<-A+direct-C	T	T	T	T
DEC	A	14	1/1	A<A-1	T	T	T	T
DEC	@R0	16	1/1	(R0)<(R0)-1	·	·	·	T
DEC	@R1	17	1/1	(R1)<(R1)-1	·	·	·	·
DEC	Rn	1x	1/1	(Rn)<(Rn)-1	·	·	·	·
DEC	direct	15	2/1	direct<direct-1	·	·	·	·
INC	A	04	1/1	A<A+1	·	·	·	T
INC	@R0	06	1/1	(R0)<(R0)+1	·	·	·	·
INC	@R1	07	1/1	(R1)<(R1)+1	·	·	·	·
INC	Rn	0x	1/1	(Rn)<(Rn)+1	·	·	·	·
INC	direct	05	2/1	direct<direct+1	·	·	·	·
INC	DPTR	A3	1/2	DPTR<-DPTR+1	·	·	·	·
DA	A	D4	1/1	10진 조정	T	·	·	T
MUL	AB	A4	1/4	A×B=BA	T	·	T	T
DIV	AB	84	1/4	A/B=A..B	T	·	T	T

direct(=dir) : 직접 번지지정(00H-0FFH)
Op : Op Code, B : Byte, Mnemo : Mnemonic, Cyc : Cycle
x : [1rrr]=>r은 레지스터 번호, Rn : R0-R7
T : 플래그가 변함, · : 플래그가 변하지 않음
#data : 8비트 상수, #data16 : 16비트 상수
bit : 비트 어드래스, rel(rekative) : -128-+127
* : aaa0(a : 11비트 어드래스의 상위 3비트)
addr11 : 11비트 어드래스, addr16 : 16비트 어드래스

그림 4-28 8051 산술 연산 명령어

○ 8051 논리 연산 명령 : 그림 4-29와 같다.

니모닉+오퍼랜드	OP코드	Bute/Cyc	오퍼레이션	PSW			
				C	AC	OV	P
ANL A,#data	54	2/1	A<-A AND 8비트데이터	·	·	·	T
ANL A,@R0	56	1/1	A<-A AND (R0)	·	·	·	T
ANL A,@R1	57	1/1	A<-A AND (R1)	·	·	·	T
ANL A,Rn	5x	1/1	A<-A AND Rn	·	·	·	T
ANL A,direct	55	2/1	A<-A AND direct	·	·	·	T
ANL direct,#data	53	3/2	dir<-dir AND AND 8비트	·	·	·	·
ANL direct,A	52	2/1	dir<-dir AND AND A	·	·	·	·
ORL A,#data	44	2/1	(R1)<- 8비트 데이터	·	·	·	T
ORL A,@R0	46	1/1	A<-A OR 8비트 데이터	·	·	·	T
ORL A,@R1	47	1/1	A<-A OR (R0)	·	·	·	T
ORL A,Rn	4x	1/1	A<-A OR (R1)	·	·	·	T
ORL A,direct	45	2/1	A<-A OR Rn	·	·	·	T
ORL direct,#data	43	3/2	A<-A OR direct	·	·	·	·
ORL direct,A	42	2/1	direct<-dir OR 8비트	·	·	·	·
XRL A,#data	64	2/1	dir<-dir OR A	·	·	·	T
XRL A,@R0	66	1/1	A<-A EX 8비트 데이터	·	·	·	T
XRL A,@R1	67	1/1	A<-A EX (R0)	·	·	·	T
XRL A,Rn	6x	1/1	A<-A EX (R1)	·	·	·	T
XRL A,direct	65	2/1	A<-A EX direct	·	·	·	T
XRL direct,#data	63	3/2	dir<-dir EX 8비트	·	·	·	·
XRL direct,A	62	2/1	dir<-dir EX A	·	·	·	·
CLR A	E4	1/1	A<-0	·	·	·	T
CPL A	F4	1/1	A<-A의 컴플리먼트	·	·	·	T
RL A	23	1/1	아래 그림 참고	·	·	·	T
RR A	03	1/1	아래 그림 참고	·	·	·	T
RLC A	33	1/1	아래 그림 참고	·	·	·	T
RRC A	13	1/1	아래 그림 참고	·	·	·	T

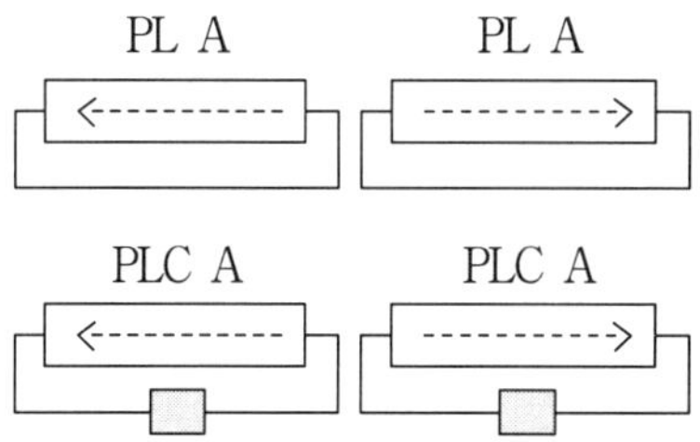

그림 4-29 8051 논리 연산 명령어

○ 8051 PSW : 8051 연산 후 상태를 나타내는 8비트 특수레지스터로 그림 4-30과 같다.

7	6	5	4	3	2	1	0
CY	AC	F0	RS1	RS0	OV	-	P

그림 4-30 8051 PSW

- CY : 7비트 올림수나 8비트 빌림수
- AC : 3비트 올림수나 4비트 빌림수
- F0 : 사용자 정의 flag
- RS1, RS0 : R0~R7의 BANK 0~3 선택(Selection)용

BANK 선택	BANK 0	BANK 1	BANK 2	BANK 3
ADDRESS	(00~07H)	(08~0FH)	(10~17H)	(18~1FH)
RS1 :	0	0	1	1
RS0 :	0	1	0	1

- OV : -128~127범위 Over Flow
- P : 연산결과 1의 수가 기수(Odd Parity)를 나타냄

○ 8051 PSW의 변화 : 예를 통해 익혀보자(X는 don't care, -는 무변).

64+73 → ADD A, 49H(단 Acc=64H)

	Acc	PSW			
		CY	AC	OV	P
명령 실행 전	64H	X	X	X	X
명령 실행 후	89H	0	0	1	1(기수)

128+137 → ADD A, 89H(단 Acc=80H)

	Acc	PSW			
		CY	AC	OV	P
명령 실행 전	80H(128)	X	X	X	X
명령 실행 후	09H(9)	1	0	1	0(우수)

(-128)+(-119) → ADD A, 89H(단 Acc=80H)

	Acc	PSW			
		CY	AC	OV	P
명령 실행 전	80H(-128)	X	X	X	X
명령 실행 후	09H(9)	1	0	1	0(우수)

ADDC A, #45H(단 Acc=33H, CY=1)

	Acc	PSW			
		CY	AC	OV	P
명령 실행 전	33H	1	X	X	X
명령 실행 후	79H	0	0	0	1(기수)

ADDC A, 45H(단 Acc=A3H, CY=0, (45H)=0CFH)

	Acc	PSW			
		CY	AC	OV	P
명령 실행 전	A3H	0	X	X	X
명령 실행 후	79H	1	1	1	0(우수)

SUBB A, #45H(단 Acc=33H, CY=1로 Borrow)

	Acc	PSW			
		CY	AC	OV	P
명령 실행 전	33H	1	X	X	X
명령 실행 후	EDH	1	1	1	0(우수)

DEC @R1(단 R1=80H (80H)=3E)

	(80H)	PSW			
		CY	AC	OV	P
명령 실행 전	3FH	X	X	X	X
명령 실행 후	3EH	-	-	-	1(기수)

MUL AB(단 Acc=73H, B=10H)

	Acc	B	PSW			
			CY	AC	OV	P
명령 실행 전	73H	10H	1	X	X	X
명령 실행 후	30H	07H	-	-	1	0(우수)

DIV AB(단 Acc=76H, B=05H)

	Acc	B	PSW			
			CY	AC	OV	P
명령 실행 전	76H	05H	1	X	X	X
명령 실행 후	17H	03H	-	-	0	0(우수)

87+34=121
ADD A,R1
DA(단 Acc=87H, R1=34H로 BCD)

	Acc	R1	PSW			
			CY	AC	OV	P
명령 실행 전	87H	34H	0	0	-	X
명령 실행 후	21H	34H	1	0	-	0(우수)

XRL P1, #0FFH(단 P1=0B3H)

	P1	PSW			
		CY	AC	OV	P
명령 실행 전	B3H	X	X	X	X
명령 실행 후	4CH	-	-	-	-

C.H.A.P.T.E.R

05

펜티엄 프로세서 (Pentium processor)

5.1 MPU 프로세서

▣ MPU 성능 요소

명령어 집합의 복잡도, 클럭의 속도, 하나의 명령어를 실행하는데 소요되는 클럭의 수 등 3가지 요소에 의해 결정된다. 프로그램 수행이 완료될 때까지 실행되는 명령어 수는 컴파일러와 명령어 집합 구조에 의해 주로 영향을 받지만 클럭의 속도와 하나의 명령어를 실행하는데 소요되는 클럭의 수는 마이크로프로세서(MPU)의 구현 방법에 따라 차이가 크게 난다.

○ MPU의 성능 향상 방법

- 실장 밀도 증가 : 신호의 전달 지연을 방지하는 것이다. 즉, 공정 기술을 개선하여 배선을 가급적 짧게 하고 다층화하여 보다 작은 다이에 실장하는 것이다. 펜티엄에 2000년에는 1억 개의 TR이 실현되어 MPU의 성능 개선에는 기여하지만 기술 성숙도에 따라 한계가 있다.
- 클럭 속도 향상 : 클럭의 속도를 높이면 당연히 처리 속도는 향상된다. PC의 처리 속도는 클럭의 속도에 비례하고 있다.
- MPU의 ALU와 FPU를 일체화 : i80486에서와 같이 실수연산 장치(FPU)를 내장하여 실수연산에 대한 처리 속도를 향상시킨다.
- 파이프라인 채용 : 파이프라인 구조는 다수의 명령들을 병렬로 실행시킬 수 있다.
- 캐시 메모리 내장 : 내장 캐시를 이용하여 가급적 외부 주기억 장치를 참조하지 않고 대부분의 명령 수행을 마이크로프로세서 내부에서 실행토록 한다.

- 레지스터 수 증가 : 메모리에 대한 접근을 줄이는 것이다. 그러나 너무 증가시키면 회로가 복잡해지는 원인이 된다.
- RISC 기술 도입 : CISC MPU의 버스 폭 증가로 내부 버스는 64비트 또는 128비트로 되어 있다. 그러나 이러한 성능 향상과 고속화 방법의 한계 때문에 고성능을 위해서는 RISC 기술의 도입이 불가피하다.

▣ CISC(Complex Instruction Set Computer)

PC용 80x86 계열의 MPU에서 명령어들은 피연산자를 메모리에서 참조할 뿐만 아니라, 복잡한 연산을 실행할 수 있도록 설계되어 있다. 인텔 계열의 MPU들은 복잡한 연산을 수행하기 위해 다양한 주소 지정 방식, 많은 명령어 수, 여러 가지 명령어 형식을 지원하고 있다. 이와 같이 복잡한 명령어 집합을 수행하도록 설계된 MPU를 복잡한 명령어 집합 컴퓨터(CISC)라 부른다. CISC형 MPU들은 고급 프로그래밍 언어의 구조를 반영하는 명령어들을 다수 포함하고 있으며 프로그램을 실행할 때 복잡한 명령어들을 사용하여 프로그램의 수행 시간을 줄이고자 하였다.

○ CISC형 단점 : MPU에서는 많은 수의 명령어, 다양한 명령어 형식 및 주소 지정 방식들을 구분하여 연산을 처리해야 하므로 서로 다른 크기의 마이크로루틴(microroutine)들이 필요하게 된다. 이에 따라 명령어를 해독하고 실행시키는 제어 회로가 복잡하게 되어 명령어들의 수행 시간이 서로 상이하고 명령어 실행 시 소요되는 클럭 수도 명령어마다 차이가 난다. 또한 명령어 집합이 복잡하기 때문에 마이크로 프로그램형 제어 장치가 사용되고, 명령어의 마이크로루틴도 길어서 명령어의 수행 시간이 길어지게 된다. 따라서 CISC형 MPU들은 다양한 명령어 형식과 명령어들 간의 실행 시간이 상호 다르기 때문에 명령어들의 연산을 파이프라인으로 처리하더라도 이를 효율적으로 구현하기 어렵고, 회로가 복잡하게 된다.

○ CISC형 문제점 : CISC형 컴퓨터에서 프로그램 수행 시 실행되는 명령어들의 사용 빈도수를 살펴보면 일부 명령어들만이 대부분의 수행 시간 동안에 빈번하게 실행되고, 전체 프로그램이 수행되는 동안 복잡하기만 하고 거의 사용되지 않는 명령어들이 상당히 존재한다. 또한 복잡한 명령어 집합은 명령어를 실행하는 마이크로루틴을 증가시키고, 빈번하게 실행되는 단순한 명령들의 실행 시간이 느리게 된다.

▣ RISC(Reduced Instruction Set Computer)

CISC형 MPU에서 빈번하게 실행되는 명령어들을 중심으로 간결한 명령어 집합을 새로 설계한 MPU를 축소 명령어 집합 컴퓨터(RISC)라 부른다. IBM은 복잡한 CISC형 MPU의 명령어들, 다양한 명령어 형식 및 여러 가지 주소지정 방식 중에서 자주 사용하지 않는 것들을 대폭적으로 줄인 새로운 RISC MPU의 설계 방식을 IBM 801 중형 컴퓨터에 적용하였다.

○ RISC형 기술 : MPU에서 명령어들은 32비트 크기로 간단하고, 대부분 한 클럭 안에 실행이 완료된다. 이들은 CISC 명령어들만큼 많은 주소 지정 방식을 지원하지는 않는다. RISC 명령어들은 독자적인 명령어를 사용하여 레지스터에 값을 적재하거나, 레지스터로부터 메모리에 값을 저장하는 식으로 메모리에 접근한다. RISC형 MPU들은 파이프라인에 기반을 두고 있는데, 90년대 들어 더욱 발전하여 슈퍼파이프라인 기술과 슈퍼스칼라 기술로 진일보하였다.

- 슈퍼파이프라인(superpipeline) 기술 : 파이프라인 단계를 보다 세분하여 클럭 주파수를 빠르게 동작시키는 성능 향상 기술이다. 증가된 파이프라인 수만큼 성능 향상이 이루어져야 이상적이나, 데이터 장애가 긴 파이프라인에서 거품(bubble)을 유발할 때 성능이 현저하게 저하되므로 이상적인 성능 향상을 달성하기 어려운 문제가 있다.
- 슈퍼스칼라 기술 : 한 클럭에 여러 명령어들을 동시에 실행시키는 기술은 인접한 명령어들 간의 종속 관계를 조사하여 동시에 실행 가능한 명령어들을 찾아낸 후, 그들을 서로 다른 기능 연산 장치들에서 실행시킨다. 최근의 RISC 프로세서들은 슈퍼스칼라 기술을 주로 사용하고 있으며, 일부 프로세서에서는 성능을 향상시키기 위하여 슈퍼파이프라인과 슈퍼스칼라 기술을 모두 채용하고 있다.

CISC와 RISC의 특징들을 표 5-1에서 상호 비교한다.

표 5-1 CISC와 RISC의 특징 비교

번호	CISC	RISC
1	복잡한 명령어 집합	단순 명령어 집합
2	대다수 명령들이 메모리 접근	적재/저장 명령만이 메모리 접근
3	복수 주기로 명령어 실행	단일 주기로 명령어 실행
4	명령어 수가 많다.	명령어 수가 적다.
5	고정 길이의 명령어 형식	다양한 길이의 명령어 형식
6	마이크로 프로그램형 제어 방식	하드와이어드 제어 방식
7	단일 레지스터 집합	다중 레지스터 집합
8	파이프라인의 구현이 어렵다.	파이프라인의 구현이 용이하다.
9	회로가 복잡하다.	회로가 간결하다.

○ MPU 버스 폭 : MPU는 취급하는 데이터 버스의 비트 수, 주소 버스의 비트 수, 명령 코드의 비트 수, 연산용 레지스터와 내부 버스의 비트 수, 그리고 가상 주소의 비트 수 등의 크기에 따라 몇 비트 마이크로프로세서(MPU)라고 구분할 수 있다. 인텔의 MPU는 그림 5-1에 나타낸 바와 같이 4, 8, 16, 32, 64비트로 지속적으로 발전하였다. 비트 수의 차이는 처리 속도뿐만 아니라 내부 구조 및 사용하는 용도에도 많은 변화를 가져왔다.

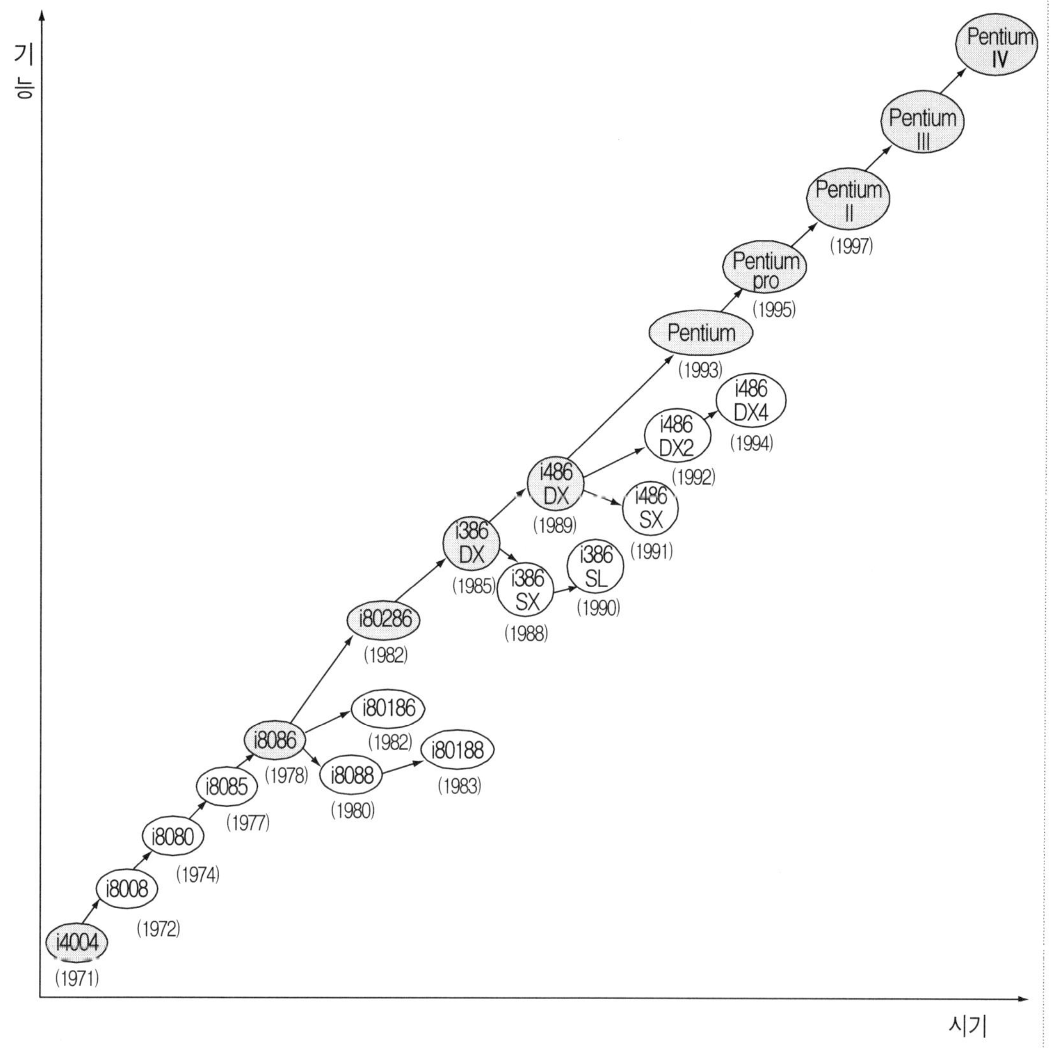

그림 5-1 인텔 마이크로프로세서

■ MPU 역사

비트슬라이스 프로세서에서 하나의 IC 실리콘 칩에 프로세서를 만드는 기술은 휴대용이나 탁상용 계산기를 만들기 위한 i4004로부터 시작되었다.

○ i4004 : 인텔에서 1971년에 발표한 최초의 4비트 프로세서로서 지정할 주소 공간이 좁고, 수치 처리 프로세서의 기능만을 갖고 있다.

○ i8080 : 4비트 MPU i4004를 2개로 8비트처럼 실현한 것이 i8008이다. P채널 MOS(P-channel Metal Oxide Semiconductor) 프로세스 기술을 사용하여 처리 속도가 매우 느리며 주소 공간도 16K바이트에 지나지 않았다. 그 후 i8008의 개정판으로 64KB의 기억공간을 갖는 i8080과 i8985 MPU가 개발되고 i8x51 MCU가 개발되었다.

○ i8086 : 1978년 발표된 최초의 x86 계열인 i8086은 16비트 MPU로 16비트 레지스터, 16비트 데이터 버스 및 1MB(megabyte)의 주소 공간을 갖고 있다.

○ i80286 : i8086의 다음 버전은 i80186MCU, i80286MPU가 있다. i80286 MPU는 i8086과의 호환 모드인 실주소 모드와 i80286의 독자적인 기능인 보호 모드로 동작한다. i80286은 16MB의 물리적인 주소 공간과 1GB(gigabyte)의 가상 주소 공간(virtual address space)을 가지고 있다. i8086과 바이너리 레벨(binary level)에서 호환성이 있고 프로그램들을 빠른 속도로 실행시킬 수 있다. i8086에서 i80286으로의 발달에서 구조상 4가지 변화가 있다.

- 보호 모드라는 동작 모드를 설정하여 보다 큰 메모리(최대 16MB)와 가상 메모리(최대 1GB)를 사용할 수 있다.
- 메모리 공간을 관리하는 메모리 관리 기구를 MPU에 내장하였다.
- 멀티태스킹 처리의 일부를 하드웨어로 실현한 것이다.
- 시스템 버스의 인터페이스를 멀티마스터 시스템(multi-master system)용으로 최적화한 것이다.

○ i80386DX : 1985년에 발표한 i80386DX 프로세서는 i80286의 구조를 답습하고 있으나, 기능면에서 대폭 개선하여 내부 구조, 외부 인터페이스도 모두 완전한 32비트로 구성되어 있다. 직접 주소 지정할 메모리 크기가 4GB로 확장되고, 세그먼트도 4GB까지 지원된다.
메모리 관리에서도 i80286이 세그먼테이션만을 지원하지만, i80386은 페이징에 의한 관리 방식도 함께 사용할 수 있다. 가상 i8086모드를 지원하기 때문에 보호 모드에서 i8086모드로 전환할 때 시스템을 소프트웨어적으로 초기화하는 i80286과는 달리 태스크(task) 전환을 통하여 i8086모드를 실행할 수 있는 하드웨어가 내장되어 있다.

- i80386의 최대 특징은 MPU의 내의 메모리 관리 장치(MMU)와 i8086 계열과의 호환성이다. i8086, i80186 및 i80286의 소프트웨어 호환성 뿐만 아니라, 32비트와 16비트 소프트웨어들을 멀티태스크 기능으로 동시에 실행할 수 있다. MMU는 64TB(terabyte)의 가상 기억과 4GB의 물리적인 기억 공간을 세그먼테이션과 페이징 장치를 이용하여 관리한다. 또한 4레벨의 특권 레벨에 의해 수행중인 프로세스의 보호 기능도 제공한다. i80386은 명령어들을 빠르게 처리하기 위해 6단계의 파이프라인 구조로 되어 있다.

○ i80486 MPU : i80386DX의 후속 32비트 프로세서는 CISC 구조이면서도 자주 사용되는 명령어들을 한 개의 클럭에 실행시킬 수 있도록 RISC 구조를 채용하였다. i80486에는 실수 연산 장치(FPU), i80486 프로세서가 상호 여러 개 연결되어 동작하는 다중프로세서 시스템을 구성할 지원 회로, 그리고 8KB의 통합 캐시 등이 내장되어 있기 때문에 성능이 향상되었다.

▣ 펜티엄(Pentium)

1993년 발표된 펜티엄 프로세서(Pentium Processor)는 슈퍼스칼라 구조와 2중 파이프라인으로 명령어들을 처리할 수 있기 때문에 i80486의 단일 파이프라인 처리보다 속도가 빨라지고, 8단계의 파이프라인으로 동작하는 고성능의 FPU, 각각 분리된 8KB의 데이터 캐시와 명령어 캐시, 64비트 데이터 버스, 그리고 분기 예측(branch prediction)을 위해 분기 목표 버퍼(branch target buffer)라는 소형 캐시를 사용함으로써 성능을 크게 향상시켰다.

○ 펜티엄프로 : 1995년 인텔은 펜티엄프로 프로세서를 발표했다. 명령어들을 동적으로 실행(dynamic execution)하는 기술을 기반으로 무순서 실행(out-of-order execution), 레지스터 재명명(register renaming), 분기 예측, 추측 실행(speculative execution) 등을 지원하는 12단계의 슈퍼 파이프라인 구조와 5개 명령어들을 동시에 실행할 수 있는 슈퍼스칼라 구조를 채택하고 있다. 또한 비블록킹 캐시(non-blocking cache) 구조로 동작하는 16K 바이트 1차 캐시와 256K바이트 또는 512K바이트의 2차 캐시를 내장하고 있다.

- 펜티엄프로는 PC용이라기 보다는 워크스테이션이나 메인프레임 급의 CPU로 내부적인 구성과 최적화가 서버급에 적합하도록 구성되어있다. 멀티 타스크(Task) 처리가 많은 서버급 컴퓨터에 더욱 적합한 CPU였다.

펜티엄프로를 쓰고자 한다면 OS로 OS/2나 윈도우 NT 등을 사용하는 것이 제성능을 발휘한다.

▣ 펜티엄 II(Pentium II)

1997년 5월, 인텔은 펜티엄프로의 후속으로 펜티엄 II(Pentium II)를 발표하였다. 펜티엄 II는 펜티엄프로에 비해 추가된 주요 기능에는 MMX 기술, SEC 카트리지 패키징 기술, 그리고 DIB 등이 있다.

- MMX(Multi Media Extention) : MMX는 일종의 축약 명령어로 자주 사용되는 계산 명령들을 합하여 하나의 명령어로 줄인 것으로 주로 파일 압축/해제나 비디오 재생, MP3 플레이 등의 멀티미디어 분야의 프로그램에 사용한다. 오디오, 비디오, 그래픽 데이터 등을 효율적으로 처리하기 위해 특별하게 고안된 57개의 강력한 명령어를 근간으로 97년 1월 발표한 펜티엄 MMX MPU에 적용되었으며, 이것은 마이크로프로세서의 물리적인 버스 대역폭은 그대로 유지한 채 데이터의 트래픽 양을 감소시키는 기술이다. MMX 기술은 SIMD 구조로 하나의 명령어로 여러 개의 데이터를 동시에 처리하는 기법이다. SIMD 기법은 휴렛팩커드의 PA-7100LC와 선(SUN)의 울트라스팍(Ultra-Sparc) 프로세서에도 적용되고 있다.
- DIB(Dual Independent Bus) : 펜티엄 프로에 처음 구현된 이후, 펜티엄 II에 본격적으로 채택된 버스로서 단일 버스 구조(single bus architecture)로 이루어진 기존 프로세서와 외부 시스템 버스 간에 새로운 2차 캐시(2nd cache 또는 L2 cache)를 위한 전용 버스(dedicated bus)를 추가한 구조이다. 이에 따라 MPU는 2차 캐시와 외부 시스템 버스를 병렬로 동시에 접근할 수 있기 때문에 기존 프로세서에 비해 데이터의 대역폭이 2~3배 정도 증가하게 된다.
- SEC(Single Edge Contact) 슬롯1 커넥터 : 펜티엄 II에서는 2차 캐시를 내장한 펜티엄 프로와는 달리, 2차 캐시는 프로세서 외부에 위치하며 프로세서와 함께 하나의 카트리지에 완전히 싸이는 형태로 장착 방식이 바뀌었다. 이러한 SEC(Single Edge Contact) 카트리지 패키징 기술을 이용한 펜티엄 II는 주 시스템 보드(main system board)에 위치한 242핀의 슬롯1 커넥터(slot 1 connector)에 장착된다.

- 기존 펜티엄프로에서는 내장된 2차 캐시가 프로세서와 동일한 클럭 속도로 동작하기 때문에 클럭 주파수를 어느 한계 이상으로 높일 수 없으나, 펜티엄 II에서는 2차 캐시가 외부에 위치하고 프로세서의 1/2 클럭으로 동작하기 때문에 450MHz 이상의 높은 클럭 주파수에도 동작이 가능하다. 또한 펜티엄 II에서는 내부의 1차 캐시를 32KB로 확장하였으며, 2차 캐시의 크기는 펜티엄프로와 동일한 512KB로 구성되어 있다.
- 슬롯형 펜티엄 II는 인텔이 AMD나 사이릭스 같은 경쟁 업체들의 추격을 따돌리고 확고한 자리를 굳히기 위해 슬롯 방식을 채택한 펜티엄 II는 L2 캐시를 내장해 최상의 성능을 발휘할 수 있도록 하고 있다.

▣ 펜티엄 III(Pentium III)

인텔사의 셀러론과 펜티엄 II로 나뉜 CPU 계보는 셀러론이 AMD CPU에 빼앗긴 저가형 CPU 시장을 1999년 초부터 되찾아오기 시작하면서 저렴한 셀러론과 더욱 더 성능을 강화한 펜티엄 III로 다시 한 번 변화가 되었다.

- 펜티엄 III는 정수 연산 기능만 가진 기존의 MMX 기술에 부동소수점 연산 기능을 추가한 스트리밍 SIMD(Streaming SIMD)라는 이름의 기능을 바탕으로 성능을 향상시킨 제품이다. 개발 당시에는 KNI(Katmai New Instruction), MMX2 등으로 알려졌으나, 제품 발표될 시점에서 이전의 MMX와 다르다는 느낌을 주기 위해서였던지 SSE라는 이름을 붙였다. 이 기술은 MMX가 많이 사용하는 명령어 여러 개를 축약시켜 하나의 명령어로 만들었던 것을 더욱 확장한 것이다. 이것을 응용한 분야로는 3차원 화면 처리나, 게임, MP3 압축해제, 음성인식 등의 더 나아간 응용분야에 사용이 가능하다.
- 펜티엄 III는 P6코어로 450Mhz부터 시작해 1000Mhz 등의 제품이 발표되었다. 600Mhz부터는 버스 클럭이 133Mhz인 제품과 100Mhz인 제품으로 각각 발표되고 있다. 또 펜티엄 III 제품에도 FCPGA 타입이 발표되기도 했다.

● 3가지 코드명은 3가지를 갖는다.

- 카트마이(Katmai) : 450Mhz~600Mhz를 사용
- 코퍼마인(Coppermine) : 500Mhz~1Ghz를 사용

• 투알라틴(Tualatin) : 1.13Ghz~1.20Ghz를 사용, FSB 100Mhz와 133Mhz 두 가지가 있다.

▣ 펜티엄 Ⅳ(Pentium Ⅳ)

7세대 프로세서로 펜티엄 Ⅲ는 10 스테이지, 그리고 펜티엄 Ⅳ 아키텍쳐에서는 20 스테이지의 파이프라인 구조를 가진다. 클럭은 1,3Ghz~이상으로 4단계 발전을 했다.

펜티엄4 CPU '하이퍼스레딩' 기술로 무장하고 클럭스피드 3GHz 대 돌파하였다. 무어의 법칙이 언제까지 지켜질는지는 모르지만, 3GHz라는 속도는 초당 30억 번의 계산을 한다. 인텔 CPU의 역사, 1970년대 초에 108KHz로 동작하는 i4004 이후 30년 만에 약 3만 배의 속도를 가지게 되었다. 이번에 출시되는 CPU는 싱글 CPU를 듀얼 CPU처럼 쓸 수 있게 하는 '하이퍼스레딩' 기술까지 적용되었다.

코드명은 3가지를 갖는다.

- 일라마티(Willamette) : 웰라맷이라고도 하며 0.18미크론 공정으로 클럭은 1.3Ghz~2.4Ghz정도이다. FSB가 400Mhz, L2캐쉬 크기가 256KB, 핀 수가 423개이다. 웰라맷은 핀 수가 478개로 늘어난다.
- 노스우드A(Nortwood A) : 0.13미크론 공정으로 핀 수가 478개이며 L2캐쉬가 늘어난 512KB를 갖고 FSB 400Mhz을 사용한다. 1.6(A)Ghz, 1.8(A)Ghz, 2(A)Ghz와 같이 'A'가 붙는 것은 코드명 웰라맷 1.6Ghz, 1.8Ghz, 2Ghz로부터 구분하기 위한 것이다.
- 노스우드B(Nortwood B) : 노스우드A와 같지만 FSB가 533Mhz로 늘어난 CPU입니다. 노스우드 B는 보통 2.4Ghz 이상이다. 'B'자가 붙는 유일한 클럭은 2.4(B)Ghz가 있으며 이는 웰라맷 2.4Ghz와 구별하기 위함입니다.

5.2 펜티엄 프로세서(Pentium Processor) 특징

▣ 펜티엄 기술 특징

1993년 발표된 펜티엄 프로세서는 i80486에 비해 성능과 신뢰성 향상 기능의 특징은 다음과 같다.

- 슈퍼스칼라(superscalar) 구조 : 2중 파이프라인(pipeline)의 슈퍼스칼라 구조로 명령이 처리되므로 i80486의 단일 파이프라인 처리보다 고속이다.

- 실수 연산 장치 파이프라인 : 8단계의 파이프라인 구조로 동작함으로 복잡한 연산을 요구하는 어플리케이션(application)의 처리 속도를 높여준다.

- 분류 캐시 : 캐시 메모리는 16KB로 증가하여 연산 장치간의 캐시 충돌 문제(contention problem)로 8KB 코드 캐시와 8KB 데이터 캐시(Data Cache)로 분리시켜 성능을 향상시켰다. 데이터 캐시는 나중 쓰기(write-back) 방식, 2중 집합 연상(two-way sets associative) 구조, 32Byte 라인 크기, 다중프로세서 시스템을 지원하기 위하여 MESI 프로토콜을 지원한다.

- 분기 예측(branch prediction)용 소형 캐시 사용 : 분기 목표 버퍼(branch target buffer)라는 소형 캐시를 사용함으로써 파이프라인의 성능을 향상시켰다.

- 펜티엄 클럭 주파수 속도 : BiCMOS(Bipolar Complementary Metal Oxide Semiconductor) 기술로 집적되어 최대 4GHz까지 동작할 수 있다. BiCMOS 집적 기술은 바이폴라와 CMOS의 공정을 결합한 것으로 펜티엄에서는 빠른 속도가 필요한 부분은 바이폴라로, 저전력 소비와 고집적도가 요구되는 부분은 CMOS 공정으로 집적되었다.

- 간단 명령의 하드와이어드 설계 : 펜티엄은 자주 사용되는 간단한 명령들은 마이크로코드(microcode)를 사용하지 않고, 하드와이어드 설계(RISC 구조)로 호환성을 유지하면서 명령들을 빨리 수행한다.

○ 복잡한 명령의 마이크로코드의 처리 속도 향상 : 복잡한 명령들은 두 개의 명령 파이프라인을 사용하여 i80486보다 빨리 수행된다.

○ 펜티엄 페이지 크기 : 메모리 페이지 크기인 4KB를 지원하고, 4MB까지 지원할 수 있는 선택(option) 기능은 그래픽 애플리케이션이나 실시간 동화상을 처리하기 위한 어플리케이션 등에서 페이지 교체 빈도를 줄이기 위해 유용하다.

○ 펜티엄의 데이터 버스 폭 : 내부적으로 i80486과 같이 32비트로 동작하지만 외부 데이터 버스는 64비트로 데이터를 전송하므로 단일 버스 주기로 전송되는 데이터 양이 2배이다.

○ 펜티엄 에러 검증 기능 : 신뢰성 있는 데이터를 처리하기 위해 내부 및 외부 접속에서 에러 검증 기능에는 에러 검출과 FRC 등이 있다.

- 에러 검출(Error Reporting) : 내부의 에러 검출 회로가 코드 및 데이터 캐시, TLB, 마이크로 코드, 그리고 BTB에 부가하는 패리티 비트를 이용한다.
- FRC(Functional Redundancy Checking) : 프로세서와 외부의 에러를 최대한 점검할 수 있도록 기능적 중복 점검(FRC) 기능은 동일 버전의 펜티엄 2개가 사용되고 한 개는 마스터로, 다른 한 개는 체커(checker)로 사용되며, 체커는 매 클럭마다 마스터의 출력 신호를 비교하여 신뢰성을 검증한다.

5.2.1 펜티엄 내부 구조

▣ 펜티엄 구조

버스 접속 장치(BIU), 명령 사전 인출기 및 분기 목표 버퍼(BTB), 사전 인출 버퍼, 명령 해독기, 실행 장치, 실수 연산 장치(FPU), 메모리 관리 장치(MMU), 그리고 코드 캐시 및 데이터 캐시 등 8개의 기능 장치와 두 개의 파이프라인을 가진 슈퍼스칼라 구조로 그림 5-2와 같이 되어 있다.

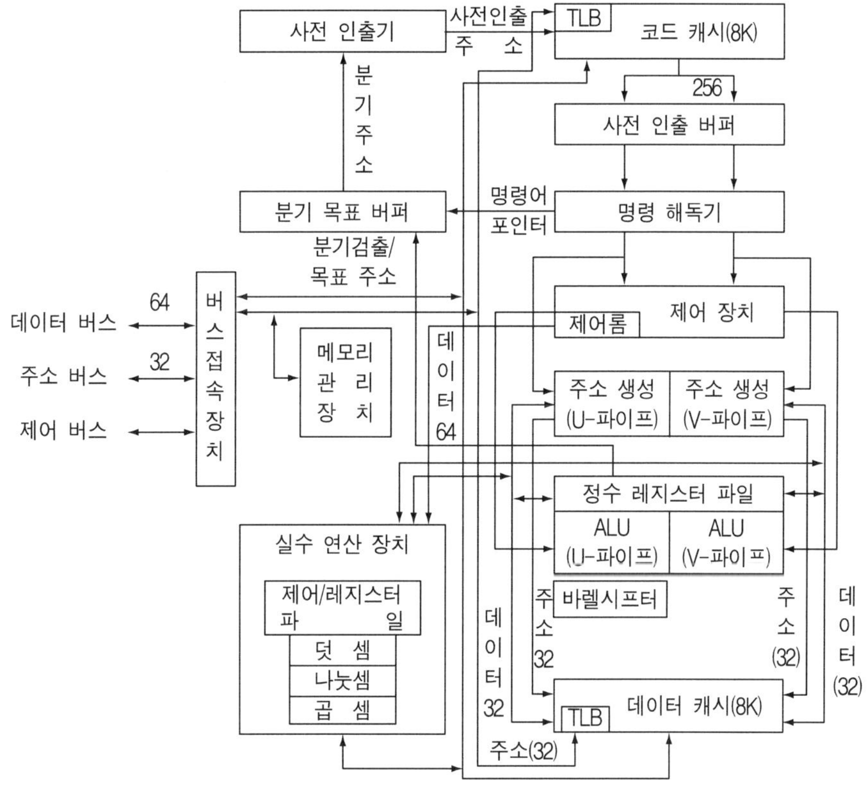

그림 5-2 펜티엄의 내부 구조

○ 사전 인출기(Instruction Prefetcher) : 사전 인출은 코드 캐시로부터 미리 데이터를 읽어옴으로써 파이프라인에서 데이터의 흐름(data flow)을 원활하게 한다. 코드 캐시(Code Cache)로부터 코드를 읽어와 사전인출 버퍼에

그 내용을 저장한다. 사전 인출 동작은 한번에 순차적으로 두 개의 32바이트 캐시 라인을 코드 캐시로부터 읽어온다. 만약 코드 캐시에 없는 내용이 사전 인출기로부터 요구되면 버스 접속 장치(Bus Interface Unit)를 통하여 외부 메모리를 참조한다.

○ 사전인출 버퍼(Prefetch Buffer) : 사전인출 버퍼는 각각 64바이트를 저장할 수 있는 두 개의 버퍼로 분리되어 있으며, 적재되어 있는 데이터를 명령 해독기로 전송한다.

○ 명령 해독기(Instruction Decoder) : 사전 인출된 명령을 해독하여 실제 프로세서가 수행할 수 있는 내부 명령 형식으로 변환한다. 명령 해독기는 해독 1, 2 단계(stage)로 동작한다.

- 해독 1(decode 1) : 2개의 명령이 병렬로 동시에 처리될 수 있는지를 판단한다. 만일 명령이 간단하고, 두 번째 명령이 첫 번째 명령의 결과에 의존하지 않으면 두 개의 명령이 U와 V-파이프라인(V-Pipeline)에서 동시에 수행될 수 있다.
- 해독 2(decode 2) : 제어 워드(control word)가 해석되고 연산 대상(operand)의 메모리 주소 값이 계산된다. 그리고 명령 해독기에서 해독된 명령은 실행 장치로 전달된다.

○ 실행 장치(Execution Unit) 구성 : 실행 장치는 제어 장치와 2개의 ALU, 레지스터 파일, 바렐 쉬프트, 그리고 실수연산 장치(Floating-Point Unit)로 구성된 실행 장치는 실제적으로 명령을 처리하고, 파이프라인의 저장하기(write-back) 기능을 수행한다.

○ 제어 장치 구성 : U-파이프라인을 제어하는 회로와 프로세서의 마이크로코드가 들어 있는 제어 롬(Control ROM)으로 구성되어 있다.

○ 분기 목표 버퍼(Branch Target Buffer) : 펜티엄은 분기 명령에 따른 성능 저하를 방지하기 위해 분기 목표 버퍼는 작은 캐시로서 과거 256개까지의 분기 명령에 관한 정보를 이용하여 분기 주소를 미리 예측할 수 있다.

○ 메모리 관리 장치(Memory Management Unit) : i80386 및 i80486 프로세서와 호환성을 유지함으로 80x86 MPU에서 사용한 모든 소프트웨어는 펜티엄에서도 수정 없이 그대로 사용할 수 있다.

5.2.2 슈퍼스칼라(Superscalar) 구조

▣ 슈퍼스칼라(Superscalar) 구조

펜티엄은 i80486과 달리 두 개의 파이프라인을 이용하여 두 개의 명령을 동시에 처리할 수 있는 슈퍼스칼라 구조로 되어있다. 슈퍼스칼라 구조는 2개 또는 그 이상의 파이프라인으로 구성되고 이들 각각의 파이프라인에 복수 개의 명령들이 동시에 이슈(multi-issue)되어 프로세서가 한 주기 동안에 다수의 명령들을 병렬로 처리한다.

▣ 펜티엄의 파이프라인

i80486과 같이 명령 사전인출, 해독 1, 해독 2, 실행, 저장하기 등의 5단계(five stage)의 정수 파이프라인으로 되어 있다. 각각의 파이프라인은 U와 V-파이프라인으로 불리며 U-파이프라인은 정수와 부동 소수점 명령을 처리할 수 있고, V-파이프라인은 간단한 정수 명령과 부동 소수점 교환 레지스터 명령(float point exchange register content instruction)만을 U-파이프라인과 동시에 수행할 수 있다.

○ 명령 사전인출(instruction prefetch) 단계 : 파이프라인의 명령 사전인출 단계에서 펜티엄의 정수 파이프라인은 동시에 두 개의 정수 명령을 외부 메모리나 내부 코드 캐시로부터 가져와서 사전인출 버퍼에 저장해 놓는다. 사전인출 버퍼로 데이터를 가져올 때는 코드 캐시의 라인 크기인 256비트 단위로 가져온다.

○ 해독 1(decode 1) 단계 : 명령 해독기의 해독 1단계는 사전인출 버퍼로부터 데이터를 가져와서 해독하고, 펜티엄의 명령 짝짓기(instruction pairing) 규칙에 따라 2개의 명령이 병렬로 처리될 수 있는지 판단한다.

- 만일 두 명령이 단순 명령어(simple instruction)들이고, 두 번째 명령이 첫 번째 명령의 결과에 의존하지 않는다면 두 명령어는 각각 U와 V-파이프라인에서 동시에 수행된다. 펜티엄에서 단순 명령어는 제어 롬에 내장되어 있는 마이크로코드를 이용하지 않고, 하드와이어드로 처리되는 명령어를 의미하며 한 클럭 내에 실행된다.
- 그러나 메모리와 레지스터 간에 데이터를 전송하는 단순 명령어가 아닌

명령어들은 2-3클럭이 소요된다. 그리고 두 개 명령어가 동시에 실행될 수 없다면 첫 번째 명령어는 U-파이프라인에서 실행되고, 두 번째 명령어는 그 다음의 명령어와 짝을 이루어 동시에 실행될 수 있는지 검사한다. 이 때 명령 짝짓기가 가능하면 동시에 처리되고, 이것이 불가능하면 이전 클럭에서 수행이 개시되지 못한 명령어가 U-파이프라인을 통하여 먼저 실행된다. 이와 같이 펜티엄은 프로그램이 순서에 따라 실행(in-order execution)될 수 있도록 명령 짝짓기와 순서화(sequencing) 하드웨어를 내장하고 있다.

- ○ 해독 2(decode 2) 단계 : 메모리에 있는 피연산자(operand)의 주소 값이 계산된다.
- ○ 실행(execute) 단계 : 각각의 ALU를 사용하여 정수 연산을 처리하며, U-파이프라인의 ALU는 비트의 쉬프트 처리를 쉬프트 수에 관계없이 1클럭으로 처리할 수 있는 바렐 쉬프터(barrel shifter)를 포함하고 있으므로 어떠한 80x86 명령어라도 실행할 수 있다.
  이 단계에서 각각의 파이프라인에 동시에 진입한 명령이 U-파이프라인에서 종료되기 전에 V-파이프라인이 수행을 종료할 경우, V-파이프라인은 U-파이프라인이 종료할 때까지 대기해야 한다. 반대로 U-파이프라인이 V-파이프라인 보다 먼저 수행을 종료할 경우, U-파이프라인은 다음 단계인 저장하기로 진입이 가능하다. 필요할 경우 U와 V-파이프라인에 의하여 동시에 데이터 캐시에 대한 접근이 이루어진다.
- ○ 저장하기(write-back) 단계 : 파이프라인의 마지막 단계로 연산의 수행 결과를 반영하기 위해 EFLAGS 레지스터를 포함한 모든 프로세서의 레지스터들을 갱신한다.
- ○ 5단계 파이프라인 : 각각 클럭의 주기 동안에 두 개의 정수 명령을 동시에 처리하는 펜티엄의 5단계 파이프라인을 그림 5-8에서 보여주고 있다.
  - 클럭(1)에서 사전인출기는 코드 캐시로부터 명령1과 명령2를 인출하여 사전인출 버퍼에 적재한다.
  - 클럭(2)에서 첫 번째 명령의 쌍은 각각 U와 V-파이프라인에 이슈(issue)되고, 명령3과 명령4를 사전 인출한다.
  - 클럭(3)에서 명령1과 명령2는 해독 2단계로, 명령3과 명령4는 해독 1단계

로 진입한다. 그리고 명령5와 명령6이 사전 인출된다.

- 클럭(5)에서 펜티엄의 파이프라인은 동작 클럭을 기준으로 명령의 수행이 진행될 때마다 각각 다음 단계로 이동하고,
- 클럭(5)에서 첫 번째 명령의 쌍은 종료된다.
- 클럭(6) 이후부터 분기 명령이나 자원의 의존성(resource dependency) 또는 데이터의 종속성(data dependency) 등이 발생되지 않을 경우에는 매 클럭마다 슈퍼스칼라로 두 개의 명령이 동시에 완료된다.

[U-파이 프라인]
[V-파이 프라인]

클 럭	(1)	(2)	(3)	(4)	(5)	(6)	(7)	(8)	(9)	(10)
명령1	명령 인출	해독 1	해독 2	실 행	저장 하기					
명령2	명령 인출	해독 1	해독 2	실 행	저장 하기					
명령3		명령 인출	해독 1	해독 2	실 행	저장 하기				
명령4		명령 인출	해독 1	해독 2	실 행	저장 하기				
명령5			명령 인출	해독 1	해독 2	실 행	저장 하기			
명령6			명령 인출	해독 1	해독 2	실 행	저장 하기			
명령7				명령 인출	해독 1	해독 2	실 행	저장 하기		
명령8				명령 인출	해독 1	해독 2	실 행	저장 하기		
명령9					명령 인출	해독 1	해독 2	실 행	저장 하기	
명령10					명령 인출	해독 1	해독 2	실 행	저장 하기	
명령11						명령 인출	해독 1	해독 2	실 행	저장 하기
명령12						명령 인출	해독 1	해독 2	실 행	저장 하기

그림 5-3 펜티엄의 2중 파이프라인

5.2.3 분기 예측(Branch Prediction)

▣ 분기 예측(Branch Prediction)

펜티엄은 분기 명령에 따른 성능 저하를 방지하기 위해 분기 예측 기능이 있다. 파이프라인의 해석된 분기 명령을 이용하여 분기 예측을 하는 분기 목표 버퍼(Branch Target Buffer)를 사용하여 분기를 예측하는 구성도를 그림 5-4에 나타낸 것이다. 분기 목표 버퍼는 256개의 엔트리(entry)로 구성된 4중 집합 연상 방식의 캐시 구조(4-way sets associative cache organization)로 되어 있다.

각각의 엔트리는 유효 비트(valid bit), 분기에 대한 이력 비트(history bit), 분기 명령의 원천 메모리 주소(source memory address)로 구성된다.

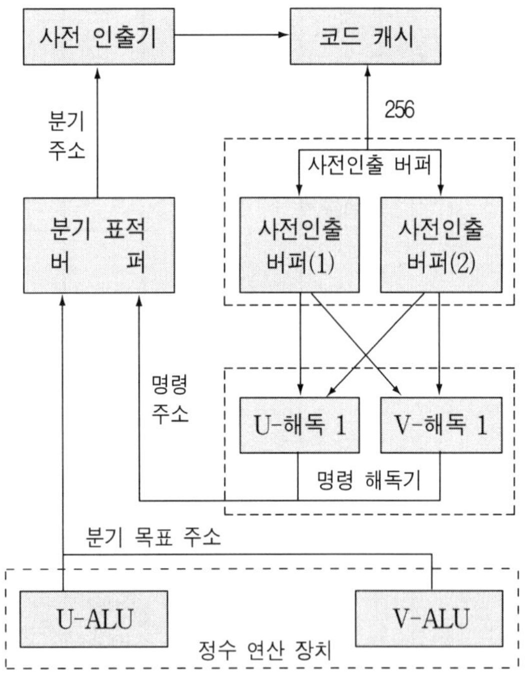

그림 5-4 펜티엄의 분기 예측

- 파이프라인은 해독 1단계에서 U나 V-파이프라인에 진입한 분기 명령을 만날 때까지는 순차적으로 명령들을 처리한다.
- 분기 명령을 만나게 되면 분기목표버퍼는 엔트리에 적재되어 있는 과거의 분기 명령에 관련된 정보와 입력된 분기 명령의 주소를 비교하여 입력된 분기 명령이 분기할 것인지에 대한 예측을 수행한다.
- 분기가 없을 것이라고 예측되면 사전인출기는 계속해서 순차적으로 코드 캐시로부터 명령들을 인출하여 사전인출 버퍼(1)에 적재한다.
- 분기가 예측되면, 사전인출기는 새로운 분기 주소에 위치한 명령을 코드 캐시 또는 버스 접속 장치를 통하여 외부 메모리로부터 인출하여 사전인출 버퍼(2)에 적재한다.
- 실행 단계에서 분기목표버퍼의 예측이 정확하면 분기 목표 주소에 있는 명령이 사전인출 버퍼(2)에 있기 때문에 분기 명령에 의한 파이프라인의 지연은 없다. 분기 예측이 틀리면, 파이프라인을 비우고 새로운 주소에 있는 명령을 가져오는 지연이 발생하게 된다. U-파이프라인에서 잘못된 예측은 3개, V-파이프라인에서 잘못된 예측은 4개의 추가 클럭이 소요된다.

5.2.4 펜티엄 캐시(Pentium Cache) 장치

▣ 펜티엄의 캐시

펜티엄은 i80486의 8KB의 통합 캐시(unified cache)를 16KB로 증가시키고, 캐시 메모리를 각각 8KB의 코드 캐시와 데이터 캐시로 분리시켜 연산 장치간의 캐시 충돌(cache contention)을 줄이고, 캐시 메모리 증가로 외부 버스에 대한 트래픽(traffic) 감소로 성능을 향상시켰다.

▣ 캐시 구조

각 캐시는 32B의 라인 크기와 128개의 엔트리로 구성된 2중 집합 연상(two-way sets associative) 방식의 캐시 구조로, 가장 최근에 사용된 페이지 테이블의 엔트리를 저장하는 TLB(Translation Lookaside Buffer)이 있다. 캐시 구조는 그림 5-5에서 보인다.

○ 코드 캐시 구조 : 코드 캐시는 삼중 포트(triple-port)로 구성되어 동시 접근이 가능하고, 256bit 데이터 폭으로 사전인출 버퍼와 연결된다. 세 번째 포트는 캐시 일관성으로 쓰기가 금지되어 MESI 프로토콜의 S(shared)와 I(invalid) 상태만을 갖는다.

○ 데이터 캐시 구조 : 데이터 캐시의 삼중 포트는 두 개의 파이프라인과 데이터 일관성 유지를 위하여 스노핑 회로에 연결된다. 두 개의 포트는 뱅크 선택 필드, 128개의 라인을 선택용 인덱스 주소와 태그 캐시에 저장되는 메모리의 페이지 번호 필드 등으로 구성된다. 데이터 캐시도 삼중 포트로 구성되어 있기 때문에 펜티엄에서 두 개의 ALU는 서로 다른 두 개의 명령을 실행하기 위해 데이터 캐시를 동시 접근할 수 있고, 32bit 경로를 통해 U와 V-파이프라인으로 연결된다.

○ U와 V-파이프라인 구조 : FPU와 연결될 때 32비트끼리 결합되어 64비트 데이터 경로를 제공한다. 데이터 캐시 메모리는 코드 캐시와는 다르게 각각의 캐시 라인을 4Byte 단위로 나누어 구성된 8개의 인터리브 뱅크로 되어 있다. 뱅크의 선택은 3비트로 8뱅크를 선택하는 구조는 U와 V-파이프라인의 데이터 캐시에 대한 접근이 동일 뱅크에서 충돌하지 않는 경우, 데이터 캐시는 동일한 캐시 라인에 참조된 두 개의 데이터를 동시 제공으로

캐시 적중률이 높아진다. 충돌 경우는 V-파이프라인의 참조는 1클럭 지연된다.

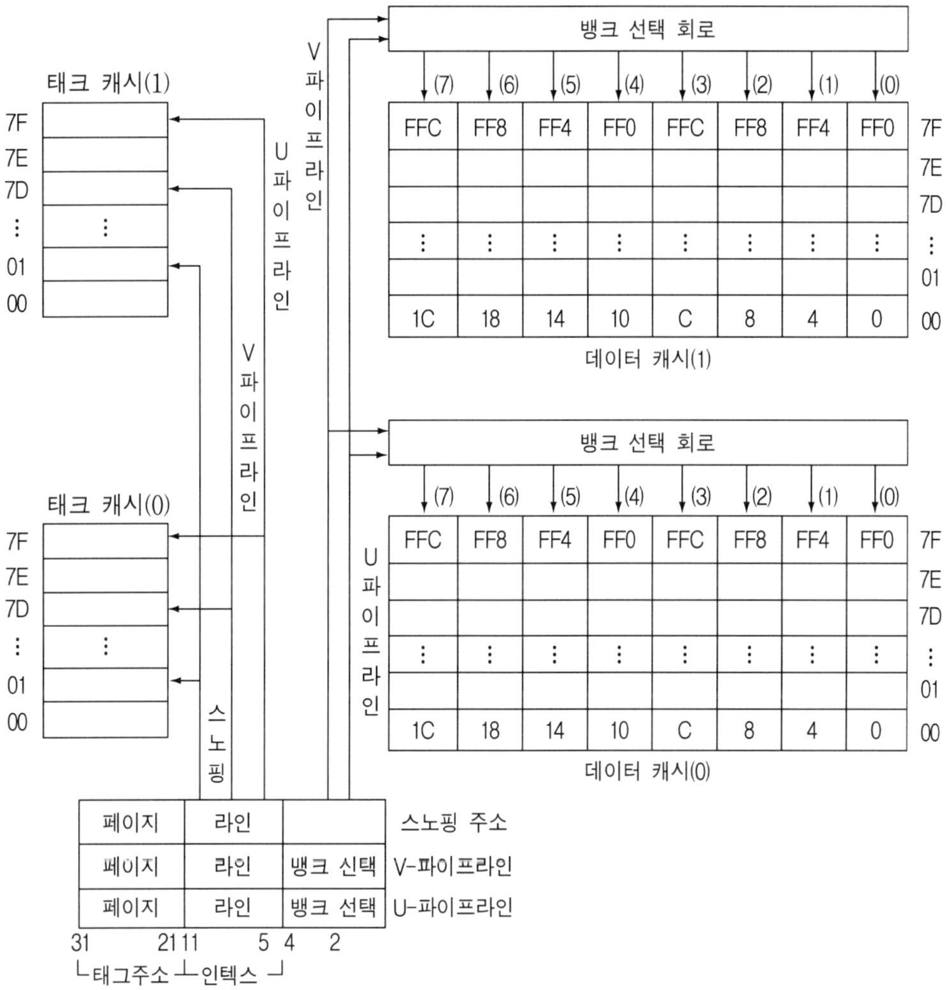

그림 5-5 데이터 캐시의 구조

■ **펜티엄 캐시 특징**

나중 쓰기 방식 지원, LRU 알고리즘, 다중프로세서 시스템을 지원하는 MESI 프로토콜을 지원한다.

○ 나중 쓰기 방식 지원 : 펜티엄은 i80486의 즉시 쓰기 방식에 나중 쓰기 방식을 지원한다. 나중 쓰기(write-back)는 프로세서의 쓰기에 캐시 적중이면 내부의 캐시 메모리를 갱신하고, 캐시 실패의 경우에 외부 메모리에만 데이터를 기록하는 방식은 외부 버스에 대한 트래픽을 줄일 수 있으므로 버스의 점유 시간을 최소화할 수 있고, 즉시 쓰기(write-through)보다 캐시 적중률이 우수하다.

▣ LRU 알고리즘

펜티엄은 캐시 실패로 인하여 캐시 라인을 충전(cache linefill)할 때 캐시 라인의 대체 알고리즘(replacement algorithm)으로 캐시에 적재된 이후 사용된 시점이 가장 오래된 순서로 대체 대상을 선정하는 LRU(Least Recently Used) 방식을 사용한다.

▣ MESI 프로토콜

펜티엄의 다중프로세서 시스템은 여러 개의 버스 마스터가 캐시를 접근을 지원하는데 캐시 데이터의 일관성(cache coherency)을 유지하기 위하여 데이터 캐시는 MESI 프로토콜을 지원한다. 나중 쓰기 방식의 MESI 프로토콜은 캐시 라인이 수정되었는지, 다른 캐시에 대하여 배타적인지, 다른 캐시에 공유되고 있는지, 유효한지에 따라 Modified/ Exclusive/Shared/Invalid의 4가지 상태(4 stages)가 있다.

5.2.5 펜티엄 실수 연산 장치(FPU)

▣ 펜티엄 FPU의 파이프라인

인텔은 펜티엄의 실수 계산 능력을 RISC 프로세서보다 강한 성능을 위하여 펜티엄 TR의 많은 부분을 실수 연산 장치(FPU)에 할당하였다. 펜티엄의 FPU는 4단계는 정수 파이프라인과 통합된 8단계의 파이프라인으로 표 5-2와 같이 구성되고, 매 클럭 주기마다 한 개의 실수 연산을 실행할 수 있다.

▣ 펜티엄 FPU 하드와이어드

펜티엄의 FPU는 자주 사용되는 덧셈, 곱셈, 나눗셈 명령을 하드와이어드로 처리하여 연산 능력을 향상시켰다. i80486의 FPU에서 실수 덧셈 명령(FADD)은 10클럭, 실수 곱셈 명령(FMUL)은 12클럭이 소요되나 펜티엄의 FPU에서는 정확도에 상관없이 덧셈과 곱셈 연산을 3클럭으로 처리하고, 나눗셈 연산은 한 클럭에 2비트의 몫을 생성하기 때문에 보다 많은 시간이 걸린다.

표 5-2 실수 연산 장치의 8단계 파이프라인

번호	파이프라인 단계	비 고
1	사전인출 단계(PF)	정수 파이프라인의 사전인출 단계와 동일
2	해독1 단계(D1)	정수 파이프라인의 해독1 단계와 동일
3	해독2 단계(D2)	정수 파이프라인의 해독2 단계와 동일
4	실행 단계(EX)	정수 파이프라인의 실행 단계와 동일
5	실수 연산 실행 1단계 (FP EX1)	실수 연산의 실행 1단계
6	실수 연산 실행 2단계 (FP EX2)	실수 연산의 실행 2단계
7	저장하기 단계(WPF)	실수 연산의 결과를 실수 연산 레지스터에 쓰는 단계
8	에러 검출 단계(ER)	실수 연산의 결과에 에러가 있으면, 에러보고 및 상태 레지스터 갱신

▣ 펜티엄의 FPU 실수 계산

펜티엄의 FPU에서 실수 명령은 두 개의 정수 파이프라인을 사용할 수 있으므로 한 클럭에 64비트 피연산자를 인출할 수 있다. 실수 명령은 정수 연산 장치에 피연산자를 인출하라는 정보를 보낸 뒤 실수 계산은 U-파이프라인에서 이루어진다. 실수 파이프라인의 첫 번째 연산은 3클럭이 소요되지만 그 다음 명령들은 파이프라인 수행으로 매 클럭마다 실행이 완료된다.

▣ 펜티엄 FPU 병렬 전송

펜티엄에서 실수 명령은 피연산자를 인출하기 위해 두 개의 정수 파이프라인을 이용하므로 병렬로 두 개의 실수 연산 수행은 불가능하다. 그러나 FXCH (Floating-point Exchange) 명령은 스택(stack)을 사용하므로 V-파이프라인으로 전송되어 병렬로 처리될 수 있다.

5.2.6 펜티엄 동작 모드(Operation Mode)

▣ 펜티엄 동작 모드(Operation Mode)

펜티엄은 동작 모드에 따라 사용 명령들과 구조적 특징들이 달라지는데 실 모드, 보호 모드, 가상 86모드들은 i80386 및 i80486과 호환성을 갖고 i80386SL부터 전력관리를 위한 시스템 관리 모드 등 4가지 모드가 있다. 초기화되면 실 모드에서 동작하며 보호 모드 인에이블 비트(PE bit)를 이용해 보호 모드로, 보호 모드에서는 태스크 전환(task switch)을 통하여 가상 86모드로 들어간다. 실 모드, 보호 모드, 가상 86모드 상에서 외부 SMI(System Management Interrupt) 신호가 활성화되면 시스템 관리 모드로 들어갈 수 있다.

▣ 실 모드(Real Address Mode)

펜티엄은 고속의 i8086, i80286 프로세서의 실 모드와 같다. i8086용 프로그램이나 i80286, i80386, i80486의 실 모드를 위한 프로그램을 수행하며, 보호 모드 인에이블 비트를 통하여 보호 모드로 천이된다.

▣ 보호 모드(Protected Mode)

여러 개의 작업이 수행될 때 서로 방해되는 것을 방지할 수 있도록 한 개의 작업이 다른 작업의 명령이나 데이터에 중첩하여 쓰는 것을 방지하는데 세그먼트와 페이지 등의 메모리 관리 장치(MMU)를 사용하여 작업을 보호한다. 보호 모드에서는 제어 레지스터(control register)의 보호 모드 인에이블 비트를 통제하여 다시 실 모드로 되돌아갈 수 있으며, 또한 태스크 전환을 통하여 가상 86모드로도 전환될 수 있다.

▣ 가상 86모드(Virtual 86Mode)

보호 모드에 의해 제공되는 다중 작업을 위한 하드웨어 자원을 이용하여 보호 모드의 다중 작업 처리 환경에서 한 개 또는 다수의 i8086 프로그램을 수행할 수 있는 모드이다. 이 모드는 보호 모드에서 태스크 전환을 통하여 들어갈 수 있으며, 반대로 인터럽트(interrupt) 또는 예외(exception)를 이용하여 보호 모드로 되돌아올 수 있다.

▣ SMM 모드(System Management Mode)

시스템 관리 모드(SMM) 모드는 i80386SL 프로세서에서 노트북(notebook)의 전력 관리를 위해 처음 사용되었고, 이후 i80486과 펜티엄에도 SMM 기능을 채택하였다. OS와 응용 소프트웨어에 영향을 미치지 않으면서 시스템 전력 관리 및 시스템 안전 보호 기능 등을 구현한다. 펜티엄은 보호 모드, 실 모드, 또는 가상 86모드들 중의 어느 모드에서도 SMM으로 들어갈 수 있다. SMM은 특권 레벨(privilege level)이 없는 실 모드와 비슷하며, SMM 프로그램은 입출력을 포함한 모든 명령을 수행할 수 있다.

○ 시스템 관리 메모리(SMRAM) 공간 : 시스템 관리 인터럽트(SMI)가 외부 시스템에 의해 발생하면, 펜티엄은 수행하던 명령을 완료한 후 외부 시스템에 SMM 모드 동작을 알리기 위하여 SMIACT(system management interrupt active) 신호로 응답한다. 이후 펜티엄은 내부 레지스터의 상태를 시스템 관리 메모리(SMRAM) 공간에 저장하고, SMM 처리기(handler)의 프로그램을 수행하기 시작한다. 프로세서의 상태 저장은 실 모드 주소 공간과 중첩된 SMRAM 공간 주소(3FFFFF-3FFE00)에 저장하게 된다. SMM 처리기가 작업을 종료하면, SMRAM에 저장되었던 레지스터의 상태 값들을 내부의 레지스터들을 원래대로 복원시키고, RSM(resume) 명령으로 SMM 모드를 벗어나 원래 모드로 되돌아간다.

C.H.A.P.T.E.R 06

기억 장치

6.1 기억 장치 시스템

▣ 기억 장치 종류

메모리로 대표되는 주기억 장치와 보조기억 장치로 구분될 수 있다.

○ 주기억 장치 : 전체적인 성능 향상에 직접적인 영향을 준다.

○ 보조기억 장치 : 주기억 장치 보다 느리지만 대 용량의 특징을 지니고 있는 보조기억 장치의 기억 매체로서 플로피 디스크, 하드 디스크, 자기 테이프 등이 있으며, 광자기 디스크(MOD)의 일종인 CD-ROM 및 플로피 디스크의 개량형인 플롭티컬(Floptical) 디스크 등이 있다.

▣ 기억 장치 접근 방식

순차 접근(SAM), 직접 접근(DAM), 임의 접근(RAM), 그리고 연상 또는 내용 접근(CAM) 기억 장치로 구분된다.

▣ 메모리 시스템 속도 문제

컴퓨터 시스템의 핵심적인 구성 요소는 MPU와 기억 장치이다. PC와 워크스테이션 같은 소형 컴퓨터는 32/64비트 MPU가 개발되면서 기능이 계속 향상되어 MPU의 동작 속도는 빨라지고 있으나, 대용량 메모리인 디램(DRAM)의 속도는 MPU에 미치지 못하기 때문에 PC에 대형 컴퓨터에서의 캐시 방식을 기능만 축소하여 적용하고 있다.

▣ 램(RAM)의 동작원리

PC가 어떤 작업을 할 수 있으려면 먼저 데이터나 프로그램을 디스크에서 램으로 이동시켜야 한다. 문서작성, 표계산, 그래픽, 데이터베이스 등 파일에 저장되어 있는 데이터는 소프트웨어가 프로세서를 사용하여 그 데이터를 조작할 수 있기 전에 잠시 동안 램에 저장하여야 한다. 컴퓨터의 기계어는 이진수를 사용하여 간단한 수식에서부터 수백만의 수, 어떤 언어의 워드, 그리고 수많은 색과 모양의 표현을 만들어 낼 수 있다.

○ 메모리 저장 상태 : 처음 컴퓨터를 켰을 때 메모리는 백지상태이다. 메모리는 디스크에서 읽어 들여지든지 또는 작업 처리에 의해 만들어졌든 지간에 메모리는 이진수 0과 1로 채워진다. PC의 전원을 끄면 램의 데이터는 모두 사라진다.

▣ RAM 종류

데이터나 프로그램의 명령과 같은 정보를 기억하는 장치로서 만든 소자에 따라 반도체메모리, 카세트테이프, CD, LD 등이 있다.

○ 램(RAM) : Random Access Memory의 약자로 기억된 정보를 읽어내기도 하고 다른 정보를 기억시킬 수 있는 메모리로서, 전원이 꺼지면 기억된 내용은 지워져 버려 휘발성메모리(Volatile Memory)라고 한다. 따라서 램은 컴퓨터의 주기억 장치, 응용 프로그램의 일시적 로딩(loading), 데이터의 일시적 저장 등에 사용된다.

○ D램(DRAM) : Dynamic RAM의 약자로 정보를 읽고 쓰는 것이 가능하나 전원이 공급되고 있는 동안이라도 일정 기간 내에 주기적으로 정보를 다시 써넣지 않으면 기억된 내용이 없어지므로 DRAM은 Refresh를 계속해 주어야 한다. 그러나 Memory cell(기억소자)당 가격이 싸고 집적도를 높일 수 있기 때문에 대용량 메모리로서 널리 이용되고 있다. 하나의 기억소자는 1개의 TR과 1개의 캐패시터로 구성되어 있다. 예를 들어 16M DRAM은 칩속에 TR과 캐패시터가 각각 1600만개씩 내장된 고집적 첨단메모리제품으로 신문지 128페이지 분량의 정보를 저장할 수 있다.

○ S램(SRAM) : Static RAM의 약자로 전원이 공급되는 동안은 항상 기억된

내용이 그대로 남아 있는 메모리로서 하나의 기억소자는 4개의 트랜지스터와 2개의 저항, 또는 6개의 TR로 구성되어 있다. DRAM에 비해 집적도가 1/4정도이지만 소비전력이 적고 처리속도가 빠르기 때문에 컴퓨터의 캐쉬(Cache), 전자오락기 등에 많이 사용된다.

- VRAM 비디오램 : Video RAM의 약자. 특수메모리. 화상정보를 기억시켜두는 전용메모리로서 VRAM으로 읽혀진 화상정보는 영상 신호로 변환되어 브라운관에 디스플레이 된다.

- 고속 DRAM : High Speed DRAM은 메모리제품의 기술성향은 고집적화, 고속화, 저전압화로 요약할 수 있다. 이중 고속화 제품인 Syncronous DRAM은 싱크로너스기술을 사용하여, 고속 정보 처리 시스템의 요구속도에 부응토록 한 고부가가치제품이다. 일반 DRAM에 비해 4배 이상의 정보처리속도로 급성장하고 있다.

- 롬(ROM) : Read Only Memory의 약자로 기억된 정보를 단지 읽어낼 수만 있는 메모리로서, 전원이 꺼져도 기억된 정보는 지워지지 않는다. 정보가 날아가 버리지 않기 때문에 비휘발성 메모리(Non-Volatile Memory)라고 한다. 컴퓨터의 OS(운영체제), 각종 전자기기의 고정된 프로그램 등을 저장하는데 사용된다.

- MASKROM(마스크롬) : 제조 공정 시에 고객이 원하는 정보를 저장함으로써 모니터 등 OA기기의 문자정보 저장용과 전자게임기의 S/W저장용, 전자악기, 전자사전 등으로 널리 이용되고 있으며 특히 한글 및 한자를 많이 사용하는 동양문화권의 사무자동화기기에 폭넓게 사용되고 있다.

- EEPROM(E스퀘어P롬) : Electrically Erasable & Programmable ROM으로 전기적인 신호로 정보를 지우거나 기억시킬 수 있는 메모리로서 전원이 꺼져도 정보를 유지할 수 있는 ROM의 특징과 단일 5V전원으로 입출력할 수 있는 RAM의 특징을 다 가지고 있다.

- FLASH MEMORY(플레쉬메모리) : EEPROM의 집적도 한계를 극복하기 위해서 일괄소거 방식의 1TR-1CELL구조를 채용한 최신제품. 전원을 꺼도 기억된 정보가 없어지지 않는 비휘발성 메모리의 일종으로 전기적인 방

법으로 정보를 자유롭게 입출력할 수 있으며, 전력소모가 적고 고속프로그래밍이 가능하다. 향후 컴퓨터의 하드디스크드라이버(HDD)를 대체할 수 있는 제품으로 기대된다.

- CCD(Charge Coupled Device) : 고체촬상소자 또는 광전변환소자렌즈를 통해 들어온 화상 즉, 빛(광)에너지를 전기적인 신호 즉, 전기에너지로 전환하여 저장하는 반도체소자. 캠코더(무비카메라), CCTV등의 화상저장소자로 널리 사용되고 있다.

6.2 반도체 메모리(Semiconductor Memory)

▣ RAM 기술

전원 공급의 중지와 함께 그 내용을 잃어버리는 소멸성 메모리로 DRAM (Dynamic RAM)은 반도체 메모리 기술을 주도하고, 고도의 미세 가공 기술의 적용 제품으로 연구와 투자가 집중되는 디램 개발 기술은 SRAM(Static RAM)에 적용되고, 나아가서 ROM, VLSI(Very Large Semiconductor Integration) 등에 적용되므로 경쟁이 치열한 분야다. 디램은 미세 가공 기술과 더불어 디램 셀(DRAM Cell)에서의 3차원 구조가 중요하기 때문에 트렌치(Trench), 스텍 셀(Stack Cell) 등이 적용되고, 새로운 디램 셀 기술이 연구될 것으로 보인다. SRAM은 디램에 비하여 배선과 콘텍트(Contact)가 많으므로 기술 개발에 노력이 집중되고 있다.

▣ ROM 기술

전원 공급이 끊어져도 기억된 내용을 유지하는 비소멸성 메모리로 마스크 롬 (Mask ROM)은 디램 및 SRAM에 비하여 단순하고 미세 가공 기술만으로도 집적도를 크게 할 수 있다. EPROM, EEPROM, 그리고 플래쉬 메모리 등은 고전압을 사용하므로 신뢰성 확보가 과제이다. VRAM(Video RAM)은 같은 특수 메모리도 집적도가 개선되고, 다양한 종류의 메모리 개발이 이루어질 것으로 전망된다.

6.2.1 소멸성 메모리(Volatile Memory)

▣ RAM(Random Acess Memory)

임의의 영역에 정보를 쓰고 읽을 수 있는 메모리로써, 컴퓨터가 일을 수행하기 위한 프로그램이나 데이터가 저장되어 있는 기억 장치이다. RAM은 소멸성 메모리이기 때문에 전원 공급이 중단되면 기억 셀에 저장되어 있던 정보를 모두 잃어버리게 된다. RAM은 일시적으로 정보를 보관하기 위한 고속의 임시 기억 장소로 널리 이용되고 있다.

- 1차 메모리인 주기억 장치로 3세대 이후부터 고속의 액세스 타임 때문에 소멸성 반도체 메모리 중에서 저가의 DRAM를 사용한다. DRAM 전원을 OFF하기 전에 내용을 보조기억 장치로 백업하여야 한다. 램은 제작 기술에 따라 DRAM과 SRAM으로 구분한다.
- 주 메모리(Main memory)에는 저속으로 저렴한 DRAM을 대용량으로 사용하고 캐시 메모리(Cache memory)에는 고속으로 고가인 SRAM을 소용량으로 사용한다.

▣ DRAM과 SRAM의 차이점

CMOS(Complementary Metal Oxide Semiconductor)로 구성한 DRAM과 SARM의 비트 라인의 구조적 차이를 그림 6-1에서 보여 주고 있다. DRAM은 셀의 정보량이 미약하여 증폭 시간이 소요되고, 동작 전에 비트 라인을 일정 수준의 전압까지 충전해야 하므로 동작 속도가 느리다. 메모리 내부는 축전기(Capacitor)로 전하의 존재 여부에 따라 이진수 "1"과 "0"을 구분하는 DRAM은 셀의 기억 내용이 누설 전류로 소실 방지하기 위하여 반드시 일정 주기로 재충전(Refresh)을 해야만 한다.

- SRAM과의 비교 : SRAM의 셀은 안정된 FF의 래치 구조로 그림 6-1 (b) 처럼 되어 있으며, 재충전 주기(Refresh Cycle)가 필요 없다. 동작 전에 비트 라인에 충전 전압이 DRAM보다 낮으므로 동작 속도가 빠르다. 이것은 곧 메모리에서의 데이터 접근시에 속도 차이가 발생하는 이유이다. DRAM의 재충전 주기 동안에는 데이터에 접근할 수 없는 만큼의 대기 시간이 생기게 되나 SRAM은 대기 시간이 필요 없다.

- DRAM과의 비교 : DRAM이 TR 1개, SRAM은 4~6개의 TR로 구성되기 때문에 상대적으로 용량이 DRAM의 1/4로 작고 가격이 비싸다. 반면에 DRAM에 비해 주변 회로가 간단하며, 속도는 60~70ns의 DRAM에 비해 SRAM은 약 12~15ns 정도로 매우 빠르다.

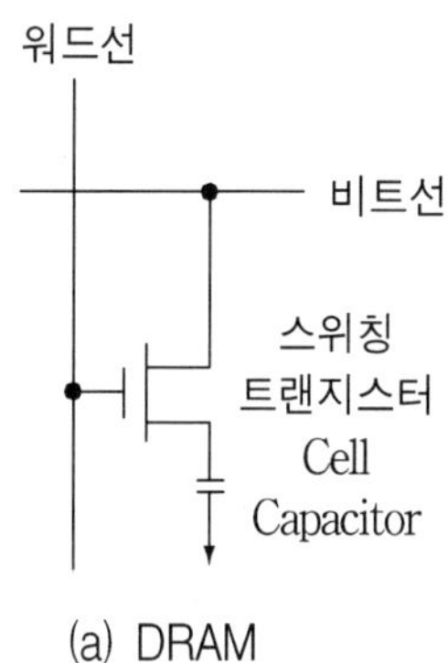

(a) DRAM

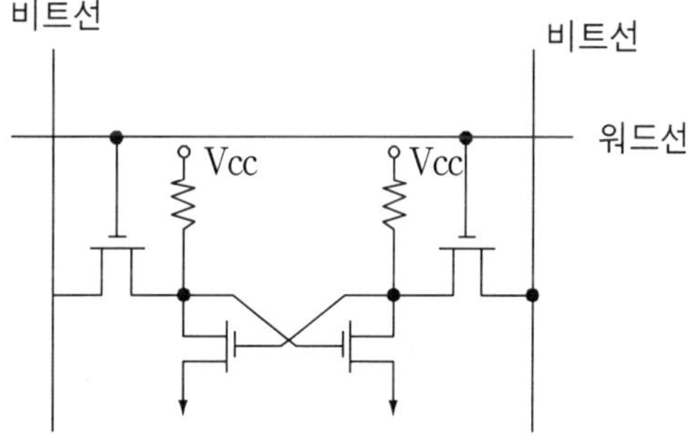

(b) SRAM

그림 6-1 DRAM과 SRAM의 구조 차이

6.2.2 비소멸성 메모리(Non-Volatile Memory)

▣ ROM 종류

전원 공급이 차단되더라도 저장되어 있는 정보를 보존하는 비소멸성 메모리에는 ROM, PROM, EPROM, EEPROM, 그리고 플래쉬 메모리 등이 있다.

○ ROM(Read Only Memory) : 읽기 전용의 메모리로써 전원이 차단되더라도 기억된 내용을 유지하나, 새로운 정보를 기록하거나 또는 수정하는 것이 불가능하다.

○ PROM(Programmable ROM) : ROM에 기록이 가능하도록 개선한 것이 PROM이다. 그러나 PROM은 한번 기록이 이루어지고 나면 이를 변경하는 것이 불가능하다.

○ EPROM(Erasable PROM) : PROM을 보완한 EPROM은 자외선에 일정 시간 노출하면 저장되어 있는 정보를 지울 수 있다. 자외선 소거법을 이용하여 기억된 정보를 지우면, 초기 상태로 돌아가기 때문에 기록하는 것이 가능하다.

○ EPROM(Electrically Erasable PROM) : 자외선 대신에 전기 신호를 이용한 전자적 소거법으로 기억된 정보를 지우거나 기록하는 것이 가능하다. 그러나 동작 속도가 느리며, 상대적으로 가격이 높고, 집적도가 낮은 단점을 갖고 있다.

○ 플래쉬 메모리(Flash Memory) : EEPROM의 단점을 보완한 플래쉬 메모리는 전기적으로 기억된 내용을 지우거나, 기록하는 것이 가능할 뿐만 아니라, DRAM과 같은 동작 속도를 유지한다. 또한 집적도가 높으므로 대용량화 할 수 있다.

▣ 반도체 메모리의 유형

표 6-1로 표현했다.

표 6-1 반도체 메모리의 유형

메모리 종류	구 분	삭제 방법	쓰기 방법	전원 제거 후 소멸 여부
ROM	읽기 전용	불가능	마스크	보존
PROM	읽기 전용	불가능	전기적	보존
EPROM	읽기 전용	자외선 삭제	전기적	보존
EEPROM	읽기/쓰기	전기적 삭제	전기적	보존
플래쉬 메모리	읽기/쓰기	전기적 삭제	전기적	보존
DRAM	읽기/쓰기	전기적 삭제	전기적	소멸
SRAM	읽기/쓰기	전기적 삭제	전기적	소멸

6.3 디램(DRAM : Dynamic Random Access Memory)

▣ 고집적도 메모리 요구

시스템의 주 메모리로 사용되는 디램의 구조는 컴퓨터 시스템의 운영체제(OS) 및 응용 프로그램들의 대용량화, MPU의 성능 향상, 그리고 GUI(Graphic User Interface) 환경 하에서 그래픽스(Graphics) 응용이 더욱 복잡해짐에 따라 고속 동작으로, 가격이 저렴하며, 구조가 간단하면서 효율이 높은 고집적도의 메모리가 요구된다.

▣ 디램의 3가지 발전 형태

- 일반 디램에서 EDO(Extented Data-Out) DRAM같이 주기 시간(Cycle Time)을 단축하여 메모리의 동작 속도가 빨라지도록 한다.
- CDRAM(Cache DRAM)와 EDRAM(Enahnced DRAM) 같이 메모리 내부에 소량의 캐시 메모리를 내장하여 성능을 향상시키거나, SDRAM(Synchronous DRAM)처럼 MPU의 클럭에 동기되어 동작하도록 하여 메모리의 대역폭을 크게 향상시킨다. 기존의 디램과 호환성이 없으므로 부가적인 인터페이스와 제어 회로가 필요하다.
- RDRAM(Rambus DRAM) : 전혀 다르게 설계되어진 메모리로서 전용 제어기와 인터페이스가 요구된다.

6.3.1 디램의 구조

▣ 기억 셀

디램은 소멸성 기억 셀의 집합으로 구성되어 있다. 기억 셀은 기억 소자를 구성하는 기본 요소로 1비트 정보를 보관할 수 있다.

○ 셀 정보 기록 : 임의의 기억 셀에 정보를 기록하기 위해서는 선택 단자를 통해 선택 신호를 받은 상태에서 데이터 입력 단자를 통해 기록될 데이터가 유효한 상황에서 기록 신호가 제어 단자를 통해서 가해지면 된다.

○ 셀 정보 읽기 : 기억 셀로부터 정보를 읽기 위해서는 선택 신호를 받은 상태에서 제어 단자를 통해 읽기 신호를 가해주면, 이 때 감지 단자에는 저장된 정보에 대한 상태가 나타나게 되므로 기억 셀의 정보를 알 수 있게 된다. 디램은 수많은 기억 셀들이 일정한 구성 원칙에 따라서 하나로 배열된 칩의 형태로 사용된다.

디램의 기본 구조를 그림 6-2는 나타낸 것으로 5가지 기능으로 구성된다.

- 기억 장치 배열은 기억 셀의 X(행)×Y(열) 집합으로 구성되고,
- 행 선택 디코더는 인가된 메모리 주소를 해독하여 기억 장치 배열의 행 주소를 만들어 준다.
- 열 선택 디코더는 인가된 메모리 주소를 해독하여 기억 장치 배열의 열 주소를 만들어 준다.
- 입/출력 버퍼는 외부에 메모리 데이터의 입출력 기능을 수행하고,
- 제어 회로는 인가된 읽기-쓰기 신호와 행 주소 스트로브(RAS : Row Address Strobe) 및 열 주소 스트로브(CAS : Column Address Strobe) 신호에 따라서 메모리 내부를 제어한다.

○ DRAM의 2차원 배열의 구성 : 워드와 비트를 각각 행과 열로 하는 이차원 배열 형태로 되어 있다. 한 워드를 이루고 있는 모든 비트는 워드라인에 연결되어 있다. 이차원 배열 구조에서 워드들 간의 주소 구별을 위해서는 동일한 워드를 이루는 기억 셀들의 선택 단자가 동일한 주소로 연결되어 있다. 하나의 워드에 연결되어 있는 각 비트는 동일한 데이터 입력 단자와 감

지(Sense) 단자에 연결되어야 한다. 이차원 배열 구조 방법에서 기억 장치에 대한 접근은 비트 단위로는 불가능하고 워드 단위로만 이루어진다.

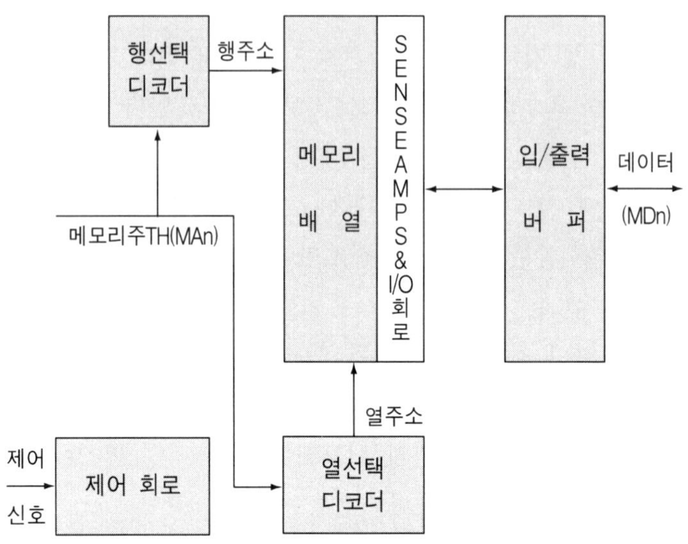

그림 6-2 디램의 기본 구조

○ 디램 리프레시 : 디램은 셀의 기억 내용의 소실 방지하기 위하여 일정 주기로 리프레시(Refresh)를 해야 한다. 리프레시에 필요한 주소는 디램이 워드라인 구조로 되어 있기 때문에 행 주소만 필요하다. 예를 들면, 16Mb DRAM은 2K(kilo) 행과 8K 열로 구성되므로 워드라인의 크기는 8K이다.

- 행 주소에 의해서 선택된 워드라인을 페이지라고 하며, 메모리 용량은 집적도에 따라 달라지므로 메모리 용량이 클수록 페이지의 크기도 커진다.

○ DRAM 접근 시간 : 주기억 장치로용 DRAM 데이터를 위해서 소용되는 시간을 살펴보기로 하자.
이러한 소용시간은 기억 장치로부터 데이터를 참조할 수 있는 속도를 결정하는 중요한 요소이기 때문에, 이 시간이 짧을수록 단위시간 동안 데이터 전송률은 증가하게 된다. RAM(임의 접근 기억 장치)에서의 소요시간은 접근 시간과 주기시간으로 정의된다.

- 접근시간(Memory Access Time)은 MPU나 주 장치(Master Device)가 단위 워드를 메모리로부터 읽기/쓰기 동작을 실행하는데 소요되는 시간

을 말한다. 즉, MPU로부터 기억 장치 접근 명령이 주어진 후 주기억 장치의 주소 디코더에 의해서 해석된 주소 값을 이용해서 해당 번지의 내용이 시스템의 데이터 버스에 의해서 이용 가능해질 때까지 시간에 해당한다.

- 읽기 주기를 나타낸 그림 6-3에서 MPU로부터 주기억 장치에 접근하기 위한 행의 주소(Row Address)가 인가된 시점으로부터 데이터 버스에 데이터가 나타날 때까지 경과되는 t_{AC}가 접근 시간에 해당된다. 주기시간(Memory Cycle Time)은 디램에 연속적으로 접근하기 위해서 필요한 최소한의 시간을 뜻한다. 한번 기억 장치에 대한 접근 명령이 처리된 다음 이어서 기억 장치 접근 명령을 처리하기 위해 소요되는 부가적인 시간의 합을 말한다. 이 시간이 짧을수록 단위 시간당 많은 정보가 전달될 수 있다.

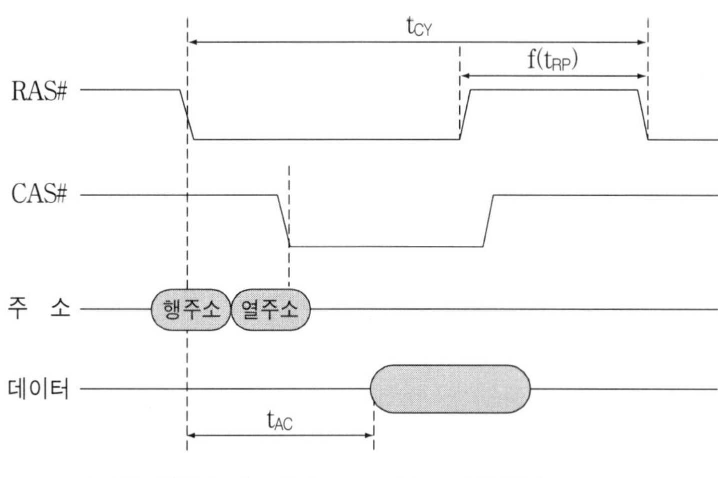

RAS : 행주소 스트로브 T_{CY} : 수기시간
CAS : 열주소 스트로브 $f(t_{RP})$: 재충전시간
t_{AC} : 접근 시간

그림 6-3 디램의 읽기 구조

- 그림 6-3에서 메모리 접근을 통해서 얻어진 데이터의 유효 기간으로부터 행 주소 스트로브(RAS#)의 신호가 일정 기간 동안 활성화 상태를 유지한 후 비활성화 상태로 전환한다. 그리고 축전기로 구성된 기억 셀을 충전하기 위해서 비활성화 상태를 일정 기간 유지해야 한다. 이 시간을 사전 충전(Pre-Charge) 시간이라고 하며, t_{RP} 시간이 이에 해당한다. 따라서 활성

화 시간을 포함한 사전 충전 시간과 접근 시간의 합이 주기 시간(t_{CY})이 된다.

- 페이지 모드로 동작하는 디램의 읽기 주기를 그림 6-4에서 나타낸 것이다. 행 주소에 의해서 선택된 페이지는 행 주소 스트로브(RAS) 신호가 낮은 레벨(Low Level)로 활성화되어 있는 동안(t_{RASF}), 열 주소 스트로브 신호(CAS)의 폴링 에지(Falling Edge)시 래치 되어지는 열 주소에 따라 지정된 데이터에 대한 접근이 이루어지므로 페이지 모드 디램은 페이지 동작(Page Operation) 동안에는 비트 라인의 사전 충전, 디램 셀의 정보에 대한 증폭 등이 필요하지 않으므로 주기 시간이 일반 디램보다 짧아지고 동작 속도가 빠르다.

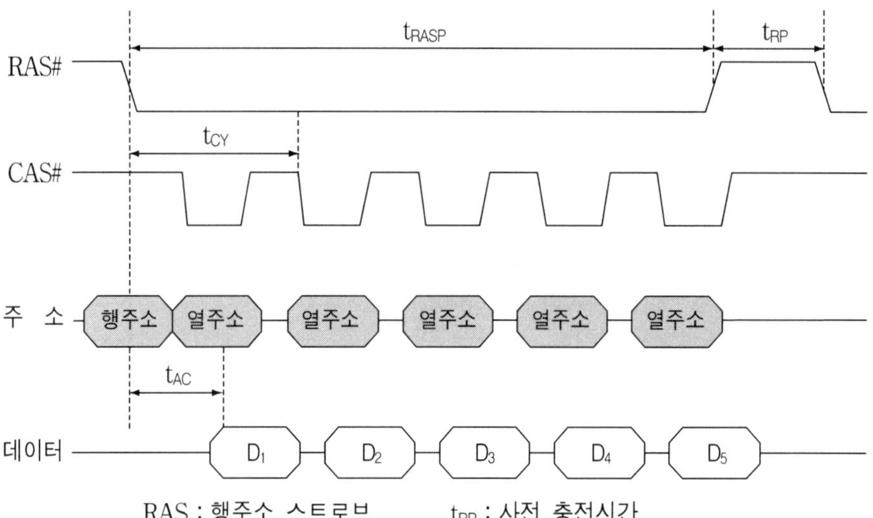

그림 6-4 페이지 모드 디램의 읽기 주기

6.3.2 메모리 제어 방식

▣ **효율적 메모리 제어 방식**

PC에서 MPU의 동작 속도는 점차 빨라지고, 주 메모리로 사용되는 디램의 속도는 이에 비하여 매우 느리므로 MPU와 주 메모리 사이에 병목 현상(Bottleneck)이 발생한다. 효율적인 메모리 제어 방식이 요구되고 있다.

1) 뱅크 인터리빙 방식(Bank Interleaving Method)

▣ **뱅크 인터리빙 방식(Bank Interleaving Method)**

그림 6-5는 두 개의 메모리 뱅크(Bank)로 구성된 2가지 뱅크 인터리빙(2-Way Bank Interleaving) 방식의 뱅크 구성을 나타낸 것이다. 이 방식은 동일한 메모리 용량을 갖는 두 개의 뱅크를 메모리의 하위 주소로 인터리빙함으로써 디램의 동작 속도를 저하시키는 비트 라인의 사전 충전 시간을 줄일 수 있다.

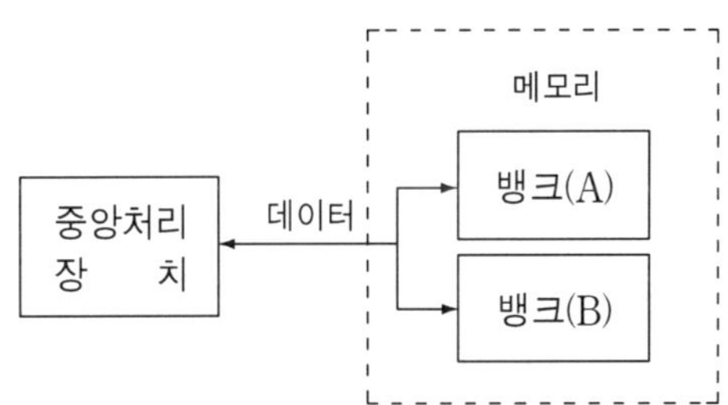

그림 6-5 2-가지 뱅크 인터리빙 방식

- 그림 6-6의 뱅크 인터리빙 읽기 주기에서 MPU의 메모리 읽기 명령에 의하여 뱅크(A)의 D_0 데이터가 읽혀지면, 뱅크(B)의 D_1 데이터는 뱅크(A)의 사전충전 시간 동안에 읽혀지게 된다. 다음의 뱅크(A)의 D_2 데이터는 뱅크(B)의 사전충전 시간 동안에 읽혀진다. 이와 같이 뱅크 인터리빙 방식은 연속된 메모리 접근에 대하여 물리적으로 분리된 뱅크에 번갈아 접근하도록 구성하여 메모리의 주기 시간을 단축할 수 있으나 프로그램이 순차적으로 수행되지 않을 경우 효율이 나빠질 수 있으며, 램은 구조상 속도가 느려서 고속의 시스템에는 적합하지 않다.

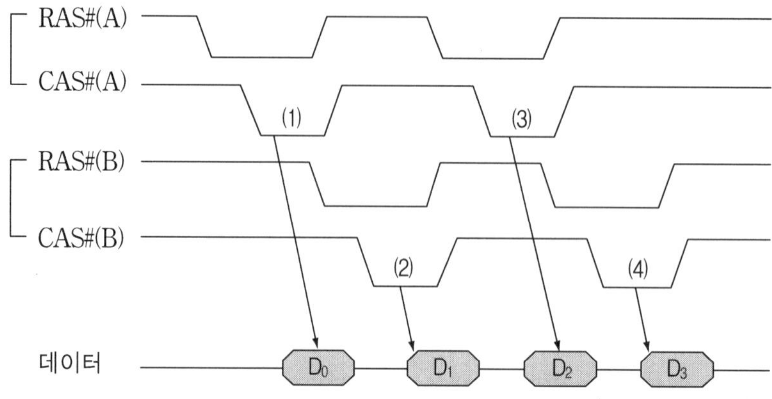

그림 6-6 뱅크 인터리빙의 읽기 주기

2) 페이지 인터리빙 방식

▣ 페이지 인터리빙 방식

디램의 페이지 동작(Page Operation)은 비트 라인의 사전 충전, 디램 셀의 정보에 대한 증폭 등이 필요하지 않으므로 빠른 속도로 동작한다. 그러나 페이지 경계에서 프로그램이 순환하면 페이지의 재선택이 반복되어 효율이 저하된다. 이러한 단점을 개선하기 위하여 서로 분리된 메모리 뱅크들을 페이지 단위로 인터리빙하는 방식을 페이지 인터리빙 방식이라 한다.

그림 6-7은 두 개의 메모리 뱅크로 구성된 페이지 인터리빙(Page Interleaving) 방식의 읽기 주기를 나타낸 것이다. 그림에서 MPU의 연속된 메모리 읽기 명령에 의하여 뱅크(A)의 데이터가 D_0부터 D_4까지 읽혀지면 다음에 뱅크(B)의 Q_0부터 Q_4 데이터가 읽혀지게 된다.

- 이때 선택된 뱅크의 행 주소 스트로브 신호는 메모리가 페이지 모드로 동작하기 때문에 활성화 상태를 유지해야 한다. 페이지 인터리빙 방식은 메모리 뱅크의 인터리빙을 페이지 단위로 수행하기 때문에 뱅크 인터리빙 방식보다 데이터의 처리 속도가 빠르다. 따라서 이 방식은 캐시 방식에 비하여 동작 속도가 느리고 효율은 나쁘지만 구조가 간단하고 구현이 용이하기 때문에 일부 소형 컴퓨터에서 쓰이고 있다.

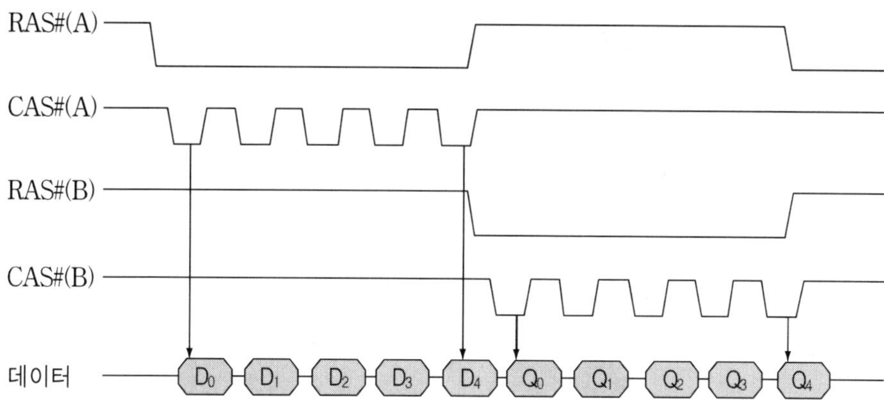

RAS#(A) : 뱅크(A) 행주소 스트로브
CAS#(A) : 뱅크(A) 열주소 스트로브

그림 6-7 페이지 인디리빙의 읽기 주기

6.4 캐시 메모리

6.4.1 캐시 개념

▣ 캐시 기억 장치 개념

PC에서 MPU의 동작 속도는 주기억 장치의 동작 속도에 비해서는 매우 빠르기 때문에 MPU와 주기억 장치 사이에 병목 현상이 발생할 수 있다. 병목 현상의 해결 방법으로 MPU와 주기억 장치 사이에 빠른 접근 속도(Access Speed)를 갖는 소용량·고속의 캐시기억 장치를 배치하여 MPU가 기억 장치로부터 데이터를 인출하거나 또는 기억 장치에 데이터를 저장하기 위해서 먼저 캐시기억 장치에 접근하고 만약 해당 데이터가 캐시기억 장치에 없을 경우에만 주기억 장치에 접근하게 함으로써 기억 장치에 대한 평균접근시간을 줄일 수 있다.

▣ 캐시 기억 장치의 계층화

MPU와 물리적으로 가까운 곳에는 처리속도가 빠른 고속의 캐시 기억 장치를 배치하고 다음에 캐시 기억 장치보다 용량은 크지만 접근속도가 늦은 주기억 장치를 위치하도록 기억 장치의 구성을 계층화하는 방법이다. 주기억 장치는 대용량의 속도가 느린 메모리(DRAM)로 구성되고, 프로그램 내장형의 컴퓨터에서 MPU가 모든 명령어(instruction)들을 처리할 수 있도록 이를 저장하고 있다. 캐시 기억 장치는 SRAM(static RAM)으로 구성되며, MPU로부터 주기억 장치에 대한 접근시간을 감소시키기 위해서 자주 사용하는 데이터를 일시적으로 기억한다. 그림 6-8은 메모리의 계층 구조를 보여주고 있다.

그림 6-8 메모리의 계층 구조

▣ 캐시 기억 장치 동기

캐시 기억 장치는 프로세서와 함께 단일 칩 형태로 MPU의 내부캐시(L1 cache)로 포함되어 MPU의 동작 속도에 가까운 접근속도를 제공할 수 있다. 캐시 기억 장치는 동작 형태에 따라 크게 비동기식 SRAM과 동기식 SRAM으로 구분할 수 있다.

○ 비동기식(asynchronous) SRAM : i80486 계열의 시스템과 초기의 펜티엄 시스템에서 사용되었고, 그림 6-9는 비동기 SRAM의 기본 구조를 나타낸 것으로 네 가지 기능으로 구성된다.

- 메모리의 배열 : 기억 셀들의 일정한 구성 원칙에 의하여 배열된 X(행) * Y(열) 집합으로 구성된다.
- 주소 버퍼 : 인가된 메모리의 주소를 해독하여 메모리 배열에 대한 접근 주소를 만들어 준다.
- 입·출력 버퍼 : 외부의 데이터 버스에 메모리 데이터의 입·출력 기능을 수행한다.
- 제어 회로 : 인가된 칩 선택(chip select) 신호, 접근 주소, 그리고 읽기 또는 쓰기 신호에 따라서 메모리 내부의 동작을 제어한다.

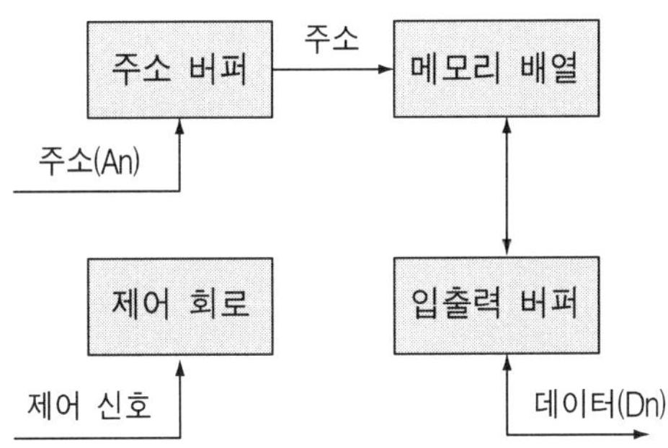

그림 6-9 비동기 SRAM의 구조

임의의 기억 셀에 데이터를 기록하기 위해서는 메모리의 선택 신호와 접근 주소가 활성화되고 데이터 입력 단자를 통해 기록될 데이터가 유효한 상태에서 쓰기 신호가 인가되면 메모리의 쓰기 동작에 의하여 메모리의 배열에 데이터가 기록되게 된다. 그리고 데이터를 읽기 위해서는 메모리의 선택 신호와 접근 주소가 활성화 된 후, 읽기 신호와 출력 활성화 신호가 인가되면 메모리의 읽기 동작에 의하여 메모리의 배열에 기록되어 있는 데이터가 읽혀지게 된다.

○ 동기식(synchronous) SRAM : 현재의 펜티엄 시스템에서는 동기식 SRAM이 사용되고 있다. 그림 6-10은 비동기 SRAM의 읽기 주기를 나타낸 것이다. MPU로부터 메모리 접근 명령이 주어지면 캐시 제어기는 접근 주소와 칩 선택 신호를 캐시 메모리에 전송한다. 캐시 메모리는 칩 선택 신호에 의하여 활성화되고, 메모리에 인가된 주소는 주소 해독기에 의해서 해석된 후 해당하는 주소의 메모리 배열을 지정한다. 이 때 읽기 신호와 출력 활성화 신호(OE#)가 인가되면 메모리의 읽기 동작에 의하여 메모리의 배열에 기록되어 있는 데이터가 읽혀지게 된다.

- 이와 같이 MPU로부터 주 메모리에 접근을 하기 위한 주소가 인가된 시점으로부터 데이터 버스에 데이터가 나타날 때까지 경과되는 시간을 접근 시간(tAC)이라고 한다. 그리고 추가적으로 MPU가 읽기 연산을 수행하는 동안에 메모리 데이터, 주소, 칩 선택 신호, 그리고 출력 활성화 신호는 일정한 기간 동안 활성화 상태를 계속해서 유지해야만 한다. 이를 활성화 시간(active time)이라고 한다. 그러므로 SRAM의 주기 시간(tCy)은 접근 시간과 활성화 시간의 합으로 이루어진다.

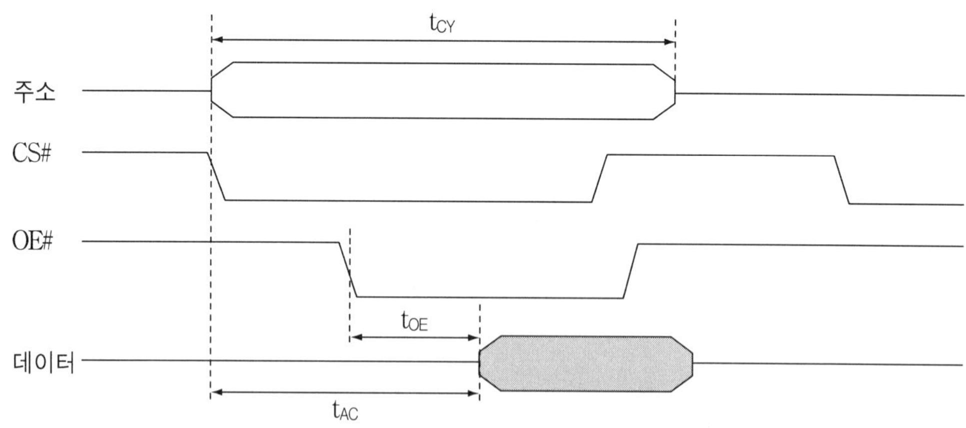

CS# : 칩 선택(Chip select)　t_{OE} : 출력 인에이블(output enable)
t_{AC} : 접근 시간(access time)　t_{CY} : 주기 시간(cycle time)

그림 6-10 비동기 SRAM의 읽기 주기

- PBSRAM(pipelined burst SRAM) : 그림 6-11은 MPU의 클럭과 동기되어 동작하는 PBSRAM의 구조를 보여준다. PBSRAM은 MPU의 클럭과 동기되어 버스트 모드로 동작하는데 메모리 접근에 필요한 주소는 첫 번째 주소만 주소 버퍼에 래치하고 다음에 연속되어지는 3회의 접근 주소는 내부에서 자체적으로 생성한다.
- PBSRAM은 비동기 SRAM의 기본 구조에 추가적으로 클럭 회로, 버스트 제어 회로, 그리고 버스트 주소 카운터 등을 내장하고 있다. 클럭 회로는 PBSRAM의 모든 내부 기능이 MPU의 클럭과 동기하여 동작하도록 클럭을 내부 회로에 공급하고, 버스트 제어 회로는 PBSRAM이 버스트 모드로 동작하도록 제어한다. 그리고 버스트 주소 카운터는 메모리 접근을 위한 버스트 주소를 생성하여 준다.

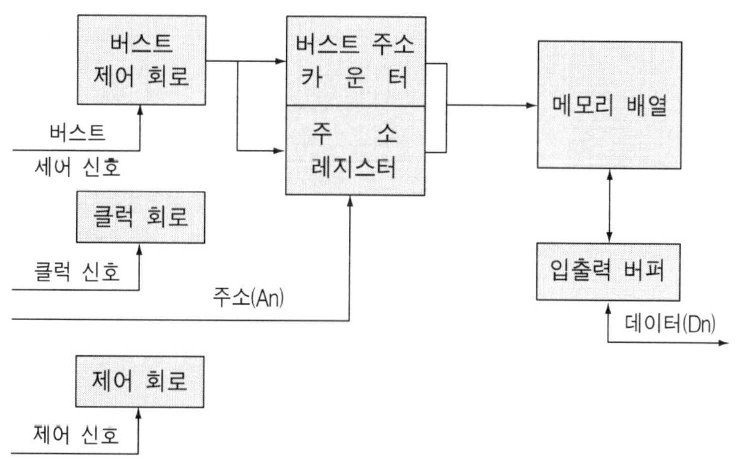

그림 6-11 동기 PBSRAM의 구조

- 그림 6-12는 2-1-1-1의 버스트 주기로 동작하는 PBSRAM의 읽기 주기를 나타낸 것이다. 그림에서 MPU로부터 메모리 접근 명령이 주어지면, 메모리 버스 주기의 시작을 알리는 주소 스트로브(ADS#) 신호와 칩 선택(chip select) 신호가 활성화되는 (1)번 클럭의 라이징 에지(raising edge)에서 MPU의 메모리 접근 주소를 내부에 래치한다. 다음에 읽기 신호와 출력 활성화 신호(OE#)가 인가되면, (2)번 클럭의 라이징 에지(raising edge)에서 래치된 접근 주소에 의해 버스트 모드의 첫 번째 데이터(Q_1)가

읽혀지게 된다.

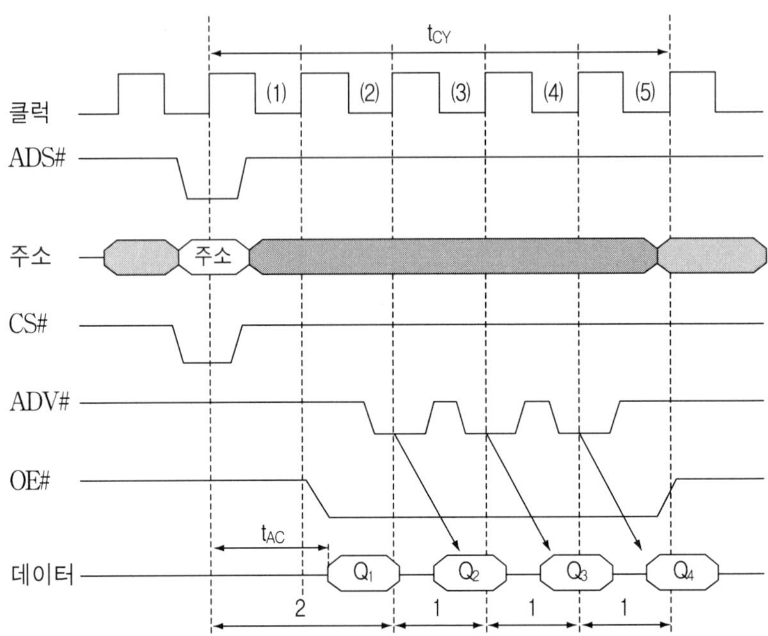

ADS# : 주소 스트로브(address strobe)　　CS# : 칩 선택(chip select)
t_{OE} : 출력 인에이블(output enable)　　t_{AC} : 접근 시간(access time)
ADV# : 버스트 주소 활성화 (burst address advance)　　t_{CY} : 주기 시간(cycle time)

그림 6-12　PBSRAM의 읽기 주기

- 그리고 (3)번 클럭에서 버스트 주소 활성화(ADV#) 신호가 활성화되면, 버스트 주소 카운터에 의해 생성된 버스트 주소에 의하여 2번째 데이터(Q_2)가 읽혀진다. 이후 (4)번 클럭에서 3번째 데이터(Q_3), (5)번 클럭에서 4번째 데이터(Q_4)가 각각 읽혀진다. 이 때 각각 데이터의 크기는 마이크로프로세서에 내장된 데이터 캐시의 라인크기에 따라 달라지는데 i80486은 캐시의 라인 크기가 16바이트이므로 4바이트, 펜티엄과 펜티엄 프로는 32바이트이므로 8바이트로 구성된다.
- 그리고 PBSRAM에 대한 접근 시간(t_{AC})은 (1)번 클럭에서 MPU의 메모리 접근 주소가 메모리 내부에 래치하는 시점으로부터 (2)번 클럭에서 첫

번째 데이터(Q_1)가 데이터 버스에 나타날 때까지 소요되는 시간을 의미한다. 또한 버스트 모드에서 주기 시간은 이 접근 시간과 (1)번 클럭 이후부터 (5)번 클럭에서 4번째 데이터가 데이터 버스에 나타날 때까지 경과되는 시간의 합으로 구성된다. 즉, 버스트 모드로 동작하는 PBSRAM의 주기 시간은 2-1-1-1로 된다.

- 따라서 접근 시간과 주기 시간은 캐시 메모리로부터 데이터를 참조할 수 있는 속도를 결정하는 중요한 요소이기 때문에 이 시간이 짧을수록 단위 시간당 데이터 전송률이 증가하게 된다.

6.4.2 캐시 시스템의 구조

▣ 캐시 시스템 구조

컴퓨터의 캐시 시스템은 MPU와 대용량의 주 메모리 사이에 처리 속도가 빠른 소규모의 캐시 메모리로 구성된다. 그림 6-13에서 살펴보면 MPU가 기억 장치로부터 데이터를 인출하거나 또는 기억 장치에 데이터를 저장하기 위해서 우선 속도가 빠른 SRAM으로 구성된 캐시 기억 장치에 접근한다. 그리고 대용량의 속도가 느린 DRAM으로 구성된 주기억 장치에 대한 접근은 해당 데이터가 캐시 메모리에 없을 경우에만 접근하므로 MPU로부터 기억 장치에 대한 평균접근시간을 줄일 수 있다.

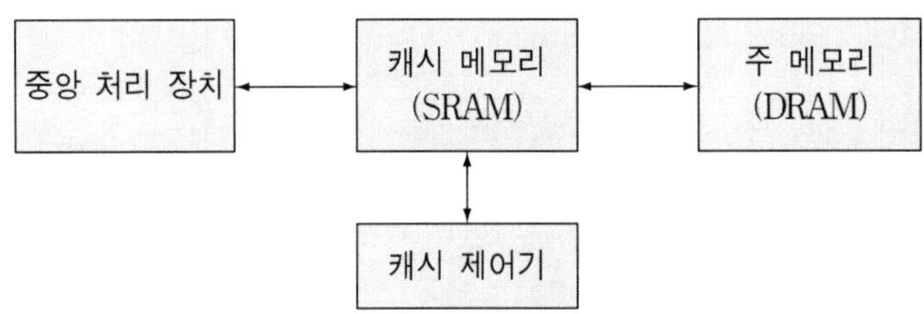

그림 6-13 캐시 시스템의 구조

▣ 캐시 방식

대용량의 DRAM과 속도가 빠른 소용량의 SRAM을 계층구조로 사용하여 이들의 장점을 얻는 방식을 캐시 방식이라 한다. 캐시 방식은 직접 사상(direct mapped) 구성의 계층구조 메모리와 명령어 스택(instruction stack)을 구현한 방식으로부터 발전하였다. Scarrott는 명령어와 데이터를 함께 구성하였고, Gibson은 캐시 라인(cache line)의 개념을 도입하였다. Liptay가 K-가지 집합 연상(K-way sets associative) 방식을 제안하면서 현재의 캐시 방식에 관한 개념이 완성되었다.

- 캐시의 구성 방식에 따른 연구는 대형 컴퓨터에서 Kaplan, Bell 및 Pohn 등에 의하여 진행되었으며, 소형 컴퓨터에 적합한 캐시 방식이 연구되고 있다. Smith는 라인 크기(line size)에 따른 캐시의 효율을 연구하여 소형

컴퓨터에 적합한 캐시 구성을 제안하였고, Alpert는 제한적인 환경에서 최적의 캐시 방식을 구현하기 위한 연구를 수행하였다. 이들 연구는 주로 대형 컴퓨터에서 발달한 캐시 방식을 소형 컴퓨터에 적용시키는 방법에 대하여 주력하였다.

▣ 캐시 메모리 구성

데이터 캐시와 태그 캐시의 두 부분으로 구성된다.

○ 데이터 캐시(data cache) : 라인으로 구성되며 자주 사용되는 데이터를 일시적으로 기억한다.

○ 태그 캐시(tag cache) : 태그 주소를 저장하고 있는 태그 캐시는 찾으려고 하는 주 메모리의 주소가 데이터 캐시에 적재되어 있는지를 판단하기 위한 주소 비교에 이용된다.

▣ 고속 태그 SRAM 사용

데이터 캐시와 태그 캐시는 캐시 메모리의 SRAM보다 각각 빠른 SRAM으로 구성하고 데이터 SRAM에 있는 데이터를 접근하기 전에 태그 SRAM의 정보를 먼저 참조하기 때문에 데이터 SRAM의 처리 속도보다 빠른 고속의 태그 SRAM이 사용된다.

▣ 캐시 제어기(cache controller)

데이터 캐시와 태그 캐시의 동작을 제어하기 위해서는 별도의 제어 장치인 캐시 제어기는 MPU의 읽기 연산의 경우에 먼저 MPU의 주소와 태그 캐시에 저장되어 있는 태그 주소를 제어기내에 있는 주소 비교기(address comparator)를 이용하여 상호 주소를 비교하여 일치하면 캐시 적중이므로 데이터 캐시에서 데이터가 출력되고, 일치하지 아니하면 캐시 실패이므로 해당 데이터를 주 메모리로부터 읽어와서 캐시에 적재하고 태그 캐시의 내용도 갱신한다.

▣ 캐시 방식의 효율 결정 3대 요소

캐시 용량, 사상 방식, 그리고 라인 크기(line size) 등이 있다. 이들 3대 요소 외에도 태그 캐시의 크기, 캐시 태그의 구성 방식, 주기억 장치와 데이터 캐시 사이의 데이터 전송 폭, 쓰기 전략, 그리고 데이터 일치성(data coherence) 등이 고려되어야 한다.

○ 캐시 용량(cache size) : 데이터 캐시의 크기를 나타낸다.

○ 사상(mapping) 방식 : 데이터 캐시와 주기억 장치 사이의 대응 관계로써 K : 1 대응 관계를 K-가지 집합 연상(K-way sets associative mapped)이라 하고 1 : 1 대응 관계를 직접 사상(direct-mapped)이라 한다.

○ 캐시 라인(cache line) : 캐시 블록(cache block)이라고도 하는데, 이것은 캐시 데이터와 주기억 장치의 논리적 동작 단위를 의미한다. 캐시 블록의 크기를 라인 또는 블록 크기라 한다.

6.4.3 캐시 시스템의 구성 요소

1) 지역성 원리

▣ 프로그램의 지역성 원리(locality principle)

프로그램 내장형인 Von Neumann 컴퓨터에서 프로세스들의 태스크(task)는 프로그램 내에서 점프(jump)나 프로시저 호출(procedure call)의 경우를 제외한다면 대부분 주기억 장치의 일정한 영역 내에서 프로그램카운터(PC)가 1씩 증가하면서 순차적으로 처리된다. 그리고 일정한 주기(loop)로 한번 접근(access) 했던 주기억 장치의 위치를 다시 접근하려는 경향이 있다. 이와 같은 특성을 프로그램의 지역성 원리라고 한다. 따라서 프로그램에 내재한 지역성 원리를 이용하여 캐시 방식을 구현하면 보다 효율적이다. 시간 지역성과 공간 지역성으로 구분할 수 있다.

- 시간 지역성(temporal locality) : 주기적으로 주기억 장치의 특정 영역을 접근한다면 다음의 주기에도 이 영역을 접근할 확률이 있는 성질을 말한다.
- 공간 지역성(spatial locality) : 대부분의 프로그램들이 태스크를 순차적으로 처리하기 때문에 앞의 명령어가 실행되면 순차적으로 차기 번지의 명령어가 실행될 확률이 있다.

▣ 라인 크기와 캐시 실패율(cache miss ratio)

프로그램의 공간 지역성 때문에 데이터가 주기억 장치에서 캐시로 이동하는 단위인 라인 크기가 커짐에 따라 MPU는 보다 많이 이웃하는 번지의 데이터들을 함께 읽어서 가져온다. 캐시의 라인 크기가 커지면 캐시 실패율(cache miss ratio)은 감소한다. 그러나 라인 크기가 어느 한도를 넘으면 불필요한 데이터까지도 캐시에 적재되어 다른 캐시 라인을 빈번하게 대체하기 때문에 캐시 실패율은 오히려 증가하기 시작한다.

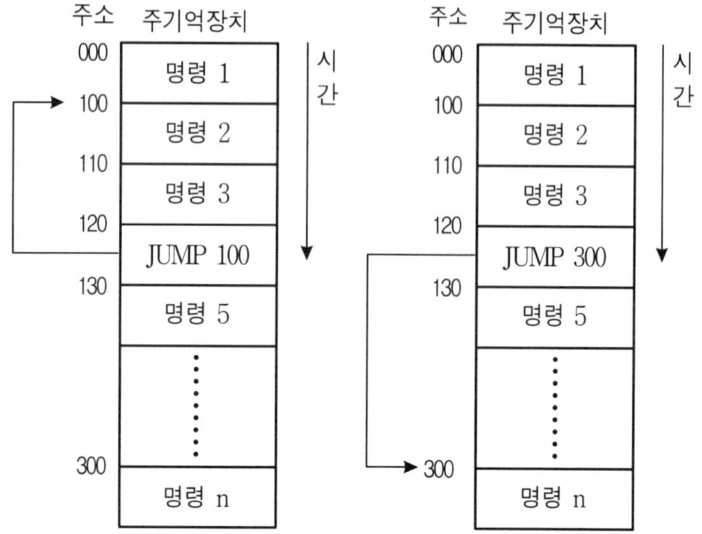

(a) 지역성 원리가 성립하는 경우　(b) 지역성 원리가 깨어지는 경우

그림 6-14　지역성 원리 개념도

▣ **지역성 원리 예**

캐시 내에 000번지에서 200번지 프로그램이 있을 때

○ 지역성 원리가 성립 예 : 그림 6-14(a)는 시작번지 000에서 명령 1을 수행하고 이후에 점프 명령어(jump 100)에 의해서 캐시 내의 번지 100으로 점프하여 명령 1을 다시 수행하게 된다.

○ 지역성 원리가 깨진 예 : 그림 6-14(b)는 시작 번지 000에서 명령 1을 수행하고 이후에 점프 명령어(jump 300)에 의해서 캐시 밖의 번지 300으로 점프하여 명령 n을 수행한다.

2) 캐시 기억 장치의 용량과 라인 크기

▣ **내부 캐시와 외부 캐시**

○ 내부 캐시(L1 cache) : i80486 내부에는 명령어 캐시(instruction cache)와 데이터 캐시(data cache)를 일체화한 8KB의 내부 캐시(L1 cache 또는 1st cache), 펜티엄은 각각 8KB의 명령어 캐시와 데이터 캐시로 분리된 16KB의 내부 캐시를 내장하고 있다.

○ 외부 캐시(L2 cache 또는 2nd cache) : 캐시 방식에서 캐시 실패율(miss

ratio)을 결정하는 3대 요소 중 하나인 캐시 용량(cache capacity)은 캐시 기억 장치의 크기를 나타내며, 크기가 커질수록 캐시 실패율이 감소되므로 캐시 적중률이 증가하게 된다. PC에서 경제성 문제 때문에 32KB~512KB의 캐시의 크기가 사용되며 이를 외부캐시라 부른다. 펜티엄프로는 256KB 또는 512KB의 L2 캐시를 내장하고 있다.

■ **캐시 라인(Cache line)**

캐시 데이터와 주기억 장치 사이에서 데이터를 전송하는 기본 단위로 그 크기를 라인 또는 블록 크기라고 하며 캐시의 라인 크기가 커지면 캐시 적중률이 증가하여 캐시 실패율은 감소한다. 그러나 라인 크기가 어느 한도를 넘으면 불필요한 데이터까지도 캐시에 적재되어 다른 캐시 라인을 빈번하게 대체하기 때문에 캐시 실패율은 오히려 증가한다. i80486의 캐시의 라인크기는 16바이트, 펜티엄은 32바이트이다.

3) 캐시 적중과 실패

■ **캐시 적중(cache hit)과 실패(cache miss)**

캐시 시스템에서 MPU가 기억 장치로부터 데이터를 인출하거나 또는 기억 장치에 데이터를 저장하기 위해서는 먼저 캐시 기억 장치에 접근하고, 만약 해당 데이터가 캐시 기억 장치에 없을 경우에만 주기억 장치에 접근한다. 이와 같이 MPU가 필요한 정보를 캐시 기억 장치에서 참조하면 캐시 적중이라 하며 주기억 장치에 접근하여 참조하면 캐시 실패라고 한다.

○ 캐시 적중률(cache hit ratio) : MPU가 필요한 데이터를 참조하기 위해서 캐시 기억 장치와 주기억 장치에 접근한 전체 회수에 대해서 해당 데이터를 캐시 기억 장치에서 참조한 비율을 의미한다.

○ 캐시 실패율(cache miss ratio) : 주기억 장치에서 참조한 비율을 의미한다. 캐시실패율은 주로 캐시 용량과 사상 방식 및 라인 크기의 3대 캐시 구성 요소에 따라서 변하고, 또한 일정한 캐시 구성에서도 MPU의 종류 및 워크로드(work load)에 따라서도 상이한 값을 갖는다. 그러나 대부분의 경우 이들의 평균적인 값을 취하면 캐시 구성에 따른 실패율의 변화를 구할 수 있으므로 이를 확장해 실패율의 변화를 예측할 수 있다.

▣ 캐시의 효율(Ceff)

기억 장치의 접근시간에 따라 달라지는데 캐시 실패율이 감소되면 상대적으로 캐시 적중률이 증가함으로써 전체적인 기억 장치의 접근시간이 짧아진다. 궁극적으로 캐시의 효율을 높이기 위해서는 캐시 실패를 최소화해야 하지만 캐시 실패가 발생되는 다양한 요인 때문에 이를 쉽게 해결할 수가 없다.

▣ 캐시에서의 실패 요인

강제적 캐시 실패, 용량 캐시 실패 및 충돌에 의한 캐시 실패로 구분된다. 용량 캐시 실패는 캐시의 크기를 증가시키면 어느 정도 감소시킬 수가 있지만, 나머지 두 가지 요인은 프로그램의 실행 특성에 따라서 변할 수 있으므로 해결하기가 대단히 어렵다.

○ 강제적(Compulsory) 캐시 실패 : 프로그램을 MPU가 실행하는 처음 단계에서나 또는 다중 프로그래밍 환경에서 해당 프로세스로 교체된 후 처음 명령을 실행할 때 나타난다.

○ 용량 캐시 실패 : 캐시의 용량이 작기 때문에 발생된다.

○ 충돌(Conflict) 캐시 실패 : 프로그램의 실행 특징에 기인하는 충돌 캐시 실패는 캐시의 특정 주소를 집중적으로 참조함으로써 발생된다.

▣ 캐시 시스템 계산

캐시의 효율(Ceff) 및 기억 장치의 평균 접근 시간(Tacc)은 식과 같다. 기억 장치의 평균 접근시간(Tacc)을 작게 하기 위해서는 캐시 실패율(m)과 캐시 실패에 소요되는 주기억 장치의 접근시간(Tma)이 작아야 한다.

- $Ceff = 1 / Tacc$ (식 1)
- $Tacc = Tca \times (1-m) + m \times Tma$
  $= Tca \times h + (1-h) \times Tma$ (식 2)
- $h = 1-m$: 캐시 적중률
- $m = 1-h$: 캐시 실패율

  Ceff : 캐시의 효율
  Tacc : 기억 장치의 평균 접근시간
  Tca : 캐시 기억 장치의 접근 시간

Tma : 주기억 장치의 접근 시간

4) 캐시 라인의 대체 방식

▣ 캐시 라인 대체 알고리즘(replacement algorithm)

MPU는 캐시 기억 장치에 대하여 캐시 실패가 발생하면 주기억 장치로부터 해당 데이터가 포함된 라인을 읽어오게 과정을 캐시 라인 충전(cache linenfold)이라고 하며, 이를 위해서는 캐시 기억 장치의 라인 중에서 주기억 장치로부터 읽어 온 블록을 적재하기 위해서 대체할 대상을 선정해야 한다. 이 때 대체할 대상을 선정하는 기준을 캐시라인 대체 알고리즘이라고 한다.

▣ 대체 알고리즘 종류

무작위 내체, MRU, FIFO 등이 있다. 컴퓨디 시스템에는 사용된 시점이 가장 오래된 순서로 대체 대상을 선정하는 LRU 방법이 가장 많이 사용되고 있다.

- ○ 무작위 대체(random replacement) 방법 : 대체할 대상을 임의로 선정하여 대체한다.
- ○ LRU(least recently used) 방법 : 선정 시점을 기준으로 대체 대상을 선택하는데, 캐시에 적재된 이후 사용된 시점이 가장 오래된 순서로 대체 대상을 선정한다.
- ○ MRU(most recently used) 방법 : 캐시에 적재된 이후 사용된 시점이 가장 최근에 사용된 순서로 대체 대상을 선정한다.
- ○ FIFO(first-in-fist-out) 방법 : 적재된 순서가 빠른 것을 먼저 대제 대상으로 선정한다.

5) 캐시 쓰기 정책(write policy)

▣ 캐시 일관성(cache coherency) 정책

캐시 시스템에서 주기억 장치로부터 적재된 캐시 데이터가 캐시에 적재된 이후 새로운 값으로 변화되었다면 캐시와 주기억 장치 간에 데이터의 일관성을 유지하기 위한 방법인 캐시 일관성으로는 즉시 쓰기 정책과 나중 쓰기 정책 등이 있다.

○ 즉시 쓰기 정책(write-through policy) : 쓰기 동작 시에 캐시 적중이면 데이터를 캐시 기억 장치와 주기억 장치에, 캐시 실패의 경우에는 주기억 장치에만 쓰는 방식으로, 캐시에 적재된 데이터가 새로운 내용으로 변하게 되었을 때 주기억 장치의 내용도 함께 갱신(update)한다.

- 즉시 쓰기 정책은 캐시와 주기억 장치 간에 항상 일관성을 유지할 수 있고, 나중 쓰기 방식보다 회로의 구현이 간단하다. 반면에 캐시에 비하여 주기억 장치의 접근시간이 더 느리므로 버스를 점유하는 시간이 길어지고, 쓰기 동작 시에 항상 주기억 장치에 접근해야 하므로 버스 트래픽(bus traffc)이 증가한다.
- 버퍼드-즉시 쓰기(buffered-write-through) 방식 : 즉시 쓰기 방식의 단점을 개선하기 위한 방법으로는 MPU는 기억 장치에 대한 쓰기 동작시에 데이터를 주기억 장치 대신에 시스템의 데이터 제어기에 위치한 데이터 버퍼에 적재하고, 다음에 수행할 동작 주기(operation cycle)를 계속적으로 수행한다. 데이터 버퍼에 적재된 데이터는 주기억 장치의 메모리 버스가 휴지 상태(idle state)일 때 주기억 장치에 저장된다. 따라서 MPU의 대기 상태(wait state)를 최소화할 수 있고, 버스를 점유하는 시간이 보다 짧아진다.

○ 나중 쓰기 정책(write-back policy) : 쓰기 동작시에 캐시 적중이면 데이터를 캐시 기억 장치에, 캐시 실패의 경우에는 주기억 장치에만 쓰는 방식으로, 캐시에 적재된 데이터가 이후에 변경이 되었더라도 주기억 장치에 변경된 데이터를 기록하는 시점은 읽기 동작 시에 캐시 실패로 인하여 주기억 장치의 블록과 교체될 때 이루어진다.

- 나중 쓰기 방식은 버스의 점유 시간을 최소화할 수 있고, 메모리 버스에 대한 트래픽(bus traffc)이 감소하며, 즉시 쓰기보다 캐시 적중률이 우수하다. 반면에 캐시에 적재된 데이터가 변경된 후 주기억 장치에 기록하지 못한 상태에서 주기억 장치를 참조하게 되면 일관성에 유배되는 경우가 발생할 수 있고, 캐시에 적재된 데이터에 대한 상태를 나타내기 위하여 변경(modified) 및 대체(replacement)에 관련된 상태 레지스터(state register)가 필요함으로 즉시 쓰기 방식보다 회로가 복잡하게 된다.

■ **즉시 쓰기와 나중 쓰기의 비교**

표 6-2는 즉시 쓰기 방식과 나중 쓰기 방식의 비교한 것이다.

표 6-2 즉시 쓰기 방식과 나중 쓰기 방식의 장·단점

구 분	즉시 쓰기	나중 쓰기
장점	• 주기억 장치는 항상 최근에 기록된 데이터를 가지고 있기 때문에 캐시 일관성 문제가 최소화된다. • 회로 구현이 용이하다.	• 쓰기 주기 동안에 버스 점유 시간이 보다 짧아진다. • 버스 트래픽이 적다. • 캐시 적중률이 높다.
단점	• 쓰기 주기 동안에 버스 점유 시간이 보다 길어진다. • 버스 트래픽이 증가한다. • 캐시 적중률이 떨어진다.	• 캐시 일관성을 유지하기 어렵다. • 회로 구현이 보다 복잡하다.

6) 캐시 사상 방식

■ **캐시 사상 구조(cache mapping organization)**

캐시 제어기는 읽기 동작시에 캐시 실패가 발생하면 주기억 장치로부터 해당 데이터가 포함된 블록을 읽어와서 캐시 기억 장치에 적재한다. 이 때 제어기는 읽어온 블록을 캐시 기억 장치의 어느 위치에 적재할 것인가를 결정해야 한다. 블록을 캐시 기억 장치에 적재하는 방식은 해당 블록의 주소를 캐시 기억 장치의 특정 위치로 옮길 수 있는지의 여부에 따라서 블록에 대한 사상 범위(mapping range)가 한정되며 이는 캐시 사상 구조에 의해서 결정된다.

캐시 기억 장치에 대한 사상 방식은 직접 사상 구조, 완전 연상 구조, K-가지 집합 연상 구조 등이 있다.

○ 직접 사상 구조(direct mapped-organization) : 메모리의 각 블록은 캐시의 정해진 하나의 라인으로만 적재될 수 있으므로 캐시와 메모리 사이의 대응 관계는 1 : 1 대응 관계로 구성된다. 그림 6-15는 직접 사상 방식의 캐시 구조를 보여준다. 그림 (a)는 라인크기가 16바이트, 캐시 용량이 64KB, 메모리가 16MB인 경우의 주소 공간을 나타내고 있다.

• 라인 크기와 색인 주소는 캐시의 용량에 따라 달라지고, 태그 주소는 찾으려고 하는 메모리의 주소가 데이터 캐시에 적재되어 있는지를 판단하

기 위한 비교 주소로 이용되며 태그 캐시에 적재된다.

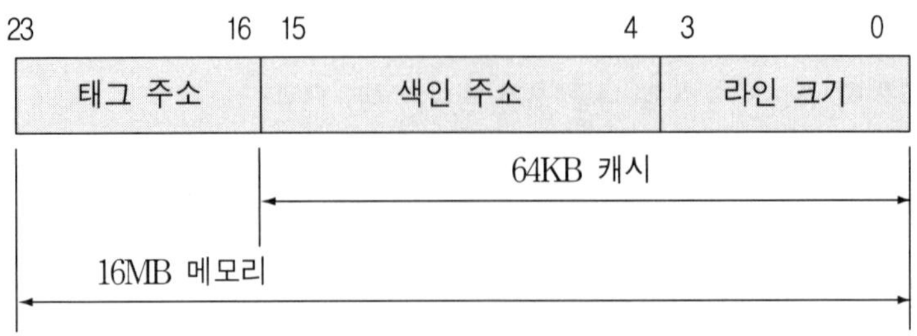

(a) 캐시의 태그 및 색인 주소

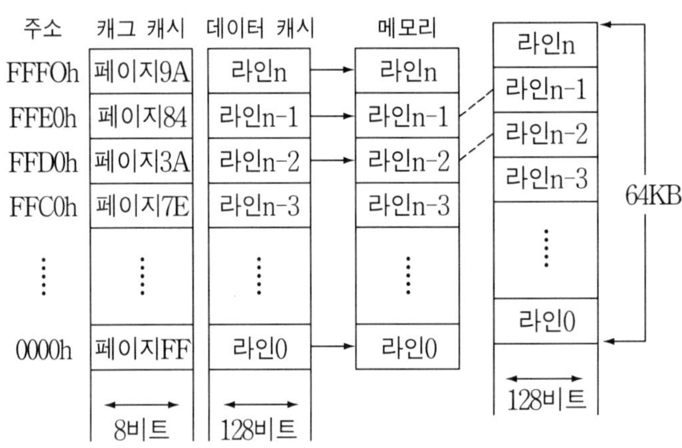

(b) 사상 구조

그림 6-15 직접 사상 방식의 캐시 구조

- 그림 (b)는 색인 주소, 캐시의 태그와 데이터, 그리고 일정한 페이지로 분할된 메모리의 사상 구조를 보여준다. 메모리의 기억 공간은 데이터 캐시의 크기에 따라 일정한 크기의 페이지 단위로 분할되고, 페이지의 크기는 데이터 캐시의 크기와 1 : 1로 대응하도록 사상된다. 따라서 페이지의 크기는 데이터 캐시의 크기와 동일하다.

● 캐시는 태그 캐시와 데이터 캐시의 두 부분으로 구성된다.

- 데이터 캐시 : 라인으로 구성되며 자주 사용되는 데이터를 일시적으로 기억한다.
- 태그 캐시 : 페이지 주소를 기억하고, 찾으려고 하는 메모리의 주소가 데이

터 캐시에 적재되어 있는지를 판단하기 위한 주소 비교에 이용된다.
색인 주소는 라인의 크기를 기본 단위로 태그 캐시의 접근을 위한 주소로 사용된다. 16MB 메모리와 64KB 캐시 및 16바이트 라인 크기로 구성된 직접 사상 방식에서 페이지의 크기는 캐시의 크기와 일치하므로 64KB로 되고, 16MB 메모리는 256개의 페이지(페이지 0~페이지 FF)로 분할된다. 따라서 태그 캐시는 256 페이지 중의 한 페이지를 기억하며, 색인 주소는 16바이트 라인 크기를 기본 단위로 태그 캐시의 접근을 위한 주소로 이용된다.

- 캐시 제어기는 MPU의 읽기 동작 시에 먼저 MPU의 주소와 태그 캐시에 저장되어 있는 페이지의 주소를 제어기내에 있는 주소 비교기(address comparator) 이용하여 상호 주소를 비교한다. 이때 이 두 주소를 비교하여 일치하면 캐시 적중이므로 데이터 캐시에서 데이터가 출력되고, 일치하지 아니하면 캐시 실패이므로 해당 데이터를 메모리로부터 읽어와서 캐시에 적재하고 태그 캐시의 내용도 갱신되어야 한다.
- 직접 사상 방식은 캐시와 메모리 사이의 대응 관계가 1 : 1 대응으로 되어있고, MPU의 주소와 태그 캐시의 주소를 비교하는 주소 비교기가 한 개이므로 회로의 구현이 용이하고 회로가 간단함으로 처리 속도가 빠르다. 반면에 캐시 실패율이 크므로 캐시의 효율은 다른 사상 방식에 비하여 떨어진다.

○ 완전 연상 방식(fully associative organization) : 메모리의 각 블록이 캐시의 어느 라인에나 적재될 수 있는 구조로 구성된다.
그림 6-16은 완전 연상의 캐시 구조를 보여준다. 그림 (a)는 라인 크기 4바이트, 22비트의 태그 주소, 메모리가 16MB인 경우의 주소 공간을 나타내고 있다. 완전 연상 구조에서는 메모리의 각 블록이 캐시의 어느 라인에나 적재될 수 있으므로 태그 캐시에 대한 접근 주소로 이용되는 색인 주소가 필요하지 않는다.

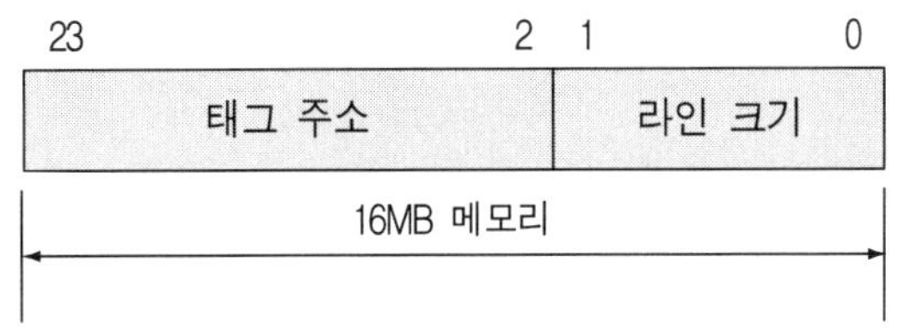

(a) 캐시의 라인 크기 및 태그 주소

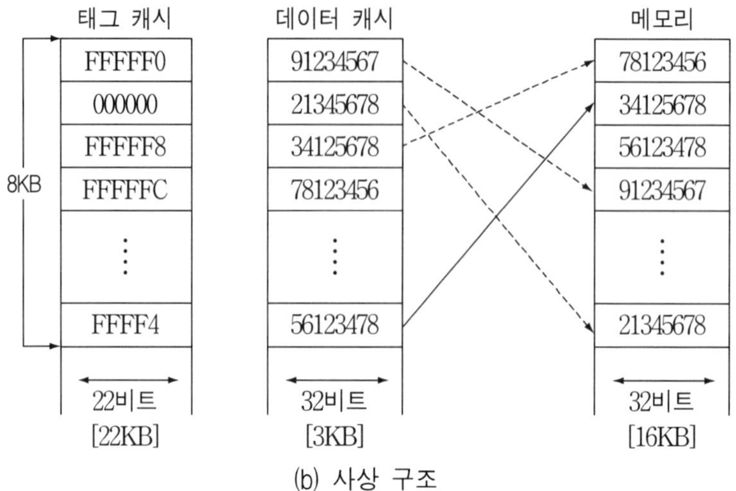

(b) 사상 구조

그림 6-16 완전 연상 방식의 캐시 구조

- 그림 (b)는 캐시의 태그와 데이터, 그리고 메모리 상호간의 사상 구조를 보여준다. 데이터 캐시는 라인으로 구성되고, 태그 캐시는 라인 크기를 기본 단위로 메모리의 각 블록이 캐시의 어느 라인에나 적재될 수 있도록 임의의 메모리 주소를 기억하고 있으므로 찾으려고 하는 메모리의 주소가 데이터 캐시에 적재되어 있는지를 판단하기 위한 주소 비교에 이용된다.
- 16MB 메모리와 32KB 캐시 및 4바이트 라인 크기로 구성된 완전 연상 방식에서 캐시 제어기는 MPU의 읽기 동작시에 먼저 MPU의 주소와 태그 캐시에 저장되어 있는 8K 메모리의 주소를 제어기 내에 있는 8,000개의 주소 비교기(address comparator)를 이용하여 주소를 모두 비교한다. 이때 각각 두 주소를 비교한 8,000개의 비교기 중 한 개라도 상호 주소가 일치하면 캐시 적중이므로 캐시 적중률이 대단히 높다. 반면에 태그 캐시의 크기가 커지고 주소를 비교하는 주소 비교기가 많아지므로 회로가 복잡하게 된다. 따라서 완전 연상 방식은 다른 방식에 비하여 그 처리 속도가 매우 느리고, 회로가 복잡하여 구현하기 대단히 어렵고 구성비용도 커진다.

○ K-가지 집합 연상 구조(K-way sets associative organization) : 직접 사상 구조는 메모리의 각 블록이 캐시의 정해진 하나의 라인에만 적재될 수 있으나, K-가지 집합 연상 구조에서는 메모리의 각 블록은 동일한 집합 번호를 갖는 캐시 라인의 어느 라인에나 적재될 수 있으므로 캐시와 메모리 사이의 대응 관계는 K : 1 대응 관계로 구성된다. 이 방식은 직접 사상 구조의 단순성과 적은 수의 태그 비트를 갖는 장점과 완전 연상 구조에서 메모리의 블록이 캐시에 적재될 수 있는 대상 라인이 많은 장점을 절충한 구성 방법이다.

- K-가지 집합 연상 구조에서 메모리 주소와 데이터의 내용을 저장할 수 있는 캐시 영역을 집합(set)이라 하며 캐시 영역이 K개로 구성되었을 경우, 이를 K-가지 집합 연상 캐시라고 한다. 그리고 K=2이면 2-가지, K=4이면 4-가지 집합 연상 캐시라 부른다.
- 그림 6-17은 2-가지 집합 연상 방식의 캐시 구조를 보여준다. 그림 (a)는 라인크기가 16바이트, 캐시 용량이 32KB, 메모리가 16MB인 경우의 주소 공간을 나타내고 있다. 그림 (b)는 색인 주소, 2-가지 집합의 태그 캐시와 데이터 캐시, 그리고 일정한 페이지로 분할된 메모리의 사상 구조를 보여준다. 메모리의 기억 공간은 가지 집합(way set)의 캐시 크기에 따라 일정한 크기의 페이지 단위로 분할되고, 페이지의 크기는 가지 집합의 캐시 크기와 1 : 1로 대응하도록 사상된다. 따라서 페이지 크기는 전체 캐시 용량을 가짓수로 나눈 값이 된다.

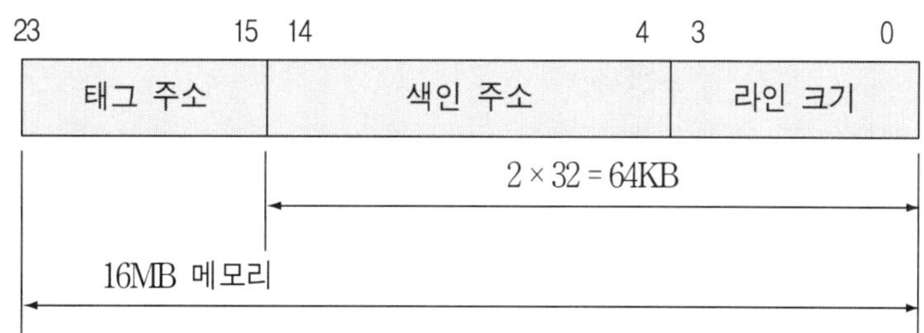

(a) 캐시의 태그 및 색인 주소

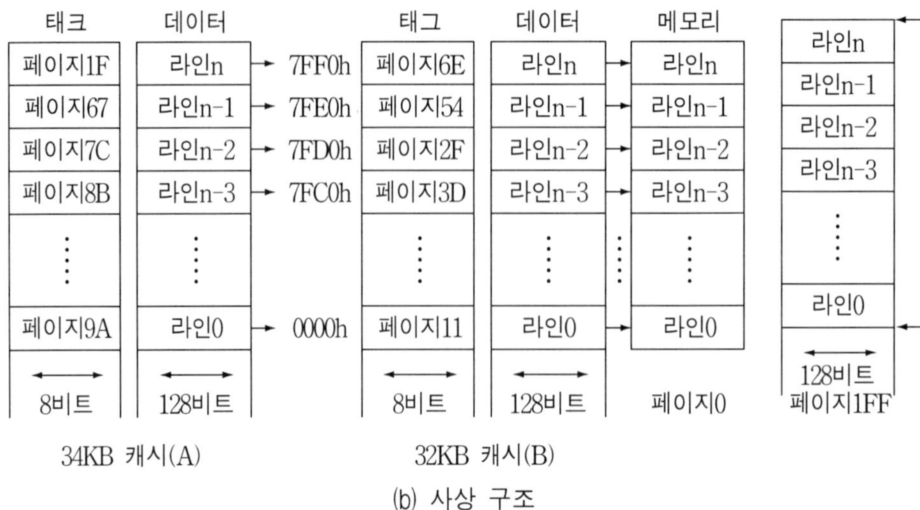

(b) 사상 구조

그림 6-17 2-가지 집합 연상 방식의 캐시 구조

- 16MB 메모리와 64KB 캐시 및 16바이트 라인 크기로 구성된 2-가지 집합 연상 방식에서 페이지의 크기는 전체 캐시 용량을 가지수로 나눈 값이 되므로 32KB가 된다. 16MB 메모리는 512개의 페이지(페이지 0-페이지 1FF)로 분할된다. 따라서 태그 캐시는 512 페이지 중의 한 페이지를 기억하며, 색인 주소는 16 바이트 라인 크기를 기본 단위로 태그 캐시의 접근을 위한 주소로 이용된다.
- 캐시 제어기는 MPU의 주소와 각각의 태그 캐시에 저장되어 있는 페이지의 주소를 주소 비교기(address comparator) 이용하여 상호 비교한다. 이때 이 두 주소를 비교하여 일치하면 캐시 적중이고, 일치하지 않으면 캐시 실패가 발생한다.

○ K-가지 집합 연상 방식 장단점 : 캐시와 메모리 사이의 K : 1 대응관계로 되어 있고 K개의 주소 비교기로 주소를 비교함으로 캐시 적중률이 직접 사상 방식보다 높다 반면에 캐시 라인의 대체와 주소 비교기에 관련된 회로가 복잡하여 구현이 어렵고, 처리 속도가 느리다.

7) 캐시 일관성

▣ 캐시 데이터 일관성(cache data coherency)

다중 프로세서(multiprocessor) 시스템이나 DMA를 포함한 여러 버스 마스터 장치(master device)들을 가지고 있는 시스템에서 공유 메모리에 있는 내용과 캐시 메모리에 있는 내용이 항상 서로 일치하도록 유지하는 데이터 관리 기법이다. 캐시 일관성을 유지하는 방법으로는 버스 엿보기, 브로드캐스팅, 캐시 불가능 메모리 지정, 그리고 캐시 플러싱 등이 있다.

- ○ 버스 엿보기(bus snooping) 방식 : 캐시 제어기는 공유 메모리의 주소 버스 선을 항상 감시(monitor)하고 있다가 버스 마스터의 쓰기 연산에 의하여 캐시 메모리에 존재하는 공유 메모리의 내용이 갱신되면, 캐시 메모리의 내용을 즉시 무효화(invalidation)하여 데이터의 일관성을 유지한다. 그림 6-18은 MPU와 버스 마스터 장치가 메모리를 공유하는 캐시 시스템에서 엿보기 방식의 구성도를 나타내고 있다.

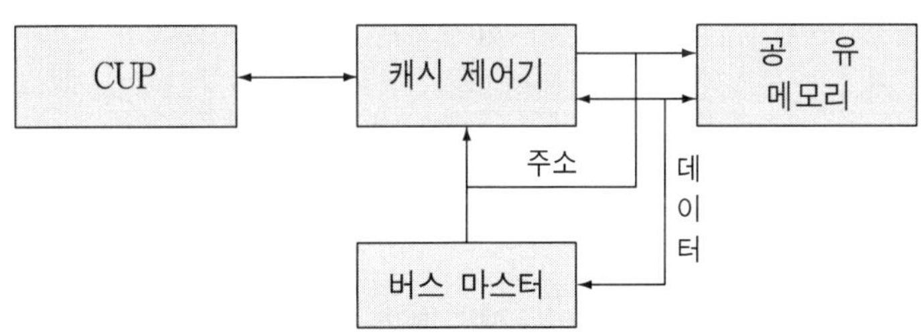

그림 6-18 버스 엿보기 방식 구조

- ○ 브로드캐스팅(broadcasting) 방식 : MPU를 포함한 여러 버스 마스터 장치들이 각각 자신의 전용 캐시 메모리를 소유하고, 메모리를 서로 공유하는 시스템에서 공유 메모리의 블록이 여러 마스터 장치에 의해 공유될 경우에 그 복사본은 그 블록을 이용하는 마스터 장치의 캐시 메모리에 존재하게 된다. 이 때 공유된 블록의 캐시 복사본 중의 하나가 마스터 장치의 쓰기 연산으로 내용이 변경된다면, 공유 메모리와 다른 캐시 복사본에 변경 사실이 즉시 전달되고 버스 마스터 장치의 쓰기 연산으로 공유된 블록의 캐시 복사본이 갱신된다면, MPU의 캐시 복사본도 즉시 갱신됨으로써 캐시 일관성을 유지한다. 그림 6-19는 두 개의 마스터 장치가 있는 시스템에서

브로드캐스팅 방식의 구성도이다.

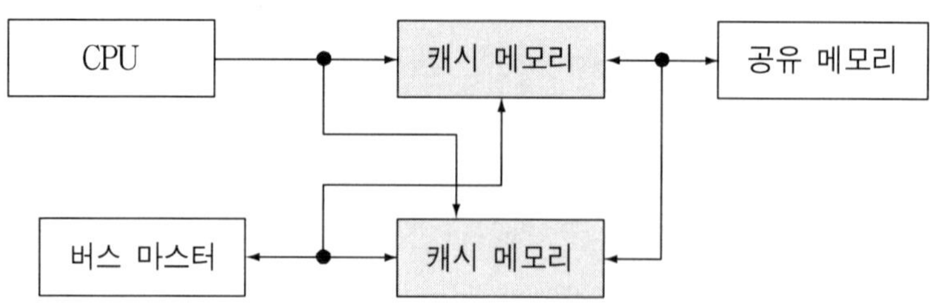

그림 6-19 브로드캐스팅 방식의 구성도

○ 캐시 불가능 메모리 지정 방식(non-cacheable memory designation) : 메모리를 캐시 가능 영역과 불가능 영역으로 분할하여 캐시 불가능 영역을 버스 마스터들의 공유 메모리로 사용한다. 그림 6-20에서 캐시 불가능 영역의 공유 메모리에 대한 접근은 제어 회로에 의하여 제어되고, 이 영역에 대한 접근은 항상 캐시 실패가 발생한다. 따라서 공유 메모리의 데이터는 캐시 메모리에 적재될 수 없어서 캐시 일관성을 유지한다.

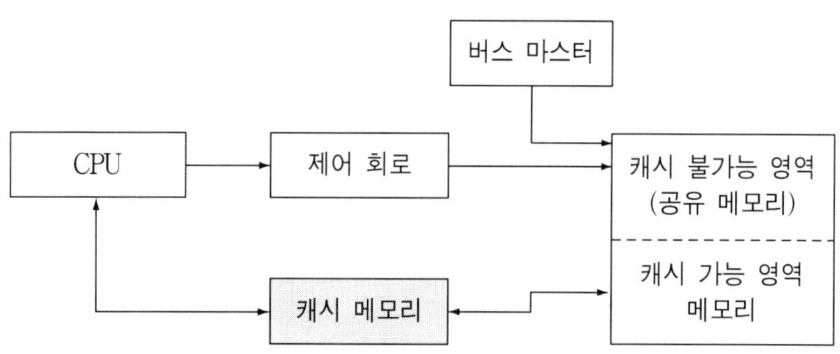

그림 6-20 캐시 불가능 메모리 지정 방식의 구성도

○ 캐시 플러싱(cache flushing) 방식 : MPU를 포함한 여러 버스 마스터 장치들이 쓰기 연산을 수행할 경우, 공유된 메모리 블록의 캐시 복사본이 다른 버스 마스터의 쓰기 연산으로 내용이 변경되었다면, 캐시 제어기는 캐시 메모리를 갱신하기 전에 변경된 복사본을 메모리에 기록한 후 캐시 복사본을 무효화시켜서 캐시 일관성을 유지한다.

C.H.A.P.T.E.R 07

AUX(보조)기억 장치

7.1 AUX기억 장치

▣ 보조기억 장치

컴퓨터에서 생성되는 대량의 자료를 반영구적으로 저장할 목적으로 자기 디스크 또는 CD-ROM 등과 같은 저장매체를 사용하는 기억 장치로서 고속으로 동작하는 MPU나 주기억 장치에 비하여 동작 속도가 느리고, 낮은 전송률을 갖고 있기 때문에 시스템 버스를 통하여 MPU와 간접적으로 연결되어 있다. 보조기억 장치는 기억 장치의 계층적 구조에서 하위에 위치한다.

▣ 데이터 저장 매체로 구분

○ 자기 기록 매체 : 플로피 디스크(Floppy Disk), 자기 드럼, 자기 디스크(Magnetic Disk), 자기 테이프(Magnetic Tape) 등

○ 광 기록 매체 : 컴팩트 디스크(CD : Compact Disc), WORM(Write Once-Read Many), 재기록할 수 있는 광자기 디스크(Magneto-Optical Disc) 등

○ 자기 테이프 장치(Magnetic Tape Drive) : 최초로 개발되어 범용 컴퓨터에서 보조기억 장치로써 이용되었고, 일렬로 구성된 자기 테이프를 기억 매체로 사용한다. 자기 테이프는 얇은 플라스틱 테이프에 강한 자장에 노출되었을 때 외부 자장의 방향에 따라 자화되는 자화 물질이 입혀져 있다. 자화된 상태는 이것을 변화시키기 위한 또 다른 외부 자장이 있을 때까지 그대로 보존된다. 데이터는 테이프 위의 매우 작은 영역을 선택적으로 자화시킬 수 있는 테이프 헤드(Tape Head)가 테이프 위를 지나면서 기록된다.

이 헤드는 테이프의 자화된 데이터를 감지할 수 있고, 또한 자화된 데이터를 변환시킬 수도 있다.

○ 테이프 헤드의 구조 : 그림 7-1은 자기 테이프 장치에서 읽기 연산과 쓰기 연산을 수행하는 테이프 헤드의 구조를 보여주고 있다. 데이터를 테이프에 기록하는 경우는 쓰기 코일(Coil)에 테이프 제어기로부터 전류를 흘려보내면 자장이 형성되고, 이 자장을 이용하여 테이프에 데이터를 기록한다. 반대로 테이프에서 데이터를 읽어올 경우에는 테이프가 오른쪽으로 이동되고, 테이프에 기록되어 있는 자화점(Magnetized Spot)에 의해 읽기 코일(Coil)에 전류가 유도되어 어떤 데이터가 기록되어 있는지를 판독한다.

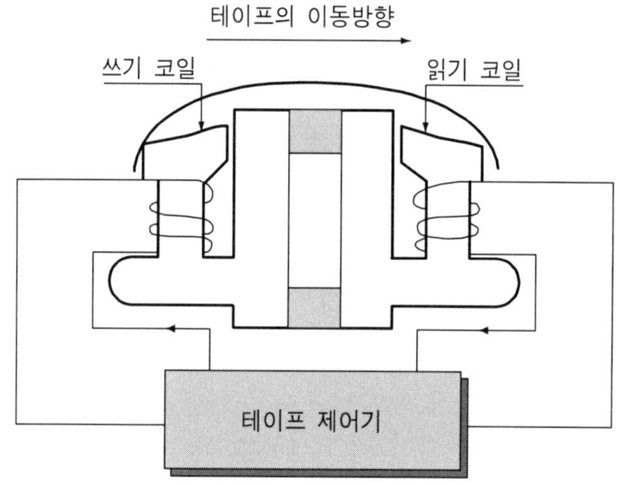

그림 7-1 자기 테이프 장치의 헤드 구조

▣ 자기 테이프 장치

데이터가 테이프에 기록되는 방법은 한 번에 한 문자씩 기록되며, 각 문자마다 7비트 또는 9비트 코드 중에서 한 비트가 패리티 비트(Parity Bit)로 사용된다. 이러한 패리티 비트는 한 문자에 대한 1인 비트의 전체 개수를 홀수가 되도록 1또는 0으로 세트된다. 이 비트는 데이터를 다시 읽어올 때 오류 유무를 검사하기 위해 사용되며, 세로로 패리티 검사를 할 수 있도록 추가된다.

- 그림 7-2는 9트랙으로 문자를 표시하는 자기 테이프를 보여주고 있다. 문자를 구성하는 각 비트들은 수직 방향 열의 8개 트랙에 대응되며 9번째 트랙은 패리티 비트를 나타내기 위해 사용된다. 자기 테이프 장치는 데이터를 블록 단위로 테이프에 기록하거나 판독하고, 여러 개의 물리적 레코드(Physical Record)가 모여서 블록을 구성한다. 블록들은 일정한 크기의 블록 간 간격(Inter-Block Gap)에 의해서 분리된다. 그리고 물리적 레코드는 여러 개의 논리적 레코드로 구성될 수 있다. 자기 테이프를 접근하는 방법은 매우 간단하다. 모든 블록은 순서대로 처리된다.

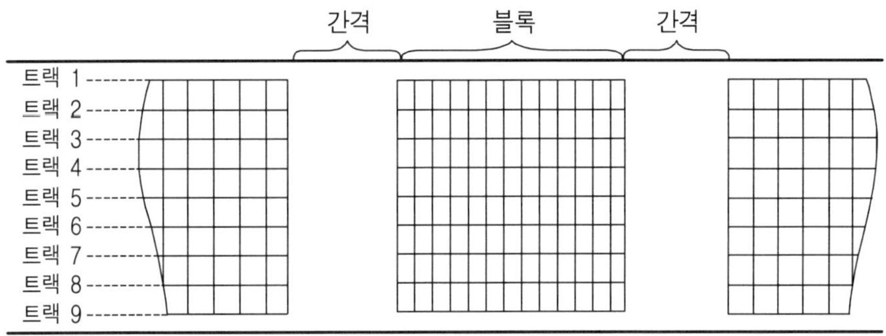

그림 7-2 트랙의 자기 테이프

- 즉, 테이프에 레코드(Record)를 기록할 경우에 레코드는 순차적(Sequential)으로 저장된다. 이러한 기록 방식에서는 하나의 레코드는 다른 레코드의 뒤에 추가적으로 기록되며, 테이프의 각 레코드는 또한 순차적으로 읽혀진다. 자기 테이프는 비용이 저렴하여 널리 사용되었다.
  블록은 그 길이를 변경시킬 수 있으므로 가변길이 레코드를 쉽게 수용할 수 있다. 그러나 순차적으로 접근하기 때문에 테이프를 사용한 알고리즘의 수는 그리 많지 않다.

○ 자기 드럼 장치(Magnetic Drum) : 초기에 보조기억 장치들 중의 하나로써 자기적인 성질을 이용하여 대량의 데이터를 저렴한 비용으로 저장할 수 있는 원통형의 드럼을 기억 매체로 사용하며, 드럼의 표면에는 자기 코어에 사용한 물질과 유사한 자성 물질이 얇게 자막으로 덮여있다.

- 헤드(Read/Write Head)가 드럼의 표면을 따라 이동할 수 있도록 접근 축(Access Arm)에 설치되어 있고 헤드에 감겨 있는 코일에 전류를 흘려보내면, 자장을 형성하여 드럼의 표면에 조그만 자화점(Magnetized Spot)을 만들어 정보를 기록하고, 읽기 위해 이 자화된 영역을 감지하여 어떤 정보가 기록되어 있는지를 판독한다. 동시에 여러 비트를 접근하기 위하여 다수의 헤드를 가질 수 있다.

7.2 자기 디스크 장치

▣ 자기 디스크 장치(Magnetic Disk Device)

보조기억 장치로써 플라스틱이나 또는 금속으로 구성된 동그란 원판 위에 자성 물질을 얇게 자막으로 입히고, 자막 위에 자장을 형성하여 데이터를 기록하고 판독할 수 있도록 구성된 자기 디스크를 기록 매체로 사용하고 있다. 직접 접근(Direct Access)이 가능하다는 장점을 가지고 있다.

▣ 자기 디스크 종류

플로피 디스크, 카트리지 디스크(Cartridge Disk), 하드 디스크(Hard Disk) 등이 있다.

- 플로피 디스크(Floppy Disk) : 플라스틱 원판에 자성 물질을 얇게 입힌 것으로 속도가 느리고 기록 용량이 작지만, 가격이 싸고 소형이며 휴대와 이동이 가능하므로 널리 이용되는 기록 매체로써 플로피 디스크 드라이브(FDD : Floppy Disk Drive)에 사용되고 있다. PC에서 플로피 디스크에는 1.2MB 용량의 5.25인치 디스크, 1.44MB 용량을 갖고 있는 3.5인치 크기의 디스크가 있다. 3.5인치 디스크가 5.25인치에 비해 속도가 조금 느리지만 용량과 내구성에서 우수하기 때문에 널리 사용되어 있다.
- 카트리지 디스크 : 디스크 장치에 디스크 원판을 분리할 수 있다. 분리형 하드디스크 장치에서는 마치 플로피 디스크를 바꾸는 것과 같이 휴대와 이동이 가능하므로 카트리지 디스크를 임의로 바꿔서 사용할 수 있다.
- 하드 디스크(Hard Disk) : 견고한 원판 모양의 금속 체에 자성 물질을 표면에 입힌 것으로 자기 헤드를 통해 데이터가 읽혀지고 쓰여진다. 원판은 전원이 인가되면 일정한 속도로 회전하며, 자기 헤드는 원판 위를 이동하면서 디스크의 자장을 이용하여 데이터를 읽거나 쓴다. 고정 디스크라고도 하며, 컴퓨터 시스템에서 보조기억 장치로 가장 널리 이용되고 있는 하드 디스크 드라이브(HDD : Hard Disk Drive)에 사용되고 있다.

7.2.1 디스크 장치의 구조

▣ 디스크 장치의 구성

디스크 장치는 견고한 케이스로 포장되어 있으며, 이 장치는 데이터를 기록/보관하는 자기 디스크, 데이터를 기록/재생하는 자기 헤드, 자기 디스크와 헤드를 구동하는 구동기구, 이들을 제어하고 구동시키는 전자 회로(Electronic Circuit), 그리고 디스크 장치를 호스트 컴퓨터와 연결시켜주는 인터페이스(Interface) 등으로 구성되어 있다.

1) 자기 헤드

▣ 자기 헤드(Magnetic Head)

자성을 이용하여 자기 디스크에 데이터를 저장하거나, 또는 자기 디스크에 기억되어 있는 데이터를 읽어 들이는 장치이다.

▣ 자기 헤드의 종류

○ 단일체 헤드(Monolithic Head) : 자기 신호를 변환시키는 변환기(transducer)와 헤드를 부상시키는 슬라이더(slider)를 일체화 한 헤드이다.

○ 조합 헤드(Composite Head) : 헤드를 부상시키는 슬라이더에 변환기를 유리(glass) 등으로 고착시킨 헤드이다.

○ 박막 필름 헤드(Thin film head) : 반도체 제조 공법으로 제조한 박막 소자를 세라믹 슬라이더에 부착시킨 헤드이다.

○ MR 헤드(Magnetic Resistive Head) : 자기 저항을 이용한 헤드이다.

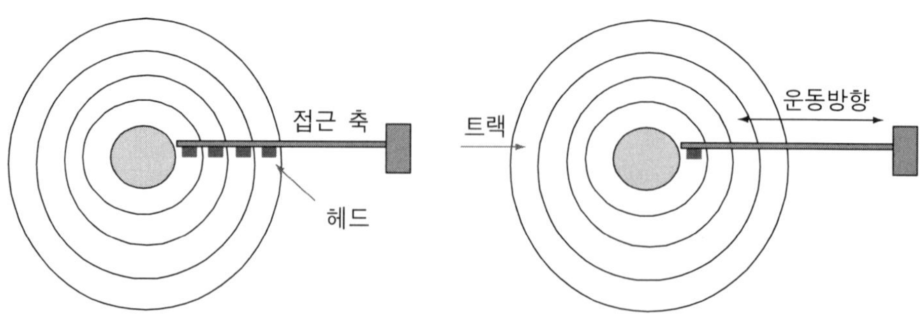

그림 7-3 고정 헤드와 이동 헤드의 구조

▣ **자기 헤드에는 접근 축(Access Arm)의 이동 방식에 따라 이동형과 고정형(Fixed Type)의 2가지가 있다. 그림 7-3은 이동형과 고정형의 헤드 구조를 보여주고 있다.**

○ 이동형(Moving Type) : 각각의 디스크 면에 하나만 존재하는 자기 헤드가 원하는 트랙(Track)까지 이동하여 데이터를 디스크에 기록하거나 읽는다. 헤드는 접근 축(Access Arm)에 의해 이동되고, 이러한 접근축은 짧은 시간에 매우 정교하게 헤드를 움직일 수 있도록 설계된 기구이다.

○ 고정형 : 모든 디스크 면에 있는 각 트랙에 대하여 분리된 헤드들이 있고, 각 헤드들은 접근 축에 설치되어 있다. 이동형 헤드의 경우에 자기 헤드가 달려있는 접근 축이 원하는 트랙까지 이동하여야 하나, 고정형 헤드는 원하는 섹터(Sector)의 위치에 접근하는데 있어서 이동형보다 빠르다. 반면에 고정형은 트랙마다 헤드를 갖고 있으므로 많은 전자 회로가 필요하다.

▣ **자기 디스크와 헤드 간격**

자기 디스크 장치는 접촉 손상을 방지하기 위해 자기헤드는 디스크 면에 수 마이크로 인치 정도 표면 위에 떨어져 있다. 스크의 용량은 트랙 수에 따라 달라지는데, 이것은 헤드의 높이와 밀접한 관계가 있다. 디스크와 헤드 간격이 적으면 자화 영역이 좁다. 따라서 고밀도를 얻기 위해서는 헤드가 낮아서 자화 영역이 작고 조밀해야 한다. 자기 디스크와 헤드와의 간격은 0.000015인치로 적다. 자기 헤드는 디스크 면에 밀착된 것과 같이 떠있기 때문에 이물질은 헤드 손상(Head Crash)의 주요 원인이 되므로 미립자로부터 보호하기 위해 밀폐 공간에 조립되어 있다.

2) 구동 기구

▣ **디스크 구동기구(Driving Mechanism)**

○ 스핀들 모터(Spindle Motor) : 자기 디스크는 3600RPM (Rotation Per Minute) 이상의 정속 회전 속도를 위해 스핀들 모터가 쓰인다.

○ 헤드 액추에이터(Head Actuator) : 디스크 장치의 성능을 좌우하는 요소로 고도의 정밀성으로 헤드의 위치를 제어하는 장치이다. 선형운동 액추에이터가 균형 잡힌 운동을 하기 위해서는 6개의 지지베어링(Bearing)이 필요

하며, 이에 의한 운동 오차가 발생하게 된다. 회전 운동 방식에서는 단지 피보트 축에 2개의 베어링만이 필요하므로 운동 오차가 적다. 따라서 소형이고 용량이 크며, 고속으로 동작하는 디스크 장치에는 채택하고 있다.

- 선형운동 액추에이터(Linear Moving Actuator) : 구조에 따라
  - 선형 랙-피니언(Linear Rack-Pinion) 방식 : 일정한 각도로 회전운동을 하는 스테핑 모터(Stepping Motor)의 중심축 운동을 랙(Rack)과 피니언(Pinion)을 이용해서 직선운동으로 변환하므로 느린 디스크 장치에 사용된다.
  - 선형 밴드-캡스턴(Linear Band-Capstan) 방식 : 랙-피니언 방식과 같은 스테핑 모터를 사용하며, 스테핑 모터의 회전 운동은 모터의 축에 감겨있는 스틸 밴드(Steel Band)에 의해서 직선운동으로 변환된다.
  - 선형 보이스 코일(Linear Voice Coil) 방식 : 자석과 자석 주위의 코일간의 상호 작용에 의해 생기는 힘을 이용하여 헤드 부분을 선형 운동시켜 주는 방식으로서 고속동작이 가능하며, 대부분 헤드의 위치제어를 위해 서보 메커니즘(Servo Mechanism)을 이용하기 때문에 정확한 제어를 할 수 있다.

- 회전운동 액추에이터(Rotary Moving Actuator)
  - 회전 밴드-캡스턴(Rotary Band-Capstan) 방식 : 스테핑 모터의 회전 운동을 다시 피보트(Pivot) 축을 중심으로 회전운동으로 전환하는 방식이다.
  - 회전 보이스 코일(Rotary Voice Coil) 방식 : 회전 보이스 코일 방식은 원리가 선형 보이스 코일 방식과 같으며 자석과 코일의 상호 작용에 의해 생기는 운동 전달을 곧바로 피보트 축을 중심으로 회전하게끔 한다.

❍ 헤드 액추에이터 종류 : 헤드의 위치를 제어하는 서보 방식에 따라 개방형과 폐쇄형이 있다. 표 7-1은 개방형과 폐쇄형의 장단점을 보여주고 있다. 사용하는 모터에는 스테핑 모터, 직류 모터(DC Motor), 보이스 코일 모터(Voice Coil Motor) 등이 있다.

표 7-1 개방형과 폐쇄형의 장단점 비교

개방형	폐쇄형
속도가 느리다	속도가 빠르다
가격이 싸다	가격이 비싸다
위치 제어가 용이하다	위치 제어가 어렵다
열 팽창 등에 의한 변형 보상이 불가능하다.	열 팽창 등에 의한 변형 보상이 가능하다.

- 개방형(Open Loop) : 헤드가 디스크의 안쪽(Data Zone)이나 또는 바깥쪽(Outside)을 표시하는 참조 신호(Reference Signal)를 읽어 판독한 후, 오프셋(Offset)을 계산하여 각 트랙을 이동할 때 사용하는 방식으로 주로 스테핑 모터(Stepping Motor)를 사용하여 펄스(Pulse)마다 한 스텝(Step)씩 이동한다. 이 방식은 헤드의 현재 위치를 알 수 없기 때문에 항상 처음으로 가서 다시 시작해야 하므로 접근 속도가 느리다. 초기에 용량이 작고, 속도가 느린 디스크 장치에 사용되었다.
- 폐쇄형(Closed Loop) : 서보 정보의 위치에 따라
  - 전용 서보 방식 : 별도의 서보 디스크에 디스크의 측정 위치를 포함하고 있는 서보 정보를 기록하고 독립적인 서보 헤드로 읽어서 위치제어를 수행한다. 대용량의 디스크 장치에 사용한다.
  - 내장형 서보 방식 : 디스크의 데이터 섹터 사이에 서보 주소 및 위치 정보를 내장하여 자기 헤드가 읽어 들여 서보 기능을 수행하는 방식이다. 데이터 기록과 서보용 주파수가 다르며, 용량이 작은 디스크 장치에 쓰인다.

3) 자기 디스크

▣ 자기 디스크

영구 자석을 유지할 수 있는 자성 물질(Magnetic Material)을 원판에 도포하여 외부에서 자기 디스크에 가해진 자장에 따라 전자석의 자화 방향이 변하고, 외부 자장을 제거하여도 영구자석으로 남게 되어 데이터를 장기간 보관할 수 있는 기억 매체이다.

■ 자기 디스크 종류

디스크 원판에 자성 물질을 도포하는 방법에 따라 OCD, TFPD, TFSD 등으로 구분할 수 있다. 크기(Size)에 따라서 1.3인치, 2.5인치, 3.0인치, 3.5인치, 5.25인치, 8인치, 그리고 14인치 등으로 분류하고 3.5인치를 많이 사용한다.

○ OCD(Oxide Coated Disk) : 알루미늄합금 기판 위에 자성물질을 산화코팅(Oxide Coating)한 것으로 데이터 저장 및 보유 능력은 우수하나, 집적도가 떨어지고 가격이 비싸다.

○ TFPD(Thin Film Plated Disk)와 TFSD(Thin Film Sputtered Disk) : 알루미늄합금 기판 위에 자성물질을 도금(Plated)하거나 증착(Sputtered) 시킨 디스크로 항 자력이 높아서 3.5인치 이하의 디스크에 사용하고 있다. 높은 저장 밀도를 얻을 수 있어 헤드의 운동 폭을 줄일 수 있지만, 반면에 표면이 단단하여 헤드가 손상될 우려가 있고 저장에 대한 안정성이 떨어진다.

7.2.2 데이터의 저장 구조

▣ 디스크 데이터 구성

디스크 장치에서는 트랙이라고 부르는 디스크 표면의 동심원에 데이터를 기록한다. 그림 7-4는 헤드에 의해서 자기 디스크에 기록되는 데이터의 구성을 보여주고 있다. 그림에서 살펴보면, 섹터(Sector)라고 부르는 데이터의 단위 집합이 모여서 동심원을 형성하며, 이 동심원 각각을 트랙(track)이라 부른다.

▣ 고정 각속도 디스크

자기 디스크 장치는 고정 각속도(CAV : Constant Angle Velocity) 방식을 사용한다. 모든 섹터가 동일한 데이터의 양을 가지며 각 속도가 일정하므로 원하는 위치를 지정할 때 유리하다. 고정 각속도의 디스크를 보면, 안쪽의 섹터가 바깥쪽의 섹터보다 물리적인 크기가 더 작다. 동일한 동경 섹터는 항상 같은 각도에서 시작하고, 섹터 번호는 기준선에 위치한 섹터들이 각 트랙의 섹터 1번으로 할당되며 시계 방향으로 부여되므로 어느 위치에 몇 번 섹터가 있는지 쉽게 계산할 수 있고, 주소를 지정하는 시간도 적게 걸린다. 반면에 자기 디스크의 기록 밀도는 각 트랙에 기록되는 데이터의 양이 동일하기 때문에 바깥쪽 트랙에서 안쪽 트랙으로 옮겨갈수록 증가한다. 따라서 안쪽 트랙에 위치한 데이터는 바깥쪽 트랙의 데이터보다 물리적인 오류가 발생하기 쉽다.

○ 트랙 : 트랙간 간격(GPT : Gap Per Track)에 의해 각각 분리되어 있고, 각 트랙은 자기 헤드와 동일한 폭(Width)을 갖는다. 디스크 장치에서 헤드의 움직임은 트랙 단위로 이루어지며, 쓰기 및 읽기 연산을 수행할 때 디스크 제어기는 그 데이터가 위치하는 트랙으로 헤드를 이동시킨다.

○ 섹터 : 자기 디스크에 기록되는 데이터의 최소 집합이다. 디스크 장치에서의 정보 전송은 블록 단위로 이루어지며, 블록은 여러 개의 섹터가 논리적 체인으로 연결되어 구성된다.

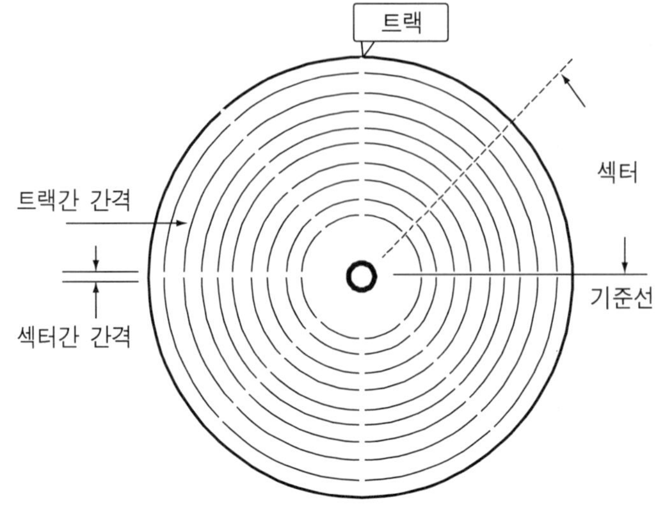

그림 7-4 자기 디스크의 데이터 저장 구조

데이터는 섹터 내에 연속적으로 기록되며, 그 크기는 보통 512~1024Byte이다. 그리고 인접한 섹터들은 일정한 간격으로 분리되어 있으며, 이를 섹터 간 간격(GPS : Gap per Sector)이라 한다.

○ 디스크 팩(Disk Pack) : 대형 컴퓨터에서는 대량의 자료를 저장하기 위해 하나의 회전축에 여러 장의 디스크를 설치한 디스크 장치이다. 디스크 팩은 보통 6장에서 12장 사이이다. 디스크 팩에서는 디스크의 가장 윗면과 아래 면을 제외하고는 모든 면이 데이터를 기록하는데 이용된다. 디스크 팩에서 여러 장의 디스크로 구성된 경우, 각 디스크의 같은 위치에 있는 트랙들의 집합을 실린더(Cylinder)라 한다. 따라서 디스크 팩 장치에서 트랙 수와 실린더 수는 동일하다. 용량이 큰 데이터를 기록하다 보면 한 트랙에 다 하지 못하는 경우 같은 실린더의 다른 트랙에 기록하므로 자기 헤드가 다른 트랙에 접근하기 위해 이동하지 않기 때문에 접근 시간(Access Time)이 단축되어 디스크 장치의 처리 속도가 빨라진다.

7.2.3 디스크 기록 방식

▣ 디스크 장치

디스크 장치는 아날로그 신호인 펄스 파형의 자장을 이용하여 자기 디스크에 데이터를 기록한다. 자장 파형을 일정한 패턴으로 부호화하여 데이터 1과 0을 디스크에 기록한다.

- 디스크 부호화 기술(Encoding Technique) : NRZ, FM, MFM, 그리고 RLL 방식 등이 있다.
  - NRZ(Non Return Zero) 방식 : 자기 테이프 또는 자기 디스크 등과 같은 기록 매체에 디지털(Digital) 방식으로 데이터를 기록하는 방식으로 가장 단순한 코딩(Coding) 형태로 데이터의 값이 1이면 (+)방향의 전류를, 0이면 (-)방향의 전류를 사용하여 기록하며 펄스 신호가 데이터의 이진 값에 대응된다. 단순하지만, 효율적이지 못하므로 쓰이지 않고 있다.
  - FM(Frequency Modulation) 방식 : 펄스의 변화가 심한 곳을 1, 적은 곳을 0으로 하는 방식으로 하나의 클럭 주기에 펄스가 두 개 있으면 1로, 한 개 있으면 0으로 부호화 한다.
  - MFM(Modified Frequency Modulation) 방식 : FM 방식을 개선하여 약 2배의 기록 밀도를 갖도록 한 것으로 펄스가 적은 곳에서 높은 곳으로 변하면 데이터가 1이고, 낮은 곳으로 변하면 0으로 부호화한다. 이 방식은 ST-502/412 형태의 자기 디스크와 플로피 디스크 등에 사용하고 있다.
  - RLL(Run Length Limited) 방식 : 데이터의 값이 1이면 자성을 띠게 하여 역전을 시키고, 0이면 자성을 역전시키지 않음으로써 데이터를 디스크에 기록하는 방식으로 2~4비트까지의 데이터를 특정한 패턴의 펄스로 변환하여 기록한다. 기록 밀도가 MFM에 비해 약 2배 정도 개선되었다. 2, 7 RLL의 부호화한 펄스의 패턴을 보면, 어떤 조합의 데이터 비트 열이라도 부호화 후에는 1과 1 사이에 최소한 두 개의 0이 존재하고, 최대 7개를 넘지 않는다.

7.2.4 디스크 인터페이스 방식

▣ 디스크 서브 시스템(Sub-System)

디스크 드라이브(디스크 장치)와 입출력 제어기(Controller)로 구성된다.

○ 디스크 드라이브 : 디스크 매체를 회전시키고, 디스크 매체에서 데이터를 읽어 내거나 기록하는 역할을 담당한다.

○ 입출력 제어기 : 시스템 버스와 디스크 드라이브 간에 공통적인 인터페이스를 제공하여 데이터를 변환하거나, 또는 이동시키는 기능을 한다.

- 읽기 동작 : 디스크로부터 읽은 데이터는 인터페이스를 통하여 MPU에 전송된다.
- 쓰기 동작 : MPU에서 발송된 데이터는 인터페이스를 통하여 디스크에 저장된다.

▣ PC의 HD 인터페이스 방식

ST-506 인터페이스, 향상된 표준 디바이스 인터페이스(ESDI), 집적 디바이스 일렉트로닉스(IDE), 그리고 소형 컴퓨터 시스템 인터페이스(SCSI) 등이 있다.

○ ST-506 인터페이스 : 초기의 IBM PC/XT의 HD에서 채택한 설계 방식으로, PC/AT에서도 사용되었다. 컴퓨터의 드라이브 상에 있는 데이터를 인코딩(encoding), 디코딩(Decoding) 과정의 작업들을 컴퓨터가 담당하도록 요구한다. ST-506 드라이브는 처리 속도가 느리고, 디스크의 용량이 작다. 디스크에 데이터 기록은 MFM, RLL, ARLL(Advanced Run-Length Limited) 방식의 인코딩 기술을 사용한다. MFM 방식은 약 600Kbps, RLL 방식은 약 1Mbps, 그리고 ARLL 방식은 약 1.2Mbps의 전송속도를 갖고 있다.

○ ESDI(Enhanced Standard Device Interface) 인터페이스 : 데이터를 해독하고 전송하는데 훨씬 효율적인 ESDI는 ST-506을 기반으로 데이터를 위한 20핀, 명령어를 위한 34핀 케이블도 동일하게 사용한다. ESDI 드라이브는 ST-506처럼 입출력 제어기의 명령어를 해독하나 ST-506과는 달리 디스크 데이터를 바로 인코딩과 디코딩을 할 수 있다. ESDI 인터페이스는 EISA

(Extended Industry Standard Architecture) 시스템에 채택되어 서버용 시스템에 적합하다.

○ IDE(Integrated Device Electronics) 인터페이스 : 80년대 중반에 상용화되었고, 설치가 간편하고 가격이 저렴하며, ST-506 인터페이스와 호환성이 있다. IDE 디스크 드라이브는 입출력 제어기와 디스크 드라이브를 하나로 집적하여 컴퓨터와 접속하기 위한 애드-온 보드(Add-on Board)를 요구하지 않는다. IDE 드라이브는 40핀 케이블로 컴퓨터의 주기판 보드(Main Mother Board)에 직접 연결된다. IDE 드라이브의 기술적인 발전에는 몇 가지 한계점이 있다.

- 드라이브당 최대 504 MB까지만 사용할 수 있다.
- 전송속도가 최대 8.3MB로 한정된다.
- 최대 2개의 디스크 드라이브만을 지원한다.
- 디스크 드라이브 이외에 다른 주변기기를 연결할 수 없다.

○ EIDE(Enhancement Integrated Device Electronics) 방식 : 1991년에 웨스턴 디지털(Western Digital)사는 IDE 방식의 한계점을 개선하는 EIDE (Enhancement Integrated Device Electronics) 방식을 제안하고, ANSI EIDE-ATA(Advanced Technology Attachment) 규약이 제정되었다.

- EIDE-ATA 규격 : 최대 504 MB의 한계를 극복하기 위해 실린더/헤드/섹터 단위의 드라이브 제어하는 CHS(Cylinder/Head/Sector) 방식 이외에도 LBA 방식을 추가 규정하고 있다.
- EIDE의 LBA(Logical Block Address) 방식 지원 : 디스크에 데이터를 읽거나 또는 쓰기 위하여 LBA 28비트로 구성된 논리적인 블록 주소를 사용하며 실린더에 16비트, 헤드에 4 비트, 그리고 트랙 당 섹터 수에 8비트를 각각 할당하여 각각 65536개 실린더/16개 헤드/255개 섹터의 수로 최대 136GB까지 지원한다.
- EIDE-ATAPI(ATA Packet Interface) 규격 : EIDE-ATA 규격은 4개의 디스크 드라이브를 지원하기 위해 40핀으로 구성된 2개의 커넥터를 정의하고 있으며, 커넥터에는 각각 2개의 디스크 드라이브를 접속할 수 있고

디스크 드라이브 이외에 CD-ROM과 같은 기억 장치를 연결할 수 있도록 CD-ROM의 제어 명령어들이 추가되고, 전송 프로토콜과 레지스터 사용법이 정의된 EIDE-ATAPI(ATA Packet Interface) 규격이 있다.

○ SCSI(Small Computer System Interface) 인터페이스 : 컴퓨터와 주변 장치를 외부적으로 연결할 수도 있고, 케이블로 데이지 체인(Daisy chain) 연결로 공유 입출력 버스를 사용한다. SCSI 인터페이스는 디스크 인터페이스가 아니라 시스템 인터페이스이며, 주변 장치의 접속에 있어서 융통성 있는 인터페이스를 제공하고 있다. 하나의 SCSI 포트에 데이지 체인(daisy chain)으로 7개의 주변 장치를 연결할 수 있고, SCSI 버스는 물리적으로 8개의 데이터 선과 한 개의 패리티 비트, 그리고 9개의 제어선으로 구성된다. 따라서 하드 디스크 드라이브, 테이프 드라이브, CD-ROM 드라이브 등의 다른 주변 장치들을 하나의 포트에 연결할 수 있다.

○ SCSI 인터페이스 규격 : 데이터의 전송 속도와 버스의 크기에 따라 SCSI-1, SCSI-2 규격으로 분류된다.

- SCSI-1 규격 : 최대 5MB 전송 속도를 갖는다.
- SCSI-2 규격 : 40MB의 전송 속도를 갖는다.
- 8비트 데이터 버스 : SCSI-1과 Fast SCSI
- 16비트 데이터 버스 : Wide SCSI, Fast Wide SCSI, Ultra SCSI

7.3 광 디스크 장치

▣ 광 디스크 장치(Optical Disc Device)

자기적 성질로 데이터를 기록하거나 읽는 자기 디스크와 달리, 레이저 광선을 사용하여 광 디스크에 데이터를 저장하거나 또는 광 디스크로부터 데이터를 읽는다. 광 디스크 저장매체는 크게 CD-ROM, WORM, 재기록 가능한 광자기 디스크, 그리고 DVD 등의 형태로 분류할 수 있다.

- CD의 동적 환경 제공 : 저비용 대용량 데이터를 저장하는 광 디스크 기술은 컴퓨터에 대량의 기억장소를 제공하므로 보조기억 장치에 널리 사용하고 있다. 광 디스크는 대용량으로 자기 디스크보다 저비용으로 대량 복제가 가능하며, 이동이 간편하고 조작이 용이하나 자기 디스크보다 접근 시간이 오래 걸리며, 데이터 전송률이 낮다. 컴퓨터 산업에서 기억 공간의 증가는 새로운 응용분야로의 길이 열리게 되었다. 즉, 문자와 정지 화상 같은 정적인 세계에 오디오, 비디오, 그림 전체가 움직이는 동영상(Motion Video)을 추가함으로써 컴퓨터에 동적인 환경을 제공하는데 주로 멀티미디어(Multimedia)와 가상현실(Virtual Reality)과 같은 그래픽(Graphic), 비디오(Video), 사운드(Sound) 분야로 응용되었다.
- CD-ROM(Compact Disc-Read Only Memory) : 컴퓨터에서 CD(Compact Disc)를 오디오 분야가 아닌 데이터를 저장하기 위한 목적으로 사용하는 광 디스크이다. 시디-롬은 오디오 CD보다 정밀한 오류 정정 기능이 추가되었다. CD-ROM 디스크는 680MB의 데이터 용량으로, 1.44인치 FD의 470개의 기억 용량을 갖는다. 기록이 불가능한 특성 때문에 영상 데이터와 같이 비가변적인 데이터에 쓰인다.
- 웜(WORM : Write Once-Read Many) 적당한 강도의 레이저 광선에 의해 단지 한번만 데이터를 기록할 수 있는 광 디스크로 기록 이후에는 다시 데이터를 기록할 수 없으나 쓰여진 그 데이터를 지울 수 없기 때문에 데이터에 대한 안정된 자료를 제공하므로 널리 사용되어져 왔다. 특히, 웜 디스크는 프로그램 백업(Back-up)이나 또는 변경되지 않을 데이터를 기록하는 데 쓰이므로 디스크에 대한 접근 시간(Access Time)이 CD-ROM보다 빠르다.

○ 광자기 디스크(MOD : Magneto-Optical Disc) : 하드 디스크(Hard Disk)처럼 재기록이 가능한 디스크로써 데이터를 읽고 쓸 수 있다. 광자기 디스크를 사용하는 광자기 기억 장치에서는 레이저빔이 자기장과 함께 사용되어 정보를 기록하고 지우는 것은 자성을 가진 물질로 덮어진 디스크의 작은 부분의 자기적 극성을 바꾸어 놓음으로써 2가지 형태(0 또는 1)를 유지할 수 있다. 레이저빔은 자기성 부분에 나타나는 변화를 수용할 수 있을 정도로만 디스크 위의 특정한 위치에 열을 가하여 온도가 올라가는 동안 자기장은 방향을 바꿀 수 있다. 읽을 때는 자화의 방향이 레이저빔에 의해 검출된다. 광자기 디스크는 3.5인치와 5.25인치 크기의 2종류가 있고 신뢰성이 자기 디스크보다 높고 수명이 긴 반면에 접근 시간이 50ms에서 70ms 정도로 느리다.

7.3.1 CD의 종류

▣ 컴팩트 디스크(Compact Disc)

CD로 불리어지는 대용량의 데이터를 저장할 수 있는 광 디스크이다. 1980년 소니(Sony)사와 필립스(Philips)사가 공동으로 LP를 대신하여 디지털로 음악을 재생할 수 있는 매체를 만들어 이에 대한 표준화 안을 제시하였다. 음악뿐만 아니라 대용량의 자료를 저장할 목적으로 컴퓨터에서 널리 사용되고 있다. 컴퓨터의 멀티미디어(Multimedia) 응용 분야에서 보조기억 매체로서 사용하고 있다.

▣ CD 계열

기록 방식(Writing Method), 물리 형식(Physical Format) 논리 형식(Logical Format)에 따라 분류된다.

▣ CD-DA(Compact Disc-Digital Audio)

1980년에 필립스(Philips)와 소니(Sony)에 의해 공동 제안된 디지털 오디오 규격으로 음악 데이터의 기록에 사용된다. CD-DA에서 오디오 데이터는 리드-인(Lead-In)과 리드-아웃(Lead-Out) 사이에 모든 데이터는 기록되어 저장되어있고, 리드-인에는 TOC(Table Of Contents)의 색인 정보가 포함되며 디스크의 모든 트랙에 대한 주소가 기록되어 있다. 또한 오디오 데이터는 트랙으로 분할되고, 트랙은 한 장의 디스크에 최대 99트랙을 수록할 수 있다.

- 각 트랙은 99의 인덱스에 의해 구분할 수가 있고, 트랙은 곡선을 나타내고 인덱스는 곡선내의 특정 위치를 나타낸다. CD-DA 규격에서는 샘플링 주파수(Sampling Frequency)는 44.1kHz, 양자화 비트수는 16비트, 그리고 2채널의 오디오를 지원한다.

▣ 시디-롬(CD-ROM)

1985년에 CD-DA의 오디오 데이터 영역에 컴퓨터가 다루는 데이터로써 문자, 음악, 영상 정보를 기록하기 위한 데이터 형식으로 제안되어 컴퓨터에 사용되는 파일들은 이 형식에 따라 기록되어 있다. CD-DA의 규격의 문제점은 데이터 에러율(Error Rate)을 10-9로 규정하고 있다. 따라서 10-9에서는 1GB(Giga

Byte)의 데이터에 대하여 1바이트의 에러가 생기게 되고, 1장의 디스크에 680MB를 저장할 수 있는 시디-롬으로서는 매우 부적합한 문제 때문에 보다 강력한 에러 정정(Recovery)을 수행 시디-롬 규격(Yellow Book/ISO 10149)에 의해 제안된 것이 CD-ROM이다.

시디-롬은 논리 형식에 따라 3개의 모드로 구분할 수 있다. 이 형식에서 접근 가능한 최소단위의 섹터는 2628바이트이다.

- 모드0(Mode0)의 섹터 : 사용자 데이터가 모두 0으로 규정되어 있으며 거의 사용되지 않는다.
- 모드1(Mode1) : 시디-롬에서는 모드1(Mode1)을 사용하고 있다.
- 모드2(Mode2) : 모드1과 비교하여 에러를 검출하는 필드가 없기 때문에 이 필드를 사용자 데이터 영역으로 사용한다. 모드2는 에러가 발생하여도 치명적이지 않은 음악 데이터나 또는 영상 데이터 등을 저장하기 위해 주로 사용하고 있다.

▣ CD-R(CD-Recordable)

1990년에 제안 규격으로 읽기만 가능한 시디-롬과는 달리 단지 한 번만 기록할 수 있게 특별히 만든 CD-R 디스크는 금색 또는 녹색, 은색 빛을 띠고 있다. CD-R로 기록할 수 있는 데이터는 CD-DA, CD-ROM, CD-ROM/XA, CD-I 등으로 다양하다.

▣ CD-I(Compact Disc Interactive)

1987년에 음악, 이미지 데이터, 문자 등을 CD에서 인터랙티브(Interactive)하게 사용할 목적으로 제안된 형식이다. 이러한 CD-I는 비디오 CD를 재생할 수 있을 뿐만 아니라, 사용자와 대화 형식으로 프로그램을 진행해 나갈 수도 있다.

CD-I에서는 기본적으로 ISO 9660 형식(Format)을 사용하고 있으며 파일 형식뿐만 아니라, 디스크를 재생하는 플레이어의 하드웨어와 운영체제(OS)도 규정하고 있다.

▣ 비디오 CD(Video CD)

CD로 영상 데이터를 보기 위한 형식으로 CD-I 브리지(Compact Disc Interactive Bridge) 규격에 준하고 있다. 이는 포토 CD(Photo CD)의 디렉터리 구조에 이

미지 데이터를 배치한 것이다. 이미지 데이터는 MPEG-1의 데이터 압축 기법으로 압축하여 기록한다. 이러한 비디오 CD는 MPEG의 재생 기능이 있는 CD-I 재생기(CD-I Player)나 또는 MPEG 보드가 장착된 시디-롬에서 재생할 수 있다.

▣ CD-ROM/XA(CD-ROM/Extended Architecture)

시디-롬의 데이터 추가가 안 되는 단점을 보완하기 위한 형식으로 CD-I 규격에서 하드웨어와 운영체제(OS : Operating System)의 규정 부분을 제외하였다.

CD-ROM/XA에서는 ISO 9660과도 호환성을 유지하며, CD-R(CD-Recordable) 등을 사용해서 데이터를 기록하는 경우에 시디-롬과는 달리 여러 번에 걸쳐 데이터를 기록할 수 있다.

▣ 포토 CD(Photo CD)

코닥(Kodak)사와 필립스(Philips)사가 인화지에 인화된 사진에 대응하는 기억매체로 CD를 이용하는 형식이다. 포토 CD에서는 멀티세션(Multi-Session)이라는 기록 방식을 사용하며, CD-I 브리지 규격에 준하고 있다. 리드-인에서 리드-아웃까지를 세션(Session)이라는 단위로 구분하고, 1장의 CD에 여러 개의 세션이 존재하는 구조로 되어 있다.

7.3.2 시디-롬 드라이브

▣ 시디-롬 드라이브(CD-ROM Drive)

1993년부터 PC에 장착되어 본격적으로 읽기 전용의 광 디스크인 시디-롬(CD-ROM : Compact Disc-Read Only Memory)을 저장 매체로써 사용했다.

시디-롬은 디스크가 제작되는 과정에서 데이터가 기록되기 때문에 한번 기록된 데이터를 다시 변경할 수 없다. 따라서 대용량의 데이터베이스 또는 다량의 영상 정보와 음성 정보를 포함하는 멀티미디어 정보를 저장하여 배포하는 용도에 사용되고 있다. 표 7-2는 시디-롬의 장단점을 보여주고 있다.

표 7-2 시디-롬의 장단점 비교

장점	단점
저장 용량이 크다.	읽기만 할 뿐 수정이 불가능하다.
디스크를 이동할 수 있으며 조작이 간편하다.	데이터 전송률이 자기 디스크보다 낮으며, 먼지에 약하다.
자기 디스크보다 훨씬 적은 비용으로 대량 복제가 가능하다.	접근 시간이 자기 디스크에 비해 매우 느리다.

○ 시디-롬 규격 : 지름 120mm, 두께 1.2mm의 둥근 원형으로서 디스크의 회전축을 위해 중앙에 직경 15mm의 구멍이 그림 7-5에서와 같이 마련되어 있다. 시디-롬의 표면은 높은 반사성을 갖고 있는 알루미늄 증착막으로 되어 있으며, 보호를 위해 투명한 플라스틱으로 덮여 있다.

▣ CD의 피트(Pit)와 랜드(Land)

○ 피트(Pit) : 처음에 데이터를 저장할 때는 고에너지의 레이저빔을 쏘아 특정한 부위에 열을 가하여 태운 부분이다.

○ 랜드(Land) : 레이저빔을 쏘아 피트 간에 타지 않은 부분을 랜드(Land)라고 부른다.

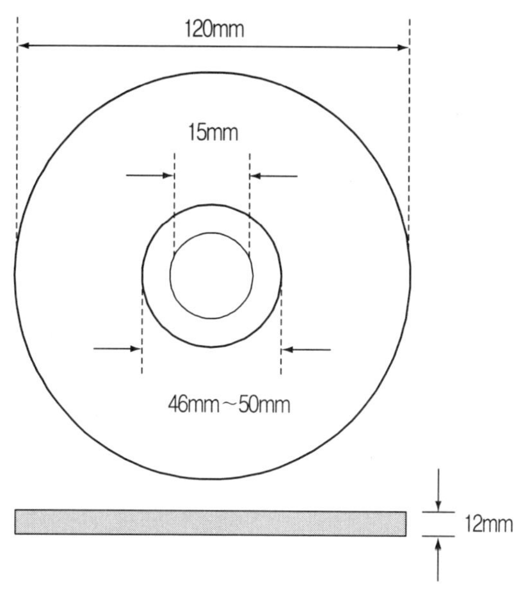

그림 7-5 시디-롬 디스크의 크기

▣ **시디-롬 읽기**

○ 피트와 랜드 : 디스크 표면에 저 에너지의 레이저빔을 쏘아 표면에서 반사되는 빛의 정도를 감지하여 피트와 랜드를 구분하여 0과 1을 판단함으로써 데이터를 판독한다.

그림 7-6은 아래쪽으로부터 투명 플라스틱, 알루미늄 증착막, 그리고 플라스틱 보호막 등 3개의 층으로 구성되어 있는 시디-롬의 구조를 보여주고 있다. 투명 플라스틱은 폴리탄산 에스테르 기판으로 이루어지고, 그 위에 렌드와 피트의 모임인 알루미늄 증착막으로 되어 있다. 피트와 랜드의 길이는 ㎛ 단위로 피트 폭은 약 0.83㎛ 정도의 크기로 구성된다.

○ 디스크 데이터 읽는 방식 : 시디-롬에서 데이터는 동심의 원형 트랙으로 구성된 자기 디스크와는 달리 하나의 나선형 트랙으로 되어 있으며, 또한 자기 디스크가 바깥쪽에서 안쪽으로 데이터를 기록하는 반면 시디-롬은 안쪽에서 바깥쪽으로 데이터를 기록한다. 나선형 트랙은 작은 홈으로 형성되어 있는 많은 피트와 각 피트 사이의 평평한 부분인 랜드로 구성된다. 그리고 시디-롬에서는 디스크로부터 데이터를 읽어 들이는 방식에 따라 고정 각속도와 고정 선속도로 구분된다.

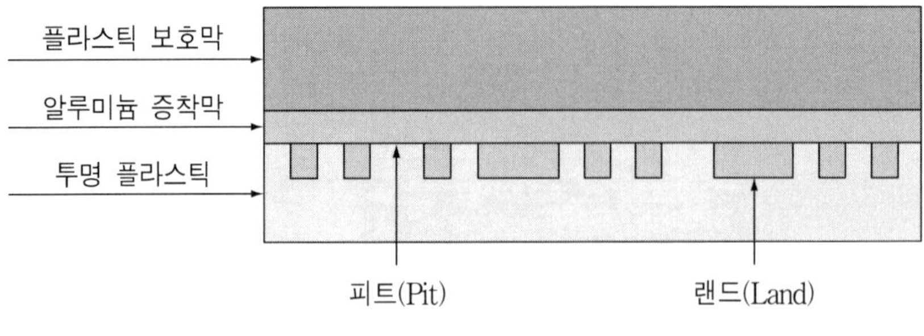

그림 7-6 시디-롬 디스크의 구조

- 고정 각속도 방식(CAV : Constant Angular Velocity) : 자기 디스크의 경우에 주로 쓰이며 모든 섹터가 동일 한 데이터의 양을 가지며 있기 때문에 안쪽 트랙과 바깥쪽 트랙에 기록되는 데이터의 양이 같다. 따라서 안쪽에서 바깥쪽으로 갈수록 데이터의 기록 밀도가 낮아지므로 디스크가 낭비된다는 단점을 갖고 있으나, 반면에 디스크의 회전 속도가 일정하기 때문에 디스크 제어기를 만들기가 비교적 용이하며 트랙과 섹터만을 이용해서 개별 정보를 검색할 수 있고, 또한 주소를 지정하는 시간도 적게 걸린다는 장점을 지니고 있다.
- 고정 선속도 방식(CLV : Constant Linear Velocity) : 트랙을 구성하는 섹터가 같은 크기와 밀도를 가지므로 안쪽과 바깥쪽의 데이터 기록 밀도가 동일하게 된다. 따라서 이 방식은 고정 각속도 방식에 비해 디스크의 기억 용량을 낭비하지 않고 상대적으로 많은 데이터를 저장할 수 있다는 장점을 지니고 있으나, 반면에 주소 지정이 어렵다. 그러므로 트랙에 기록될 수 있는 정보의 양이 다르기 때문에 디스크의 회전 속도가 가변적이어야 하며, 개별적으로 데이터를 검색하기 위해서는 분, 초, 그리고 섹터 등의 위치 정보를 각 블록의 첫 부분에 명기하여야 한다. 이러한 단점에도 불구하고, 시디-롬에서는 많은 양의 데이터를 기록할 수 있는 고정 선속도 방식을 주로 사용한다.

○ 광 픽업(Optical Pick-up) 장치 : 시디-롬 드라이브에서 데이터의 판독은 레이저빔을 발하는 부분과 그 반사광을 수광하는 부분을 갖고 있는 광 픽업(Optical Pick-up) 장치에 의해 디스크 표면에 레이저빔을 쏘아 반사되는 빛의 양을 가지고 0과 1을 판단하는 구조로 이루어져 있다.

- 그림 7-7은 시디-롬 드라이브의 광 픽업(Optical Pick-up) 장치를 보여주고 있다. 그림에서 레이저 다이오드(Laser Diode)에 의해 생성된 레이저빔은 편광 프리즘을 통과하여 대물렌즈 및 시준 렌즈를 거쳐서 디스크의 표면에 비춰진다. 편광 프리즘(Polarizing Prism)은 레이저빔을 투과하거나 또는 반사시키기 위한 프리즘으로 구성되어 있다. 렌즈는 레이저 다이오드로부터 오는 빛을 반사해 주며, 피트는 이러한 레이저빔을 다시 분산시킨다. 편광 프리즘은 렌즈로부터 되돌아오는 빛을 다시 광학 감지기로 보내 준다.

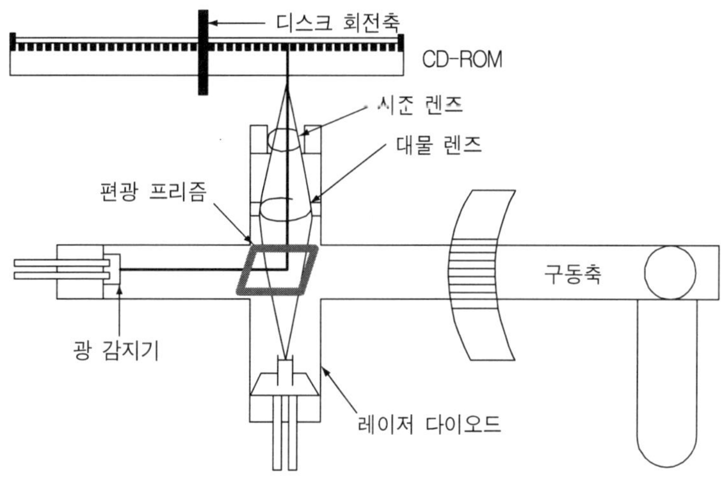

그림 7-7 시디-롬 드라이브의 픽업 장치

- 레이저빔의 반사되는 빛의 강도는 디스크 표면에 있는 피트와 랜드에 의해 변하는데, 이 변화가 광학 검지기에 의해 검출되어 0과 1의 디지털 신호로 변환된다. 그리고 레이저를 쏘아 반사된 빛은 검출기를 통해 디지털 신호로 변화되면서 오류 정정을 거친다. 디스크 표면에 먼지가 붙어 있거나 또는 흠집이 나 있기 때문에 실제로 읽혀지는 데이터에는 많은 오류가 있게 된다. 시디-롬에서 오류 정정은 매우 중요하다. 프로그램의 실행에서 단 한 바이트가 틀리더라도 그 프로그램이 제대로 실행되지 않기 때문이다. 따라서 시디-롬에서는 음악용 CD에서 행하는 것보다 훨씬 더 세밀한 방법으로 오류 정정을 해야만 된다.

○ 시디-롬 드라이브 속도 : 초기에 초당 150KB를 전송할 수 있는 속도로 만들어졌다. 이를 1배속 시디-롬 드라이브라고 부른다. 현재는 이 속도를 기준으로 2배속, 4배속, 8배속, 12배속, 16배속, 24배속, 32배속, 48배속으로 표현한다. 1배속 시디-롬 드라이브의 경우 디스크는 1.2m/s의 속도로 회전한다. 시디-롬에서는 일정한 선 속도로 움직이는 방식을 사용하기 때문에 디스크 안쪽의 경우는 바깥쪽보다 훨씬 빠른 속도로 회전한다. 따라서 가장 바깥쪽과 안쪽의 회전수는 약 2배 정도의 차이가 발생한다. 따라서 24배속의 경우에는 디스크가 28.8m/s의 선속도로 회전을 하고, 이것은 상당한 속도이다. 이와 더불어 시디-롬은 데이터의 위치에 따라 이동하면서 데이터를 읽어야 하기 때문에 레이저를 쏘는 광 픽업(Optical Pick-up) 장치의 위치가 바뀜에 따라 디스크의 회전속도는 달라진다. 이에 따라 시디-롬 드라이브가 고속으로 갈수록 디스크의 회전 속도를 제어하는 것은 매우 어렵게 된다.

- 시디-롬 드라이브에서 레이저 광선이 디스크 표면의 피트를 제대로 따라가고, 픽업 장치를 원하는 곳으로 이동해서 데이터를 읽어올 수 있도록 해주는 부분을 서보계라고 한다. 시디-롬 드라이브의 속도가 빨라짐에 따라 서보계의 설계도 용이하지 않다. 그러므로 픽업 장치를 이동시키는 서보계의 설계는 고속의 시디-롬 드라이브의 설계에서 해결해야 할 매우 중요한 과제중의 하나이다.

7.3.3 DVD

▣ DVD(Digital Video Disc)

CD와 같은 크기의 디스크를 사용해서 LD (Laser Disc)를 능가하는 영상과 음향을 최대 408분까지 저장할 수 있으며, 최대 17GB의 용량을 갖고 있는 대용량 저장 매체이다. DVD에서는 MPEG-2의 압축 방식과 돌비 AC-3 사운드를 지원하고, DVD-R 및 DVD-RAM을 포함하고 있기 때문에 컴퓨터의 저장 매체, 음반, 게임, 가전 분야 등에 폭 넓게 활용될 수 있다.

▣ DVD의 규격 통일

DVD 규격은 도시바를 주축으로 7개사가 제안한 SD(Super-Density)와 소니/필립스의 MMCD(Multi-Media CD)로 양립되었으나 1995년 12월 도시바와 소니/필립스의 양 진영은 아이비엠, 컴팩, 애플 등의 주요 컴퓨터 업체들과 OSTA(Optical Storage Technology Association)의 요구에 의해 OSTA-UDF (Universal Disk Format)를 근간으로 도시바의 용량과 소니/필립스의 기록 방식을 절충하여 DVD의 규격을 표준화하였다. 표 7-3은 SD와 MMCD의 사양을 비교한 표이다.

표 7-3 SD와 MMCD의 사양 비교

명칭	SD	MMCD
디스크 직경	120 mm	120 mm
디스크 두께	1.2 mm(0.6 mm * 2)	1.2 mm
디스크 구조	2장 접합	단판
트랙 피치	0.74㎛	0.84㎛
기록 용량	5GB(SD-5), 9GB(SD-5)	5GB(SD-5), 7.4GB(2 층)
레이저 파장	635/650 nm	635 nm
영상 압축 방식	MPEG-2	MPEG-2
데이터 전송 속도	11.08메가비트/초	10메가비트/초
재생 시간	142분	132분

▣ DVD의 주요 특징

DVD는 CD나 CD-ROM처럼 알루미늄 증착막의 피트와 랜드로부터 반사되는 빛을 광 검출기에서 디지털 신호로 변환하여 데이터를 판독하는데, 기존 CD에 비해 디스크 표면에 기록되어 있는 피트가 훨씬 가늘고 짧기 때문에 더 많은 데이터를 저장할 수 있다. 표 7-4는 기존의 CD와 DVD의 사양을 상호 비교한 표이다.

- DVD 구조 : CD에서는 피트의 크기가 0.83마이크론이나, DVD는 0.4마이크론의 피트를 사용하고, DVD는 피트 읽는 빔의 초점이 CD의 780nm 적외선 파장보다 짧은 635nm 또는 650nm 파장의 붉은 가시광선을 사용한다. CD는 단면/단층 디스크로 두께는 1.2mm이지만, DVD는 0.6mm 사용하고 단면/이층, 양면/단층, 양면/이층 구조로 만들어질 수 있다.

표 7-4 DVD와 CD의 사양 비교

명칭	DVD	CD
디스크 직경	120 mm	120 mm
디스크 두께	0.6 mm(1장)	1.2 mm(1장)
디스크 구조	2장 접합	단판
최단 피트 길이	0.4㎛	0.83㎛
트랙 피치	0.74㎛	1.6㎛
기록 용량	4.7GB, 8.5GB, 17GB	0.65 GB
레이저 파장	635/650 nm	780 nm
데이터 층	1 또는 2	1

○ DVD 이층 디스크 : 초점거리에 따라 단층 또는 이층에서 데이터를 읽을 수 있도록 빛을 일부만 반사시키는 반사면을 단층에, 전반사면을 이층의 구조로 만든다.

○ DVD 용량 : DVD에서 구현할 수 있는 용량을 나타낸 표 7-5를 참조하면 단층 디스크는 4.7GB의 용량을, 이층 디스크는 8.5GB의 용량을 가지고 있다. 그리고 양면에 복층으로 총 4층을 사용하면, DVD에서는 1장으로 17GB까지 구현이 가능하다.

표 7-5 DVD의 저장 용량

종류	단층/단면	2층/단면	단층/양면	2층/양면
120 mm 디스크	4.7GB	8.5GB	9.4GB	17GB
80 mm 디스크	1.4GB	2.6GB	2.9GB	5.3GB

- DVD MPEG-2 방식 특징 : 뛰어난 화질과 음질 제공이다. 복잡도가 높은 화면에는 높은 비트율을, 낮은 복잡도의 화면에 대해서는 낮은 비트율로 부호화하는 가변 비트율 부호화를 사용하는 MPEG-2 방식의 압축 규격에서 DVD 단면의 디스크에 133분 정도의 압축된 영상을 저장할 수 있고, 초당 30프레임으로 640×480 해상도의 영상을 제공한다. 따라서 초당 약 3.5Gb로 부호화되지만, 복잡한 화면에 대해서는 DVD의 최대 전송률인 10Mb까지 활용할 수 있다.
- DVD 사운드의 돌비 AC-3/5.1 채널 지원 : DVD에서는 16 : 9의 와이드 화면과 표준 4 : 3 화면 비를 동시에 지원하고, 32개 국어의 자막과 8개 국어의 음성을 제공한다. 그리고 DVD의 사운드는 돌비 AC-3/5.1 채널을 지원함으로 앞쪽에 스피커 3개, 뒤쪽에 스피커 2개, 저음을 강조하기 위한 0.1 채널을 이용하여 모두 5개의 스피커를 통해 생생한 원음을 제공할 수 있다.
- DVD는 오류 정정 : DVD에서는 8 to 16변조와 RS-PC 방식을 사용하여 디스크의 표면에 어느 정도의 먼지나 지문, 긁힘이 있더라도 오류를 정정할 수 있는 기능은 CD에 비해 약 10배 정도나 강력한 것이다.
- DVD 복사 방지 칩 내장 : 영상 및 음향 또는 데이터를 손실 없이 몇 번이고 원본과 동일하게 복사를 쉽게 할 수 있으므로 원본의 복사를 방지하기 위해 MPEG-2 보드에서는 복사 방지 칩을 내장하고 있으며, DVD의 타이틀에 지역 코드를 포함하도록 규정하고 있다.

C.H.A.P.T.E.R

08 주변 장치

8.1 주변 입출력 장치

▣ 입출력 주변 장치(I/O Peripheral Device)

컴퓨터를 이용하여 프로그램을 수행하려면 프로그램과 데이터를 외부의 키보드나 FDD(Floppy Diskette Drive)와 같은 입력 장치를 통하여 입력하고, 입력된 데이터는 MPU가 처리할 수 있도록 주기억 장치에 기억된다. MPU에 의해 처리된 결과들은 모니터나 프린터와 같은 출력 장치를 통하여 다양한 형태로 출력된다.

따라서 컴퓨터 시스템에서 입력 장치가 입력 매체에 나타낸 입력 데이터를 판독하는 방법과 출력 장치가 데이터를 출력 매체에 나타내는 방법은 I/O의 종류에 따라 다양하며, 이러한 입력과 출력 장치를 입출력 주변 장치라고 한다.

▣ I/O 접속 방법

I/O들은 고속으로 동작하는 MPU나 주기억 장치에 비하여 동작 속도가 매우 느리고 낮은 전송률을 갖고 있기 때문에 시스템 버스나 입출력 인터페이스를 통하여 MPU와 간접적으로 연결되며, 이들의 동작은 I/O의 전용 제어기에 의해 제어를 받는다.

○ 입력 장치 : 컴퓨터 외부에 존재하는 정보를 컴퓨터가 이해할 수 있는 코드 형태로 변환하는 장치를 의미한다.

○ 출력 장치 : 컴퓨터 내부에 존재하는 정보를 사람이 사용하는 언어나 또는 컴퓨터에 연결되어 있는 다른 기계가 사용하는 신호로 변환하는 장치이다.

8.1.1 입출력 인터페이스

▣ 입출력 인터페이스(I/O Interface)

컴퓨터 시스템을 구성하는 주요 요소는 MPU, 기억 장치와 주변 장치가 있는데 MPU나 주기억 장치와 데이터를 서로 교환하기 위해서 필요한 기능 블록을 의미한다. 입출력 인터페이스는 시스템 버스와 인터페이스하면서 하나 이상의 주변 장치를 제어하기 위해 논리 장치이다. 입출력 인터페이스는 시스템 버스를 통해 MPU와 기억 장치를 인터페이스 할 수 있어야 하고 데이터 링크(Link)에 의해 하나 이상의 주변 장치를 제어할 수 있는 기능을 갖고 있어야 한다.

○ 포트와 채널 : 주변 장치와 MPU는 서로 데이터를 교환하기 위해서 전송방법에 따라 병렬 입출력 포트나 직렬 입출력 포트를 통해서 연결되며, 주기억 장치와는 DMA 채널을 통해서 연결된다. 따라서 입출력 인터페이스는 기본적으로 데이터의 운반 통로인 입출력 포트와 입출력 방법에 따라서 특별한 기능을 실행하는데 필요한 인터럽트 기능과 DMA 기능 등의 모듈을 포함한다.

○ 입출력 인터페이스 구현 : 입출력 포트에는 주소 해석기와, 입출력 데이터를 잠정적으로 보관하는 데이터 입력 레지스터(Data Input Register)와 데이터 출력 레지스터(Data Output Register), I/O의 상태를 보관하는 상태 레지스터(Status Register) 및 지시어 레지스터(Command Register)가 함께 설계된다. 입출력 인터페이스를 구현하는 방법은 간단한 것은 논리 회로(Logic Circuit)로써 구현하거나 필요한 기능이 하나의 대규모 집적 회로에 칩으로 일체화된 제어기(Controller)로 구현한다.

▣ 입출력 포트 종류

데이터의 전송 방법으로 직병렬 포트의 2가지 포트로 나누고 포트의 폭은 8비트, 16비트, 32비트 범위에 속한다.

○ 직렬 포트(Serial Port) : 키보드, 마우스, USB(Universal Serial Bus), 모뎀 등의 연결에 사용되는 입출력 포트이다.

○ 병렬 포트(Parallel Port) : 플로피 디스크(FDD), 하드 디스크(HDD), 시디롬(CD-ROM) 등의 연결에 사용되는 포트이다.

8.1.2 입출력 지시어

▣ 입출력 지시어(I/O Command)

MPU는 입출력과 관련된 명령어(I/O Instruction)를 수행하기 위해 주기억 장치로부터 입출력 명령어를 인출해서 해석한 다음, 주변 장치가 해당 입출력 명령어를 실행할 수 있도록 입출력 인터페이스를 통해서 전송되는데 이를 입출력 지시어(I/O Command)라고 한다. 입출력 지시어는 입출력 인터페이스에 의해서 해석되고 그 결과는 입출력 포트(I/O Port)를 통해서 각 주변 장치 제어기(Peripheral Controller)에게 전달됨으로써 해당 I/O는 물리적으로 데이터의 입력과 출력 동작을 수행하게 된다.

▣ MPU의 생성하는 지시어 종류

제어 지시어, 상태 검사 지시어, 읽기 지시어 및 쓰기 지시어 등이 포함된다.

- ○ 제어 지시어 : 주변 장치를 구동시키는데 사용되며 무엇을 할 것인지를 지시하는 언어이다.
- ○ 검사 지시어 : 입출력 인터페이스와 그 주변 장치와 관련된 여러 가지의 상태 조건을 검사하기 위해 사용된다. MPU는 주변 장치의 전원이 들어와 있고 사용이 가능한지 등을 알고 있어야 되며, 또한 입출력 동작이 완료되었는지, 오류가 발생되었는지 등을 알아야 한다.
- ○ 읽기 지시어 : 입출력 인터페이스가 주변 장치에서 데이터를 읽도록 하고 그 데이터를 내부 버퍼에 두도록 한다. 그리고 MPU는 입출력 인터페이스가 데이터를 데이터 버스에 두도록 요청함으로써 데이터를 읽는다.
- ○ 쓰기 지시어 : 입출력 인터페이스에게 데이터 버스로부터 데이터를 가져가서 주변 장치로 전송하도록 한다.

8.1.3 입출력 주소

▣ 입출력 포트 주소 공간(I/O Port Address Space)

입출력 인터페이스에는 많은 I/O들이 연결되어 있으며, 각 장치는 유일한 고유 주소를 갖는다. 따라서 각 입출력 모듈은 입출력 명령이 자신의 것인지를 결정하기 위해 주소선을 해독하여야 한다. 시스템 버스와 I/O의 연결부분은 입출력 포트라 불려지고 고유한 주소가 할당되며 입출력 포트는 데이터 버퍼 레지스터를 여러 개 포함할 수 있으므로 주기억 장치와는 차이가 있다. 입출력 포트의 모임으로 형성되는 주소 공간을 입출력 주소 공간이라 한다.

▣ MPU의 포트 주소 명시 방법

- 직접주소모드(direct Addressing Mode) : MPU가 입출력 명령어를 처리할 때 입출력 명령어 내부에 주변 장치의 주소를 명시하는 방법이다.

  예) IN (0300H), 23H

- 간접주소모드(Indirect Addressing Mode) : 입출력 포트 주소의 값은 미리 정해진 MPU의 레지스터에 저장하여 입출력 명령을 사용한다.

  예) MOV DX, 0300H

  IN (DX), 23H

▣ 입출력 포트의 주소 방법

주기억 장치 사상 입출력과 입출력 사상 입출력의 2가지가 있다.

- 주기억 장치 사상 입출력(memory mapped I/O) 주소 : 모토롤라 MCU에서 사용하는 방식으로 그림 8-1(a)처럼 주기억 장치의 주소 공간의 일부를 입출력 포트로 할당하여 사용하기 때문에 메모리에 사용하는 명령어를 입출력 장치에 사용한다.
- 입출력 사상의 입출력(I/O mapped I/O) 주소 : 인텔의 MCU에서 사용하는 방식으로 그림 8-1(b)처럼 MPU가 입출력 주소 공간과 주기억 장치가 다른 주소 공간을 사용하기 때문에 별개의 공간으로 간주하여 제어 신호로 구분하는 방식으로, 입출력 장치는 메모리에 사용하는 다양한 명령을 사용하지 못한다.

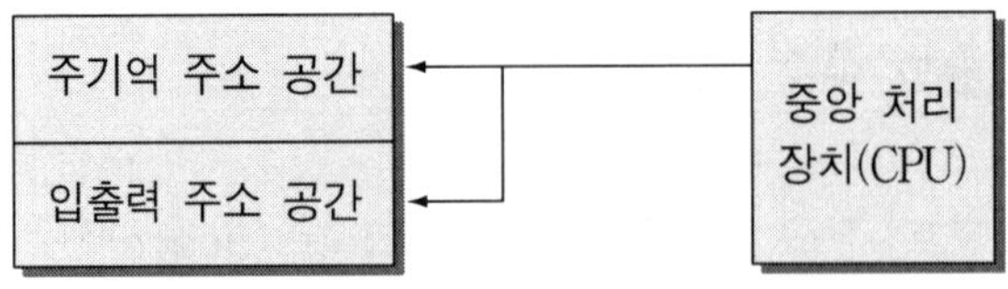

(a) 주기억 장치 사상 입출력

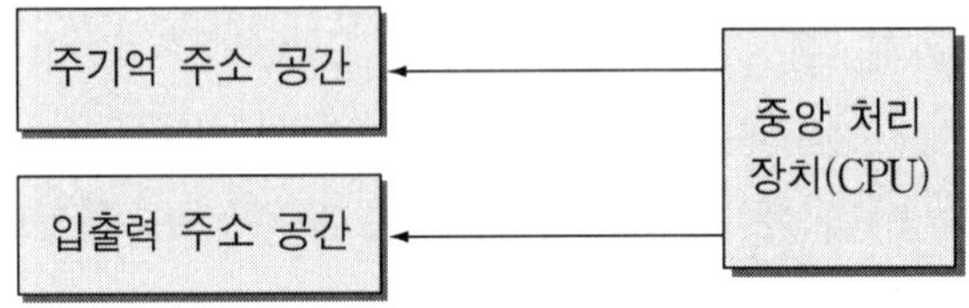

(b) 입출력 사상 입출력

그림 8-1 주소공간의 사상 방식

8.1.4 데이터 전송

▣ 데이터 전송

입출력 포트를 통한 데이터의 전송 방법은 병렬 전송과 직렬 전송으로 구분된다. 표 8-1은 대표적인 주변 장치들의 데이터 전송률을 보여 주고 있다.

표 8-1 주변 장치들의 데이터 전송률

장치	데이터 전송률(바이트/초)
MPU	100MB ~ 512MB
시디롬(CD-ROM)	150KB ~ 4.8MB
프린터	150KB ~ 10MB
마우스	0.02KB
마그네틱 테이프	30KB ~ 10MB
하드 디스크(HDD)	1.5MB ~ 40MB
주기억 장치	200MB ~ 400MB

- 병렬 전송 : 두 개 이상의 신호선을 이용해서 동시에 두 비트의 이상의 데이터를 전송하는 방법으로서 아주 가까운 거리에 위치하고, 고속으로 데이터 전송이 가능한 장치에 이용되는 데이터 전송 방법이다.
- 직렬 전송 : 데이터를 전송하기 위해 단일 통신선을 사용해서 원거리에 위치한 장치간의 전송 방법으로 주로 이용된다.

8.2 입출력 접근 방식

■ 입출력 접근 방식 종류

주변 장치에 대한 입출력은 범용 컴퓨터는 채널을 이용한 입출력 방식을 사용하고 마이크로 컴퓨터인 PC에서는 프로그램에 의한 입출력, 인터럽트 구동 입출력, DMA 입출력 방식으로 이루어진다.

8.2.1 프로그램에 의한 입출력

■ 프로그램에 의한 입출력(Program-driven I/O) 방식

MPU와 I/O간의 데이터 전송은 포트를 통해 이루어지며 주 장치에서 실행되는 프로그램에 의해 제어된다. 이 방식에서 MPU는 입출력 명령을 실행하기 위해 주변 장치의 상태를 주기적으로 폴링(Polling)하여 검사하고 I/O가 데이터를 교환할 수 있는 준비 상태(ready status)에 있는지를 판단하고, 준비 상태에서 출력일 때는 데이터 버스에 유효한 데이터가 있다는 것을 주변 장치에 알려주고, 입력일 때는 주변 장치로부터 데이터를 읽어온다.

○ 프로그램 입출력 폴링(polling) : 프로그램에 의한 입출력에서 데이터 전송은 핸드세이크(handshake) 과정에 의해 이루어지는데, 제어 신호가 모든 필요한 타이밍을 제공하며, MPU의 속도와 무관하게 비동기적으로 동작한다. 이 방식에서 MPU는 입출력 조작이 가능한지를 알기 위해서 I/O의 준비 상태를 나타내는 인터페이스의 상태 플래그(status flag)를 검사한다. 여러 개의 I/O가 연결되어 있을 때는 MPU가 각 장치의 상태 플래그를 순서대로 검사해야 한다. 이 과정을 폴링(polling)이라 하며, 이런 이유로 폴링 방식을 프로그램에 의한 입출력이라 한다.

Polling은 한 프로그램이나 장치에서 다른 프로그램이나 장치들이 어떤 상태에 있는지를 지속적으로 체크하는 전송제어 방식으로서, 대체로 그들이 아직도 접속되어 있는지와 데이터 전송을 원하는지 등을 확인하는 방식이다.

○ 프로그램 입력 동작 : 그림 8-2에서 주변 입출력 장치로부터 입출력 인터페이스에 전송된 데이터는 입출력 인터페이스의 데이터 입력 레지스터를 거쳐서 MPU의 입출력 버퍼로 전송되어 MPU의 저장 명령에 의해서 주기억장치에 저장된다.

그림 8-2 프로그램에 의한 입출력 방식

▣ 프로그램에 의한 입출력의 문제점

주변 장치가 준비 상태로 될 때까지 MPU는 계속해서 기다리는 대기 상태가 발생될 경우 MPU는 대기 상태가 종료될 때까지 입출력 이외의 다른 일을 수행할 수 없게 되므로 자원을 낭비하게 된다.

8.2.2 인터럽트 구동 입출력

▣ 인터럽트 필요성

주로 예상시점을 가늠하기 어려운 이벤트를 처리하기 위해 사용하는 방법이다. 운영체계는 대개 인터럽트(끼어들기) 관리 기능을 가지고 있다. 인터럽트 관리 장치는 만약 하나 이상의 인터럽트가 처리되어야 하는 경우라면, 인터럽트들 간의 우선순위를 정하고 그들을 큐에 저장한다. 운영체계는 스케줄러라고 불리는 또 다른 작은 프로그램을 가지고 있는데, 이는 다음번에 수행되어야할 프로그램에게 제어권을 넘겨준다.

▣ 멀티 타스킹

기본적으로 단일 컴퓨터는 오직 한번에 한 개의 컴퓨터 명령어만을 수행할 수 있다. 그러나 인터럽트 신호가 있기 때문에, 다른 프로그램이나 명령문을 수행할 수 있는 순서를 가질 수 있다. 이렇게 하는 것을 멀티태스킹이라고 한다. 이것은 사용자로 하여금 동시에 여러 개의 작업을 할 수 있도록 해준다. 컴퓨터는 사용자가 효과적으로 일할 수 있게끔, 단순히 그 프로그램들이 수행될 순서를 관리한다. 물론, 컴퓨터는 사용자의 모든 작업들이 동시에 수행되는 것처럼 보이게 빠른 속도로 동작한다.

- ❍ 인터럽트 : 인터럽트는 컴퓨터에 장착된 장치나 컴퓨터 내의 프로그램으로부터 오는 신호로서 운영체계가 하던 일을 멈추고 다음에 무엇을 할 것인지를 결정하게 한다. 일단 프로그램 내의 컴퓨터 명령문을 시작되면, 더 이상 작업을 진행할 수 없거나, 또는 인터럽트 신호가 감지될 때까지 명령문들을 실행한다. 인터럽트 신호가 감지되면, 컴퓨터는 실행되고 있던 프로그램을 재개하거나, 또는 다른 프로그램의 실행을 시작한다.
- ❍ 우선순위 필요 : 운영체계는 대개 인터럽트 관리 기능을 가지고 있다. 인터럽트 관리 장치는 만약 하나 이상의 인터럽트가 처리되어야 하는 경우라면, 인터럽트들 간의 우선순위를 정하고 그들을 큐에 저장한다. 운영체계는 스케줄러라고 불리는 또 다른 작은 프로그램을 가지고 있는데, 이는 다음번에 수행되어야할 프로그램에게 제어권을 넘겨준다.

■ **인터럽트 구동 입출력(Interrupt Driven I/O) 방식**

인터럽트 기능을 수행할 수 있는 입출력 인터페이스가 주변 장치의 상태를 검사하여 준비 상태에 이르게 되면, 인터럽트라고 하는 신호를 구동하여 MPU에 입출력 처리를 요구하는 방식이다.

■ **MI와 NMI 인터럽트**

MPU의 실행 상황에 기인한 트랩(trap)과 I/O로부터 발생되는 외부 인터럽트로 구분된다. 외부 인터럽트는 MPU의 상태 레지스터에 있는 무시 가능 비트의 우선순위와 비교해서 낮은 경우에 인터럽트 처리를 무시할 수 있는 무시 가능 인터럽트(maskable interrupt)와 무시 불가능 인터럽트(NMI)로 나누어진다. NMI는 전원의 정전이나 주기억 장치 접근 과정에서 발생한 오류 또는 시스템 버스에 심각한 오류 등이 발생한 경우에 MPU에게 알리기 위해 사용된다.

○ 인터럽트에 입출력의 과정 : 인터럽트 입출력의 과정을 그림 8-3은 보면

- 인터럽트 요청과 확인 : 입출력 인터페이스가 인터럽트 요청 신호(INTREQ)로 MPU에 요청함으로써 시작된다. MPU는 진행 중인 프로세스와 비교하여 외부로부터 요청된 인터럽트의 우선순위가 상대적으로 높은 경우, 이에 대한 응답으로 인터럽트 응답 신호(INTACK)를 입출력 인터페이스에 전송한다.
- 인터럽트 벡터 테이블에서 서비스 시작 주소 참조 : 입출력 페이스는 MPU가 인터럽트 서비스 루틴(interrupt service routine)을 참조할 수 있도록 I/O의 주소 코드를 데이터 버스에 적재한다. I/O의 주소 코드는 주기억 장치에 상주하는 인터럽트 벡터 테이블(vector table)로부터 서비스 루틴의 시작 주소를 찾는데 이용된다.
- 동적 실행 정보 스택에 저장 : MPU는 인터럽트 서비스 프로그램을 실행하기 이전에 진행 중에 있던 프로그램의 상태 정보 등을 포함한 동적 실행 정보(프로그램 카운터, 상태 레지스터 및 인터럽트가 발생한 프로그램에 대한 복귀 주소)를 스택에 저장해야 한다.
- 인터럽트 서비스 루틴의 실행 : 동적 실행 정보 전환(context switching) 과정을 거친 후, MPU는 인터럽트 서비스의 시작 주소를 프로그램 카운터의 새로운 내용으로 적재하고, 이로부터 인터럽트 서비스 루틴의 실행을

통해서 주변 장치를 이용한 데이터의 입출력 동작이 이루어진다.

- 동적 실행 정보를 복귀로 이전 프로그램 수행 : 인터럽트 서비스 루틴에 대한 실행이 끝나는 시점에서 제어기는 MPU로 인터럽트 신호를 보낸다. MPU는 미리 스택에 저장해 두었던 동적 실행 정보를 이용하여 이전 프로그램에 대한 처리를 계속 수행하게 된다.

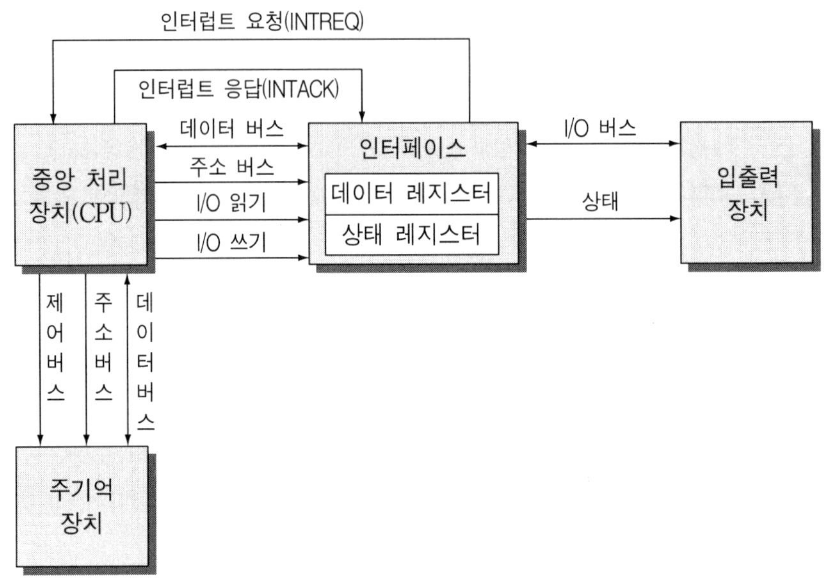

그림 8-3 인터럽트 구동 입출력 방식

예를 들어 프린트를 한다고 했을 때, 컴퓨터는 프린터에게 데이터를 주고 프린터가 돌아가고 있는 동안 컴퓨터의 CPU는 놀고 있는 셈이 되는 것입니다. 따라서 다른 프로세스가 CPU를 사용할 수 있게 된다.

- 작업이 끝났다는 것을 알려주는 인터럽트를 보내지 않으면, 운영체제는 I/O 작업이 끝났는지 알 수가 없고, I/O 작업 때문에 중단된 프로세스는 I/O 작업이 끝났음에도 다시 시작될 수 없을 것이다. 따라서 반드시 복귀 명령으로 인터럽트를 보내서, 작업이 끝났음을 알려 줘야 하는 것이다. 보통 인터럽트를 받으면 원래 그 I/O 작업을 지시한 프로세스가 다시 CPU에서 실행되어집니다. 그리고 그 프로세서는 I/O Controller의 메모리에 저장되어 있는 데이터(I/O 작업의 결과)를 가져와 사용하게 됩니다.

■ **인터럽트 구동 입출력 방식 단점**

프로그램에 의한 입출력 방식보다는 훨씬 효율적이지만 입출력을 위해서 필요한 상태 정보, 제어 정보 및 입출력 데이터 전송을 위해서는 여전히 MPU의 능동적인 관여가 요구되며, 데이터 전송 경로도 반드시 MPU의 레지스터를 거쳐서 이루어진다. 이러한 방식들은 MPU가 주변 장치의 상태를 검사해야 하고, 입출력을 통한 데이터 전송을 위해서는 많은 수의 명령을 처리하기 때문에 입출력 다른 일을 진행할 수 없다는 문제점은 멀티미디어 환경에서 오디오 및 동화상을 포함하는 대량의 데이터를 고속으로 전송해야 하는 경우에 흔히 사용되는 블록 단위 전송에서는 더욱 심각해진다.

트랩 : 하드웨어에 의해 자동적으로 미리 알려진 위치에 조건적으로 점프하는 것으로 트랩은 스위치로 제어되던 정지나 분기의 고전적 개념에서 발전된 것으로, 흔히 다수의 내부 트리거나 트랩 기능이 컴퓨터 내에 존재하며 기대 또는 예측할 수 없는 사건들에 의해 발생된다. 트랩과 인터럽트의 차이점은 트랩은 발생하는 시점이 프로그램의 일정한 지점이라는 점에서 동기적인 반면, 인터럽트는 주로 하드웨어적인 요소나 프로그램 외부 상황에 따라서 발생 시점이 일정하지 않다는 점에서 비동기적이다.

8.2.3 직접 메모리 접근 입출력

▣ DMA(Direct Memory Access) 입출력 방식

대량의 데이터를 고속으로 블록 단위로 전송하기 위해 MPU와 입출력 인터페이스 사이에서는 상태 정보와 제어 정보만을 교환하게 하고 입출력 데이터는 주변 장치와 주기억 장치간에 직접 하드웨어적으로 입출력하는 방법이다.

❍ DMA의 사이클 스틸링(Cycle Steeling) 입출력 상황 : 입출력은 마이크로 컴퓨터에서 가장 진보된 입출력 방식으로서 I/O의 속도가 빠른 디스크, 드럼 등과 입출력을 수행할 때에 사용되는 방식이다. DMA에 의한 입출력 방식은 MPU의 입출력 명령 하나에 의하여 MPU의 계속적인 간섭 없이는 사이클 스틸링(Cycle Steeling) 상태로 DMA 장치의 독자적인 동작으로 일련의 정보를 기억 장치와 직접 입출력할 수 있다.

▣ DMA 인터페이스용 제어기(DMAC)

DMA에 의한 입출력에서는 기억 장치와 I/O 사이에서 다량의 데이터가 직접 입출력이 일어나기 때문에 MPU는 블록에 관한 정보, 입력 혹은 출력에 관한 동작의 종류, I/O의 번호 등을 DMA 제어기에 정보를 알려주어야 한다. 따라서 이 방식은 데이터의 입출력에서 MPU를 가능한 한 자유롭게 해줌으로써, DMA 인터페이스에 의해서 입출력이 진행되는 중이라도 시스템 버스를 사용하는 경우만 제외하고는 독자적인 기능을 실행할 수 있게 된다.

❍ DMA 인터페이스 : 입출력 인터페이스가 주기억 장치와 데이터를 직접 교환하기 위해서는 DMA 기능을 실행할 수 있도록 입출력 인터페이스가 그림 8-4처럼 확장되어야 하며, DMA 인터페이스는 DMA 제어기를 이용하여 구현한다.

DMA 입출력 인터페이스가 필요로 하는 하드웨어로는 워드 카운터 레지스터(word counter register), 주기억 장치의 시작 주소 레지스터(memory starting address register), 지시어 레지스터(command register), 상태 및 제어 논리 회로, 주기억 장치에 대한 읽기/쓰기 신호 생성 및 주변 장치 제어기와 접속에 필요한 타이밍 및 제어 논리 회로(timing and control logic)가 자체적으로 내장되어야 한다.

- 하드웨어 자원을 이용하는 DMA 입출력 방식에서는 인터럽트 구동 입출력 방식과는 달리, 동적 실행 정보에 대한 전환 과정이 필요 없게 되어 고속의 입출력 환경에서 널리 이용되고 있다.
- DMA 입출력 방식은 데이터를 문자나 바이트 단위가 아닌 블록 단위로 전송하기 위해서 MPU는 데이터를 전송하기 이전에 주기억 장치에 전체 블록을 적재하는 방식도 MPU가 주변 장치의 상태를 입출력 포트의 상태 레지스터의 내용을 읽어서 준비 여부를 확인하는 것으로부터 시작되기 때문에 프로그램에 의한 입출력과 마찬가지로 MPU에 의해서 개시되는 입출력 방식이다. 주변 장치의 상태가 준비 완료 상태로 확인되면 MPU는 입출력 지시어, 주기억 장치에 저장되어 있는 데이터 블록의 시작 주소, 크기 및 시작 지시어를 DMA 인터페이스로 전송한다. DMA 인터페이스는 데이터를 주기억 장치로 직접 전송하기 위해서 CPU가 DMA 컨트롤러에게 명령을 보낸다.
- DMA는 CPU로 BUS REQ(Bus Request)의 버스요청 신호를 보낸다.
- CPU가 DMA에서 BUS GRANT의 버스허락 신호를 보낸다.
- 이 시점에서 MPU가 버스를 이미 사용하고 있었다면, DMA 인터페이스는 MPU에 의해서 현재 진행 중에 있는 버스 주기가 종료된 후, 버스에 대한 사용권을 얻게 된다. 버스 사용권을 획득한 DMA 인터페이스는 주기억 장치로의 데이터 전송 과정을 직접 제어하게 되며, 데이터 전송이 완료되면, 인터럽트 신호로써 MPU에 알려주고 시스템 버스에 대한 사용권을 MPU에게 되돌려 준다.

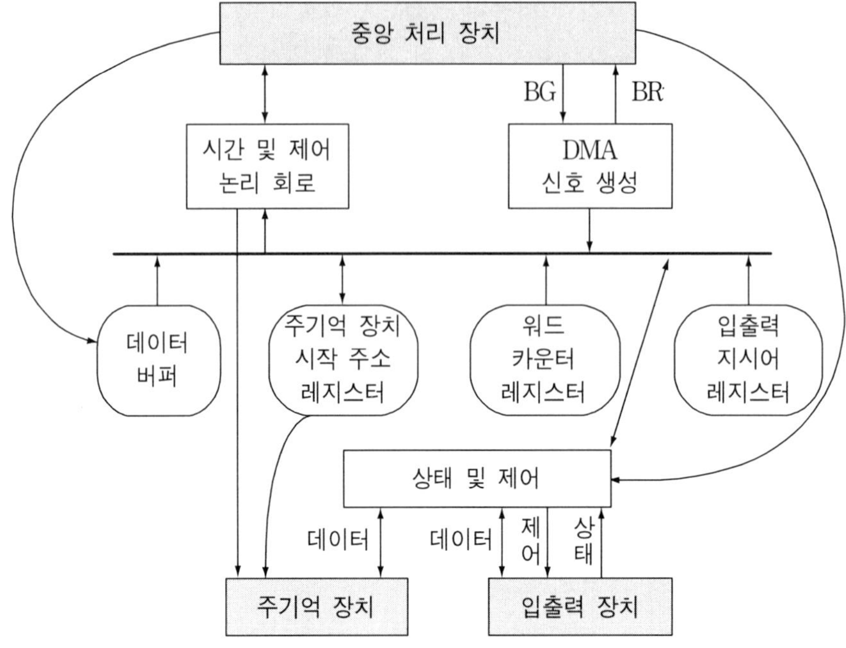

그림 8-4 DMA 인터페이스 제어기의 구성

▣ DMA 데이터 전송 모드

MPU로부터 시스템 버스에 대한 사용권을 획득한 DMA 인터페이스가 제어하는 데이터 전송 과정은, 고속의 I/O를 대상으로 데이터를 블록 단위로 대량 전송하는 버스트(burst) 모드와 저속의 I/O를 대상으로 한 워드의 데이터를 전송 단위로 하는 단일 주기(single cycle) 모드로 구분된다.

○ 버스트 모드 : DMA 인터페이스가 버스 사용권을 획득하여 데이터 전송을 마칠 때까지 버스 주기를 독점하는 방법이다.

○ 단일 주기 모드 : DMA 인터페이스가 한 워드를 전송한 다음 시스템 버스에 대한 사용권을 MPU에 되돌려 주는 방법이다.

- 저속 주변 장치의 입출력을 위해서 사용되는 단일 주기 모드 방법에서는 상대적으로 높은 우선순위를 갖는 DMA인터페이스가 MPU와 동시에 버스를 사용하려고 하는 경우, DMA 인터페이스가 버스를 한 주기 단위로 사용한 후 MPU에 제어권을 넘겨주기 때문에 데이터 전송 시간에 비해 버스 사용권 획득과 반환에 소요되는 시간이 상대적으로 커지며, 이로 인

해 대량의 데이터를 고속으로 전송하는 환경에서는 적합하지 못하다.

▣ DMA와 인터럽트 요청 신호에 따른 처리 과정의 차이점

그림 8-5는 DMA 요청과 인터럽트 요청 신호에 따른 처리 과정에서의 차이점을 나타내고 있다.

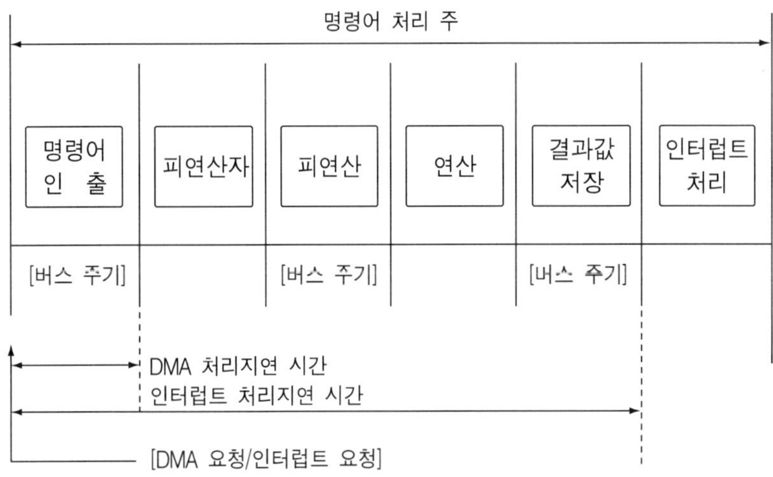

그림 8-5 DMA와 인터럽트 요청에 대한 처리 지연 시간

- ○ DMA 처리 지연 : DMA 요청은 버스에 대한 요청이기 때문에 MPU가 버스를 사용하고 있지 않을 경우 바로 DMA 인터페이스가 버스를 사용할 수 있지만, MPU가 버스를 사용 중에 있을 경우에는 이 버스 주기가 종료되는 시점에서 DMA 인터페이스가 버스를 사용할 수 있게 된다.
- ○ 인터럽트 처리 지연 : 인터럽트의 경우에는 요청 신호를 보낸 시점과는 무관하게 MPU는 항상 명령어 처리 주기의 마지막 주기에서 인터럽트 처리가 시작된다. 따라서 인터럽트 요청 시점에 따른 처리 지연 시간은 서비스를 요청한 후 인터럽트의 처리 주기 이전까지의 시간의 합이 된다.

8.2.4 입출력 채널에 의한 입출력

▣ 입출력 채널(I/O Channel)

마이크로 컴퓨터의 DMA 입출력 방식의 기능이 IBM에 의해서 더욱 확장 구현된 것으로 범용 컴퓨터에서 입출력만을 위한 전용 I/O 프로세서(I/O Processor) 처리 장치를 채널(Channel)이라한다. 채널은 MPU처럼 독자적으로 주기억 장치에 저장된 명령어를 해독하여 처리할 수 있는 능력을 갖추고 있다. 채널을 갖춘 시스템에서 MPU는 주기억 장치에 있는 입출력 프로그램을 수행하도록 입출력 채널에 지시함으로써 입출력 전송을 초기화하고 입출력 채널은 MPU의 개입 없이 입출력 처리를 수행하므로 MPU는 입출력과 관련된 작업을 크게 경감시킬 수 있기 때문에 시스템 전체의 성능이 향상되고 채널에 의한 입출력 명령과 MPU에 의한 연산이 병렬로 처리될 수도 있다.

▣ 입출력 채널 유형

- ○ 선택 채널(Selector Channel) : 고속 I/O를 제어하는데 이용되며 한 번에 하나의 I/O에 대한 데이터 전송을 제어한다. 고속의 하드디스크를 하나만 입출력하는데 사용한다.
- ○ 다중화 채널(Multi-plexer Channel) : 다중화 채널은 한 번에 여러 개의 장치들에 대한 입출력을 동시에 제어할 수 있다.
  - 다중화 채널(Byte Multiplexer Channel) : 여러 종류의 저속 I/O를 제어하기 위해서 이용하는 채널이다.
  - 블록 다중화 채널(Block Multiplexer Channel) : 상대적으로 입출력 속도가 빠른 장치에 대한 제어를 위해서 사용하는 채널이다.

▣ 채널의 입출력 명령어 사용

채널 입출력 방식에서도 채널과 MPU가 동시에 주기억 장치에 접근하는 경우에는 버스 주기를 차지하기 위한 중재 과정을 거치게 되므로 입출력 명령과 MPU의 연산 명령은 병렬로 처리될 수 없게 된다. 이와 같은 문제점은 MPU가 처리할 명령어들과 입출력 관련 명령어를 각각 주기억 주소 공간과 입출력

주소 공간에 분리해서 저장하고 물리적으로 독립적인 두 개의 버스를 둠으로써 해결할 수 있다. 즉, MPU와 입출력 채널은 필요한 명령어를 처리하기 위해서 완전하게 독립된 버스를 통해서 서로 분리되어 있는 주소 공간에 동시에 접근할 수 있기 때문에 입출력 명령어와 MPU 명령어가 병렬로 처리된다.

8.3 입력 장치

■ 입력 장치(Input Device)

컴퓨터는 사용자로부터 프로그램과 자료를 입력하여 프로그램에 따라 자료를 처리하는 기계이므로 사용자가 입력하는 프로그램과 자료를 입력하기위해서 컴퓨터가 인식할 수 있는 형태로 변환하는 장치를 입력 장치라하고 사용자에 의하여 컴퓨터에 자료를 입력하기 위하여 사용하는 장치들을 통칭한다.

초창기의 컴퓨터에서는 천공카드나 천공 테이프를 이용하여 입력 장치들은 카드나 종이테이프에 구멍이 몇 개나 어느 위치에 뚫려 있는가를 해독하고 이를 전기 신호를 바꾸어 컴퓨터에 자료를 입력 전달하였다.

○ 기본 입력 장치

- 키보드는 자판 위의 알파벳이나 한글 자모 등의 문자 각각에 해당되는 키를 누르면 이에 대응되는 전기 신호가 컴퓨터로 전달된다.
- 마우스는 손으로 잡고 테이블 위에서 움직임으로서 화면상에서 커서가 움직이고 물체를 선택할 수 있게 해주는 입력 장치이다.

■ 입력 장치 유형

컴퓨터에 입력되는 유형에 따라 크게 직접 입력 장치, 인식 입력 장치, 그리고 자기 테이프, 자기 디스크, 플로피 디스크 등의 기록 매체를 이용하여 입력되는 장치 등으로 구분할 수 있다.

○ 직접 입력 장치 : 사용자의 수작업에 의해 입력하는 키보드, 마우스, 스캐너, 디지타이징 태블릿, 계수기, 라이트-펜, 조이스틱, 트랙-볼 등이 있다.

○ 인식 입력 장치 : 카드 상의 수서, 또는 인쇄된 문자나 마크를 직접 해독하여 데이터를 입력하는 장치이다.

○ 기록 매체 입력 : 디스크, CD, USB 메모리 등의 기억입력

■ 멀티미디어 입력 장치

- 화상 입력 장치 : 스캐너(Scanner), 디지털 카메라(Digital Camera)
- 음성 입력 장치 : 마이크(Mike)

- 동영상 입력 장치 : 캠코더(Cam corder)
- 위치 입력 장치 : 디지타이저(Digitizer), 터치스크린(Touch Screen) 등

8.3.1 직접 입력 장치

▣ 직접 입력 장치

사용자의 수조작(Finger Operation)에 따라 컴퓨터에 데이터를 입력하는 직접 입력 방식은 키보드, 마우스, 평판, 계수기(Digitizer), 라이트 펜(Write Pen), 조이스틱(Joy stick) 등의 입력 장치를 이용한다. Floppy Disk, CD, 외장하드 및 USB 메모리 등의 기록 매체에 입력하는 경우도 그 원시 데이터의 대부분은 직접 입력 방식에 의해 입력되고 있다.

▣ 키보드(Keyboard)

문자(CUI)환경 입력 장치로 모니터와 사용자와 사이에서 가장 대화적인 컴퓨터 환경을 형성하는 키보드는 컴퓨터에서 사용자가 명령어나 데이터를 입력할 수 있도록 타자기 모양의 타자 입력 장치이다. 키보드는 손가락 압력을 감지 센서들로 이루어져 있고 입력 원리는 영문 알파벳, 숫자, 한글자모 등의 문자에 해당하는 자판위의 키를 손가락으로 누르면 문자에 대응되는 전기 신호가 발생하여 컴퓨터로 전달된다.

○ 키보드 구성 키 : 응용 프로그램에서 특별한 기능을 위해 사용하는 기능키(Function Key), 명령어나 데이터를 입력하기 위한 일반적인 키(General Key), 커서나 숫자를 위한 뉴메릭 키(Numeric Key) 등으로 구성되어 있다. 키 수는 노트북용은 85키, 데스크탑용 106키 전후에서 사용하고 있다. 키보드는 타이프라이터(Type Writer)와 같은 형태와 기능을 갖고 있다. 다른 점은 타이프라이터의 입력은 곧바로 종이 위에 인쇄되지만 키보드의 입력은 그 입력에 해당하는 이진 형태로 변화되어 입출력 포트(I/O Port)를 통해서 컴퓨터에 전송된다는 점과 여러 개의 기능키를 추가적으로 내장하고 있다는 것이다. 기능키들은 응용 프로그램에서는 특정한 기능을 수행하기 위해 정의하여 사용할 수 있다.

○ 키보드 종류 : 키패드의 촉감이 중요하며, 사용자의 취향에 따라 하드 클릭 형태의 메카니컬 키보드나 소프트 터치 키보드인 캐패시터 키보드를 선택할 수 있다.

▣ 마우스(Mouse)

키보드와 함께 널리 사용되는 그래픽환경(GUI) 입력 장치로 컴퓨터와 케이블로 연결되어 쥐(Mouse)와 같이 생긴 입력 장치를 손으로 잡고 움직이면 화면상 커서가 움직이고 버튼을 누름으로써 아이콘이나 메뉴를 선택할 수 있는 입력 장치로 사용자가 마우스를 이동시키면 이동한 방향과 거리가 마우스 구동기(Mouse Device Driver) 의해서 계산되어 프로그램의 커서나 화살표가 대응하여 이동한다.

마우스는 윈도우 운용체제(Windows Operating System)의 GUI(Graphic User Interface) 환경의 인터페이스로 값이 싸고 효율적인 대화형 입력 장치로 각광을 받고 있다. PC에는 400DPI(Dot per Inch)급 이상의 마우스가 사용된다.

❍ 마우스의 종류 : 입력 방식에 따라 볼 마우스, 광 마우스가 있고, 접속 포트에 따라 MS, PS/2, COM, USB가 있고 통신 방법에 따라 시리얼 마우스, 버스 마우스, 무선마우스(Wireless Mouse) 등이 있으며, 선택을 위한 기능 버튼은 2 버튼 또는 3버튼에 스크롤용 휠(Wheel)이나 forward와 back용 좌우버튼을 추가한 형태로 편리하게 설계되고 있다.

- 볼 마우스(Ball Mouse) : 작은 볼의 움직임에 기초하여 기계적으로 설계되었다. 마우스 내부의 스위치는 볼의 움직임을 감지하고 볼의 회전 방향을 컴퓨터에 전달한다. 볼은 어떤 방향으로든지 회전이 가능하지만, 단지 4 방향의 움직임만을 감지할 수 있다. 각 4 방향으로의 움직임은 1/100인치 단위로 계산되어 컴퓨터에 전달된다.
- 광 마우스(Optical Mouse) : 광 마우스는 볼 마우스와 같이 볼을 회전시키는 것이 아니라 특별한 어떤 패턴을 가진 마우스 패드(Mouse Pad) 위에서의 움직임을 감지하기 위하여 광선을 이용하여 움직임을 감지하기 위해 발광 다이오드(Light Emitting Diode)와 광 감지기(Optical Detector)를 이용한다. 마우스 패드는 파란색과 노란색의 그리드(Grid)가 겹친 패턴으로 구성되어 있다.
- 시리얼 마우스(Serial Mouse) : 표준 RS-232C의 시리얼 포트(COM, USB)를 통하여 호스트 컴퓨터에 연결된다. 이 마우스는 자신의 움직임에 대한 코드를 호스트 컴퓨터에 전송한다. 마우스를 동작시키는 드라이버 소프트

웨어는 마우스의 이동 코드가 발생될 때마다 인터럽트를 걸어 마우스에게 우선순위를 넘겨주면 드라이버는 제어상태에 있는 소프트웨어로 마우스 코드를 전송한다.

- 버스 마우스(Bus Mouse) : 애드-온 카드(Add-on Card) 형태의 마우스용 접속기를 사용하여 호스트 컴퓨터에 접속되며 독립된 자신의 포트를 이용한다.

▣ 트랙볼(Track ball)

조이스틱의 레버 대신에 틀에 고정된 구상의 볼을 손으로 돌림으로써 커서나 화살표 마크를 이동시키는 입력 장치이다. 기능은 마우스와 동일하나 단점을 보완하여 작은 작업 공간에서 사용하기 위해서 만들어졌다. 또한 팔의 이동이 불편한 위치에 있거나 그런 장애를 가진 사람을 위해서 개발되었다. 키보드 앞부분이나 옆에 설치되어 있다.

▣ 조이스틱(Joy stick)

라이트 펜처럼 모니터와 같이 사용하는데, 컴퓨터 게임 등에서 레버를 임의의 방향으로 기울임으로써 모니터상의 좌표 마크를 원하는 위치로 움직이게 하는 입력 장치이다. 사용자는 마크를 이동시킨 후 스위치를 누름으로써 그 좌표 값의 입력이 가능하다. 조이스틱은 손잡이로 조작하므로 라이트 펜에 비하여 장시간 사용한 경우에도 피로감이 적다. 주로 컴퓨터 게임 장치로서 자동차의 변속 장치의 손잡이 모양의 스틱을 움직임으로서 화면 위에서 좌표를 이동시키고 행동을 제어할 수 있다. 일부 사운드카드에서 포트를 지원한다.

▣ 스캐너(Scanner)

그림, 사진, 서류 등과 같은 2차원 자료 입력 장치이며 종이에 인쇄되어 있는 자료를 컴퓨터 시스템으로 입력하는 데에 사용된다. 스캐너는 모든 형태의 인쇄 자료를 2진화하여서 컴퓨터에 입력시킨다. 그리고 그 자료는 특정한 소프트웨어를 이용하여 편집과 출력을 할 수 있으며, 탁상출판(Desktop Publish)에 보편적으로 사용된다.

○ 스캐너의 종류 : 크게 핸드 스캐너, 플랫베드 스캐너, 시트피드 스캐너, 카메라 기반 스캐너, 그리고 프린트 헤드 스캐너 등의 5가지 유형이 있다.

- 핸드 스캐너(Hand Scanner) : 컴퓨터에 이미지를 입력하기 위해 손으로 잡고 스캐닝(Scanning) 한다. 소형으로 사용이 편리하고 가격이 저렴하다. 이미지의 비틀림이 없이 스캔하기 위해서는 안정되게 느린 손동작을 필요로 한다. 핸드 스캐너의 이미지 폭이 4에서 4.5인치까지로 제한되어 있다.
- 플랫베드 스캐너(Flatbed Scanner) : 외관상 소형 복사기와 유사하며, 스캔되는 이미지가 위치하는 곳 위에 인쇄기의 인자판과 같은 역할을 수행하는 플래튼(Platen)이 있고 이미지 위쪽에 덮개(Cover)를 가지고 있다. 이 스캐너는 가격이 저렴해졌다. 이미지의 비틀림이 없다.
  이미지를 먼저 볼 수 있게 해주는 소프트웨어 제공으로, 스캐너가 이미지를 저해상도로 빨리 전송하여 컴퓨터의 스크린에 보여준다. 그러면 사용자는 이미지가 적절히 배치되었는지를 확인하고, 실제로 스캔하기를 원하는 이미지의 부분을 정하여 원하지 않는 부분은 제거할 수 있기 때문에 시간과 디스크의 저장 장소를 줄일 수 있게 된다. 스캐너에 문자인식 프로그램이 서비스되고 있다.
- 시트피드 스캐너(Sheet-feed Scanner) : 이미지 위에서 CCD를 이동하는 플랫베드 스캐너와는 달리, CCD 위에서 이미지를 이동한다. 따라서 플랫베드 스캐너가 사진 복사기와 비슷하다면 시트피드 스캐너는 전형적인 팩시밀리와 유사하다. 쌓아 놓은 여러 장의 종이를 스캔할 수 있게 하는 시트피더(Sheet-Feeder)는 스캐너에게 종이를 보내주는 역할을 한다. 이 스캐너는 플랫베드 스캐너보다 속도가 빠르고 가격이 낮은 반면, 스캔할 수 있는 물체의 종류에 제한이 있다.
- 카메라 기반 스캐너(Camera-based Scanner) : 이미지의 사진을 찍기 위해 CCD 카메라를 사용하고, 가격이 높은 입력 장치로서 오버 헤드 스캐너(Oeverhead Scanner)라고도 하며 그래픽 전문가용으로 사용되고 있으며, 해상도가 높은 이미지를 만들고, 스캔하고자 하는 이미지의 종류를 좀더 융통성 있게 허용하기도 한다. 또한 3차원의 이미지를 스캔할 수 있다.
- 프린터 헤드 스캐너 : 스캔하고자 하는 이미지가 한 번에 한 줄씩 통과하게 되면 광학 감지기(Optical Sensor)에 의해 이미지를 스캔한다. 느려서 낮은 가격으로 사용하기 위해 도입되었다.

■ 라이트 펜(Light pen)

펜을 이용하여 모니터 위에 그려진 그림이나 도형을 컴퓨터에 입력하는 입력장치이다. 정보의 입력 수단으로서 CRT 모니터와 조합하여 쓰여지는 펜 모양의 광 검출 장치로서 빛을 전기 신호로 바꾸는 광전지(Photo Cell)나 사진 트랜지스터(Photo Transistor), 증폭기 등으로 구성되어 있다. CRT 모니터(Monitor) 상에서 펜을 이동시킴으로써 펜의 동작에 뒤따라서 마크가 이동하고, CRT상에 선이 그려짐과 동시에 그 도형을 컴퓨터에 입력시킬 수가 있다.

- 라이트 펜은 모니터 화면 위를 지시함으로써 그 광 검출 시간과 주사선의 동기 신호와의 관계에서 지시 위치를 프로그램으로 해석함으로써 화면에 업무 항목들을 메뉴로 표시해고 한 메뉴를 라이트 펜으로 지시함으로써 선택 입력한다. 라이트 펜의 구조는 그림 8-6과 같다.

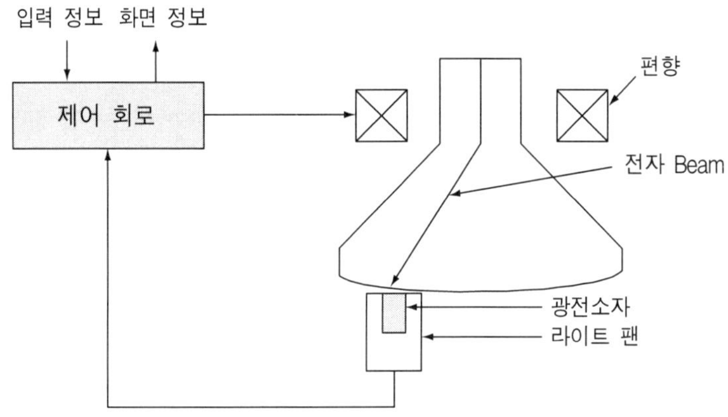

그림 8-6 라이트 펜의 구조

■ 터치 스크린(Touch Screen)

손가락을 어떤 기계 장치의 사용 없이 직접 스크린에 접촉시키는 방법으로 입력을 받는 장치이다. 화면의 일부에 손을 댐으로써 화면을 마치 키보드나 제어 패널처럼 입력할 수 있게 하는 장치이다.

■ 디지타이징 태블릿(Digitizing Tablet)

대화형 그래픽에서 사용되는 입력 장치의 일종으로서, 탐침(stylus)이나 핸드 커서(Hand Cursor)가 태블릿의 위를 움직임에 따라 그 위치가 컴퓨터에 전달

되는 입력 장치이다. 이 장치는 평평한 판상의 장치 위에 실제 도형을 두고, 그 위치를 특수한 펜(digitizer)으로 도형 요소를 지시하고, 위치 정보를 컴퓨터에 입력하는 데 이용된다.

- 건반을 병용함에 따라서 선의 종류, 색, 굵기까지도 입력 가능하므로 도면을 취급할 수 있다. 그리고 입력펜과 평면의 정전, 전자 결합에 의해 위치 정보를 검출해서 코드 변환 회로에서 한자 등의 입력 정보를 배열한 평면(Tablet)에 입력펜으로 한자 코드 등을 발생한다. 그림 8-7은 디지타이징 태블릿의 구조이다.

▣ 디지타이저(Digitizer)

지도와 같이 상대적 위치가 중요한 자료에서 사용되는 디지타이저는 평면 위의 임의의 점을 좌표로 나타내 주는 장치이다. 디지타이징 태블릿과 원리가 같으나 위치 정도를 높여서 지도 그래프 등 복잡한 도형의 계수로 입력 가능하게 한 것이다. 그림이나 사진 같은 이미지는 2차원상의 좌표로 표시할 수 있다.

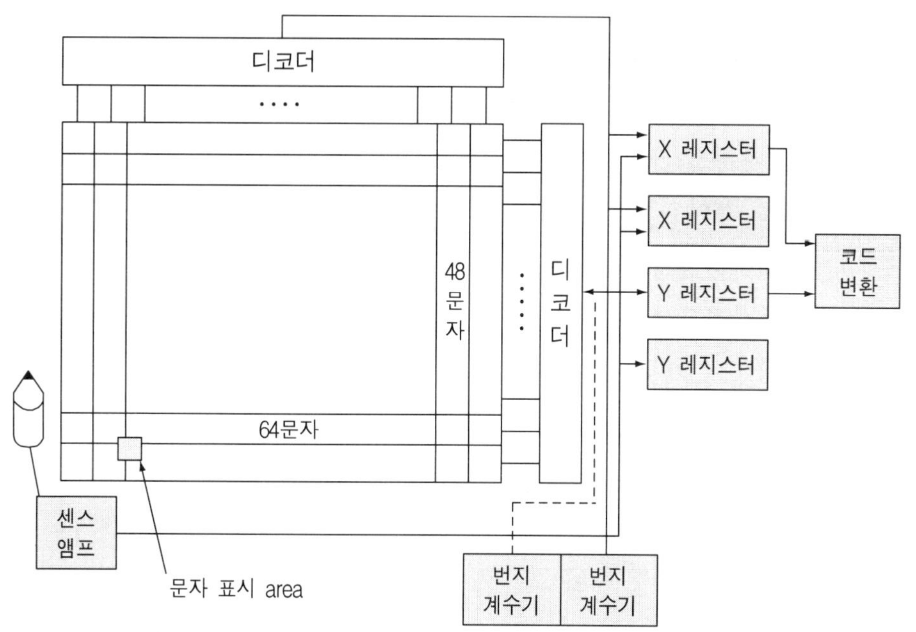

그림 8-7 디지타이징 태블릿의 구조

8.3.2 인식 입력

▣ 인식 입력 종류

사람 손에 의해 쓰여졌거나 인쇄된 문자나 마크를 직접 해독해서 데이터를 입력하는 방식이다. 인식형의 입력 장치로는 연필 등으로 기입한 마크를 독해하는 마크 판독기, 수서나 인쇄된 문자를 해독하는 문자 해독 장치, 바코드를 판독하는 바코드 판독기 등이 있다.

▣ 광학 마크 판독 장치(OMR)

수성펜 등으로 기입한 마크를 독해하는 입력 장치이다. 용지 위의 마크의 유무를 광전자적으로 해독하여 이것을 전기 신호로 바꾸는 장치이다. 광학 마크 방식은 미리 인쇄된 항목 중에서 하나를 골라 해당란에 연필 같은 것으로 기입만 하면 되므로 통계 조사, 공정 관리, 시험의 자동 채점, 재고 관리 등 폭넓은 업무에 적용할 수가 있다.

▣ 문자 판독 장치(Character Recognition)

입력해야 할 문자 정보가 기록된 원시 전표에서 직접 문자를 해독해서 2진 부호로 바꾸는 장치이다.

○ OCR(Optical Character Recognition) : 인쇄된 문자를 해독하는 입력 장치로 광학식 문자 판독 장치(OCR)은 보통의 잉크로 인쇄된 문자나 연필 등으로 쓰여진 문자를 광전자적으로 해독하는 장치로 특징은

- 데이터량의 증가에 강하다.
- 누구라도 간단히 입력 작업을 할 수 있다.
- 전표의 기표 장소 등 데이터 발생 장소에서 데이터 입력이 가능하다.
- 원시 전표가 입력 매체가 되며 입력 매체 작성용 기기가 불필요하다.

○ OCR의 문자의 형(Character Font)

- 인쇄문자 인식용 : 표준 코드 영문 숫자용의 인자 자형으로 OCR-A, OCR-B및 OCR-K 등의 폰트가 있다.
- 필기체 인식용 : 수서 문자 표준 자형에 따라 기입 방법이 있으며, OCR-HN, OCR-HK가 표준 코드가 정해져 있다.

○ 문자의 인식 방법 : 겹쳐 맞추는 방법과 특정 추출 방법이 있다.

- 겹쳐 맞추는 방법 : 표준으로 하는 문자 패턴과 입력된 문자 패턴의 겹치는 정도에 따라 문자를 판별하는 방법으로서 입력된 문자 패턴의 변형이 적은 인자 문자의 인식에 많이 사용하는 방식이다.
- 특정 추출 방법 : 수서 문자는 쓰는 사람에 따라 그 자형이 다르며, 하나의 문자라도 그 변형 정도가 크므로 겹쳐 맞추는 방법으로 인식하기에는 곤란하다. 문자를 판별하기 위한 결정적인 방법이 되는 특징, 즉 선이나 그것의 연결 상태 등을 살펴서 그 종류나 출현 수에 따라 문자를 판별하는 방식이다. 이 특징 추출에 의한 인식 방식은 그 특징의 추출 방법에 따라 여러 가지 방식이 개발되고 있다.

○ MICR(Magnetic Ink Character Recognition) : 자기 잉크 문자 판독 장치(MICR)는 자성이 있는 특수한 잉크로 인쇄된 문자를 해독하는 장치로서 주로 수표나 어음 처리 및 공공요금 영수증에 사용되고 있으며, 자기적으로 해독하기 때문에 오염에 강하다.

▣ 바코드 판독기(Bar Code Reader) : 바코드를 판독하는 입력 장치로 프로그램이나 데이터 등을 막대로 표시하여 형태의 폭과 흑백으로 '0' 또는 '1'을 판독하여, 그 조합을 컴퓨터에 입력하는 장치이다.

○ 핸드 스캐너 방식 : 손으로 바코드를 주사해서 판독하는 핸드 스캐너 방식인 라이트 펜으로 바코드를 순서대로 읽어 들여 전기 신호를 변환하여 컴퓨터에 데이터를 입력시키는 장치이다. 즉, 바코드 판독기는 백과 흑의 바를 짜 맞춤으로써 코드화 된 정보를 광전자적으로 판독해서 입력하는 장치이다.

○ 고정 스캐너 방식 : 백화점이나 슈퍼마켓의 POS(Point Of Sales) 단말은 광 검출기를 고정시켜 두고 레이저 광 등에서 상품상의 바코드를 주사하는 고정 스캐너 방식으로, 바코드로 인쇄된 상품 코드를 순차 해독하여 청구 금액을 즉시 출력한다든지, 판매 및 재고 관리 등의 처리가 가능하게 된다.

▣ **음성인식 입력 장치**

음성을 인식하여 컴퓨터가 처리할 수 있는 코드 정보로 바꾸는 방식으로서는 패턴 매칭법과 식별 상관법이 있다.

○ 패턴 매칭법 : 음성의 표준 패턴과 입력 음성을 비교해서 입력 음성에 가장 가까운 음성의 표준 패턴을 찾아내는 방식으로 대화자가 한정되어 있는 경우에 적용되며, 단어마다 구분을 지어서 발성하지 않더라도 인식이 가능한 것이 나와 있다.

○ 식별 상관법 : 하나의 단어와 다른 단어를 구별하기 위한 함수를 미리 준비해 두고 그 함수를 입력 음성 데이터를 작용시켜 판정하는 방식이다. 대화자를 한정시키지 않고 단어마다 구분해서 발성된 음성을 인식 가능한 장치가 개발되어 있다.

○ 음소 단위 인식 : 음소 등의 단위로 인식해 언어 정보 등을 이용해서 문을 인식하는 방식도 연구되고 있다.

○ 마이크(Mike) : 소리의 입력 장치로 마이크를 이용한 음성 인식 장치(Voice Recognition Device)는 사용자의 아날로그 신호인 목소리를 입력받아서 제한된 음성 명령들을 받아들인다.

▣ **화상 입력**

디지털 카메라, 캠코더 등이 있다.

▣ **입력 장치의 발전 방향**

좀 더 사용자가 편리하게 사용하는 방향으로 진행되고 있다. 컴퓨터에 대한 깊은 지식이나 이해가 없이도 쉽게 컴퓨터에 자료를 입력할 수 있는 방향을 향해서 계속적인 연구와 개발이 진행되고 있다.

8.4 출력 장치

▣ **출력 장치(Output Device)**

컴퓨터에서는 입력 장치로부터 처리할 자료와 명령어에 의해 명령대로 자료를 처리하고 결과를 생성하고 사용자가 알아볼 수 있는 형태로 변환해 주는 장치를 출력 장치라고 한다.

▣ **출력 장치 종류**

자료를 화면에 표시하는 디스플레이 장치, 자료를 종이에 표시하는 프린터, 시각적 출력 외에도 음악이나 음성 등을 출력하는 청각적 출력 장치 등이 있다. 또한 출력 결과를 컴퓨터에 저장할 필요가 있을 때에는 디스크나 테이프 등의 보조기억 장치가 출력 장치로도 사용된다.

❍ 시각적 출력 장치

- 디스플레이 장치 : 자료를 화면에 표시하는 장치
- 프린터 : 자료를 화면이 아닌 종이에 표시하는 장치

❍ 청각적 출력 장치 : 음악이나 음성 등을 출력하는 장치

❍ 보조기억 장치 : 출력 결과를 저장할 때에는 디스크나 CD, 외장하드, USB 메모리 등이 기억 장치가 출력 장치로 사용된다.

8.4.1 디스플레이 장치

▣ 디스플레이(Display Device) 장치

컴퓨터 환경에서 자료를 화면에 표시하는 대표적인 출력 장치로 이용된다. 이러한 디스플레이 장치에는 CRT모니터, 액정 디스플레이(LCD), 전자 발광 디스플레이, 그리고 가스 플라즈마 디스플레이 등이 있다.

○ CRT(Cathode Ray Tube) 모니터 : CRT의 전자총에서 발사된 전자가 형광막에 충돌해서 발광하는 현상을 이용한 화면 표시 장치로써 전자의 충돌 위치는 편향 코일에 의해 주어지는 자계의 강도에 따라 결정되며, 전자의 흐름을 ON/OFF함으로써 정보를 화면에 표시한다.

○ 액정 디스플레이(LCD : Liquid Crystal Display) : 두 개의 유리 판 사이에 액정을 담고 이곳에 전압을 가하게 되면 액정의 분자 배열 방향이 달라져서 빛의 통과율이 변하는 성질을 이용하여 정보를 표시한다. 액정 자체에서 빛을 발생하는 게 아니라 밝은 곳에서는 잘 보인다. 액정 패널의 후면에 위치한 반사판이 빛을 반사할 때 나타나는 액정의 상태에 따라 명암을 구별하기 때문에 어두운 곳에서는 잘 보이지 않고 않는다. 후면에 후면등(Back-Light)을 내장하여 문제점을 개선하기도 한다.

○ 전자발광 디스플레이(EL : Electro-luminiscence) : 유리 필름 사이에 끼워져 있는 발광 형광체에 전기장을 인가하여 발광시켜 화면에 표시한다. 장점은 화면이 선명하게 밝고 날카로우며 대비가 뛰어나고, 또한 이미지의 디스플레이가 빠르다. 단점은 LCD에 비해 가격이 비싸고 많은 전력을 소비하지만, 플라즈마 디스플레이보다는 적은 전력을 소비한다.

○ 플라즈마(Gas Plasma) 디스플레이 : 박막의 유리판 사이에 플라즈마(Plasma) 혹은 네온 아르곤(Neon-Argon) 가스를 채우고, 외부로부터 전원이 인가되면 발생하는 플라즈마 현상을 이용하는 화면 장치로서 화면의 두께가 얇기 때문에 휴대용 화면 표시 장치로 사용되고 있으나, 전력 소모가 많다.

▣ CRT(Cathode Ray Tube) 모니터

컴퓨터의 처리 결과인 전기 신호는 출력 장치의 변환 장치를 통해 브라운관에 주사되는 전자선을 제어하고, 사용자가 알아볼 수 있는 형태로 화면상에 표시한다. CRT 모니터는 비디오 스크린(Video Screen), 비디오 디스플레이(Video Display) 또는 스크린(Screen) 등으로도 불린다. 모노크롬 모니터는 배경색에 따라 Green, Amber, White가 있었다.

▣ 컬러 모니터

R(Red), G(Green), B(Blue)의 3종류의 형광물질은 빛의 삼원색으로 이를 적절하게 발광시키면 원하는 색상을 화면에 표시할 수 있다. 세 가지 색의 형광물질이 형광체 스크린(Phosphor Screen)에 도포되어 있고 이 곳에 전자총에서 발사된 전자가 충돌하면서 발광되어 이때 생기는 빛을 사용하여 사용자가 눈으로 볼 수 있는 컬러 색상으로 표시한다.

- ○ Composite 방식 : 비디오 보드에서 미리 색상을 조합하여 그것을 모니터로 보내어 색을 표현한다.
- ○ RGB 방식 : 비디오 보드에서 Red, Green, Blue 세 가지 색을 분리하여 각각을 모니터로 보내면, 모니터에서 세 가지 색상을 조합하여 원하는 한 가지 색을 만들어 색을 표현하게 되는데, RGB 방식은 색상이 선명하게 나타나고, 색의 혼합을 모니터에서 해줌으로써 가격이 비싸다.

▣ CRT 모니터의 구성

전원부, 비디오부, 고압부, 편향부, 그리고 CRT 등으로 그림 8-8에서 구성되어 있다. CRT(Cathode Ray Tube)는 새도우 마스크(Shadow Mask)의 종류에 따라 도트 타입(Dot Type)과 슬롯 타입(Slot Type), 그리고 슬릿 타입(Slit Type)의 세 가지로 나누어진다.

▣ 주사 방식

CRT 표면에 전자빔을 주사하는 방식에는 그림 8-9(a)와 같은 순차주사(Non-interlace Scanning) 방식과 그림 8-9(b)와 같은 비월주사(Interlace Scanning) 방식이 있다. 비월주사 방식은 낮은 주파수를 지원하는 모니터에서 고해상도의 화면을 디스플레이하기 위해 사용하고 있으며, 사용자에게 화면이 깜박거린다는 느낌을 준다.

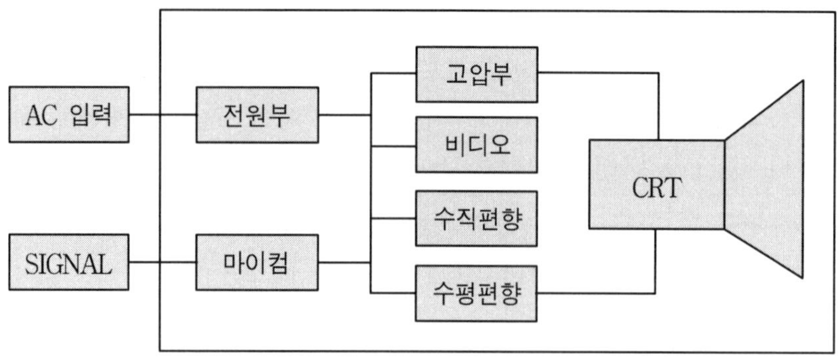

그림 8-8 CRT 모니터의 구성도

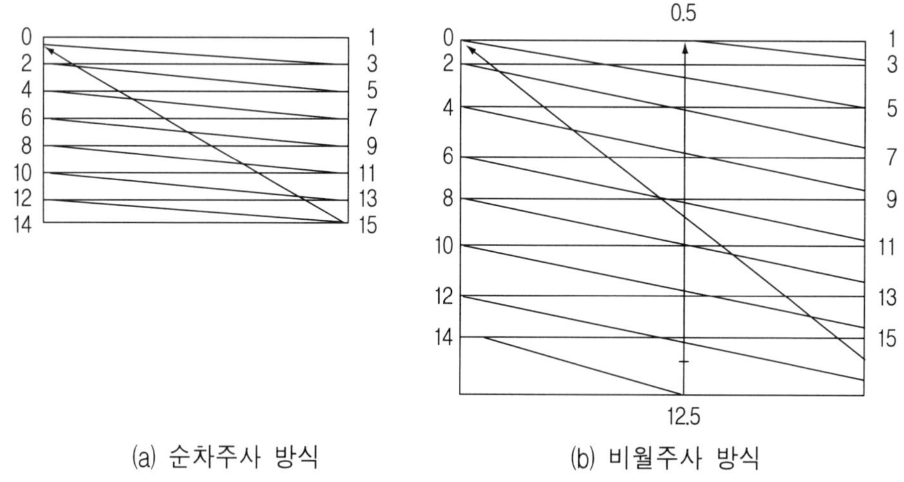

(a) 순차주사 방식 (b) 비월주사 방식

그림 8-9 주사 방식

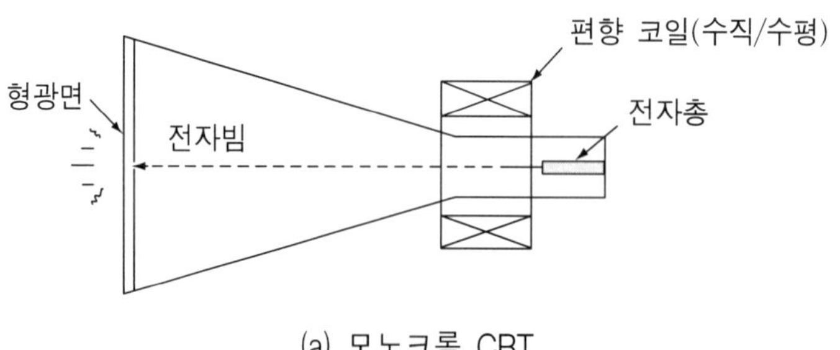

(a) 모노크롬 CRT

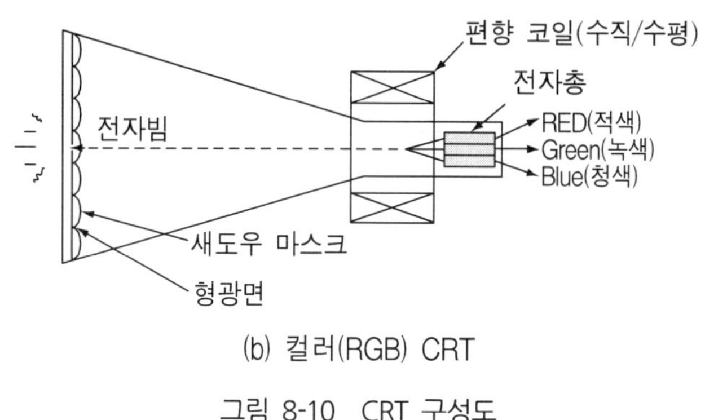

(b) 컬러(RGB) CRT

그림 8-10 CRT 구성도

■ **액정 디스플레이(LCD : Liquid Crystal Display)**

작고 휴대 가능한 컴퓨터에서 사용되는 디스플레이 장치이다. 가볍고 매우 작은 전력을 소비하지만 대비(contrast)가 좋지 않다. 액정(Liquid Crystal)은 일정한 온도의 범위 내에서 액체가 지닌 유동성과 결정이 지닌 광학적 이방성 액체 물질로서 겉에서 보기에는 투명한 색을 가지고 있다.

❍ 액정 디스플레이 기본 기술 : 액정을 담은 두 개의 유리기판을 상하에 놓고, 그 사이에 전극판은 디스플레이 하고자 하는 모양대의 전극판 상하에 전압을 인가하면 액정의 분자 운동 방향이 달라져서 이를 통과하는 빛의 양을 조절하여 원하는 빛만을 선택적으로 통과하여 화면에 표시하는 방식이다.

■ **LCD 종류**

액정 셀을 구동 방식에 따라 X, Y 매트릭스(Matrix) 구동 형식의 패시브 매트릭스 LCD, 각각의 픽셀(Pixel)을 구동하기 위해 TR 등의 스위칭 소자(Switching device)를 사용한 액티브 매트릭스 LCD, 그리고 강 유전성 액정을 사용하여 광선을 비추면 액정 배열의 방향이 변하는 특성을 이용한 광 구동 LCD 등으로 구분한다.

❍ 패시브 매트릭스(Passive Matrix) LCD : X, Y 방향에 전극을 연결하여 신호를 보내면 X, Y가 교차하는 위치에 픽셀이 표시된다. 이 방식은 X, Y 전극의 조합으로 복수의 픽셀을 동시에 표현할 수 있다. 그러나 매트릭스가 커지게 되면, 드라이브의 효율이 감소하여 선명도가 떨어진다. 패시브 매트릭스 LCD에는 TN, STN, DSTN, TSTN 등의 4가지 방식이 그림 8-11

처럼 있다.

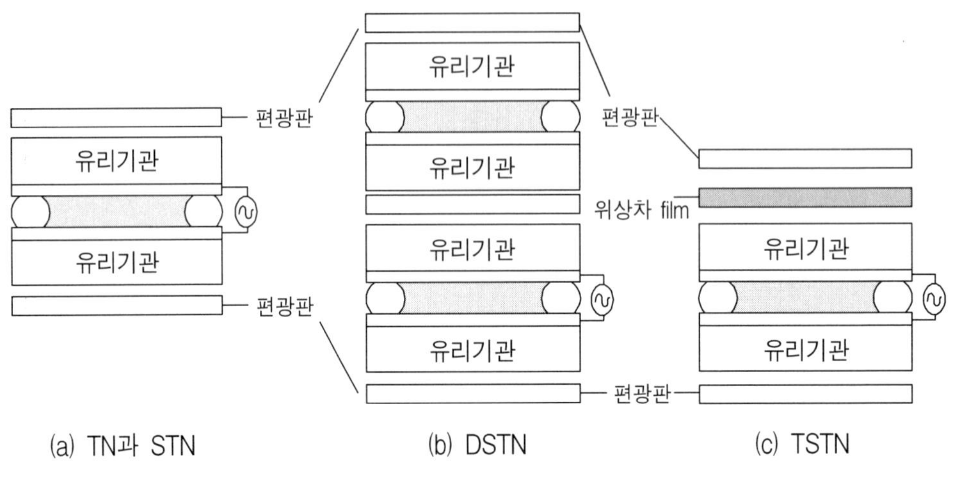

그림 8-11 패시브 메트릭스 LCD의 구조

- TN(Twist Nematic) LCD : TN의 셀(Cell) 구조는 그림 8-12(a)에서와 같이 배향된 2개의 유리기판이 서로 90도 엇갈리도록 위치하며, 그 사이의 네마틱(Nematic) 액정 분자들도 위에서 아래로 90도 만큼 엇갈리게 배열된 셀에 빛을 투과시키면, 그림 (b)처럼 빛이 투과되면서 곡선으로 배열되어 있는 액정 분자의 틈 사이로 투과되기 때문에 90도 만큼 엇갈리게 되는 액정 셀에 그림 (c)처럼 일정 전압을 인가하면, 유리 기판의 홈을 따라 배열하고 있는 액정 분자는 전계 방향인 수직 방향으로 배열의 방향이 달라지며 빛의 비틀림이 복구되어 수직 방향으로 투과하게 되는 셀에 빛을 한 방향으로만 투과되도록 해주는 편광 필터(Filter)를 조합하면, X, Y 방향의 성분으로 나누어지는 빛의 편광성을 이용하여, 그림 (d)에서처럼 빛을 차단하거나 통과시키는 것이 가능해 진다. 편광 필터를 적용한 액정 셀의 기본적인 구조는 그림 (e)와 같다.
  TN LCD는 디스플레이 화상이 많아짐에 따라 선명도가 현격하게 떨어지므로 전자계산기, 손목시계 등 소형기기의 분야에 응용된다. -20~70℃에서 동작하고, 가격이 저렴하다. 시야각이 좁고, 콘트라스트 비가 3 : 1로 떨어진다.

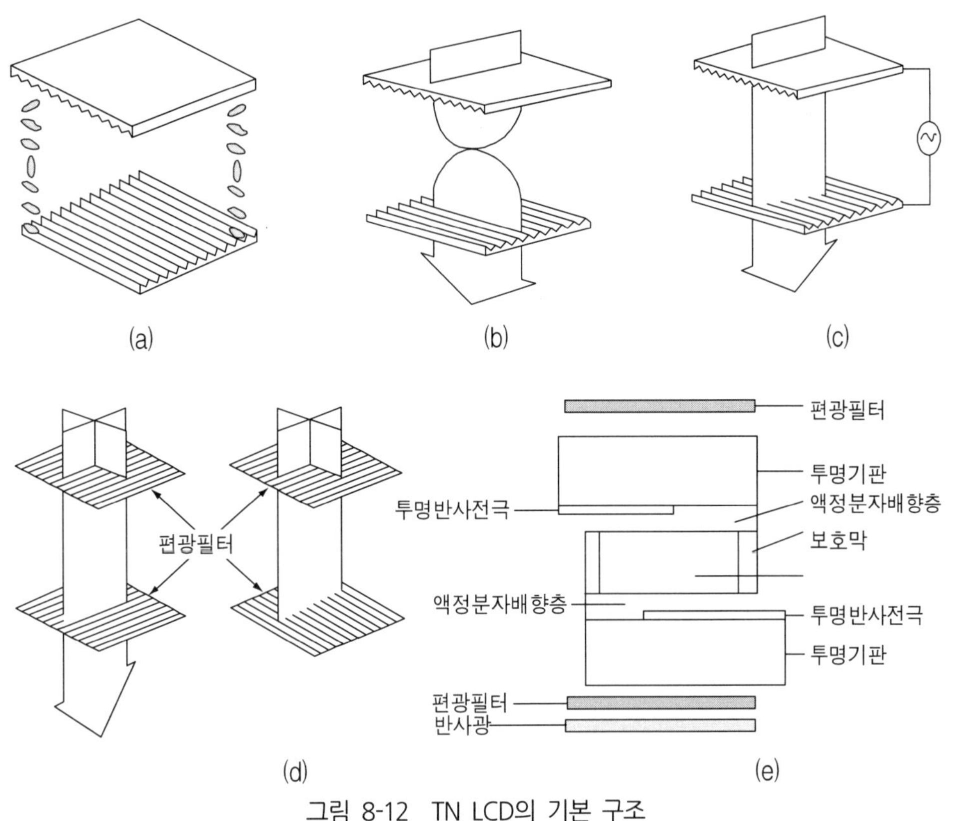

그림 8-12 TN LCD의 기본 구조

- STN(Super Twist Nematic) LCD : 단축상에서 액정 분자의 트위스트(Twist) 각이 180~270도 정도로 배열되고, 이 방식은 액정의 직립 특성이 보다 우수하기 때문에 대형 화면의 디스플레이에서도 선명도가 뛰어나다. 따라서 이를 풀-모드(Full-Mode) 액정이라고도 한다.
  기존의 TN 방식보다 시야각이 2배 뛰어나고 콘트라스트 비가 6 : 1~8 : 1 이지만, 제조비용이 많이 들고 흑/백 디스플레이가 불가능하다. 또한 동작 온도가 0~50℃로 제한적이며, 응답시간이 느리다.
- DSTN(Double Super Twist Nematic) LCD : STN 셀을 이중 중첩 구조로 복굴절 현상에 의한 액정의 착색을 제거하고, 대형 액정을 실현하기 위해 하나의 STN 액정을 색 보상용으로 추가적으로 이용하여 흑백 전용으로 개발한 것이다. DSTN LCD는 흰색 바탕에 검정 색 픽셀에서 콘트라스트 비가 15 : 1~20 : 1 정도로 패시브 매트릭스 LCD 중에서 가장 우수하

다. 반면에 가격이 비싸고, 무거우며 픽셀의 밝기에 비해 후광(Back-Lighting)이 밝다. DSTN LCD의 구동 방법은 동작 셀에 240도 왼쪽으로 비틀어진 액정을 넣을 때, 보상 셀에는 240도 오른쪽으로 비틀어진 액정을 넣는다. 색이 들어 있는 빛은 이 액정을 통과할 때 좌우가 혼합하여 원래의 백색광으로 표시한다.

- TSTN(Triple Super Twist Nematic) LCD : DSTN에서 픽셀의 밝기보다 상대적으로 밝은 후광의 밝기를 줄이기 위해 고안된 방법이다. 이 방식은 DSTN 액정에서 색 보상용으로 사용하는 셀 대신에 복굴절성을 갖는 고분자 필름을 사용한 액정이다. 제조비용이 낮고 가벼우며, 콘트라스트 비가 높다.

○ 액티브 매트릭스(Active Matrix) LCD : 매트릭스의 각 셀을 구동하기 위해 다이오드(Diode)형의 2단자 소자와 TR형의 3단자 능동 소자(Active Device)들을 사용한다.

박막 트랜지스터(TFT : Thin-Film Transistor) 셀을 구동하는 TFT LCD의 셀 구조는 그림 8-13에서 보여주고 있다. TR을 구동하기 위한 게이트(Gate)의 전극 펄스(Y)와 데이터 신호의 소스(Source) 전극인 펄스(X)를 인가하면, TR은 Turn-On 상태로 되어 신호전압을 디스플레이 픽셀에 전달한다. 게이트 전위가 다운되면 TR는 Turn-Off 상태가 되고, 픽셀의 전위는 그대로 유지된다. TFT LCD에서는 자정수(글자를 지정하는 수)를 프레임 주파수에 비해 충분히 길게 설정하면 액정에 충분한 선명도를 얻을 수 있는 실효 전위가 인가된다.

TFT LCD는 수동 소자(Passive Device)를 사용하여 구동하는 TN계열의 구동 방식을 획기적으로 개선한 구동 방식으로, 박형, 경량, 그리고 저 소비 전력의 특징이 있다. TFT LCD의 가격 중에서 컬러 필터, 백라이트, 구동 IC, 그리고 유리판이 재료비의 대부분을 차지하고 있다.

- 컴퓨터(Notebook Computer)에 사용하는 TFT LCD는 비싸지만, 높은 대비를 보여주며 기존의 LCD 스크린 보다 5배나 빨리 스크린을 다시 그릴 수 있고, 가시 각도가 훨씬 넓다. 또한 픽셀이 훨씬 더 작아 보이지만, 픽셀간의 간격은 더 크다. TFT LCD의 개발 추세는 개구율을 향상, 잔상이나 플리커(Flicker) 현상을 줄이는 방법이 연구되고 있다.

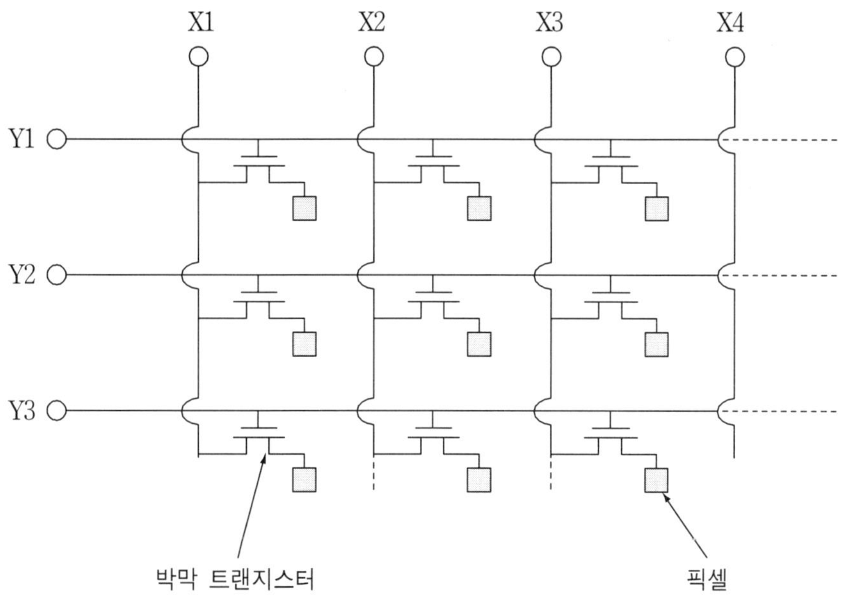

그림 8-13 TFT LCD의 셀 구조

- 광구동 LCD : LCD의 대형화는 기판에 수백만 개의 LCD 셀 구동 회로가 제조 과정에서 한 곳이라도 불량이 발생하면 기판 전체를 다시 만들어야 한다. 광구동 액정 장치는 빛으로 액정의 방향을 조절하여 문제를 해결하는데 강 유전성 액정에 광선을 쪼이면 모양이 변화는 포토크로믹 분자라는 특수 분자를 액정에 혼합해서 만들어 빛을 비추면 포토크로믹 분자가 액정 분자의 방향을 바꾸는 스위치 역할을 수행한다. 기존의 액정은 전자 회로를 써서 항상 전계를 걸어 놓지 않으면 액정 분자의 방향이 흐트러지는데 강유전성 액정은 전계가 없어도 저절로 정렬하므로 액정 분자의 방향을 바꿀 때에만 최소한의 방향 정렬 전계로 자극시켜 주면된다. 소비전력이 작고, 액정을 움직이는 셀 구동 회로를 LCD보다 간소화할 수 있다.

8.4.2 프린터

▣ 프린터(Printer) 종류

자료를 화면이 아니라 종이에 찍어서 보여주는 출력 장치이다. 컴퓨터 내부의 코드화된 자료에서 처리된 정보를 사람이 눈으로 볼 수 있는 형태로 자료를 종이에 인쇄하여 보여 주는 출력 장치로 인쇄 방식에 따라 물리적 충격을 이용하는 충격식과 열이나 레이저광선을 이용하는 비충격식 프린터로 구분할 수 있다.

프린터는 출력 단위에 따라 문자단위의 시리얼 프린터, 줄단위 인쇄의 라인프린터, 페이지단위의 인쇄하는 페이지프린터가 있다.

▣ 충격식 프린터(Impact Printer)

잉크가 묻은 천을 양각된 활자나 핀이 눌러서 종이에 문자나 그림이 찍히는 방식으로써 도트 매트릭스 프린터(Dot Matrix Printer), 데이지 휠 프린터(Daisy Wheel Printer), 드럼 프린터(Drum Printer) 등이 있다. 충격식 프린터는 가격이 저렴하고 유지비가 적게 들지만 소음이 많고 인쇄의 질이 비충격식 프린터에 비해 떨어지는 단점을 갖고 있다.

○ 도트 매트릭스 프린터 : 작은 점들을 조합하여 종이 위에 문자나 그림 정보를 인쇄하는 출력 장치로서 출력되는 정보를 2차원 배열 형태의 점으로 표현하고, 가로와 세로에 사용되는 점의 수가 많을수록 깨끗하고 선명하게 정보를 표현할 수 있다. 프린터에서는 정보를 출력하기 위하여 인쇄 헤드(Head)를 이동하면서 일련의 핀들로 잉크가 묻어 있는 리본(Ribbon) 위를 때림으로써 문자나 그림을 종이에 인쇄하게 된다.

- 도트 매트릭스 해상도 : 작은 점들을 조합하여 종이 위에 문자나 그림 정보를 인쇄하는 출력 장치로 출력되는 정보를 가로와 세로의 2차원 배열 형태의 점으로 사용되는 점이 많을수록 선명하게 정보를 표현할 수 있으므로 핀의 수가 많을수록 해상도는 높아지고 가격이 상승한다, 핀의 수는 9핀, 24핀, 36핀 등이 있다. 도트 크기는 핀의 지름에 의해 결정된다. 정보 표현용 점들 사이의 간격을 도트 피치(Dot Pitch)라고 하고, 도트 피치가 짧을수록 정보가 보다 깨끗하고 선명하게 표현된다. 프린터에서는 해상도

를 표현하기 위해 1인치 길이에 출력하는 점의 개수인 DPI(Dot per Inch)를 사용하고 고해상도는 약 300 DPI 이상의 해상도를 지원한다.

- 도트 매트릭스 장단점 : 많은 양을 출력할 수 있고, 값이 싸고 신뢰성 있고, 인쇄비용도 저렴하다. 속도가 느리며 인쇄 시에 소음이 발생하고, 인쇄의 품질이 떨어진다.

▣ 비충격식 프린터(Non-impact Printer)

충격식에 비하여 소음이 적고 인쇄속도가 빠르고, 인쇄품질이 높아 충격식 프린터에 비해 고출력을 얻을 수 있는 장점이 있어 많이 사용되고 있다. 레이저, 잉크젯, 감열식(열전사) 프린터 등이 있다.

○ 레이저 프린터(Laser Printer) : 레이저빔을 토너에 투사하여 인쇄물을 얻는 방식으로, LBP라고도 불리며, 경제적 가격대에서 고품질의 인쇄 정보를 원하는 컴퓨터 사용자들에 의하여 널리 사용된다. 고속으로 양질의 출력물을 얻을 수 있으나 단점은 가격이 비싸다.

○ 잉크젯 프린터(Ink-jet Printer) : 종이 위에 잉크를 분사하여 문자나 그림 등과 같은 정보를 인쇄하는 비충격식 프린터이다. 미세한 노즐(Nozzle)을 통해 잉크를 분사하여 문자나 그림을 인쇄하는 방식이다. 이 프린터는 잉크의 색상을 다양하게 함으로써 컬러 인쇄가 가능하고 노즐의 크기와 간격을 줄임으로써 고해상도의 출력을 쉽게 얻을 수 있고 인쇄 시에 소음이 적어 아주 조용하고, 크기도 작고, 무게가 가볍고 저렴하면서도 유지비가 적게 드는 장점으로 개인용 프린터로서 사용된다. 단점은 잉크가 종이에 번지는 경우 양질의 출력을 얻을 수 없고, 속도가 느리다.

- 프린터 메커니즘(Mechanism) : 카트리지(Cartridge)나 튜브(Tube)는 프린터 헤드에 잉크를 제공한다. 압력이나 열팽창에 의해 잉크가 프린터 헤드에 있는 미세한 노즐(Nozzle)을 통해 분사된다. 분사된 잉크는 곧 마르는데 도트 프린터에서 볼 수 있는 것보다 더 좋은 상태의 점을 만들게 되고, 300DPI 이상의 출력 품질로 인쇄할 수 있다.
- 잉크젯 프린터 종류 : 휴렛패커드사는 일정한 압력에서 잉크를 분사할 수 있는 압전기 스위치를 내장한 데스크젯 프린터(Desk-Jet)가 있고, 캐논사는 가열된 판에 의한 버블의 확장 압력을 이용하여 잉크를 분사하는 프린

트 헤드를 채용한 버블젯(Bubble-Jet)이 있다. 검정이나 칼라잉크 1개만 사용하는 1 pen 방식과 검정이나 칼라잉크를 동시에 장착하여 사용하는 2 pen 방식이 있다.

○ 감열식 프린터(Thermal Printer) : 열감열 특수 용지에 열을 가하여 문자를 표현하는 것으로 프린터의 가격은 저렴하나 속도가 느리고, 용지가 비싸서 유지비가 많이 드는 단점이 있다.

▣ 레이저 프린터(Laser Beam Printer)

LBP(Laser Beam Printer)라고 하며, 컴퓨터 사용자들에 의하여 경제적인 가격대에서 고품질의 인쇄 정보를 제공하여 가장 널리 사용되는 비충격식 프린터이다. 빛에 민감한 물질 위에 레이저 광선을 투과하여 원하는 이미지(Image)를 만들고, 다시 이러한 이미지를 종이 위에 옮겨 정보를 복사하는 방식이다.

○ 레이저 프린터 장단점 : 도트 매트릭스 방식을 사용하는 프린터에 비하여 가격이 비싸고 유지 관리에 비용이 많이 든다는 단점이 있기는 하지만, 해상도가 높고 속도가 빠르며, 정보를 출력할 때에 발생하는 시끄러운 소음이 적다는 장점을 가지고 있다.

○ 레이저 프린터 인쇄 5단계

- 대전(Charging) 단계 : 고전압에 의해 생성된 정전기적 전하를 이용하여 감광성의 반도체가 입혀진 드럼 위에 (−)전하로 대전시킨다.
- 노광(Exposure) 단계 : 이미지를 강력한 레이저빔을 주사하여 운동에너지로 대전되어진 부분의 정전기적 용량을 해제시킨다.
- 현상(Development) 단계 : 일부 대전된 드럼(Drum)에 (−)이온 탄소가루 잉크인 토너(Toner)가 구현할 이미지 부분에만 접착되게 한다.
- 전송(Transfer) 단계 : (−)이온을 지닌 토너가 묻은 드럼에서 (+)이온으로 대전된 종이에 옮겨지게 되어 이미지가 종이에 그려지게 된다.
- 열정착(Thermal Fusing) 단계 : 고온과 고압을 이용하여 옮겨진 토너를 종이에 흡착되도록 한다.

▣ 프린터 입출력 인터페이스

36핀 플러그의 병렬 센트로닉스 인터페이스를 이용한다. 보다 빠른 병렬 포트의 동작을 위해 EPP(Enhanced Parallel Port)의 2MB/sec나 ECP(Extended Capabilities Port)의 2.4MB/sec 접속 방법 외에도 USB, COM(Serial Port) 등의 포트를 이용할 수 있다.

▣ 프린터 제어용 언어

출력된 문서를 어떻게 구성할 것인지를 지시하기 위해 컴퓨터가 프린터로 보내는 명령들로 글꼴의 크기, 그래픽, 색상, 압축 등을 관리하는 언어로 포스트스크립트와 PCL이 있다.

- ❍ 포스트스크립트 : 출력될 페이지의 모습을 묘사하기 위해 영어구문과 프로그램 구조로 1985년 어도비(Adobe)에서 개발했다. 외곽선 글꼴이나 벡터 그래픽 등과 같은 기능으로 화면 디스플레이, 슬라이드 제작기 등에도 이용되었다.
- ❍ PCL : 프린터에 일련의 제어명령어를 보내는데 제일 먼저 이스케이프(Esc) 키로 시작되는 이스케이프코드 언어를 사용하는데 휴렛팩커드가 도트매트릭스와 잉크젯 프린터용으로 고안한 것이다.

▣ 프린터와 화면용 글꼴

- ❍ 비트맵 글꼴 : 크기가 조절될 수 없는 글꼴을 디지털로 표현하기 때문에 크기별로 글꼴 세트를 가져야 한다.
- ❍ 외곽선 글꼴 : 프린터로 보내어지는 글꼴을 수학적으로 표현하여 선명도나 출력 해상도를 잃지 않고 글꼴의 크기를 조절 가능하기 때문에 포스트스크립트와 PCL 언어 등과 함께 사용된다.

▣ 프린터 성능 평가 지수

- ❍ CDPI(Dots Per Inch) : 이미지를 표현하는데 가로 1인치당 프린터가 만들어 낼 수 있는 최대 점의 수로 프린터의 해상도 측정단위로 사용한다.
- ❍ PPM(Page Per Minute) : 프린터에서 1분 동안에 출력할 수 있는 페이지로 인쇄 장치의 성능을 평가하는 기준으로 사용한다.

C.H.A.P.T.E.R

09 컴퓨터 버스

9.1 컴퓨터 버스 구조

▣ 연결 구조(Connection Structure)

PC(Personal Computer)를 구성하고 있는 중앙 처리 장치(CPU, MCU), 주기억 장치 및 주변 장치들은 데이터 처리를 위해서 장치들 상호간 신호(데이터 신호, 주소 신호, 제어 신호)등을 상호 교환한다. 신호들의 물리적인 전달을 위해서 함께 연결하는 경로들의 집합을 연결 구조라 한다.

▣ 버스(Bus)

둘 이상의 장치를 연결하는 통신 경로이며, 버스의 주요 특성은 전송 매개체를 공유하는데 있다. 따라서 이러한 버스 구조는 컴퓨터 시스템에서 가장 중요한 요소 중의 하나이다. 서로 다른 의미를 갖는 신호들을 전달하기 위해서 사용되는 물리적인 선들의 모임인 공용 통로(Common path for signal)로서 주소를 전하는 주소 버스, 데이터를 전송하는 데이터 버스, 버스 제어 신호를 전송하는 제어 버스로 구성된다.

○ 주소 버스(Address Bus) : 주기억 장치나 I/O로 주소를 전달하는데 사용한다.

○ 데이터 버스(Data Bus) : MPU와 주기억 장치나 I/O간의 데이터 전송에 사용된다. 데이터 버스의 폭(width)에 따라서 8비트 버스, 16비트 버스, 32비트 버스 및 64비트 버스로 분류할 수 있으며, 이러한 버스에 명령(Command)을 보내 신호의 흐름을 제어하는 버스 제어기(Bus Controller)가 있다.

❍ 제어 버스(Control Bus) : 장치간의 타이밍 신호, 상태 신호, 제어 신호 등이 실린다.

▣ **버스의 종류**

시스템에서 가장 중요한 심장부는 프로세서가 되지만, 프로세서와 다른 컴포넌트들과 유기적인 연결을 위해서는 버스(Bus)가 필요하다. 컴퓨터의 각각의 디바이스들도 반드시 버스에 연결이 되어 있어야 한다. 칩셋들은 이러한 버스들 사이에서 가교(Bridge)역할을 하며, 컴퓨터 시스템은 시스템을 구성하는 요소들 사이에서 전달 경로를 제공하는 여러 종류의 버스를 갖고 있다. 그림 9-1은 컴퓨터 시스템의 기본적인 버스 연결 구조로 버스가 연결되는 위치를 기준으로 호스트(프로세서) 버스 또는 지역 버스(VL, PCI, AGP), 시스템 버스(ISA, MCA, EISA) 및 확장 버스(PRT, KBD, USB Port)로 구분할 수 있다.

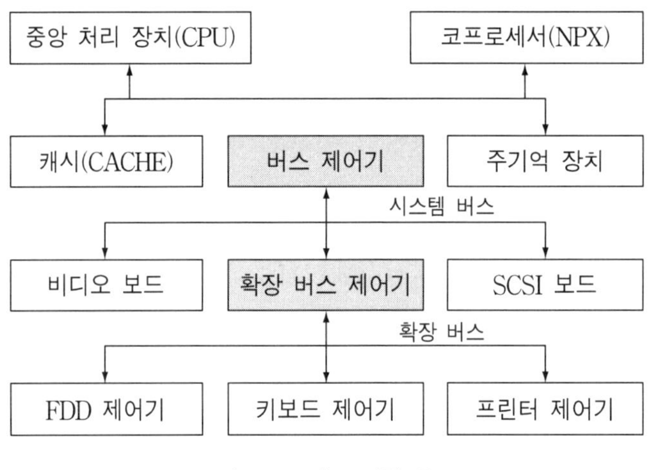

그림 9-1 버스 연결 구조

❍ 호스트(프로세서) 버스(Host Bus) : MPU와 코-프로세서(Co-Processor), 캐시 장치(Cache Device)를 포함한 주기억 장치들을 상호 연결하는 구조로 구성된다. 버스 제어기는 호스트 버스를 시스템 버스로부터 물리적으로 분리시켜서 이 두 버스가 독자적으로 데이터를 전송할 수 있도록 제어한다. 또한 MPU로부터 생성된 신호를 전달해줄 뿐만 아니라 신호들의 구동력(Driving Capability)을 제공하는 역할을 한다. 호스트 버스는 시스템

에서 가장 빠른 버스로 메인보드와 칩셋의 중간에 위치하게 된다. 주로 프로세서 간 정보를 통과할 때 사용이 되며, 노스 브리지에서 관장한다.

○ 시스템 버스(System)와 로컬 버스(Local)

버스는 일반적으로 시스템 버스와 로컬 버스로 나뉘게 되는데, 프로세서, 메모리, I/O 장치가 시스템 버스를 구성하는 대표적인 구성물이다.

이러한 시스템 버스의 종류에는 AT 버스의 ISA와 이를 개량한 EISA, IBM의 PS/2에 채용한 MCA와 매킨토시에 사용하는 Nu 버스 등이 있다.

그러나 PC의 처리량이 많아지면서 기존의 버스구조에서는 한계에 도달하게 되었으며, 그 결과 CPU와 많은 정보를 교환하는 장치를 직접 연결하는 로컬 버스로 분리하게 되었다.

- 시스템 버스(System bus) : 시스템 버스는 컴퓨터의 모든 부분, 즉 램, 프로세서, 확장 버스, 주변기기 등을 묶는 역할을 한다. 버스 제어기를 통하여 I/O 장치들을 호스트 버스의 장치와 상호 연결하는데 이용되는 버스이다.
- 확장 버스(External bus) : 낮은 전송률을 갖는 I/O들은 저 전송률로 인하여 직접 시스템 버스에 연결되지 못함으로 입출력 인터페이스를 통해서 연결된다. 이런 느린 입출력 인터페이스와 주변 장치를 상호 연결하는 버스의 구조가 확장 버스다. 확장 버스들은 동작 클럭 주파수(Operation Clock Frequency), 데이터 전송률(Data Transfer Ratio), 버스 중재 규약(Bus Arbitration Protocol) 및 시점 제어에 따라 다양한 특성을 갖고 있으며 기본적인 기능을 수행하기 위해서는 크게 주소 신호선, 데이터 신호선, 제어 신호선, 상태 신호선(Status Signal Line), 인터럽트 신호선(Interrupt Signal Line), 버스 중재선 등이 필요하다.

○ 동기 버스와 비동기 버스 : 동기 방식은 정해진 일정한 신호주기에 따라서 정보를 주고받는 방식이고, 비동기 방식은 정해진 시간 간격이 아니라 정보를 보내겠다는 신호를 이용해서 데이터를 주고받게 된다. 따라서 비동기 버스에서는 이 신호를 더 보내기 위한 시간이 더 필요하게 된다.

일반적으로 동기 버스는 신호주기를 정하는데 있어서 상당한 노력이 필요하며, 신호 속도가 빨라질수록 동작이 불안정해 질 수 있다. 이에 반해 비동기 버스는 비교적 구현하는데 쉽다는 장점이 있다. IBM 호환기종에서 사용하는 ISA와 EISA는 동기 버스이며 PS/2에서 사용하는 MCA는 비동기 방식이다.

9.2 버스 기본 요소

▣ 버스의 기본 요소

버스 구조는 버스의 형태, 중재 방식, 시점 제어, 데이터의 전송 형태, 그리고 버스의 종류에 따라 구성되어 진다. 이러한 버스 구조를 규정하는 기본 요소에는 버스 신호의 정의, 버스의 동작, 전기적인 사양, 그리고 기계적인 사양 등이 있다.

- 버스 신호에 대한 정의(Signal Definition) : 버스 신호가 어떤 기능을 하는지를 규정하고 있다.
- 버스의 동작(Bus Operation) : 신호들이 어떻게 데이터를 주고받는지를 버스의 동작 유형에 따라 이를 기술한다. 버스를 제어하는 신호의 상태와 타이밍은 매우 정확하게 정의되어야만 다른 기기들이 추가되었을 경우에도 이상 없이 동작한다.
- 전기적 사양(Electrical Specification) : 이들 신호가 어떤 전기적 특성을 가지고 있는지를 정의한다. 버스 커넥터상의 핀들은 신호나 전원 또는 접지의 역할을 하는데, 버스에서 전기적 규약은 커넥터상의 핀이 어떤 신호를 담당하는지, 해당 신호의 최대, 최소치 등을 정의하고 있다.
- 기계적 사양(Mechanical Specification) : 확장 카드들의 기구적 사양에 대하여 설명하며 확장 슬롯(Extended Slot) 상에서 신호를 어떤 식으로 배치해야 하는지를 규정하고 있다. 물리적인 규약에는 메인보드와 카드간의 커넥터 수, 거리, 최대 발열량 등의 기계적 특성이 정의되어 있다.

▣ 버스의 형태

버스가 MPU와 I/O들에 의하여 특정 기능만을 위해서 사용되는지에 따라 그림 9-2와 같이 전용 버스와 다중화 버스로 구분된다.

- 전용 버스(Dedicated Bus) : 데이터 및 주소를 전송하기 위해 독자적인 신호선, 즉, 데이터 버스와 주소 버스를 각각 사용하는 경우가 여기에 속한다. 이러한 전용 버스는 다중화 버스보다 성능이 우수하고 버스의 전송속도가 빠르다는 장점을 지니고 있다.

○ 다중화 버스(Multiplexed Bus) : PCI 버스의 경우처럼 주소 버스를 시점에 따라 주소 버스로, 다음 시점에서는 데이터 버스로 이용하는 경우이다. 버스의 기능을 전환하기 위해서는 특별한 신호가 필요하게 된다. 이와 같은 다중화 버스는 적은 수의 신호선을 사용해서 칩의 크기를 감소시킬 수 있으나, 반면에 버스를 다중화하기 위해서는 부가 회로가 필요하기 때문에 회로가 복잡해지며, 전용 버스에 비해 성능이 떨어질 수 있다.

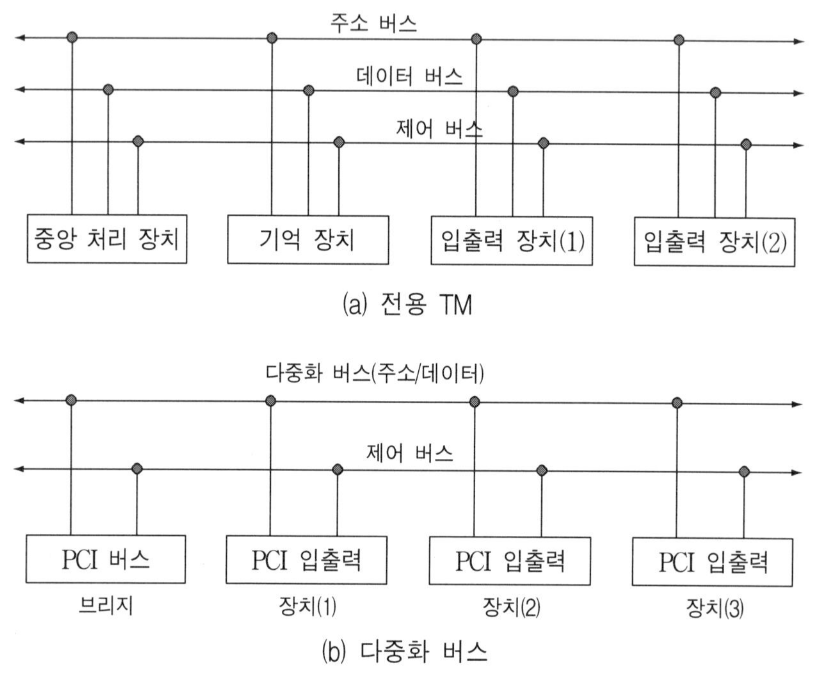

그림 9-2 전용 버스와 다중화 버스

▣ 동기식과 비동기식 버스

○ 동기식 버스(Synchronous Bus) : MPU와 주기억 장치간의 데이터 교환에는 두 장치간의 동작 속도가 차이가 적고 모두 고속인 경우에 동기식 버스를 사용하야 데이터를 전송하는 것이 효과적이다. 양쪽 장치의 인터페이스 회로가 서로 공통의 클럭 신호에 맞춰 두 장치가 동기 되는 스트로보 통신이다. 이 방식은 데이터 전송을 위한 시간 단위를 가장 속도가 느린 장치에 맞추어야 한다. 따라서 속도가 빠른 장치는 최대의 전송 속도로 동작할 수 없다는 단점을 지니고 있다.

○ 비동기식 버스(Asynchronous Bus) : MPU와 I/O간의 데이터 교환에는 두 장치간의 동작 속도 차이가 매우 크기 때문에 비동기식 버스를 사용하야 데이터를 전송하는 것이 효과적이다. 두 장치간의 데이터 전송은 각각 요청 신호와 응답 신호를 교환하는 핸드세이킹(Handshaking) 통신에 의해 이루어진다. 즉, 버스 주 장치(Bus Master)는 버스 종 장치(Bus Slave)에 데이터를 전송한다는 별도의 제어 신호를 보낸다. 이에 따라 종 장치는 데이터 전송의 수락을 알리는 또 다른 제어 신호로 응답한다. 이 방식에서 각 장치는 응답 신호를 자신의 속도에 맞게 보내기 때문에 데이터의 전송 속도는 각 장치 자신의 속도로 동작될 수 있다. 반면에 비동기식 버스는 전송 속도가 느리고, 버스의 제어 회로가 복잡하다.

▣ **시점제어(Timing Control)**

○ 동기식 버스의 시점 제어 : 주 장치는 T1 클럭에서 종 장치의 주소를 전송하고, 읽기 신호를 발생시킨다. 이어서 종 장치는 버스상의 주소와 읽기 신호를 해독하여 T2 클럭에서 요청된 데이터를 데이터 버스에 위치한다. 주 장치는 T3 클럭의 상승 구간(Raising Edge)에서 종 장치에 의해 데이터 전송을 위한 준비(Ready) 신호를 확인하여 데이터를 읽어 오고 버스를 종료한다. 동기식 버스에서는 주종 장치간의 데이터 전송은 일정한 클럭을 기준으로 이루어진다. 그림 9-3은 읽기 동작을 수행하는 전형적인 동기식 버스의 시점 제어를 보여주고 있다.

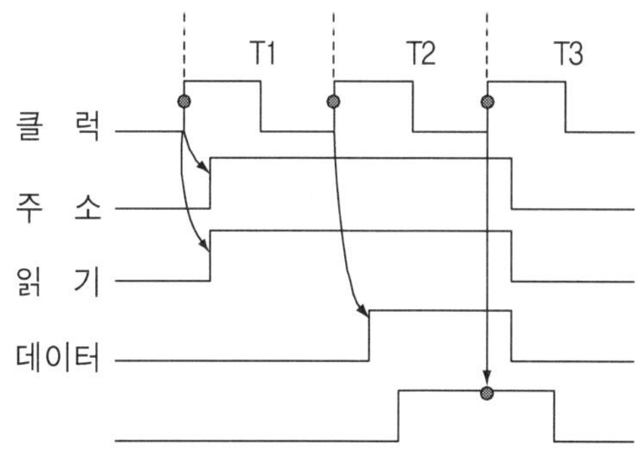

그림 9-3 동기식 버스의 시점 제어

○ 비동기식 버스의 시점 제어 : 비동기식 버스에서 버스 주종 장치간의 데이터

전송은 마스터 싱크(Msync : Master Sync), 슬레이브 싱크(Ssync : Slave Sync)의 두 핸드셰이크(Handshake) 신호를 사용하여 이루어진다.

비동기식 버스에서 읽기 동작을 수행하는 시점 제어를 그림 9-4에서 나타내고 있다. 주 장치는 데이터 전송을 개시하는 Msync 신호를 활성화시키고, 종 장치는 데이터를 전송하고 Ssync 신호로 응답한다. 주 장치는 데이터 버스로부터 데이터를 가져오고 Msync 신호를 철회한다. 종 장치는 Ssync 신호를 끝냄으로써 주 장치도 주소 및 읽기 신호를 비활성화한다.

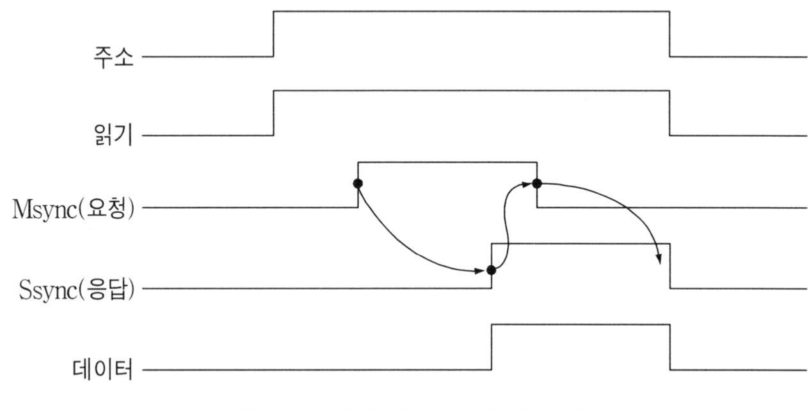

그림 9-4 비동기식 버스의 시점 제어

▣ 버스 마스터와 슬레이브

버스에 연결되는 장치들 가운데 MPU나 DMA 인터페이스처럼 독자적인 데이터 전송을 위해 직접적으로 버스 요청 신호를 생성할 수 있는 기능 장치를 버스 마스터(Bus Master)라고 하고 컴퓨터 시스템에는 보통 2개 이상의 버스 마스터가 존재하며, 이와는 반대로 버스에 대한 요청 권한이 없는 수동적인 기능 장치를 버스 슬레이브(Bus Slave)라고 한다.

▣ 버스 중재(Bus Arbitration)

시스템에서 2개 이상의 버스 마스터가 버스에 대한 사용권을 동시에 요청했다면, 동시에 발생된 버스 요청을 순차적으로 처리해야 한다. 이를 위해서는 버스의 사용을 요청한 경쟁자들 가운데에서 일정한 기준을 근거로 해서 버스 사용권자를 결정하게 되는데 이 과정을 버스 중재라고 하며, 이러한 기능을 수행하는 하드웨어 장치를 버스 중재기(Bus Arbiter)라고 한다.

■ 버스에 대한 중재 방식

하나의 중재기에 의해 각 마스터로부터의 버스 요청을 중재하는 중앙 집중의 중재(centralized arbitration) 방식과 각 버스 마스터에 버스의 중재가 분산되어 있는 분산 중재(distributed arbitration) 방식으로 구분된다. 중앙 집중식의 중재 방식을 많이 사용하고 있으며, 이 방식에는 버스 요청(Bus Request) 및 버스 허가(Bus Grant) 신호를 데이지 체인 방식으로 연결하여 하드웨어적으로 버스를 중재하는 방법과 이들 신호를 개별적으로 각각 인지하여 버스의 사용권을 소프트웨어적으로 중재하는 독립 요청 방법이 있다.

○ 데이지 체인(Daisy Chain) : 버스 사용권의 중재를 위해 버스 허가, 버스 요청 및 버스 사용 중 등 3개의 제어 신호를 이용하고, 모든 버스 마스터는 버스 요청과 버스 사용 중의 제어 신호를 함께 공유하도록 연결되어 있다. 이것은 한 개 이상의 마스터가 버스 요청을 할 수 있다는 것을 나타낸다. 버스 중재기는 버스가 사용 중인 상태가 아닐 경우, 마스터의 버스 요청에 대한 응답으로 버스의 제어권을 넘겨주기 위해 버스 허가 신호를 활성화시킨다. 이때 버스 허가 신호를 받은 마스터는 물리적인 버스 연결이 가능해지고, 버스를 사용하고 있는 동안에는 버스 사용 중 신호를 활성화한다.

- 데이지 체인의 주요 특징 : 버스 허가 신호가 분배되어 버스 허가는 일렬로 한 마스터에서 다음 마스터로 연결되어 있으며, 최우선순위를 갖는 첫 번째 마스터가 버스가 제어를 요청하고 버스 허가 신호를 받았다면 버스 허가 신호는 더 이상 다음 마스터로 전달하지 않는다. 반면에 버스 사용을 요청하지 않는 마스터가 버스 허가 신호를 받았을 때는 이 신호를 다음 마스터로 전달한다. 버스 제어권에 대한 선택의 우선순위는 버스 허가선에 함께 연결된 마스터들의 순서에 따라 결정된다.
- 데이지 체인을 이용한 중재 방법 : 간단한 중재 알고리즘과 몇 개의 제어선으로 구현이 용이하고 연결할 수 있는 버스 마스터의 수에도 제한이 없다. 우선순위가 연결된 순서로 높은 우선순위를 갖고 있는 마스터가 계속적으로 버스를 요청할 경우 낮은 순위의 마스터는 버스를 사용할 수 없다. 그림 9-5에서는 데이지 체인(Daisy Chain)을 이용하여 n개의 마스터가 연결된 버스를 중재하는 것을 보여주고 있다.

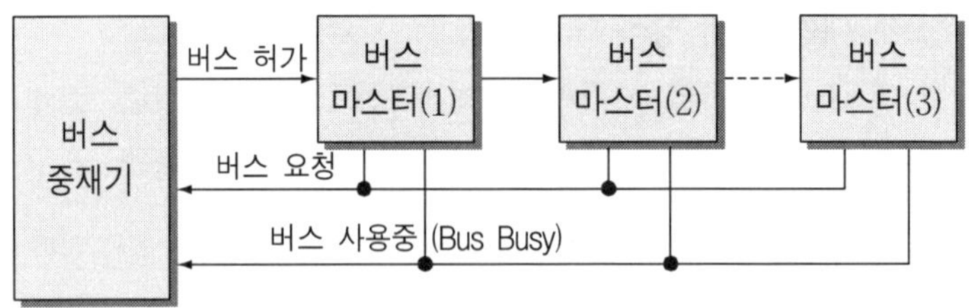

그림 9-5 데이지 체인을 이용한 버스 중재

○ 독립 요청(Independent Request) : 데이지 체인을 이용한 버스 중재와는 달리 버스를 공유하고 있는 각 마스터마다 별도의 버스 요청과 버스 허가 신호를 필요로 한다. 이 방법에서 각 마스터는 독자적인 자신의 버스 요청 신호를 이용하여 버스 사용을 요청하고, 우선순위에 따라 버스 중재기로부터 버스에 대한 제어권을 획득한다. 그림 9-6은 독립 요청을 이용한 버스 중재를 보여 주고 있다.

- 독립 요청의 장점 : 버스 중재기는 어떤 마스터가 버스를 요청하였는지를 즉각적으로 알 수 있으며, 또한 버스 허가도 매우 빠르게 응답할 수 있다. 각 마스터에 대한 우선순위는 버스 중재기에 의해 결정되며, 이에 대한 순위는 소프트웨어적으로 폴링(Polling) 프로그램이 가능하다. 이 방법은 n개의 마스터를 제어하기 위해 버스 중재기는 2n개의 버스 요청과 허가 신호를 연결해야 하기 때문에 버스 제어기의 핀 수가 늘어나게 되며 이에 따라 회로가 복잡해진다.

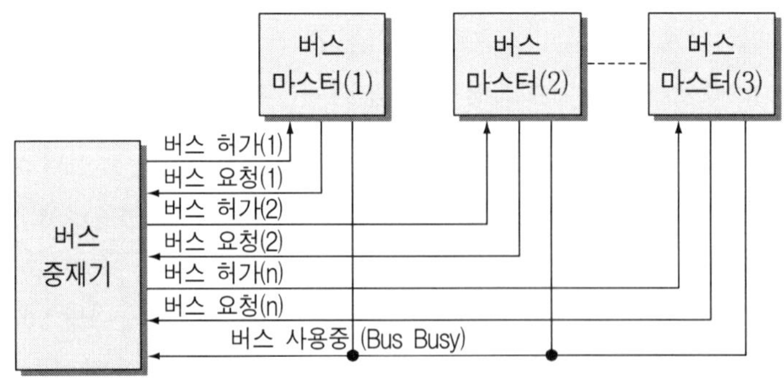

그림 9-6 독립 요청을 이용한 버스 중재

9.3 시스템 버스

▣ PC에 시스템 버스 종류

ISA, MCA, 그리고 EISA 등이 있다. ISA 버스는 산업계의 표준 버스로서 IBM PC/AT에 기반을 두고 있다. MCA는 IBM이 32비트급 CPU를 자사의 독자 모델인 PS/2 기종에 사용하기 위해 채택한 버스이로 IBM이 대형 컴퓨터 기술을 PC 수준에서 구현한 버스 구조이다. EISA 버스는 IBM의 MCA에 대응하기 위해 컴팩을 비롯한 9개 경쟁 업체들이 공동 개발한 버스로 기존의 ISA 버스와 호환성을 유지하는 32비트 시스템 버스이다.

9.3.1 ISA 버스

▣ ISA(Industry Standard Architecture) 버스

버스가 PC에 최초로 도입된 것은 1970년대 후반, 8080 계열의 시스템에 핀 수가 100개였던 S100 버스 후 IBM PC에 8비트 ISA(Industry Standard Architecture) 버스가 도입되었다. 16비트 PC 버스(BUS)는 1981년에 오리지널 IBM PC에 8비트 XT 버스가 사용되었다. 1984년에 발표된 16비트 AT ISA 버스는 사우스 브리지에 연결되어 8비트 버스의 확장 슬롯(Extended Slot)으로 하위호환이 있다. IBM PC/XT 기종에서 초기부터 채용된 표준 버스로서 초기에 4.77MHz를 지원하였고, 1984년 i80286 프로세서를 채용한 IBM PC/AT (Advanced Technology) 기종이 나오면서 XT와의 호환성을 유지하기 위해 버스는 8.33MHz 클럭으로 동작하고 8비트와 16비트의 데이터 경로를 ISA-XT(8 비트), ISA-AT(16 비트) 버스들을 ISA 버스라고 부른다.

○ ISA 문제 : ISA 버스는 호환성은 뛰어나지만, PCI 버스에 비해 성능이 떨어지는 문제로 인해서 사용되지 않고 있다. 속도는 이론상 4MB/sec, 실속도 2MB/sec 정도로 느리지만 호환성과 싼 가격의 버스이다. 어드레스나 인터럽트 설정을 사용자가 조절해야 하고 중요한 시그널 값들의 경우 클럭의 변화가 확실히 끝나지 않으면 진행과정에서 검출하지 못해서 안정성이

떨어진다. 메모리 어드레싱 범위의 한정과 인터럽트 제어가 부족한 것도 ISA 시스템의 단점이다.

○ AT 버스에서는 XT와의 호환성 : ISA 버스는 IBM PC의 성공과 더불어 산업계의 표준 버스(ISA)로서 버스의 구조가 공개되어 있고 규격이 단순하여 구현이 용이하다. 또한 CPU, 비디오 카드, 하드 디스크 등의 하드웨어가 안정되어 있고 설계 기법이 충분히 알려져 있어 분석 자료가 풍부하였다. 그리고 기본적인 시스템 소프트웨어인 BIOS(Basic Input Output system)와 DOS 등이 이미 개발되어 있었다. IBM PC/AT에서는 16비트를 지원하기 위해 62핀의 XT 슬롯에 36핀 AT커넥터를 추가하여 AT 버스에서는 XT와의 호환성을 유지하였다. 버스 제어기를 통하여 ISA 보드들을 호스트 버스에 연결하는 ISA 버스의 기본적인 연결 구조를 그림 9-7에서 보여주고 있다.

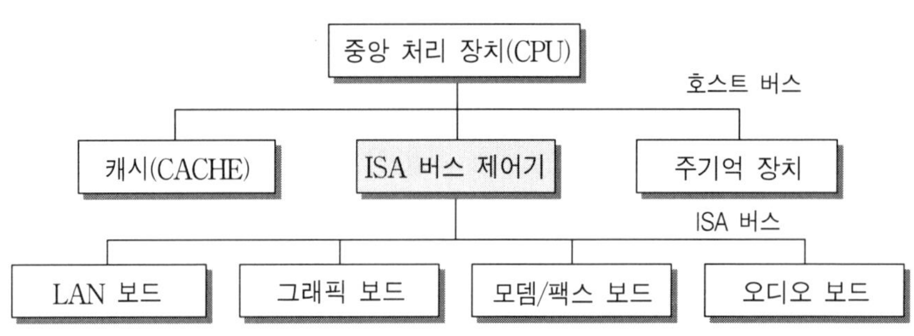

그림 9-7 ISA 버스의 연결 구조

○ ISA 기술적 문제점 : ISA는 DMA 주소 공간이 16MB로 제한적이다. 높은 클럭 주파수에서 왜곡이 심하고, 디램(DRAM)의 리프레시(Refresh) 주기 동안에 발생하는 과도한 전류로 잡음(Noise)이 생긴다. CPU와 시스템 버스 간에 전송 속도의 차이로 인하여 고해상도처럼 많은 양의 데이터를 필요로 할 경우 병목 현상이 일어난다. 이에 따라 ISA 버스를 보완하기 위해 CPU와 밀접하게 결합되는 주기억 장치 및 캐시 등을 호스트 버스에 직접 접속시켰다.

○ 32비트 PC에서 ISA : 32비트의 호스트 버스와 16비트 ISA가 2중 버스(Dual Bus) 형태로 연결되어 있다. 32비트를 시스템 버스 구조에는 IBM의 MCA와 ISA 버스를 개선한 EISA 등이 있다. 표 9-1은 이들 시스템 버스에 대한 사양을 비교한 표이다.

표 9-1 시스템 버스의 사양 비교

사양	ISA	EISA	MCA
주소 버스폭	24비트	32비트	24/32비트
데이터 버스폭	16비트	32비트	16/32비트
버스 중재	중앙집중형	중앙집중형	CACP에 의한 분산형
버스 클럭	8MHz	8.33MHz	전형적으로 10MHz
DMA 채널수	7개	8개	8개
DMA 전송속도	1~2Mbps	1~33Mbps	5~10Mbps
버스 대역폭	8Mbps	33Mbps	20Mbps
I/O 주소공간	1KB	64KB	64KB
인터럽트 방식	에지 트리거	에지 트리거와 라벨 감지 지원	레벨 감지
인터럽트 공유	불가능	가능	가능
외부 버스 마스터	제한적 지원	복수 지원	복수 지원
신호선	88개	143개	77개
전원선	10개	36개	30개
기타	0	9개	9개
합계(핀수)	98개	188개	116개

9.3.2 MCA 버스

▣ MCA(Micro Channel Architecture) 버스

IBM의 MCA 버스는 ISA 버스의 기술적 한계성을 극복하고, IBM PC의 호환 기종을 생산하는 업체들의 시장 잠식을 탈출하기 위해 IBM의 대형 컴퓨터에 적용한 기술을 소형 컴퓨터에 결합한 버스 구조이다. IBM은 32비트급의 MPU들이 16비트 ISA 버스에 제 성능을 발휘하지 못하기 때문에 32비트 구조의 MCA 버스를 1987년 PS/2 PC에 채용하였다. 기존 ISA 방식과의 비호환성과, IBM이 기술의 폐쇄 정책을 실시해 다른 업체들에게 기술료를 요구하게 되었기 때문에 시장성이 없었다.

○ 32비트 데이터 폭 : MCA 버스는 클럭이 10MHz에 8비트, 16비트 및 32비트 전송모드를 지원하여 최대 20MB/sec까지의 전송할 수 있었다. 후기 MCA 버전에서는 데이터 스트리밍 기술을 적용하여 80MB/sec까지 끌어올렸다. MCA 버스는 32개의 어드레스라인을 제공하여 최대 어드레싱 범위는 4GB까지였다.

○ 버스 마스터링의 충실한 지원 : Adaptec 154X SCSI 어댑터 같은 ISA용 버스 마스터링 카드의 경우 메인보드나 카드설정에 따라서 성능에 심한 편차를 보여준다. 그러나 MCA 규약에서는 버스 마스터링에 대해 제대로 된 지원을 명시하고 있어서, 버스 상에서 마스터링 요청이 여러 개 들어와도 처리할 수 있다.

○ MCA 버스 구조 : MCA 버스는 8MHz로 동작하는 ISA 버스보다 빠르다. IBM은 MCA 버스에 폐쇄 구조(Closed Architecture)를 지향하였고, 또한 MCA 버스는 ISA 버스와 호환성이 없어 IBM PC/AT의 애드-온 보드들은 PS/2 계열의 기종에서 사용할 수가 없다.

- MCA 버스는 주소 버스, 데이터 버스, 전송 제어 버스, 버스 중재 신호, 그 외에 유틸리티 신호로 이루어지고, 접속 커넥터의 종류에 따라 3종류의 확장 보드가 장착될 수 있다.
- 이들 커넥터에는 16비트 커넥터, 보조 비디오 커넥터로 확장된 16비트 커

넥터, 매치 메모리 (Matched Memory) 지원용 커넥터로 확장된 32비트 커넥터 등이 있다. MCA 버스에서는 32비트 환경을 제공하며, 비동기 방식으로 동작할 수 있기 때문에 처리 속도를 유연성 있게 증가시킬 수 있다.

▣ MCA 장점

EISA처럼 다수의 버스 마스터를 지원하는 데 있다. 이것은 버스 중앙에서 버스의 사용을 통제하는 것이 아니라 각 입출력 보드(I/O Board)가 자체적으로 중앙 중재 제어부(CACP : Central Arbitration Control Point) 장치가 있어 마스터 장치를 최대 15개까지 중재할 수 있고, ISA나 EISA와 달리 분산적으로 버스 중재를 처리한다.

❍ MCA 버스의 자동 설정 기능 : 에지 트리거(Edge Trigger) 방식을 사용하는 ISA 버스와는 달리 MCA 버스는 레벨 감지 인터럽트를 지원함으로 인터럽트의 공유가 가능하다. MCA 보드들은 자신의 POS(Programmable Option Select) 레지스터에 한 비트를 할당하여 인터럽트를 발생시켰을 때 세트되고, 서비스 루틴에 의해 리셋되므로 동일한 인터럽트를 함께 공유하여 사용할 수 있다. POS로 소프트웨어에 의해 부팅시에 시스템 구성에 유연성 있어서 MCA용 보드는 점퍼나 스위치 등이 필요 없게 된다. MCA 버스는 I/O 어드레스, 인터럽트 요청 우선권, 버스에 설치된 카드들의 할당 메모리 어드레스에 대한 자동 분석 및 설정 기능을 가지고 있어서 PCI /ISA계열의 '플러그앤 플레이'와 동일한 기능을 제공하였다.

- MCA 버스 주소 : 24, 32비트로 구성되며, 데이터는 8, 16, 32비트로 전송이 가능하다. 입출력 주소 버스는 16비트로서 64KB로 확장되었다. 또한 MCA 버스는 ISA보다 단축된 버스 주기로 동작하며, DMA도 버스트 주기를 지원한다. MCA 버스의 최대 전송 속도는 32비트의 기본 데이터를 전송하는 주기에서 약 20Mbps이며, 스트리밍(Streaming) 데이터 전송 주기에서는 40Mbps의 전송 속도로 데이터를 전송한다.

9.3.3 EISA 버스

▣ EISA(Extended Industry Standard Architecture) 버스

IBM이 MCA 버스 방식으로 PC의 시장 독점 의도를 보이자, IBM의 MCA 방식에 대응하여 IBM 호환 기종을 개발하여 판매해 왔던 세계 굴지의 HP, 컴팩, 인텔, MS 등의 9개 회사가 연합하여 IBM의 독주를 견제하려고 1988년 표준규격이 발표되었다. ISA와 호환이 가능하게 만들어진 32비트 버스 방식으로 공동 개발한 시스템 버스이다. ISA 버스 구조를 32비트급 버스로 확장한 것으로 복수의 마스터를 지원하므로 여러 개의 프로세서를 장착할 수 있기 때문에 멀티프로세서 환경을 구성할 수 있다. 서버급의 컴퓨터에서 사용되었다.

- DMA의 속도개선 : DMA는 특히 프로세서가 하드를 액세스할 때 부하를 크게 덜어주는데, ISA 버스에서는 이 기능이 속도 한계로 인해 오히려 하드 성능을 저하시킴으로써 사운드카드 정도에서만 사용되었다. EISA 버스에서는 이 문제를 해결해 성능을 2배에서 16배까지 끌어올리는데 성공했다.
- 강화된 버스마스터링 지원 : ISA 버스는 싱글 버스마스터 만을 지원하였으나 EISA에서는 버스 마스터링의 제어권한을 프로세서로부터 빼앗음으로서, 성능과 안정성면에서 모두 괄목할만한 개선 효과를 보았다. 이 전송률 개선과 더불어 EISA 버스 마스터모드를 적용함으로써 서버 등의 높은 부하가 걸리는 시스템에서도 성능 향상 효과를 누릴 수 있었다.
- 인터럽트 공유 : 16비트 ISA 방식이 도입되면서부터 8비트 ISA 8개에 인터럽트가 7개 추가되었다. EISA 버스에서는 ISA와 동일한 15개의 인터럽트만을 사용하지만, EISA 호환 보드끼리는 인터럽트 공유를 지원할 수 있다. EISA는 MCA에 비해서 확장성이 나쁘다는 점과 ISA커넥터 사이에 작은 EISA용 커넥터를 만들어서 사용하므로 전파 간섭 등의 문제가 MCA에 비해서 생길 가능성이 많다는 단점이 있었지만, EISA는 ISA와의 호환성으로 인해서 지원하는 업체가 많았으며 MCA에 비해서는 점유율이 높은 편에 속했다.

■ **EISA 버스 장점**

EISA 버스에서 동작 클럭은 6~8.33MHz이며, 동일한 카드 접속용 커넥터에 ISA와 호환이 되기 때문에 ISA 카드 또는 EISA 카드를 장착할 수 있다. ISA 카드는 커넥터의 위층의 ISA 신호에만 접촉되고, EISA 카드는 아래 핀까지 접촉된다. EISA 커넥터에서는 커넥터 중간에 탭을 마련하여 ISA 카드의 끝이 EISA 신호 핀에 닿는 것을 방지하고 있다. EISA 버스에서는 32비트로 주소로 CPU와 같이 4GB의 주소 공간에 접근할 수 있으며 향상된 DMA 기능을 지원한다. 고성능의 버스 중재 기능을 제공하며 다양한 DMA 주기를 지원한다.

○ EISA 버스에서 인터럽트를 감지 : ISA에서 사용하던 것으로 호환성을 위해 존재하는 에지 트리거 방식과 추가적으로 지원하는 레벨 감지(Level Sensitive) 방식이다. 레벨 감지 방식에서는 MCA 버스처럼 인터럽트 신호를 레벨로 감지하기 때문에 다수의 장치가 하나의 인터럽트 신호를 공유할 수 있다. EISA 버스는 동기식 버스 형태로 버스 클럭은 ISA와의 호환성을 유지하기 위해 6~8.33MHz 범위이다.

○ EISA 데이터 전송 모드 : 표준 모드와 버스트 모드가 있으며, 표준 모드는 2클럭 주기이지만, 1.5클럭 주기로 수행할 수 있다. 버스트 모드에서는 처음 전송 직전에 한 번만 동기화되고, 이후에는 한 클럭에 하나의 버스 주기가 완료된다. 따라서 버스트 모드에서 한 클럭에 32비트씩 전송하는 버스트 모드에서는 최대 33Mbps의 전송 속도를 얻을 수 있다.

○ EISA와 MCA의 버스 중재 비교

- MCA는 분산 버스 중재 방식 : MCA 버스에서는 7개의 버스 마스터와 8개의 DMA채널을 지원하므로 최대 15개 장치까지 버스를 중재할 수 있다. MCA는 분산 버스 중재 방식으로 메인 시스템 보드(Main System Board)에 CACP(Central Arbitration Control Point)를 두고, DMA 장치나 버스 마스터마다 지역 중재 장치를 두어 상호간에 버스 요구의 우선순위를 결정한다.
- EISA 중앙 집중식 버스 중재 : EISA는 MCA와는 달리 중재 장치를 메인 시스템 보드에 두고, 애드-온 카드에는 별도의 하드웨어를 두지 않는다. 이에 따라 버스 우선순위가 고정된다는 제약은 있으나, 별도의 버스 중재 회로가 필요 없게 된다. 이러한 EISA 향상된 중앙 집중식 버스 중재 기능

에 의해 DMA 장치, 주기억 장치, 메모리 리프레시 장치, 버스 마스터, 그리고 CPU가 균등하게 버스를 공유할 수 있다.

○ EISA의 애드-온 카드 인식 : EISA는 애드-온 카드에 레지스터 회로와 프로그램의 도움으로 점퍼 역할을 대신 한다. EISA는 64KB의 I/O 주소 공간 중에서 각 확장 슬롯마다 4KB 범위씩 할당하기 때문에 16개의 슬롯이 존재하고, 어떤 카드가 어느 슬롯에 장착되고 또 어떤 작용을 하는가를 파악하여 그 정보를 CMOS RAM에 저장한다. 따라서 EISA 시스템에서는 부팅 시에 이 정보를 이용하여 소프트웨어적으로 시스템 구성을 수행할 수 있다.

9.4 지역 버스(Local Bus)

■ 시스템 버스 등장

1981년에 선보인 IBM PC는 I/O에 4.77MHz의 전송 속도를 제공하였다. 그 후 빠른 데이터 전송 속도를 요하는 그래픽 위주의 응용이 등장함에 따라 IBM은 카드 접속부를 확장함으로써 데이터 전송 경로를 8비트에서 16비트로 넓힌 PC/AT를 발표하였다. 1987년에 IBM은 고속을 요하는 CAD 등의 응용 프로그램에 적합한 10MHz의 클럭 속도와 32비트를 지원하는 MCA을 발표하였으나 PC/AT 버스와 호환성이 없기 때문에 각광을 받지 못하였다. 1989년 컴팩(Compaq)을 중심으로 PC 제조업체들이 EISA 버스를 제안하였다. EISA 버스는 ISA 버스와 호환성을 유지하기 위해 버스 클럭을 최대 8.33MHz로 제한하고 있다.

○ 지역 버스 개념 : 외부기기들의 속도가 점점 빨라지면서 버스의 분기점마다 병목현상이 일어나게 되었다. LOCAL 방식은 이런 병목 현상들을 없애기 위해서 개발된 방식으로, 32비트 PC에서 MCA 버스나 EISA 버스로도 MPU는 I/O에 접근해서 데이터를 교환하기 위해 대기 상태에 있게 되어 대용량의 데이터를 고속으로 전송할 수 없는 문제를 해결하기 위해서는 I/O들을 연결하는 I/O 인터페이스를 시스템 버스를 통해 MPU에 연결하지 않고, MPU의 호스트 버스를 이용해서 직접 접속하고 데이터를 송수신하는 방식을 MPU와 I/O의 데이터 대역폭을 넓고 빠르게 해주는 획기적인 속도향상을 갖게 된 지역 버스(Local Bus)의 개념은 비디오 그래픽 기능을 지역 버스상에서 구현하는 방법에서 MPU의 처리 속도에 영향을 미치는 기능들과 잘 결합시키고 MPU의 동작 클럭과 같은 고속의 클럭으로 I/O 버스를 구동하여 빠른 전송 속도를 얻자는 데 있다. 기존 ISA 시스템에 로컬 버스를 추가하는 32비트 방식이었기 때문에 ISA 버스와 완벽한 호환성을 갖추었으며 속도는 10배 정도 빨라졌다.

○ 지역 버스 모듈화 접근 : 호스트 버스, 지역 버스, 그리고 기존의 표준 버스 층으로 구성된 3가지 버스의 모듈화된 접근 방법을 사용하고 있다. 지역 버스에는 VL-버스와 PCI 버스 AGP 버스 Slot I 등이 있다.

9.4.1 VL(VESA Lorcal) 버스

▣ 지역 버스(Local Bus) 개념

32비트 PC에서 ISA 버스는 16비트의 데이터를 전송하므로 CPU의 처리 속도를 I/O에서 따라갈 수 없어서 EISA 버스나 MCA 버스가 그 대안으로 제시되었지만 가격 문제와 호환성 문제점 해결 방법으로 특정한 확장 보드를 CPU와 직접 접속하여 성능을 향상시킨 것이 지역 버스(Local Bus) 개념이다. 1990년대 초 VESA(Video Electronics Standards Association)에서는 프로세서 버스 핀에 바로 연결하는 방식으로 성능을 향상 시킬 수 있는 로컬 버스 방식을 도입할 것을 제안했다.

▣ VESA 버스

로컬 방식이 개발된 초기에는 업체들간에 독자적인 방식을 채택하여 사용해 왔기 때문에 호환성에 문제가 있었다. 이를 해결하기 위해 VESA에서 사용한 로컬 버스 방식을 표준으로 채택하여 1992년 발표하게 되었다. ISA나 MCA, EISA 등과 비교하면 범용성은 떨어지지만, 성능면에서는 우수한 이 버스를 VESA에서는 로컬 버스 표준안으로 채택했고, 여기서 베사로컬(VL) 버스라는 명칭이 시작되었다. VL 버스는 486 프로세서 전용이었지만 386 버전도 만들어졌다. VL 버스는 프로세서와 동일 클럭으로 동작하며 전 어드레스 영역에 직접 연동될 뿐만 아니라 프로세서의 데이터 신호 역시 직접 연결되었기 때문에 MCA나 EISA 방식을 월등히 뛰어넘는 100MB/sec의 전송률을 구현할 수 있었다.

○ VESA 버스 장점 : 별도의 소프트웨어 지원 없이도 바로 그 성능을 십분 활용할 수 있다는 장점도 있다. 이외에도 기존 ISA 방식에 커넥터만 추가하면 되는 확장 방식을 도입했기 때문에 저렴한 가격대 성능비로 폭넓은 지지를 받았다. VL 버스 방식의 비디오카드 수준 차이가 났다. 베사 방식은 8/16비트 IISA 방식과 호환성을 가지면서 CPU에서 주변 장치로 이동하는 데이터가 칩셋을 거치지 않고 바로 32비트로 전송을 하게 되는 장점을 가지고 있다.

○ VESA 버스 단점 : VESA 방식은 CPU의 클럭 속도가 33MHz인 CPU에서 베사 버스를 통해서 데이터를 전송하는 속도가 초당 132MB에 이르게 되는 것은 3개 이상을 연결하게 되면 ISA보다 속도가 떨어지기 때문에 486급으로 한정이 되었으며 펜티엄에는 적합하지 않았다. VGA 카드나 신형 컨트롤러 등에 주로 사용되었다.

▣ VL-버스 규격

초기에 각 시스템 제조업체가 비디오 그래픽 보드 전용으로 사용하였고, VESA에 의해 지역 버스의 규격이 표준화되었다. VESA는 비디오 보드의 제조업체와 칩셋(Chipset) 제조 회사가 주도하여 결성하였다. VESA 제안으로 규격화한 지역 버스의 규격을 VL-버스라고 부르며, VL-버스는 시스템 제조업체 전용으로 만들어진 지역 버스의 문제점을 극복하였으며 보다 범용성이 있는 표준 버스로 개선되었다. 인터페이스를 위해 ISA 16비트의 슬롯 옆에 별도의 지역 버스를 위한 슬롯을 추가하여 32~64비트의 주변 장치를 사용할 수 있다.

○ VL-버스 한계 : VL-버스에서는 최대 3개의 마스터가 존재할 수 있다. 따라서 VL-버스의 주변 장치들은 독자적인 버스 마스터를 가지고 CPU와 동일한 클럭 속도로 동작할 수 있다. VL-버스는 CPU의 호스트 버스를 버퍼로 접속하여 만든 개념이므로 CPU의 동작 속도와 종류에 따라 의존성이 높은 접속 방법은 비용면에서 매우 효과적이나, 반면에 CPU의 신호에 크게 좌우되므로 VL 보드의 호환성을 완벽하게 유지하는 것에는 한계점이 있다.

○ VL-버스 지원 : 동작 클럭 주파수는 최대 66MHz로 되어있지만 확장 슬롯을 통해서는 40MHz까지만 지원한다. VL-버스의 커넥터에서 그 이상의 클럭 주파수에서는 제대로 동작하는 것을 보장하지 않기 때문이다. 그리고 클럭 주파수가 40MHz~66MHz에서 데이터를 읽거나 쓰기 경우, 각 주기마다 대기 상태(Wait State)의 처리 지연이 발생하게 된다. VL-버스가 CPU와 직접 연결되므로 연결되는 주변 장치가 많을 경우, CPU에 과부하가 가해지기 때문이다. 이에 따라 VL-버스 규격에서는 최대 3개의 확장 슬롯까지만 사용할 수 있도록 그 수를 제한하고 있다. 표 9-2는 VL-버스의 동작 주파수에 따른 데이터의 전송 대역폭을 나타낸 것이다.

표 9-2 VL-버스의 전송 대역폭

동작 주파수	대역폭(32비트)	대역폭(64비트)
25MHz	80 Mbyte/sec	133 Mbyte/sec
33MHz	107 Mbyte/sec	178 Mbyte/sec
40MHz	128 Mbyte/sec	213 Mbyte/sec
50MHz	160 Mbyte/sec	267 Mbyte/sec

○ VL-버스의 확장 카드 : VL-버스의 커넥터의 규격은 IBM PS/2에 사용한 표준 16-비트 MCA 규격으로 기존의 ISA 버스와 정확히 일렬로 배열된 116핀짜리 커넥터를 사용한다. VL-버스의 확장 카드는 기존의 ISA 버스와 VL-버스를 모두 이용할 수 있다. VL-버스에는 ISA 버스에서 제공되는 인터럽트 신호, DMA 신호, 리프레시(Refresh) 신호, 그리고 I/O 주소 등이 없기 때문에 VL-버스의 확장 카드에서 이를 활용한다.
기존 소프트웨어를 그대로 사용할 수 있다. 또한 구조적으로 다 되어 있는 곳에 VL-버스 커넥터를 추가한 것이므로 하드웨어 업체는 커넥터를 추가하는 비용으로 저렴한 가격에 높은 시스템 성능을 제공할 수 있다. 따라서 VL-버스 규격은 i80386DX 및 i80486 계열의 32비트 마이크로프로세서를 사용하는 PC에 적용하였다.

○ VL-버스 사용 한계 : VL-버스는 비디오 환경에서 성능 향상과 SCSI 카드나 LAN 카드와 같이 고속 데이터 전송의 경우에도 폭넓게 쓰인다. VL-버스의 큰 장점은 16비트의 저속 버스인 ISA 환경에서 시스템의 성능을 향상시킬 수 있는 32비트 버스의 대안으로 병목 현상을 해소할 수 있도록 기여한 점이다. 반면에 버스 마스터로 동작하는 주기 동안에 CPU 및 다른 지역 버스가 쉬고 있어야만 하기 때문에 대기 상태가 발생하고, 지원하는 슬롯 수에 제한이 있다. 이 구조에서는 CPU가 고속으로 동작하면, 주변 장치가 이를 따라가지 못해 대기 상태가 늘어나고 지원하는 동작 클럭에도 한계를 갖고 있다. 따라서 66MHz 펜티엄급 이상의 시스템에 부적합한 버스 구조이다.

9.4.2 PCI(Peripheral Component Interconnection) 버스

▣ 의존성 낮은 버스의 필요성

VL-버스는 MPU의 의존성이 높으므로 새로운 MPU에 재설계 하거나 또는 사용 못하기 때문에 장기간에 지속적으로 사용할 수 있는 버스 사양으로는 부적합하다. VL 버스의 문제점을 해결하고 MPU와 독립된 새로운 지역 버스가 PCI 버스이다.

- 프로세서와 독립 필요 : 프로세서 특성을 타지 않으면서도 쉽게 사용이 가능해야 한다. 시스템 문제의 대부분이 어드레스나 인터럽트를 잘못 설정하는 문제를 버스에서 자체적으로 자동적으로 환경설정 문제를 해결할 수 있는 여건을 조성해야 한다. 다중 버스 마스터링모드의 지원으로 주변기기가 프로세서와는 별도로 자체적으로 고속전송을 구현할 수 있으므로 전체 시스템 성능 역시 향상된다.
- 컴퓨터의 동일한 버스 구조 구축 : PCI 방식은 인텔이 주축이 되어 만든 버스 방식으로 32비트와 64비트 버스를 지원하는 방식이다. PCI 버스는 Intel, IBM, Compaq, DEC 등 회사가 공동 제안한 버스 방식으로 고속의 신뢰성 있는 입출력 버스 환경을 제공한다. 이러한 PCI 버스는 PC에서 중대형 컴퓨터까지 동일한 버스 구조를 구축하려는 의도에서 개발된 고성능 버스 구조이다.
- 멀티미디어 시대 버스 : 고속의 버스 방식으로, 후기 486부터 사용되어, 초기 버전의 경우 132MB/sec 전송속도와 33Mhz의 클럭속도였지만 2.1 버전에서는 264MB/sec 전송속도와 66Mhz의 클럭속도를 갖게 되었다. VGA 카드를 제외한 대부분의 주변기기의 속도가 264MB/sec 내에서 처리 가능하기 때문에 많이 사용한다. PC외에 중대형 컴퓨터에서도 사용할 수 있도록 나온 방식으로, IBM 호환 기종 외에도 다양한 컴퓨터에서 사용한다.

▣ PCI 버스 독립성과 지원

브리지(Bridge)를 통해 임의의 버스를 포함할 수 있기 때문에 기존 ISA 버스, EISA 버스, MCA 버스 등을 연결하여 쓸 수 있다. ISA 버스의 단점에도 불구하고 모뎀, 프린터 인터페이스, 마우스는 물론 바코드 리더 등에 이르는 강력한 지지기반을 가지고 있어서 PCI 버스에서 ISA 버스를 지원하는 구조다. PCI 버스는 VL 버스와 마찬가지로 프로세서와 직접 연동되어 있는 로컬 버스지만, 펜티엄 및 기타 최신의 프로세서를 충분히 지원할 정도의 독립성을 확보하고 있다.

○ PCI 버스의 장점 : MPU와 동시에 병렬로 동작할 수 있는 독자적인 버스 마스터링(Bus Mastering) 기능을 가지고 있으므로 MPU와는 무관하게 보다 적은 대기 상태를 가지고 동작할 수 있다. 즉, 33MHz 주변 장치가 66MHz 이상의 MCU와 접속된 경우 주변 장치가 MCU의 동작 속도를 따라가지 못하더라도 MCU는 I/O의 동작과는 별개로 계속해서 작업을 진행할 수 있다. 동시에 10개까지의 I/O 연결이 가능하다.

○ PCI 성능 : PCI 버스 구조는 VL-버스가 비디오 그래픽 위주의 성능을 향상시킨 것과는 달리, 시스템 전체에 걸쳐서 균등하게 향상된 성능을 갖도록 되어 있다. 즉, 그래픽 카드, 네트워크 카드, 디스크 드라이브, 동영상 등의 특성이 모두 고려되어 있다. 표 9-3은 PCI 버스의 동작 주파수에 따른 데이터의 전송 대역폭을 보여주고 있다.

표 9-3 PCI 버스의 전송 대역폭

동작 주파수	대역폭(32비트)	대역폭(64비트)
25MHz	100 Mbyte/sec	200 Mbyte/sec
30MHz	120 Mbyte/sec	240 Mbyte/sec
33MHz	133 Mbyte/sec	264 Mbyte/sec
66MHz	264 Mbyte/sec	528 Mbyte/sec

▣ PCI 버스의 주요 특징

5V 디지털 회로뿐만 아니라 노트북 컴퓨터의 전력 절약형의 3.3V 디지털 회로도 지원한다. PCI 버스의 커넥터는 기존 MCA 형태의 커넥터를 사용하므로 VL-버스에 비해 작다. ISA 버스에서는 98핀의 커넥터가 사용되고, EISA 버스나 VL-버스의 경우에는 더 확장한 것이기 때문에 신호의 개수가 많고 커넥터도 훨씬 크다. PCI 버스에서 신호의 수를 줄인 이유는 각각 32비트의 폭을

가진 데이터와 주소 신호를 같은 핀에서 사용하여 멀티플렉싱(Multiplexing) 방식으로 주소 신호를 보낸 후에 데이터를 전송한다. PCI 로컬 버스는 고성능 32/64비트 버스로 속도와 확장성에서 OS/2와 윈도우 같은 그래픽 운영체제에서 뛰어난 성능을 발휘한다.

○ PCI 버스의 기본 구조 : 호스트 버스에는 MCU, 캐시, 주기억 장치, 그리고 호스트/PCI 브리지 등이 위치하고, PCI 버스는 호스트/PCI 브리지(Host/PCI Bridge)를 통해 호스트 버스에 연결된다. 그리고 ISA 또는 EISA 주변 장치들은 확장 버스 제어기를 통해 표준 확장 버스에 접속되는 그림 9-8의 구조로 되어 있다.

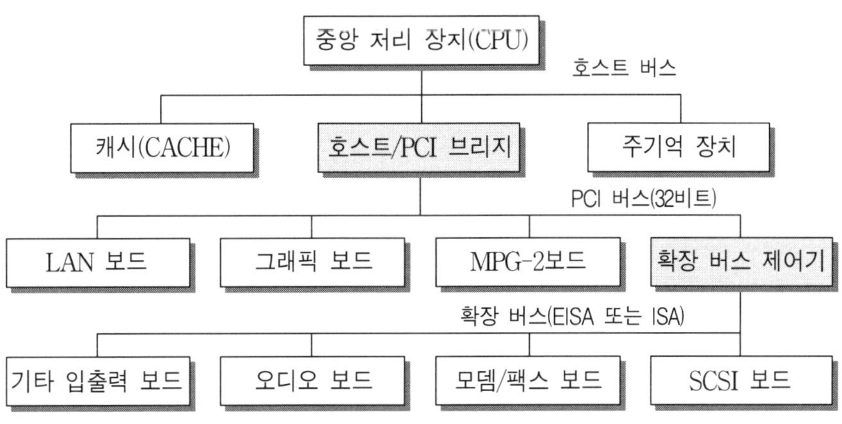

그림 9-8 PCI 버스의 연결 구조

○ 호스트/PCI 브리지 : 캐시와 주기억 장치를 제어할 수 있는 제어기를 내장하고 있어서 브리지는 MCU가 PCI 주변 장치를 직접 액세스할 수 있는 높은 데이터 전송 속도를 제공할 뿐 아니라 PCI 버스를 위한 데이터 버퍼를 내장하고 있으며, PCI 마스터들의 중재 역할도 수행한다. 또한 호스트/PCI 브리지는 MCU의 신호를 단순히 버퍼링만 하여 사용하는 것이 아닌 새로운 프로토콜의 신호로 변환하여 주변 장치와 데이터를 주고받는다. 그리고 PCI 버스에는 주변 장치의 접속을 위해 PCI 커넥터가 위치하게 된다.

- PCI 방식 PnP(Plug and Play) : PCI 확장 보드에 그 종류를 판별할 수 있도록 하는 식별 코드가 들어 있도록 했기 때문에 컴퓨터에서는 스위치나

점퍼를 통해 각종 주변 장치를 구별하지 않아도 된다. 시스템을 부팅할 때 롬-바이오스(ROM- BIOS)에 들어 있는 PnP 프로그램은 각각의 보드를 식별해서 시스템 구성(System Configuration) 환경을 자동적으로 수행한다. 이에 따라 컴퓨터의 주변 장치가 사용하고 있는 인터럽트, DMA, 입출력 등 시스템 자원(System Resource)들을 관리할 수 있고, 만약 확장 슬롯에 새로운 주변 장치가 설치되면 현재 쓰지 않고 남아 있는 여유 자원을 보드에 할당하여 사용하게 한다.

9.4.3 AGP(Accelated Graphics Bus) 버스

▣ AGP Port

66 MHz의 고속 버스로 특별히 VGA를 위해서 고안된 32비트 버스이다. AGP 버스는 칩셋 노스 브리지에 연결이 되며 AGP 슬롯으로 표시한다. 3D 가속 기술이 발달하면서 PCI 방식으로는 더 이상 3D 그래픽 카드의 높은 전송량을 효율적으로 처리하지 못하게 되었다. 1996년 발표된 AGP 방식은 개발 당시부터 3D 그래픽 향상을 목적으로 만들어진 방식으로 그래픽 카드에만 사용되는 버스이다.

○ AGP 속도 : 초기 1배속 제품의 경우 클럭 66MHz, 전송률 264MB/sec을 가졌으며 2배속, 4배속 방식이 출시되어 4배속에서는 약 1GB/sec의 전송율을 보여준다. PCI 방식처럼 브리지를 거치지 않고 바로 메인 칩셋과 연결되기 때문에 CPU와의 직접 송수신으로 보다 빠른 속도를 보여준다. AGP는 또 SBA(sideband addressing) 기능이 있어 그래픽 카드에 메모리가 부족할 경우 시스템 메모리를 가져다 사용할 수 있는 장점이 있다.

9.5 USB(Universal Serial Bus)

▣ **멀티미디어 포트 필요성**

PC가 모뎀(Modem), 팩스(Fax), 사운드(Sound) 및 동영상 비디오 등을 장착한 멀티미디어 컴퓨터로 확장되면서 슬롯이나 포트가 부족하게 되었다. I/O 포트들의 공간을 마련하는 해결 방안과 컴퓨터와 전화의 통합(CTI : Computer Telephony Integration)산업의 성장을 위하여 상호접속(Interconnection)을 위해서 새로운 주변기기가 접속되었을 때 재부팅이나 셋업 과정 없이 자동인식 방식을 제공하기 위하여 제시된 것이 범용 직렬 버스의 USB(Universal Serial Bus) 포트이다. 컴팩, IBM, Intel, MS, NEC, 그리고 Nortel 텔리컴 등의 PC 및 통신 산업의 선두 그룹이 정의한 USB 1.0 규격으로 발표되어 PC의 외부에 위치한 새로운 버스에 I/O들을 추가적으로 장착할 수 있게 함으로써 손쉬운 사용자 환경과 확장성을 동시에 만족시켜 준다.

○ 통일된 USB의 포트 : USB는 윈도우98의 출시로 오디오플레이어, 조이스틱, 키보드, 전화, 스캐너 및 프린터 등과 같은 주변기기와 컴퓨터 간의 플러그 앤 플레이 인터페이스이다. 윈도우95 OSR2부터 지원하고 윈도우98이 출시됨으로 안정성이 높아지고 iMac에도 채택되었다. 공개 기술로 설계된 USB는 PC에 주변 장치를 쉽게 연결할 수 있다. USB는 컴퓨터와 주변 장치들을 연결하는 모든 케이블 형태를 하나의 통일된 포트로 일원화하여 주변 장치의 통합 개념과 확장의 용이성 저가격으로, 음성과 압축된 비디오에 대한 실시간 데이터에 대한 완벽한 지원과 혼합된 모드의 동기 데이터전송과 비동기 메시지에 대한 규약상의 표준환경을 제공하여 세계적 표준 규격이다.

○ USB의 PnP(Plug and Play) 기능 : PC 사용 도중에 연결해도 인식을 하며, 컴퓨터의 전원을 끄지 않고도 주변 장치들을 언제든지 장착하거나 탈착하면 자동적으로 인식하여 시스템 자원을 재구성한다. 따라서 사용자는 주변 장치를 설치하기 위해 시스템 구성을 다시 설정할 필요가 없다.

○ USB의 멀티미디어 전송 : UART(Universal Asynchronous Receiver Type)인 RS-232 시리얼 포트는 9.6~115.2Kbps 속도를 제공하나, USB는 마우

스나 키보드와 같은 저속 장치를 위한 1 Mbps의 서브 채널을 포함하여 최대 12Mbps의 대역폭을 유지하므로 키보드나 마우스에서 비디오, 모뎀, 스캐너, 프린터, ISDN, 그리고 MPEG 등에 이르기까지 동시에 처리할 수 있을 만큼의 충분한 대역폭을 지닌다. USB는 비동기 전송 모드와 등시 전송 모드를 모두 지원하고 있다. USB의 등시 전송 모드는 동영상 비디오의 데이터를 등시적으로 전송할 수 있기 때문에 멀티미디어 환경에 적합한 전송 기술이다.

○ USB는 성층형 위상(Tiered-Star Topology) 구조 : 성층형 위상으로 구성된 USB는 그림 9-9처럼 접속하여 최대 127개의 주변 장치들을 사슬처럼 연결할 수 있다.

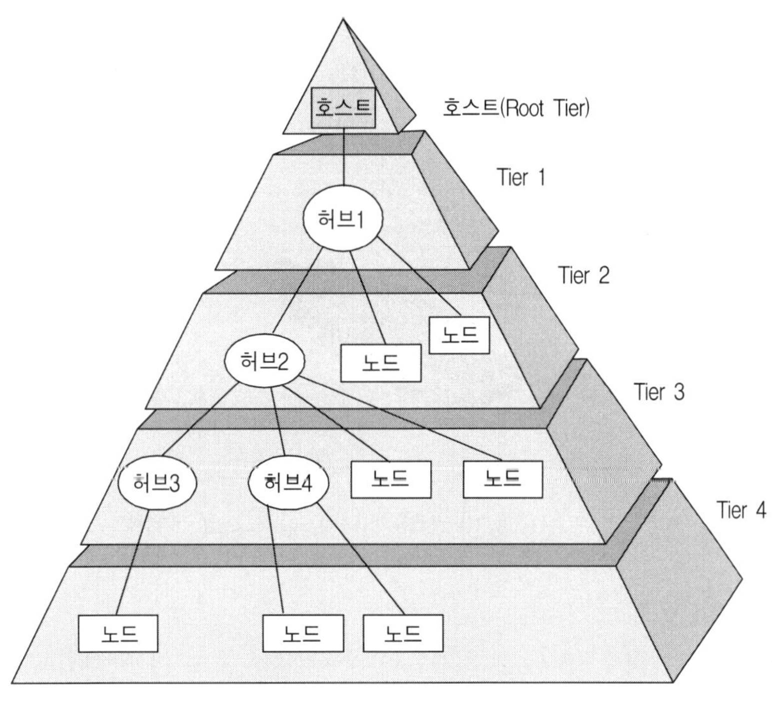

그림 9-9 유니버설 시리얼 버스의 위상 구조

○ USB의 확장성 : USB는 master/slave 개념과 호스트와 각 주변 장치간의 직접적인 연결이나 허브를 통한 연결에서 직렬 버스 형태로 구성된다. PC 주변 장치 확장의 쉬운 사용은 컴퓨터의 케이스를 여는 수고를 덜어주는

플러그앤플레이 개념을 사용하는 호스트 PC에 주변 장치를 쉽게 연결하거나 구성할 수 있게 된 것이다. 주변 장치들은 호스트상의 직접적인 USB 포트나 USB 허브 장치를 통해서 외부적으로 연결되고, 12Mbps의 Full speed와 1.5Mbps의 Low speed를 지원한다. USB 하나의 포트를 다수의 포트로 나누어서 다양한 주변 장치를 추가로 연결하기 위한 USB 허브는 USB의 전송 속도를 제어하고, 버스에 연결된 장치들의 구성(Configuration)을 자동적으로 인식하여 자원을 재구성하는 역할을 담당한다.

○ USB의 케이블 : 4선의 실드가 되어 있는 트위스트 페어로 구성된다. 케이블의 4선 중에 2선은 데이터 신호용으로 사용되고, 나머지 2선은 전원선이다. 전원공급 기능은 각 Port당 500mA의 전원을 공급할 수 있다. 저전력을 사용하는 장치들은 별도의 전원을 공급받을 필요가 없다. USB 케이블 길이는 USB 표준에서 정의하는 Host인 PC와 주변 장치간의 최대 길이를 5m로 제한하고 있다. 그림 9-10은 USB에서 사용하고 있는 커넥터, 플러그, 및 케이블의 구조를 보여 주고 있다.

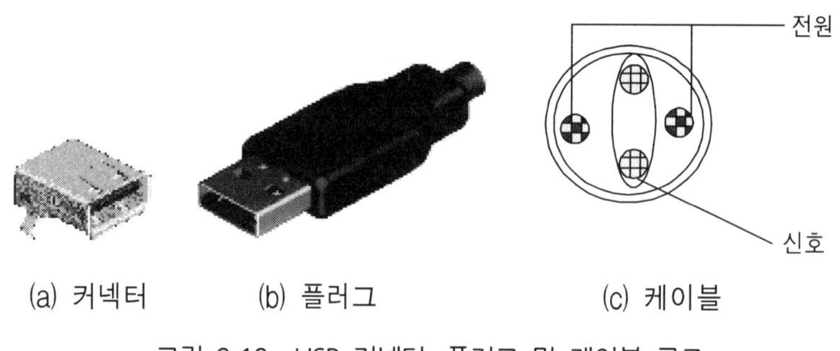

그림 9-10 USB 커넥터, 플러그 및 케이블 구조

▣ USB 규격

1994년 7개의 USB Core 회사들이 뭉쳐, 1995년 WinHEC(Windows Hardware Engineering Conference)와 USB-IF(USB implementers Forum)를 결성하였다. 1996년 1월 15일 USB 1.0 규약이 발표되었으며, USB 첫 제품들이 컴덱스에 소개되기에 이르렀다. 그러던 것이 1.0 규약의 문제점들을 해결하고 실제 사용할 수 있는 주변 장치들을 위해 1998년 9월 23일 USB 1.1 규약이 다시 발표되어 USB 포트를 지원하는 칩셋들이 인텔이나 VIA, SiS, ALi 등의 회사에

서 출시되었고, 마더보드에 기본적으로 장착되었으나 MS사의 윈도우가 지원하지 못하여, 윈도우95의 OSR 2.1과 윈도우98에서 지원되었다. 윈도우98도 SE 버전에서 USB 주변 장치들의 드라이버를 포함하는 주요한 버전업이 이루어졌다.

▣ USB의 장점

○ 핫 플러그 지원 : USB 주변기기는 핫 플러그와 PnP 기능을 지원한다. 기존의 주변기기는 컴퓨터에 전원이 꺼져 있을 때 연결해야 했지만 핫 플러그 지원으로 컴퓨터에 전원이 켜져 있는 상태에서도 바로 연결할 수 있다. USB는 컴퓨터에 전원이 켜져 있는 상태에서 USB 주변기기는 연결 즉시 바로 PnP 기능이 동작하여 자동으로 인식을 한다.

○ 고속 소형 USB : USB Version 1.1은 최대 12Mbps, USB Version 2.0은 최대 480Mbps의 속도를 지원하므로 ZIP 드라이브와 같은 저장 매체에 사용되기 적합하다. V1.1의 경우는 하드디스크나 CD-R 등을 연결하기에는 적합하지 않지만 패러렐, 시리얼 포트보다는 속도가 빠르고 크기가 작아 휴대하기 편리하다. V2.0은 휴대형 저장 장치 및 디지털카메라 등 미디어 기기에도 널리 확장되어 사용된다.

○ 확장성 케이블 : SCSI 인터페이스가 여러 가지 장점을 갖고 있지만 실제로 SCSI 인터페이스에 울트라 와이드(Ultra Wide) SCSI의 경우 외장형의 케이블의 길이는 1.5m이고 케이블의 두께도 크다. USB의 케이블은 굵기가 적고, USB는 전원을 공급할 수 있다.

○ USB 통신 장치 : USB 방식의 통신 장치로는 모뎀이 대표적이다. 본래 모뎀은 ISA, PCI 방식을 사용한다. 단 이러한 모뎀은 내장형으로서, 외장형 방식의 모뎀으로는 시리얼 방식과 PCMCIA 방식이 있다. 최근에는 여기에 덧붙여 USB 방식이 있다. USB 모뎀은 휴대가 간편하고 별도의 전원 어댑터가 필요 없다. 그 외의 통신 장치로는 USB 허브와 USB 케이블이 있다. USB 케이블을 이용하면 별도의 랜카드 없이도 두 PC를 서로 연결하여 네트워킹을 할 수 있다. USB 랜카드도 있다.

○ USB 입력 장치 : 키보드, 마우스, 조이스틱 등의 장치는 USB를 사용하는 장치로서 가장 이상적이다. 이들 장치는 별 도로 드라이버를 설치하지 않

아도 바로 연결만 하면 사용이 가능하다. 또한 키보드, 마우스의 경우에는 PS/2 포트에 연결된 키보드, 마우스와 함께 사용이 가능하다. 또 조이스틱의 경우에는 여러 개의 조이스틱을 연결해서도 사용할 수 있다. 본래 조이스틱은 사운드 카드의 조이스틱 포트에 연결하며 한 대의 조이스틱만 연결할 수 있다. 그러나 USB 조이스틱을 사용하면 여러 개를 동시에 연결해 사용할 수 있다.

○ USB 저장 장치 : 빠른 USB의 전송 속도로 인하여 CD-R, 하드디스크, ZIP 드라이브, 슈퍼디스크, 스마트 미디어 등이 USB 방식으로 제공되고 있다. 단 하드디스크의 경우에는 USB 전용 하드디스크가 출시되는 것이 아니라 EIDE 하드디스크를 외장형 하드디스크 케이스에 장착하여 USB로 변환시켜주는 장치가 사용되고 있다. CD-R은 USB의 전송속도 한계로 인하여 4배속이 최대 한계이나, 상당히 안정적이다. ZIP 등의 저장매체는 가격이 다른 인터페이스에 비해 비싸다.

○ USB 멀티미디어기기 : USB를 지원하는 멀티미디어 기기로는 TV 수신 장치, 스피커, 사운드 카드, 동영상 캡쳐 카드 등의 장점은 음질이나 화질의 손실이 없다. PCI 사운드카드는 PC 내부의 여러 장치들로 인하여 노이즈가 생겨 음질이 떨어진다. 반면 USB 사운드카드는 외부에서 케이블로 연결되므로 노이즈와 음질 저하가 없다. USB 방식의 라디오나 TV 수신카드도 역시 화질이나 음질 저하가 없다.

○ USB 2.0의 실제 전송 속도 : USB 2.0의 최대 전송속도(Data transfer rate)는 480Mbps로 향상이 됐지만 USB 호스트는 각기 다른 디바이스들이 사용하는 파이프의 대역폭을 관리하는데 4가지의 데이터 전송모드가 있다. 전송속도는 크게 데이터를 전송하게 되는 버스가 얼마나 바쁜지(Busy, Idle)와 4가지 전송 모드(isochronous, interrupt, bulk, control) 중 어떤 모드가 사용되고 있느냐에 따라 달라진다. 가장 최상의 상태는 bulk 고속 전송 모드(high speed bulk transfer)로 약 99%의 대역폭(Bandwidth)을 사용해 초당 53MB의 속도로 데이터를 전송할 수 있다.

- 저속모드(Low-Speed) : 키보드, 마우스, 조이스틱 등의 대화형 디바이스에 사용되며 초당 10~100Kbit/sec의 전송 속도를 가진다. 평균적으로 저속모드는 1.5Mbps의 전송 속도를 가진다.

- 풀모드(Full-Speed) : 전화, 오디오, 비디오 압축 분야에 사용되며, 초당 500Kbit~10Mbit의 전송속도를 가진다. 평균적으로 풀모드는 12Mbps로 주로 하드디스크, CD-ROM/CD-RW, ZIP drive, 스캐너, 프린터 등에 사용한다.
- 고속모드(High-Speed) : 높은 대역폭이 필요한 비디오, 네트워크 및 저장장치 분야에서 주로 사용되며 25~480Mbps의 전송 속도를 갖는다. 기존 Full-Speed로 사용하던 CD-ROM/CD-RW, ZIP drive, 스캐너, 프린터 등의 분야에도 사용된다.

○ USB 포트/허브 이용 시 주의 사항 : 허브라는 장치는 하나의 포트를 여러 개로 확장 시켜주는 역할을 한다. USB 포트는 별도의 전원 연결 없이 USB 포트에서 전원을 공급 받는다. 한 개의 USB Port에서 5V/ 500mA의 전원을 주변 장치로 공급해 줄 수 있다. 컴퓨터 주변기기 중 많은 장치가 500mA 이하의 적은 전력으로도 동작이 가능하다. 따라서 한 개의 USB 포트에 USB 허브를 연결해서 확장하여 다수의 주변기기를 사용할 수 있다. 여러 개의 주변 장치를 HUB에 연결해서 사용할 경우 사용전류가 500mA 이상으로 커지게 될 경우 데스크탑 PC의 경우는 최대 약 600~700mA의 전류까지도 공급할 수 있도록 500mA보다 충분히 크게 설계되어 있다. 하지만 USB 규격에 맞추어 500mA만 보장을 한다. 그러므로 설계치보다 큰 전류를 장시간 사용하게 되면 PC의 USB 포트가 손상을 입을 수 있다. 다량의 전류를 소모하는 주변기기를 USB 허브에 장착해서 사용하게 될 경우는 전원 어댑터가 별도로 부착된 모델을 사용해야 한다.

▣ USB(Universal Serial Bus) 2.0

USB 1.1 장치들과 forward, backward 호환성을 유지하며 USB 1.1에 있던 Plug & Play 기능, 드라이버 자동 설치, 전원 관리 기능 등은 그대로 유지하고 있다. USB 1.1은 low speed (1.5Mbps)와 full speed(12Mbps) 2가지 모드가 있으나 USB 2.0에서는 2가지 모드 외에 40배 빠른 high speed(480Mbps)가 추가되었다. USB 2.0은 USB 1.1과 backward 호환성이 된다. 따라서 모든 USB 1.1 장치들은 수정 없이 그대로 USB 2.0 장치들과 같이 사용할 수 있으나 USB 1.1 장치로서 동작된다. USB 2.0은 USB 1.1과 forward 호환성이 된다. 따라서 USB 1.1 host controller에 USB 2.0 장치를 연결하여 사용할 수 있으

나, USB 2.0의 480Mbps의 속도는 낼 수 없다. 디바이스는 USB 2.0을 지원하나 OS가 아직 USB 2.0 드라이버를 지원하지 않는 경우에 USB 2.0 Ready라고 제품에 표시하고 있다. 응용은 큰 밴드 폭을 필요로 하는 외장 저장 장치, 고속 통신 망, 컬러프린터, 스캐너 등에 사용된다.

○ USB 2.0 High Speed 모드 동작 : 호스트 콘트롤러가 USB 2.0을 지원해야 한다(EHCI 즉 Enhanced Host Controller Interface 지원). PC본체에 내장되었거나 별도로 PCI card 또는 Card bus(노트북 경우)로 설치하여야 하고 호스트 콘트롤러에 사용하는 OS의 USB 2.0용 드라이버가 있어야 한다. USB 2.0 허브를 사용할 경우는 USB 2.0용 허브 드라이버가 있거나 OS에서 지원 되어야 한다. USB 2.0 High Speed를 지원하는 장치가 연결되어야 한다. 이상의 어느 하나가 만족 되지 않아도 USB 2.0 high speed 모드에서 사용할 수 없다. 허브를 사용하지 않을 경우는 참고로 지원하고 있는 OS 환경으로는 Windows 98SE, Windows ME, Windows 2000, Windows XP 이나 제품을 공급하는 제조사 마다 지원하는 OS가 다르다. Windows 95, Windows NT는 지원하지 않는다. Mac의 경우는 Mac OS X에서는 USB 2.0을 지원하나 Mac OS 8.6과 9.x의 환경에서는 USB 2.0 디바이스가 USB 1.1로만 동작된다. USB 1.1 장치들은 USB 2.0환경에서 480Mbps로 동작하지는 않고 USB 1.1 장치로서 동작된다. USB 1.1 장치와 USB 2.0 장치들은 서로 혼재되어 사용할 수 있으나 USB 2.0 host controller나 USB 2.0 hub에 USB 2.0 장치를 연결할 경우만 USB 2.0의 성능을 얻을 수 있다.

○ USB 2.0 필요 요소 : 모든 USB 주변기기들은 버스의 통신을 관리하기 위하여 콘트롤러 칩과 Firmware가 필요하다. 또한 각 주변기기들은 low level드라이버와 application간에 통신을 관리하기 위한 device driver를 갖고 있어야 한다. USB 2.0을 지원하는 호스트 컴퓨터는 호스트 컨트롤러 하드웨어와 OS와 함께 제공되는 소프트웨어 드라이버를 갖고 있어야 하나, 내장된(built-in) 드라이버로 동작되지 않는 장치는 자체 드라이버를 제공하여야 한다. USB 2.0과 1.1 구별 방법은 제어판 시스템에서 보면 USB 컨트롤러 세부 항목 중에 맨 아래 "USB 2.0 Enhanced Host Controller"라고 된 항목이 있으면 이 PC는 USB 2.0을 지원하는 것이다. USB 케이블의 경우에는 특별히 케이블에 USB Version 2.0이 인쇄되어 있다.

9.6 IEEE 1394 버스

▣ IEEE 1394 멀티미디어 인터페이스

보조기억 장치의 인터페이스인 EIDE는 느린 속도와 확장성의 제한이 많다. 스카시(SCSI) 방식은 확장성은 뛰어 나지만 고가이며 표준이 정해져 있지 않아 각 주변기기 간의 특성 등으로 사용을 하는 데 어려움이 많다. 이런 단점을 보완하고 주변기기(특히 고속의 주변기기)를 하나의 케이블에 연결하기 위한 새로운 표준 규격을 개발이 바로 IEEE 1394이다. PC에서 빠르게 수요가 확대되고 있는 고성능 직렬 버스로 4각 또는 5각 전용포트를 이용하고 I-LINK라고 불린다. 멀티미디어 장치들 간의 인터페이스는 실시간에 고속으로 멀티미디어 데이터를 전송할 수 있어야 하고, 이와 동시에 높은 신뢰성, 내구성, 소형화, 입출력간의 통합성 등이 요구된다. IEEE 1394는 이러한 요구를 충족하기 위해 개발된 차세대 네트워크 기술로서 휴대용 및 데스크탑 컴퓨터 환경에 적합한 시리얼 버스의 인터페이스 규격이다. IEEE 1394는 동적인 구조와 사용하기 쉬운 통신 형태로, HPC(Hand -held PC)같은 소형 컴퓨터뿐만 아니라 디지털 비디오, 오디오 장치들을 간편하게 연결할 수 있다.

▣ PC에 주변 장치 접속 새로운 표준

한 개의 플러그와 소켓 접속으로 최대 63개까지의 주변 장치들이 부착될 수 있으며, 각 장치는 최고 400 Mbps의 속도로 데이터를 전송할 수 있다. IEEE 1394는 하나 이상의 주변 장치들과 PC의 마이크로프로세서 사이에 있는 직렬 버스이다.

IEEE 1394는 미국의 애플사와 텍사스 인스트루먼트사가 공동으로 디자인한 Firewire를 IEEE가 표준화한 것으로 컴퓨터와 디지털 가전기기를 연결해 데이터를 교환할 수 있게 하는 새로운 시리얼 버스(Serial Bus Interface)의 규격으로 FireWire라는 코드네임으로 개발되어왔다. 1986년부터 연구되어 온 IEEE 1394는 미국전기전자기술자협회(IEEE)에서 1995년 12월에 공식적으로 협약되었고 그것을 표준화한 것이다.

IEEE(Institute of Electrical and Electronics Engineers : 국제전기전자기술자협

회)는 ANSI(American National Standards Institute : 미국국립표준협회)에 의하여 미국국가표준을 개발하도록 인증 받은 전문기구로서, 인증 조직(Accredited Organization) 형태의 표준 개발 기구이다.

○ IEEE 1394와 USB 2.0의 비교 : 12Mbps의 전송 속도를 갖고 있는 USB에 비해 표 9-4에서 나타낸 바와 같이 IEEE 1394는 100Mbps, 200Mbps, 400Mbps의 속도를 가지며 적게는 8배의 속도로 동작하며 66배 이상의 전송 능력을 지원할 수 있다.

표 9-4 IEEE 1394와 USB 비교

항 목	IEEE 1394	USB
허브(hub)	• 1394는 한 분기에 63개의 장치를 접속할 수 있기 때문에 허브가 필요 없다	• 허브가 필요하다.
전송 속도	• 100~400Mbps	• 1.5~12Mbps
호스트	• 연결된 장치가 다른 장치의 제어기 역할을 하기 때문에 호스트가 필요 없다.	• 호스트 제어기가 필요하다.

IEEE 1394(Firewire. iLink)는 최대 400Mbps의 속도이고, IEEE 1394b는 3.2Gbps이다. USB에서는 호스트가 모든 전송을 시작하고, 모든 전송은 하나의 목적지를 갖는다. IEEE 1394는 주변기기들이 각각 서로 직접 통신을 할 수 있고 여러 개의 목적지를 가질 수 있다. USB는 저속 주변 장치를 위한 인터페이스로 사용되며, IEEE 1394는 하드디스크, 그래픽카드 같은 고속 주변 장치까지 포함한다. USB가 최대 127개의 주변기기를 연결할 수 있는데 비하여, IEEE 1394는 하나의 브리지당 63개의 기기를 연결할 수 있다. 그리고 USB가 기기들을 제어하기 위하여 호스트 컨트롤러를 필요로 하는데 비하여 IEEE 1394는 기기가 기기를 컨트롤하기 때문에 호스트 콘트롤러가 따로 필요 없다.

▣ IEEE 1394 주요 특징

○ IEEE 1394의 데이터 전송 속도 : 전송 속도는 모드에 따라 100, 200, 400Mbps의 전송 규격이 있으며, DS-Link부호화 방식의 전송 형식(Format)을 사용하기 때문에 데이터를 전송할 때 오버 헤드(Over Head)가 적고, 고속으로 전송하며 효율이 높은 전송 대역을 실현하고 있다. 또한 상위의 데이터 전송 속도에 대하여 그 호환을 유지하도록 규정하고 있기 때문에 전송 속도가 다른 여러 개의 장치들을 함께 접속할 수 있다. 즉, 100, 200 및 400Mbps의 다른 전송 속도를 갖고 있다. 이 속도는 디지털 오디오나 동화상 정보를 전송하기에는 무리가 없기 때문에 스캐너, 디지털 카메라, 디지털 비디오카메라 등과 같은 다수의 멀티미디어 주변기기들이 동일한 네트워크상에서 접속되어 사용할 수 있다. IEEE 1394는 USB보다 쌍방향 통신이 뛰어나다. 모든 주변기기마다 IEEE 1394 인터페이스용 IC를 내장하여 PC를 통한 화상 회의 등의 응용분야에서 성능을 제대로 발휘할 수 있다.

○ IEEE 1394의 보증된 전송 대역 : IEEE 1394의 전송 모드에는 프린터나 스캐너처럼 실시간으로 동작하지 않아도 되는 비동기(Asyn-chronous) 전송과 일정한 시간 내에 한 방향으로 전송하는 등시(Isochronous) 전송이 있다. 등시 전송에서는 버스 마스터로부터 주기 시작의 패킷 후에, 등시 데이터 전송을 비동기 데이터 전송보다 우선하여 전송할 수 있도록 규정하고 있고, 이러한 보증된 전송 대역은 복수 노드(node)에 그 대역을 분할하여 할당할 수 있다. 따라서 등시 전송은 실시간으로 데이터를 전송하는 동화상 비디오의 어플리케이션 등에 반드시 필요한 기술이다.

○ IEEE 1394의 접속 : 단일 포트화를 실현하였고 데이지 체인(Daisy-Chain)과 분기(Branch) 형태로 구성된다. IEEE 1394의 버스에 연결되는 주변 장치들은 각각 64비트 주소를 갖고 있으며, 이 주소 가운데 10비트는 네트워크를 알 수 있는 버스 ID, 6비트는 물리적인 ID, 나머지 48비트는 주변 장치들을 구별하는 ID로 구성되어 있다. IEEE 1394에서는 최대 63개의 주변 장치를 분기 형태로 연결할 수 있고, 데이지 체인 형태로는 최대 16개의 주변 장치를 접속할 수 있다.

○ IEEE 1394 핫-플러그(Hot-Plug) 기능 : IEEE 1394의 포트 프로토콜은 네트워크상에서 노드를 추가하거나 또는 삭제할 경우 PnP(Plug and Play)를

지원하여 자동적으로 이를 인식하여 네트워크를 재구성한다. 버스가 동작 중인 상태에서 네트워크에 장해를 주는 일없이 탈착을 할 수 있도록 핫-플러그 기능을 지원한다. 또한 IEEE 1394에서는 주변 장치와의 입출력을 메모리-맵 방식으로 처리하기 때문에 데이터의 트랜잭션은 효율이 높고, 소프트웨어 드라이버의 설계가 단순화된다. IEEE 1394는 IEEE 1394의 프로토콜은 케이블로 연결된 여러 시스템 가운데 뭔가 변화가 생기면 즉시 그에 대처하도록 만들어져 있다. 또한 쓰지 않는 주변기기를 떼어 내거나, 혹은 새로운 주변기기를 IEEE 1394 인터페이스에 붙여도 다른 장치에는 전혀 영향을 주지 않고 하던 동작을 계속한다. 매번 컴퓨터를 셧다운하고 전원을 내린 다음, 주변기기를 설치하고 다시 전원을 넣지 않아도 된다.

▣ IEEE 1394 프로토콜

3개의 프로토콜 레이어(Protocol Layer)가 그림 9-11과 같이 있다. 3개의 레이어는 링크 레이어, 피지컬 레이어, 트랜잭션 레이어로 구성되고, 시리얼 버스 매니지먼트가 3가지 레이어와 상호 연결되어 있다. 피지컬 레이어는 IEEE 1394 커넥터(Connector)와 접속되고, 다른 레이어들은 응용 프로그램과 연결되어 있다.

○ 피지컬 레이어(Physical Layer) : IEEE 1394 장치와 IEEE 1394 케이블 사이에 전기적, 기계적으로 연결되고, 실제적으로 데이터를 송수신하는 역할을 한다. 이 레이어는 모든 장치가 버스를 순차적으로 실행할 수 있도록 하고, 각 포트에 동일한 기능을 제공하는 리피터(Repeater) 역할도 한다.

○ 링크 레이어(Link Layer) : 비동기 패킷과 등시 패킷을 송신하기 위해 2개의 선입-선출(FIFO : First-In-First-Out) 버퍼와 1개의 수신 선입-선출 버퍼가 있다. 각 선입-선출 버퍼는 32비트 길이로 되어있고, 사용자가 이 버퍼의 크기를 소프트웨어적으로 제어할 수 있도록 되어 있다.
송신하기 위해 사용하는 비동기용 선입-선출 버퍼와 등시용 선입-선출 버퍼는 쓰기로 수신전용은 읽기용으로 사용된다.

○ 트랜잭션 레이어(Transaction Layer) : 비동기 프로토콜의 읽기, 쓰기, 록 기능을 수행한다. 쓰기는 송신측에서 수신측으로 데이터를 보내고, 읽기는 데이터를 수신측에서 송신측으로 보낸다.

- 록(Lock) : 쓰기와 읽기 명령의 조합 기능으로 수신측과 송신측간에 통신이 이루어지고 있을 경우, 다른 송신측이 현재 진행 중인 통신이 완료된 후에, 재송신하는 기능을 갖고 있다.

○ 시리얼 버스 매니지먼트 : 버스의 시점 제어, 버스에 있는 모든 장치에 전원 공급, 시리얼 버스의 관리, 주기 마스터, 등시 ID, 오류인지 등의 역할을 각 레이어에 부여한다. 이 버스 매니지먼트는 IEEE 1212의 표준 레지스터 구조로 되어 있다.

▣ 동작 원리

비동기 전송에서는 송신측에서 수신측으로 데이터 패킷을 보내고, 수신측이 이 패킷을 받으면 패킷을 받았다는 정보를 송신측으로 보낸다. 이 때 송신측으로 오류 정보가 되돌아오면 송신측에서는 이 패킷을 초기화하고 송신측은 그 패킷에 맞는 속도를 등시 전송 채널로 받는다. 등시 전송은 등시 전송의 채널 ID를 수신측으로 보내고, 수신측은 들어오는 데이터의 채널 ID를 검색하여 ID에 맞는 데이터만 받고, 어플리케이션은 등시 전송에 필요한 채널 수와 속도를 제어한다.

- 데이지 체인의 형태로 구성된 네트워크에서 어떤 주변 장치가 추가되거나 또는 삭제될 경우에는 네트워크의 형태가 달라지기 때문에 기존의 모든 정보는 초기화되고, 이 체인에 연결된 주변 장치들은 네트워크를 재구성하기 위해 다시 주소를 부여받는다. 그런 다음 주변 장치들은 자신들의 위치를 이 체인에 접속되어 있는 모든 장치들에게 알리고 재동작을 하기 위하여 준비 상태로 돌아간다. 버스는 타이밍 갭의 형태로 되어 있는 프레임 타이밍 인디케이트에 의해 시작 신호를 보내며, 이것은 등시 전송 채널 #1, #2에 있는 타이밍 슬롯이 후속으로 이어진다. 그 뒤 남아 있는 시간은 비동기 전송에 사용될 수 있도록 대기 상태로 남는다. 각각의 등시 전송의 채널이 형성되고 난 후 버스는 충분한 대역폭을 확보할 수 있다.

▣ IEEE 1394의 케이블

고속 전송 때문에 신호 왜곡을 방지하기 위해 이중 실드(Shield)되어 있다. 케이블의 구성은 6가닥의 전선의 케이블로 실드가 되어 있는 트위스트 페어로, 6선중에 4선이 데이터와 제어 신호용, 2선이 +, -의 전원선으로 네트워크로 구성 되었을 때 네트워크에서 전원이 차단됨으로서 벌어질 수 있는 문제를 방지하기 위해서 이다. IEEE 1394의 전원선(8-40V, 1.5A)은 하나의 브리지당 63개의 기기를 직렬로 연결하기 때문에 어느 한 주변 장치의 전원이 꺼지더라도 나머지 주변 장치들은 이것과는 관계없이 계속해서 네트워크 동작을 할 수 있으며, 별도의 전원 장치가 없는 주변 장치에도 전원을 공급할 수 있다. 또 전원이 들어와 있는 상태에서 기기를 붙였다 뗐다 할 수 있는 홈 네트워킹을 구현하는 기반 기술, 즉 가전기기 간의 통신을 가능하게 하는 기술이다.

▣ IEEE 1394의 커넥터

컴퓨터 본체 또는 주변 장치에는 IEEE 1394의 케이블을 연결하기 위한 여러 개의 커넥터가 있고 데이지 체인과 브리지의 형태로 구성된다. 데이지체인이란 주변 장치를 직렬로 연결하고 버스를 통해 차례로 데이터를 전송하는 방법을 말하고, 브렌치란 프로그램의 실행순서를 변경하여 다른 명령어를 실행할 수 있도록 하는 것이다. 전부 케이블로 연결되며, 케이블의 길이는 4.5m이다. 케이블의 양끝에는 이에 맞는 플러그(Plug)가 연결되어 있다. IEEE 1394는 그래서 이보다 더 긴 거리를 연결할 때는 리피터가 필요하다. 또한 여러 개의 기기들을 직렬로 연결하기 위해 스프리터가 존재한다. 그리고 IEEE 1394에서는 전송 속도가 서로 다른 1394 버스를 연결할 수 있도록 브릿지를 제공한다. 이 브릿지를 이용하면 전송속도가 틀려도 데이터를 송수신할 수 있다. IEEE 1394 케이블 커넥터는 일본의 닌텐도 겜보이 커넥터에서 유래되었으며 유연성이 있고 매우 견고하며, 사용하기 용이하도록 제작되었다.

▣ IEEE 1394 응용

고속의 데이터 전송, 실시간에 데이터를 전송하는 등시 전송, 입출력 포트의 단일화, 다수의 장치들을 별도의 허브 없이 접속할 수 있는 확장성, 핫-플러그 기능 등을 지원하는 IEEE 1394 시리얼 버스는 데이터 통신 분야에 응용될 수 있고, 디지털 셋탑 박스(Set-Top Box) 및 DVD(Digital Video Disc)에 채용되고 있다.

- 데스크탑 및 휴대용 컴퓨터의 통합 인터페이스
- 스캐너, 프린터 등의 전자출판 관련 장치
- 고화질의 화상회의 장비, 영상제작 장비, 소규모 고속 네트워크

- 엔터테인먼트 관련 장비, 셋톱박스(Set Top Box), 홈 네트워크
- 멀티미디어 장치 가전 민수기기(디지털 카메라, 캠코더, 디지털 TV , 오디오, 비디오카세트 레코더(VCR))
- 컴퓨터 주변기기(외장형 하드디스크(HDD), 스캐너, 시디-롬(CD-ROM) 등의 보조 대용량 저장 장치, 디스크 어레이 장치, 오락기기(프레스테이션2)

C.H.A.P.T.E.R

10 병렬 처리

10.1 병렬 모델

▣ 컴퓨터 시스템의 성능 요구

1946년에 최초의 컴퓨터인 ENIAC이 발명된 이래 인류는 보다 경제적이고 편리한 컴퓨터의 개발을 위해 계속적으로 노력해 왔다. 그 이유는 기초과학 및 응용과학 그리고 전반적인 모든 산업 및 학문 분야에서 컴퓨터를 이용한 결과 추출(output)에 의존도가 높아짐으로써, 이로 인한 컴퓨터 시스템에 대한 고성능 요구가 지속적으로 높아지게 되었다.

▣ 병렬 처리 컴퓨터 연구

컴퓨터 응용 분야에 관한 욕구가 점점 증대되면서 폰노이만 방식의 순차적인 계산 모델의 성능에 대한 한계를 느끼게 되었으며, 컴퓨터 시스템 성능의 혁신적 개선과 신뢰성을 목적으로 하는 새로운 구조에 대한 관심과 연구가 활발히 진행되었다. 특히 초고밀도 집적 회로(VLSI) 기술의 발전으로 새로운 고성능 컴퓨터 구조의 개발을 가능하게 되었다.

- MPU가 하나인 컴퓨터 시스템에서 성능 개선을 주도해온 컴퓨터 기술의 향상과 구조적 개선 방법으로 동시에 여러 명령어를 실행하여 모든 계산을 동시에 실행하고 전체 프로그램의 실행 시간을 줄임으로써 높은 성능을 얻게 하는 병렬 처리가 가능한 컴퓨터의 성능을 높이고자 하는 핵심적인 연구는 현재 활발히 진행되고 있다.

10.1.1 플린의 분류

▣ 플린(Flynn)의 병렬 처리 분류

병렬 처리의 분야는 매우 복잡하고 다양한 문제가 얽혀 있기 때문에, 병렬 계산 모델에 대한 분류 방법은 여러 가지가 있다. 플린의 분류 방법은 수행할 명령어 및 오퍼랜드 페치에 따른 명령어와 자료 흐름의 단일 및 다중 처리에 따라 컴퓨터의 구조를 분류하였는데, CPU의 기능 및 구조를 한 번에 하나의 명령어를 페치(읽고)하고 디코드(분석)하는 제어 장치와 오퍼랜드를 페치하여 명령어를 실행하는 처리 장치의 두 개의 장치로 구분하였다.

- 메모리로부터 명령어와 오퍼랜드가 제어 장치 및 처리 장치로 페치되는 명령어와 자료의 흐름의 다중성에 따라 명령어 흐름과 데이터의 흐름은 어느 정도 독립적이기 때문에 플린은 컴퓨터 구조를 표 10-1과 같이 SISD, MISD, SIMD, MIMD의 4가지로 분류하였다.

표 10-1 플린의 분류

분류	명령어 흐름	데이터 흐름	컴퓨터 시스템(발표 년도)	비고
SISD	1개	1개	ILLIAC IV	기존의 폰노이만 컴퓨터
SIMD	1개	여러 개	Iilliac-IV(1972), BSP(1979), STARAN(19 75), DAP(1981), MPP(1982), MasPar MP -1(1990), CM-2(1990)	배열 프로세서, 벡터 컴퓨터
MISD	여러 개	1개		쓰이지 않음
MIMD (소결합 구조)	여러 개	여러 개	IBM 3081(1980), Univac 1100/94(1983), Tandem/16(1978), IBM 3090(1988), Cm* (1978), iPSC(1985), NCUBE(1986), KSR-1 (1991), CM-5(1992)	대부분의 다중 프로세서
MIMD (밀결합 구조)			C.mmp(1972), Cray X-MP(1983), Cray-2(1985), Cray Y-MP(1988), S-1(1979), HE P(1982), Pyramid(1987), Multimax(1987), Butterfly(1986), RP3(1985),Cedar(1987)	

■ SISD(Single Instruction stream Single Data stream) 구조

현재의 컴퓨터들(폰노이만 컴퓨터)은 그림 10-1과 같은 구조를 대부분 가지고 있다. 즉, SISD(Single Instruction stream Single Data stream)는 가장 고전적인 순차적인 방식의 폰노이만 컴퓨터로서 하나의 명령어 흐름과 하나의 데이터 흐름을 가지고 한 번에 하나의 작업만을 수행할 수 있다. 실행 과정은 여러 개의 단계들로 나누어 중첩시킴으로써 실행 속도를 높이도록 파이프라이닝되어 있는 것이 보통이다.

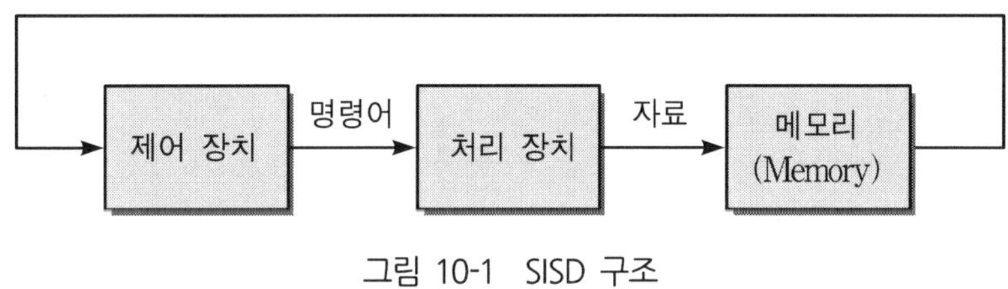

그림 10-1 SISD 구조

■ SIMD(Single Instruction stream Multiple Data stream) 구조

컴퓨터는 한 번에 하나의 명령어를 처리할 수 있는 하나의 제어 장치를 가지고 있다. 하지만 ALU를 여러 개 가지고 있어서 동시에 여러 개의 데이터를 처리할 수 있는 명령어를 수행할 수 있다.

- 병렬적인 프로세서들이 동기적인 배열로 구성되어 있는 컴퓨터로서 제어장치(CU : Control Unit)와 이에 의해 제어를 받고 있는 수많은 처리 요소(PE : Processing Element)로 그림 10-2와 같은 구조로 되어 있다. SIMD 컴퓨터는 기본적으로 하나의 명령어로써 여러 개의 데이터 흐름을 처리하는 방식이기 때문에 데이터의 배열이나 행렬을 이용한 벡터 연산을 효과적으로 수행할 수 있는데 특히, 오늘날의 IC 기술은 수많은 프로세싱 요소를 가지는 배열 프로세서를 가능하게 한다.
- SIMD 컴퓨터는 처리 요소(PE), 메모리, 제어 장치(CU), 상호 연결망으로 구성된다. 이렇게 구성된 컴퓨터는 호스트 컴퓨터에 연결되는데 호스트 컴퓨터의 역할은 프로그램을 컴파일하고 적재하고 I/O 연산을 수행하며 다른 OS 기능을 수행하는 것이다. SIMD 구조에서도 각 데이터에 의해서 각각의 명령어를 인출(Fetch)하는 것은 피하고 있으나 데이터가 처리되는 것은 완전한 SISD 구조에 비해서 겹쳐져서 실행되는 면이 있다.

○ 벡터 프로세서나 배열 프로세서(array processor)의 구조 : 오늘날의 IC 기술은 수많은 프로세싱 요소를 가지는 배열 프로세서(array processor)를 가능하게 하는 대형 시스템으로는 ILLIAC IV, Connection Machine과 Hughes 3-D 등이 있다. 이것은 수많은 동일한 처리 요소를 가지고 있고, 각각은 같은 명령어를 받아들여서 각자 자신의 데이터에 연산을 수행하는 벡터나 배열 프로세서의 가장 단순한 구조이다.

○ SIMD 시스템 두 가지 성능 : 첫째로 SIMD는 각 데이터별로 각각의 명령어를 인출하는 것을 피할 수가 있다. 둘째로는 각 데이터의 처리가 병렬적으로 동시에 진행된다는 점이다. 그러나 여러 개의 완전한 처리 요소를 구축하는 것은 상대적으로 비용이 많이 든다. 그래서 추가의 레지스터들과 특별한 파이프라인 기법을 이용하여 Cray-1을 비롯한 많은 다른 벡터 프로세서, 배열 프로세서는 하나의 직렬 프로세서로 구축함으로써 비용 절감을 하고 있다.

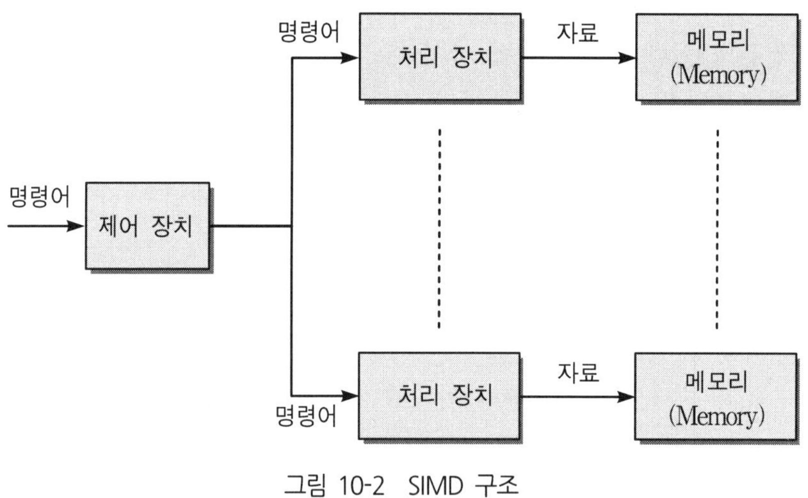

그림 10-2 SIMD 구조

▣ MISD(Multiple Instruction stream Single Data stream) 구조

SIMD 구조와는 반대로 동일한 데이터에 대해 여러 개의 프로세서들은 각각 서로 다른 명령을 수행하는 그림 10-3과 같은 구조로 같은 데이터에 여러 명령어가 동작하는 구조이다. 즉, 파이프라인으로 수행되는 컴퓨터에서 프로세

서들이 파이프라인으로 연결되어 있어서 한 프로세서에서 처리된 결과는 다음 프로세서로 입력되는 형태이다.

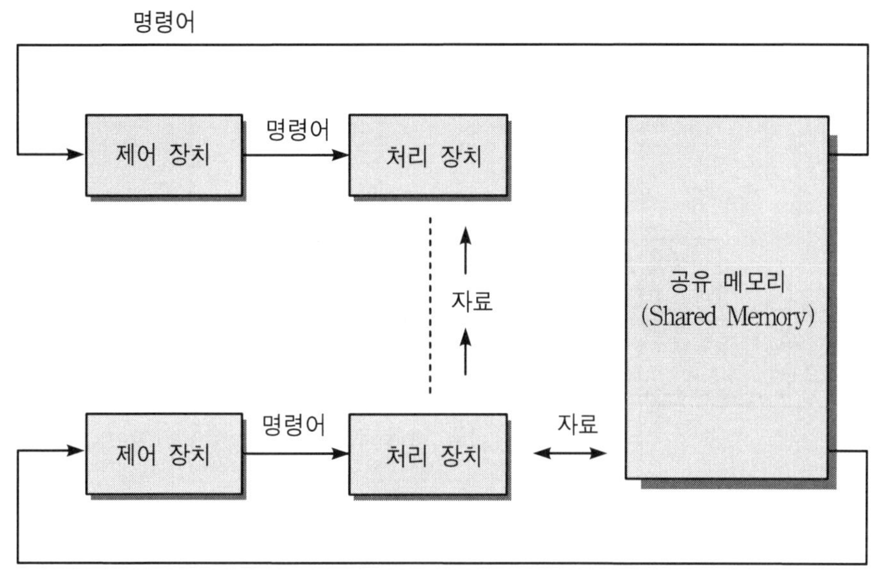

그림 10-3 MISD 구조

▣ **MIMD(Multiple Instruction stream Multiple Data stream) 구조**

시스템을 구성하는 각각의 프로세서가 자신의 데이터와 프로그램을 가지고 독립적으로 동작하는 컴퓨터로서 대부분의 병렬 처리 컴퓨터가 여기에 속한다.

- 여러 개의 프로세서들이 각각의 다른 데이터에 대해 다른 명령들을 수행하는 그림 10-4와 같은 구조로 대부분의 다중 프로세서 시스템과 다중 컴퓨터 시스템이 이에 속하고 있다. SIMD 시스템은 각각의 처리 요소간의 동기화를 비교적 쉽게 할 수 있고 처리 요소마다 자신의 프로그램을 저장할 필요가 없으므로 각 처리 요소는 작게 설치할 수 있는 장점이 있는 반면 응용 영역이 광범위하지 못하다는 단점이 있다. 하지만 MIMD는 넓은 영역의 응용 프로그램을 수용하여 수행할 수 있다. 프로세서들 간의 상호작용의 정도에 따라 그 정도가 높은 밀결합과 그 정도가 낮은 소결합으로 나눌 수 있다.

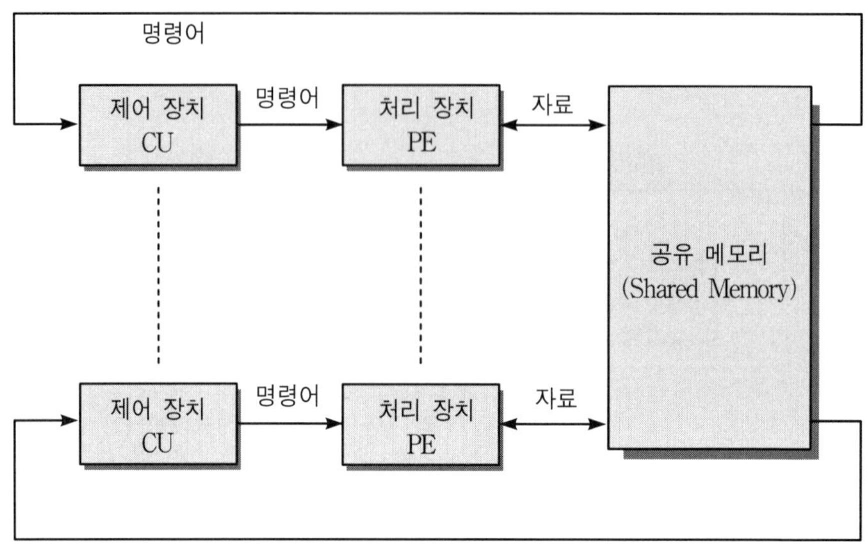

그림 10-4 MIMD 구조

▣ **기억 장치 결합도에 따른 분류**

○ 밀결합 시스템(tightly-coupled system) : 강결합이라고도 하며 모든 프로세서들에 의해 공통으로 액세스되는 공유 메모리 구조를 가진다.
여러 프로세스가 하나의 저장 장치를 공유하며 하나의 운영체제가 모든 프로세스들과 시스템 하드웨어를 제어한다.

- 공유 메모리를 차지하기 위한 프로세스간 경쟁이 치열
- 결합 스위치(combining switch)로 프로세스간 경쟁 해결

● 소결합 시스템(loosely-coupled system) : 약결합이라고도 하며 각각의 프로세서들이 자신만의 지역 메모리를 가지며 프로세서들 사이에 메시지 전송을 통해서 통신을 하는 구조이다.

- 자체 운영체제를 갖고 있다
- 프로세스 간 통신은 메시지 전달과 원격 프로시져 호출로 이루어진다.

10.1.2 트렐리븐의 분류

▣ 트렐리븐(Treleaven)의 MIMD 분류

MIMD는 여러 개의 주소 공간을 가지는 지역 메모리 구조의 다중 컴퓨터(Multi-computer)와, 하나의 주소 공간을 가지는 공유 메모리 구조의 다중프로세서(Multi-Processor)로 나눌 수 있다. 트렐리븐(Treleaven)은 MIMD 구조를 더 자세히 분류하였다. 데이터의 조직은 지역 메모리와 공유 메모리로 구분되고 각 데이터 조직은 세 개의 외부 제어 조직을 가진다. 표 10-2와 같이 컴퓨터 내의 연산은 세 가지 제어 방식을 구분한다.

- ❍ 제어 구동형(Control Driven) 방식 : 기존의 폰노이만 시스템과 같이, 연산을 명령하는 명령어에 의해서 시작되는 것이다.
- ❍ 데이터 구동형(Data Driven) 방식 : 데이터 플로우 컴퓨터는 기계적인 수준에서 시작을 하였으며 데이터가 명령어와 명령어 사이를 직접적이면서 병렬적으로 흘러갈 수 있는 데에 초점을 맞추었다.
- ❍ 요구 구동형(Demand Driven) 방식 : 감축형 컴퓨터는 사용자나 프로그래밍 언어의 수준에서 시작을 하였고, 함수적 프로그램 언어를 사용함으로 해서 프로그램의 부수 효과(side-effect)를 없애는데 주력하였으며 프로그램의 효과적인 실행에도 중점을 두었다. 즉, 데이터 플로우 개념은 하드웨어적인 반면에 감축의 개념은 소프트웨어적이라고 할 수 있다.

표 10-2 트렐리븐의 분류

제어 조직 \ 데이터 조직	지역 메모리	공유 메모리
제어 구동형(Control Driven)	통신 프로세스	폰 노이만
자료 구동형(Data Driven)	데이터플로우	데이터플로우
요구 구동형(Demand Driven)	문자열 감축	그래프 감축

10.2 상호 연결망

▣ 상호 연결망(interconnection network)

병렬 처리 시스템은 여러 개의 처리 요소들이 동작하기 때문에 각각의 처리 요소들 사이에 통신할 수 있는 경로가 필요하며, 이와 같이 여러 개의 처리 요소를 가진 병렬 처리 시스템에서 처리 요소들과 메모리들 사이를 연결해 주는 네트워크를 상호 연결망이라고 한다.

▣ 연결 구조

상호 연결망을 통해서 이루어지는 처리 요소간의 통신 목적과 통신 영역은 사용되는 응용 프로그램, 알고리즘, 계산 모델, 언어에 따라 다르다. 또한, CPU들을 연결하는 상호 연결에는 요구되는 성능 및 구현의 가격과 복잡성 등의 특성에 따라 여러 구조가 사용될 수 있다. 즉, 동시에 하나의 CPU만이 전송이 가능한 버스구조와 모든 CPU가 동시에 전송이 가능한 크로스바구조의 성능적 양극단 사이에 다단계 연결 구조와 하이퍼큐브 등 여러 연결 구조가 그림 10-5와 같이 존재한다.

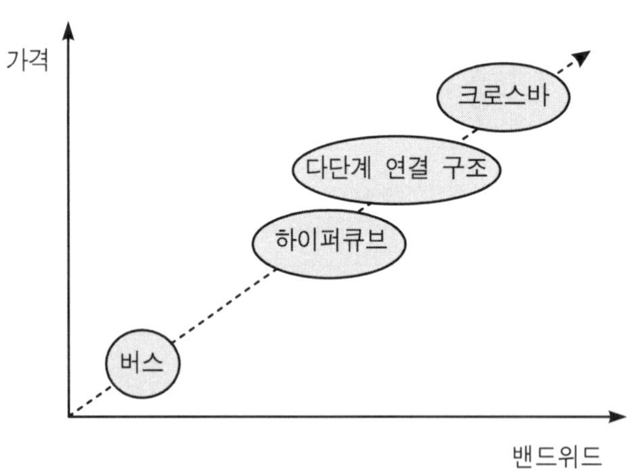

그림 10-5 연결 구조의 특성

○ 노드 : 네트워크의 상호연결에 대한 접합점을 노드라고 하며 프로세서, 메

모리 모듈, 연결 장치 그 외에 다른 요소들이 될 수 있다. 그리고, 병렬 프로세서 시스템에서 각 프로세서는 하나의 노드로서 연결될 수도 있으며, 또한 여러 개의 프로세서가 하나의 노드로서 연결될 수도 있다.

○ 마스터 노드(master node) : 하나의 노드가 네트워크를 통해서 다른 노드와 통신할 때, 통신을 시작하는 노드로서 시스템 버스에서 메모리 읽기/쓰기 요청을 하는 프로세서이다.

○ 슬레이브 노드(slave node) : 통신에 답하는 노드로서, 시스템 버스에서 메모리 읽기/쓰기 요청을 하는 프로세서에 접근하는 메모리이다.

1) 네트워크의 분류와 고려사항

▣ 네트워크의 분류

○ 회선 교환 네트워크 : 근원지 노드에서 목적지 노드에 이르는 모든 연결 경로를 확보하여 통신 기간 중 계속 유지하며, 시스템이 특정한 경로 형태를 반복해서 요구할 때는 회선 교환 네트워크를 이용하는 것이 좋다.

○ 패킷 교환 네트워크 : 패킷은 비트 정보의 모임이며 메시지(message)라고도 불린다. 이 방법은 근원지와 목적지 사이의 모든 연결 경로가 확보될 필요가 없으며 전송은 패킷 단위로 이루어지며, 각 패킷은 자신의 전송에 필요한 네트워크 연결만을 통과한다. 패킷 교환 네트워크의 패킷들은 통신을 위한 경로 정보, 통신되는 데이터, 슬레이브 노드가 데이터를 처리하는 방법 등을 포함하여야 하며 노드는 패킷을 저장할 버퍼가 있어야 한다.

▣ 타이밍 동기화에 따른 상호 연결망의 구분

○ 동기화 네트워크(synchronous network) 방식 : 중앙 클럭으로써 그 활동을 제어하는 메시지 전달 방식이다.

○ 비동기화 네트워크(asynchronous network) 방식 : 요청에 따라서 연결을 설정하고 메시지를 전송하며 분산 제어를 하는 메시지 전달 방식이다.

▣ 상호 연결망의 고려 사항

○ 통신 거리(communication distance) : 메시지가 목적지에 도달하기 위해서 지나가야 할 노드의 수를 말하며, 거리가 길면 메시지는 전송에 필요한 지

연 시간이 길어지게 된다.

- ○ 확장성(expandability) : 네트워크에 노드를 첨가함으로써 확장할 수 있는 특성을 말하며, 노드를 첨가하는 비용은 첨가함으로써 요구되는 구성 요소와 연결의 수에 따라 결정되어진다. 어떤 네트워크에서는 그 비용이 고정되지만 또 다른 어떤 네트워크에서는 네트워크의 크기가 커짐에 따라서 그 비용이 증가하는 경우도 있다. 이러한 비용들은 주어진 네트워크의 구조를 확장하는데 제한 요소가 된다.
- ○ 중복성(redundancy) : 메시지가 근원지에서 목적지로 전달될 때, 여러 가지의 다른 경로를 지날 수 있는데, 이것을 중복성이라 한다. 만약, 중복성이 없다면, 어느 한 노드에 문제가 생겼을 경우에 그 노드를 통과하여 목적지에 도달하고자 하는 모든 메시지가 방해받는다. 이러한 중복성을 허용하는 네트워크는 문제가 생긴 요소를 견디어 낼 수 있으며, 선택적인 경로를 부여함으로써 메시지의 충돌을 줄일 수 있다.
- ○ 메시지 전달 네트워크 : 근원지에서 목적지로 정보를 쉽게 경로 배정(routing)할 수 있어야 하는데, 경로 배정의 어려움은 네트워크의 각 노드가 구조적 일치성, 결함성의 허용 정도, 지역적인 메시지 전달 형태 등에 영향을 받는다.
- ○ 네트워크의 대역폭(bandwidth) : 단위 시간에 전달될 수 있는 데이터의 양을 대역폭이라고 하며, 컴퓨터 네트워크에서 보통 1초당 몇 백만 바이트(millions of byte per second : MBS) 또는 1초당 몇 십억 바이트(billions of bytes per second : GBS)로 측정된다. 이때 패리티나 제어 정보 같은 오버헤드 부분은 포함되지 않는다.
- ○ 연결도(connection degree) : 한 노드를 떠나는 경로의 수로, 연결도가 높으면 그 비용도 높아지지만 통신 거리는 줄일 수도 있다. 연결망은 동적 위상의 상호 연결망과 정적 상호 연결망으로 나눌 수 있다.
  - 동적 상호 연결망 : 크로스바(crossbar), 버스(bus), 다단계 네트워크(multistage network) 등이 있다.
  - 정적 상호 연결망 : 링, 선형(linear), 완전 연결형(completely connected), 트리, 메쉬, 팻 트리(fat tree), 성형(star), 토러스(torus), 하이퍼큐브 등이 있다.

10.3 다중프로세서 시스템

▣ 다중프로세싱

병렬적이면서 비동기적인 컴퓨터 시스템에서 동시에 여러 개의 태스크(task)를 수행하는 것인데 이것은 프로세서나 간단한 컴퓨터들이 노드를 이루면서, 이들이 독립적이면서도 밀접한 관계를 유지하면서 동작하는 시스템을 말한다.

다중프로세서는 플린(Flynn)의 MIMD 구조로, 둘 이상의 프로세서를 가지며 각 프로세서들은 같은 계산 능력을 가지며 자율적으로 작업을 처리할 수 있다. 이것은 중앙 제어 유니트가 없고 대신 각 프로세서들은 자신의 제어 유니트를 가지며 시스템 전체에 제어 논리가 효과적으로 분산되어 있음을 의미하며, 이 구조를 가지는 시스템들은 프로세서들이 메모리 모듈을 소유하는 방식에 따라 크게 공유 메모리 시스템과 분산 메모리 시스템으로 분류할 수 있다.

10.3.1 공유-메모리 시스템(shared-memory system) 구조

▣ 공유 버스(shared bus) 시스템 구조

주 메모리가 어느 한 프로세서에 속해 있지 않고 모든 프로세서들에 의해 공유되는 밀결합 구조이다.

- 프로세서, 기억 장치 및 입출력 장치들 간에 하나의 버스만 존재한다.
- 간단하며 경제적이고 융통성이 있다.
- 시스템이 바빠지면 효율성이 저하된다.
- 한 번에 한 가지 전송만 가능하고 버스에 이상이 생기면 전체 시스템이 중단한다.

▣ 공유-메모리 시스템 장점

첫째, 프로세서들이 공동으로 사용하는 모든 데이터들이 공유 메모리에 저장되므로 특별히 프로세서 간 데이터 교환 메커니즘이 필요하지 않고, 두 번째는 프로그램을 실행하는 과정에서 각 프로세서들이 처리할 작업들을 동적으로 균등하게 할당할 수 있어서 프로세서 이용률을 극대화시킬 수 있다.

▣ 공유-메모리 시스템 단점

프로세서들과 메모리 사이의 통로 상에 트래픽 증가 때문에 경쟁으로 인한 지연시간이 길어질 수도 있다는 것과, 두 개 이상의 프로세서들이 메모리의 같은 곳을 동시에 접근하고자 하는 경우에 충돌(conflict)이 발생할 수 있다.

▣ 공유-메모리 시스템 단점 보완

시스템 성능을 향상시키기 위한 방법들 중 대표적인 것으로는 상호 연결망의 고속화와 캐시 메모리의 사용 및 메모리 인터리빙 등이 있다. 공유 메모리 시스템에서 사용되는 상호 연결구조들은 크로스바 스위치, 버스, 다단계 상호 연결망 구조가 있다.

▣ 단일 버스(unibus) 구조

사용되는 프로세서의 수가 적을 때, 즉 최대 버스 교통량이 버스 대역폭에 비해서 적을 때 좋은 성능을 발휘하여 미니 컴퓨터나 마이크로 컴퓨터에서 이용된다. 비용이 적게 들기 때문에 작은 규모의 다중프로세서 시스템에 적합하고 트리 구조의 시스템에서 지역적인 기반으로 이용될 수도 있으나, 버스 사이클당 하나의 연결만을 제공한다는 단점을 가지고 있다.

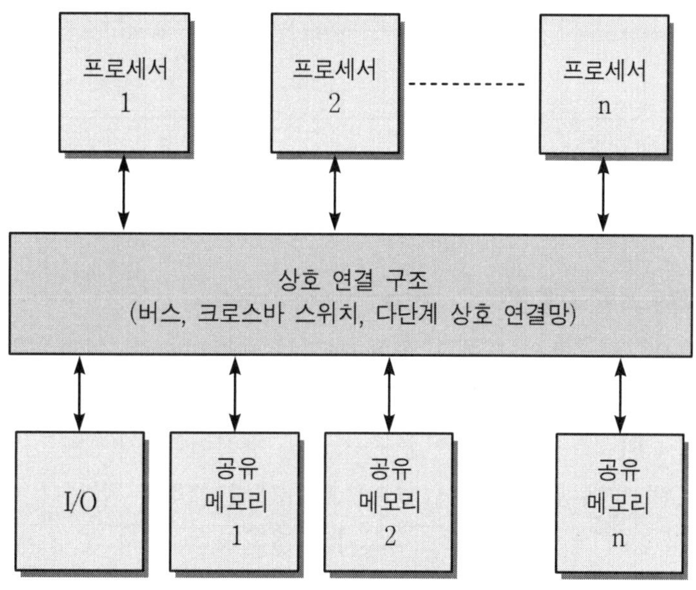

그림 10-6 공유-메모리 시스템의 일반적인 구조

▣ 공통 버스(common bus) 구조

공통의 비스선을 통해서 여러 CPU와 메모리, I/O들이 연결되는 구조이다. 연결된 모든 CPU는 버스선을 통해 정보를 전달하고 수신할 수 있으나, 한 순간에는 오직 하나의 CPU만이 전송이 가능하다. 만약 여러 CPU가 동시에 버스를 통해 전송하고자 한다면, 충돌이 발생하여 전송은 불가능하게 된다. 그러므로 버스 구조에서는 동시에 요청되는 여러 CPU의 버스 사용에 대한 중재가 필요하다. 그림 10-7과 같이 모든 프로세서, 메모리, I/O가 하나의 시스템 버스에 연결된다.

- 장점으로는 간단한 하드웨어로 쉽게 구현될 수 있다.
- 단점으로는 버스 경쟁이 치열하여 지연시간이 길어진다는 점이다.
  공통 버스구조의 단점을 보완하기 위하여 버스의 전송속도를 높이고 캐시 메모리를 사용하는 방법도 사용된다. 또 하나의 버스 경쟁을 줄이기 위한 방법으로 버스의 수를 증가시킨 다중-버스 구조(multiple-bus structure)를 사용하고 있다.

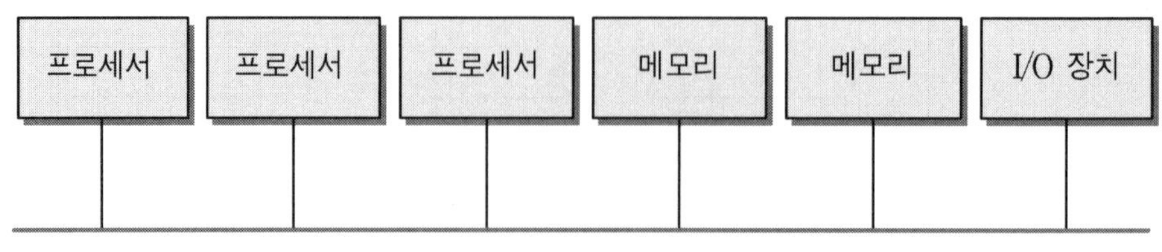

그림 10-7 공유-버스 다중 프로세서 시스템의 구조

▣ 크로스바 교환행렬(Crossbar Switch matrix)

공통 버스 구조의 최대 단점을 해결하는 방법으로, 대역폭을 가장 높일 수 있는 구조이다. 각 CPU가 다른 모든 CPU로 직접 연결될 수 있는 구조로서 동시에 CPU의 수만큼의 전송이 가능한 방식이다. 각 CPU는 스위치를 통해 다른 CPU들에게 연결되어 있으므로 m개의 CPU로 컴퓨터 시스템이 구성된다면 각 CPU에는 m개의 스위치가 연결된다. 따라서 총 스위치의 개수는 $m^2/2$이다.

○ 크로스바 연결 구조 : 스위치의 수는 CPU 수의 제곱에 비례하여 연결 구조가 복잡해지는 단점이 있으나, 모든 프로세서 사이에는 직접 연결선이 가능해진다. 만약 목적지가 서로 다른 경우의 연결에서 m개의 스위치가 연결되어 m개의 CPU가 동시에 전송이 가능하므로, 버스 구조에 비해 연결 구조의 처리율은 최대 m배가 증가한다.

- 공유 버스 구조에서 버스의 수를 기억 장치의 수만큼 증가시켰다.
- 모든 기억 장치 모듈로 동시 전송이 가능하다.
- 하드웨어가 크고 복잡하다.

○ 크로스바 스위치 시스템의 구조 : 그림 10-8과 같이 프로세서의 수가 많은 경우 버스의 병목 현상을 줄이기 위해 높은 연결성을 제공하는 상호 연결망 구조 중의 하나이다. 이 구조는 프로세서들과 메모리 사이에 완전한 연결성을 제공할 수 있는 장점이 있는 반면에 비용이 많이 들고 복잡한 하드

웨어가 필요하며 프로세서의 수가 m개이면 m^2개의 크로스바 스위치가 필요하게 되고 연결선들도 그만큼 많이 필요하게 된다.

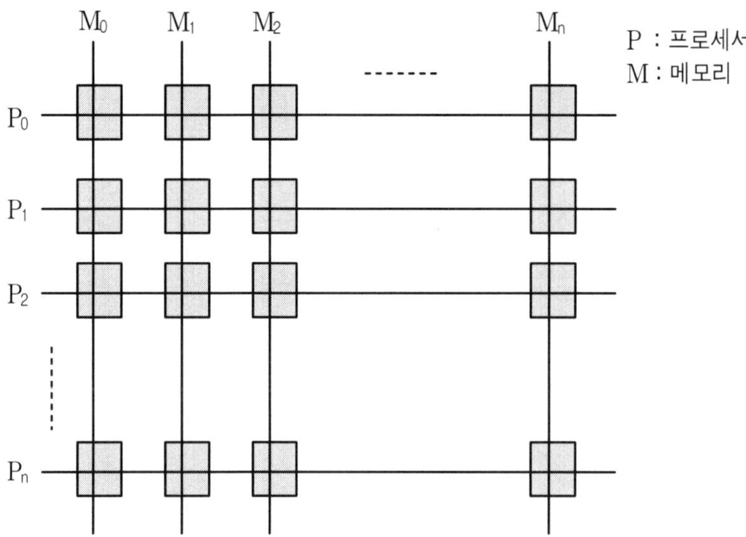

그림 10-8 크로스바 스위치를 사용한 시스템의 구조

▣ **다단계 상호 연결망 구조(multistage interconnection)**

2입력×2출력 스위치들로 구성되는 연결 단계를 여러 개 갖는 연결 구조이며, 근원지와 목적지 사이에 여러 개의 스위치 요소가 있는 상호 연결망으로 많은 연결이 필요하고 프로세서의 수가 많을 때 이용된다. 여러 단계로 연결망은 구성되며 인접한 두 단계는 순열 연결을 이루게 된다. 크로스바 스위치로 하드웨어 복잡성을 줄인 다단계 상호 연결망을 위한 여러 가지 제안된 토폴로지(topology)들 중 대표적인 것이 오메가 네트워크(omega network)이며 그림 10-9에 나와 있다.

- 한 노드가 어떠한 다른 노드에라도 연결할 수 있도록 하여 여러 프로세서의 연결을 쉽게 한다.
- 교환기의 수가 매우 적으며 단일 경로 이지만 다양한 연결이 가능하다.
- 교환 네트워크의 비용을 증가 시키며 전송 시간이 비교적 느리다.

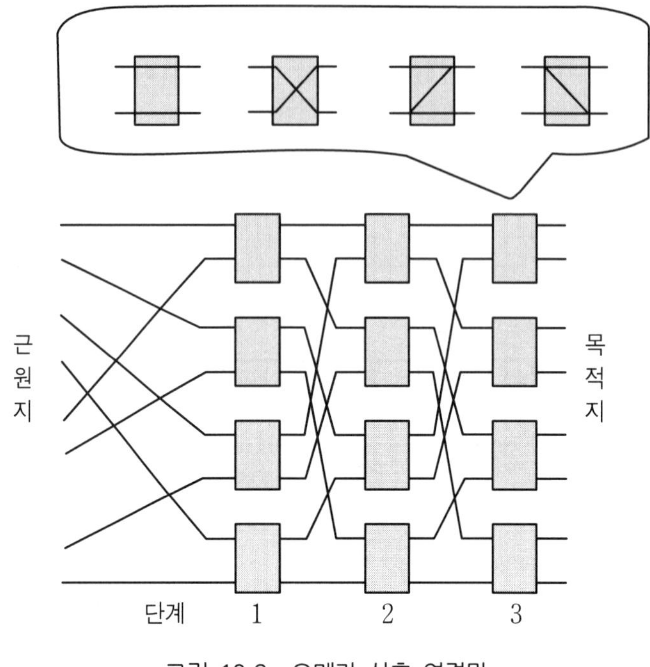

그림 10-9 오메가 상호 연결망

10.3.2 분산 메모리 시스템(distributed-memory system) 구조

▣ 분산 메모리 시스템 구조

프로세서들이 주 메모리를 공유하지 않고 각 프로세서들이 자신의 메모리를 별도로 가진 소결합 구조에 해당한다. 이 시스템에서의 각 프로세서들은 컴파일 단계에서부터 실행할 프로그램이 별도로 작성되어 각 프로세서들의 지역 메모리로 적재되며, 프로세서들이 공유하는 데이터들만 서로 교환하게 된다. 이것을 위해 프로세서들은 메시지 전달 상호 연결망으로 연결되어지고, 프로세서들 사이의 통신량은 공유메모리 시스템에 비하여 크게 줄어드는 구조로 그림 10-10과 같다.

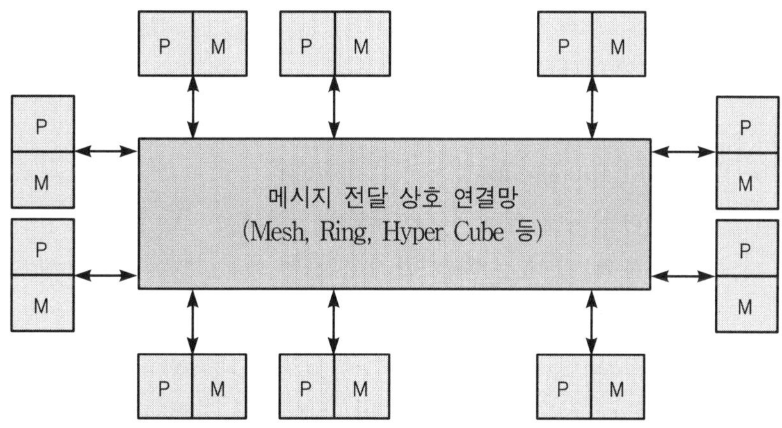

그림 10-10 분산-메모리 시스템의 일반적인 구조

▣ 링(ring) 구조

양끝이 연결되어 있는 선형 네트워크로서 결합 노드가 있는 경우에 메시지는 다른 길로 감으로써 그 노드를 피해갈 수 있다. 추가노드에 대한 비용은 고정되어 있고, 노드의 수에 통신 시간이 비례하므로 노드가 많이 있는 시스템에서는 적합하지 못하며, 프로세서의 수가 증가함에 따라 네트워크 충돌은 심각한 문제가 된다.

■ **메쉬(mexh)나 토러스(torus) 구조**

○ 메쉬 구조 : 그림 10-11(a)처럼 두 개의 노드들이 상하좌우로 근접하면서 서로 연결된 것이며, 노드들이 이차원망의 교차점에 배치되어 있다.

○ 토러스 구조 : 메쉬 구조의 변형으로서 상, 하, 좌, 우의 끝을 연결하고 대칭성을 부여하여 평균 통신 거리를 줄인 것이 그림 10-11(b)이다.

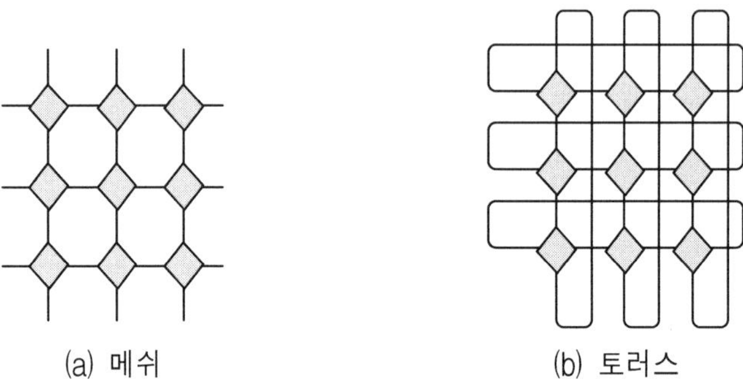

그림 10-11 메쉬 구조와 토러스 구조

○ 하이퍼큐브(hypercube) 구조 : 기하학적으로는 차원(Dimension)이라는 시스템 파라미터에 의해서 그 특성이 결정되는데 이 파라미터는 각 큐브 내의 노드수와 각 노드들을 연결하는 통신 노드수를 결정해 준다. 즉, 0-큐브는 한 점이고 1개의 노드를 가지며, 3-큐브는 정육면체이고 8개의 노드를 가지므로 n-큐브를 생각할 수 있다. 그림 10-12는 n=1, n=2, n=3의 하이퍼큐브 구조를 보여주고 병렬 처리에서 장점을 가지고 있다.

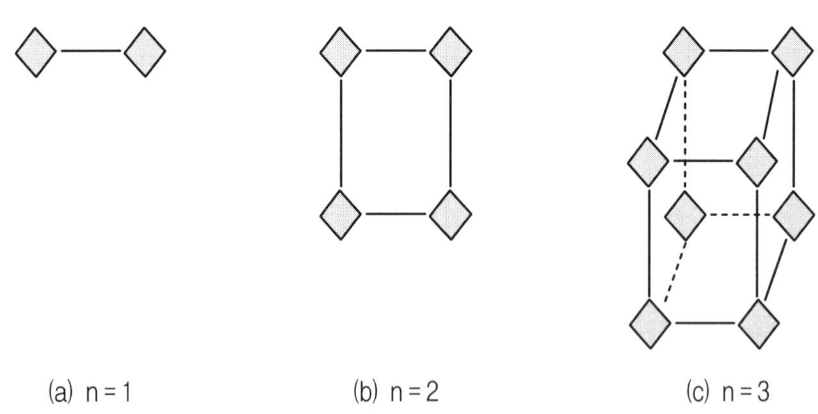

그림 10-12 하이퍼 큐브

- 프로세서의 수가 증가에 따라 연결점과 그와 관련된 하드웨어가 로그의 수로 증가하므로 비교적 경제적인 방법으로 많은 프로세서를 연결할 때도 좋은 효율을 가진다.
- 하이퍼큐브는 간단한 경로 배정을 가지고 있으며, 또한 모든 노드가 동등하므로 모든 노드가 같은 경로 배정 방법을 사용할 수 있다. 하이퍼큐브는 재귀적으로 고차원의 구조로 높은 확장성을 가진다. 많은 노드가 연결될 경우 비용이 급속도로 증가한다.

10.4 다중프로세서 고려 사항

1) 병렬성에 고려 사항

▣ 다중프로세서의 병렬성

고유의 병렬성을 활용하고 계산 속도를 증진시키기 위해서, 우선 “병렬성을 어떻게 표현하냐?”하는 문제이다. 첫 번째는 사용되는 프로그래밍 언어가 명시적으로 병렬성 표현 능력을 가지고 있어서 사용자가 직접 병렬성을 다루는 병렬성 추출인데, 병렬성 추출 후에는 처리해야 할 작업을 추출한 병렬성에 따라 여러 개의 처리 단위로 분할한 다음 그들이 공유하여야 할 대상을 설정하여야 한다. 두 번째는, 프로그래밍 언어가 암시적으로 병렬성을 가지고 있어서 병렬 컴파일러가 병렬로 처리할 작업의 분할의 경우이다.

▣ 메모리에 고려 사항

메모리 접근 방법은 빠르고 정확해야 하는데, 빠른 메모리 접근은 모든 컴퓨터 시스템에서 요구되고 있고 특히, 대규모 다중프로세서 시스템에서는 많은 요소들이 메모리 접근에 장애를 줄 수가 있다. 공유 메모리를 통해서 시스템은 데이터를 교환과 동기화도 수행하는데, 공유 메모리를 여러 개의 독립적인 모듈로 나눈 다음 프로세서들이 한 개 이상의 모듈을 동시에 접근할 수 있도록 한다. 이 때 단일 프로세서에서처럼 캐시 메모리를 이용하면 메모리 대역폭을 증가시킬 수 있고, 네트워크의 지연시간을 극복하기 위해서 중요하다.

▣ 메모리 충돌 문제

여러 개의 프로세서들이 동시에 같은 메모리 모듈을 접근할 경우 프로세서들은 서로를 방해하게 되므로 시스템의 성능을 저하시키게 된다. 이 때에 결합 기능과 홈 메모리(home memory) 기법을 이용하면 성능 저하를 완화시킬 수 있다.

○ 결합 기능 : 상호 연결망에 결합 기능을 사용하는 방법은 같은 메모리 모듈로 향하는 여러 개의 메모리 요청을 하나의 요청으로 결합하는 기능을 말한다. 이 기능은 메모리 충돌을 피할 수 있으나 반면에 다른 요소의 비용이 커지기 때문에 네트워크의 지연 시간이 전체적으로 커질 수가 있다.

○ 홈 메모리 : 특정한 메모리 모듈의 접근에 대해서 한 프로세서에 우선권을 주는 것인데 한 프로세서의 홈 메모리에는 현재 그 프로세서에서 수행되는 프로세스에 관련된 모든 파일을 포함하고 있어서 프로세서는 자신의 홈 메모리를 접근할 때는 다른 프로세서들로부터 간섭을 받지 않는다.

▣ 메모리 접근의 효율성 문제

프로세서와 메모리 사이에 상호 연결망이 있다는 것과 커다란 크기의 메모리 공간을 제공하여야 한다는 사실은 메모리 접근 시 많은 지연시간을 유발한다. 다중 프로세서 시스템의 규모가 커지면 커질수록 지연시간은 더 길어지는 문제점을 해결하기 위해 메모리 인터리빙 방법과 계층적인 메모리 구조를 이용한다.

○ 메모리 인터리빙 방법 : 전체적인 메모리 대역폭을 증가시킴으로써 실제적인 메모리 접근 시간을 줄일 수가 있다.

○ 계층적인 메모리 구조 : 하위 계층의 내용이 상위 계층에 포함 성질(inclusion property)을 유지함으로써 실제 메모리 접근 시간을 줄일 수가 있다. 계층적인 메모리 구조 원리는 각 프로세서는 각자의 캐시를 가지고 있으며 그 위에는 지역 메모리를, 또 그 위에는 공유 메모리를 가짐으로써 전체 메모리 구조를 이루는 것이다.

▣ 캐시 일괄성의 문제

캐시는 다중 프로세서 시스템에서 높은 성능을 제공하여 거의 필수적이다. 하지만, 한 메모리 블록이 여러 프로세서에서 공유할 경우 그 복사본은 그 블록을 이용하는 프로세서의 캐시에 모두 존재하게 되는데 이 때 공유된 블록의 캐시 복사본 중의 하나가 프로세서의 쓰기 연산에 의하여 내용이 변경된다면 그 캐시 블록은 공유되어 있는 다른 복사본과의 일치성을 잃게 되는 캐시 일관성 문제를 유발하기 때문에 대규모 시스템을 설계하는데 큰 장애 요소가 된다.

○ 하드웨어에 의한 캐시 일관성 방법 : 동시에 임의의 시점에 다중의 읽기와 하나의 쓰기를 허용함으로써 캐시 일관성을 유지하는 것인데, 하드웨어적인 수단만을 이용하는 방식으로 두 가지의 방식의 해결책은 대규모 시스템에서는 비용이 많이 든다.

- 쓰기 무효화(write-invalidate) 방식
- 쓰기 갱신(write-update) 방식

○ 소프트웨어에 의한 캐시 일관성 방법 : 컴파일 시간에 변수들을 읽기 변수인지 읽기-쓰기 변수인지를 결정한 다음, 읽기 변수는 캐시 기능(cacheable)으로 설정하여 캐시를 이용하도록 하고 읽기-쓰기 변수는 캐시 불가능(noncacheable)으로 설정하여 캐시를 통하지 않고 바로 메모리에서 읽기-쓰기를 하는 방법으로 연구 중에 있다.

▣ 고려 사항

○ 스케줄링(scheduling) : 단위 프로세스(process)가 형성이 되면 프로세스들은 프로세서(processor)에 할당되어 실행하게 된다. 이러한 할당 방법에 대한 전략이 스케줄링이고, 스케줄링은 컴파일 시간이나 실행 시간에 수행될 수 있는데 그 이유는 통신 시간과 오버헤드를 최소화하기 위함이다. 스케줄링은 시스템에 따라 그 구체적인 방법이 다르고 특히 상호 연결망과 프로세서 특성에 따라 많은 영향을 받게 된다.

○ 동기화 : 한 번 프로세스가 하드웨어 자원에 할당되어 실행이 시작되면 데이터 의존도를 만족시키기 위해서 올바른 실행의 순서를 유지해야 하는데, 이는 하드웨어나 소프트웨어의 동기화를 통해서 가능하다. 대부분의 프로세스는 다른 프로세스들과의 상호 작용, 즉 동기화가 필요하다.

○ 시스템 균형 : 시스템의 최고 처리량을 달성하고 잠재적인 병목 현상을 없애는 목적으로 시스템이 전체적으로 최고의 성능을 올리기 위한 방법 중의 하나로 프로세서의 속도는 상호 연결망의 대역폭과 메모리의 속도를 맞추어야 균형을 이룰 수 있다.

2) 다중 처리기(multiprocessor) 구조의 성능 및 신뢰성

▣ 멀티프로세서의 목적

개발 동기는 여러 CPU가 동시에 작업을 처리하도록 하여 작업 처리의 성능을 향상시킬 수 있으며 신뢰성 향상이다. 이상적인 성능 향상은 시스템의 성능이 CPU의 수에 비례하도록 하는 것이다.

▣ 멀티프로세서의 성능

멀티프로세서 시스템 내의 각 CPU가 프로그램 수행 시에 다른 CPU에 대한 상호 의존성이 없이 독자적으로 실행하도록 하기 위해서는 명령어들은 별개의

CPU에서 독자적으로 수행되어야 하고, 각 CPU는 동일한 물리적 자원인 메모리, 상호 연결 장치를 요청하여도 충돌 발생이 없거나 이러한 물리적 자원의 충돌에 의한 대기 시간이 필요치 않아야 성능 개선이 CPU의 수에 비례하게 된다.

▣ 멀티프로세서의 지연 우려

또한 멀티 프로세서구조는 여러 CPU들이 동시에 정보를 전송하는 경우에는 시스템의 상호 연결 장치에 충돌이 발생하여 지연이 생기게 되며, 여러 CPU들이 동시에 메모리 또는 I/O 등에 접근하려 할 경우에도 지연이 생기게 되므로 이러한 특성들을 고려하여 설계되어야 한다.

▣ 다중 처리 시스템의 운영체제 형태에 따른 분류

○ 주/종 관계(master/slave)

- 하나의 프로세서가 master로 지정되어 범용 프로세서로서 연산 및 입출력을 담당하고 나머지들은 slave로 연산만을 담당하고 사용자 프로그램만 수행한다.
- 구현이 쉬우나 하드웨어의 비대칭성이 발생하고 하드웨어를 최적으로 사용하지 못한다.

○ 분리수행(separate executives)

- 각 프로세서가 독립적으로 자원을 가지는 단일프로세서 시스템처럼 독자적인 운영체제와 기능을 가지는 형태이다.
- 주/종관계보다 신뢰도가 높아 한 프로세서의 고장이 전체 시스템에 영향을 주지 못한다.
- 일부 프로세서가 유휴 상태로 될 수 있다

○ 대칭 처리

- 모든 프로세서가 동등한 입장의 대칭성을 가지고 있으며 구현 및 수행이 매우 복잡한 형태이다.
- 가장 강력한 능력의 시스템이다.
- 한 운영체제를 동시에 수행할 수 있게 하므로 재진입 코드와 상호배제가 필요하다.
- 다른 기법에 비해 작업을 효과적으로 분산시킬 수 있다.

10.5 자료와 명령어 병렬 처리 방법

10.5.1 파이프라인(Pipeline)

▣ 파이프라인 프로세서(시간적 병렬 처리)

순차적이고 연속적인 작업을 여러 개의 서브프로세스(sub processor)로 분해하고, 각각의 서브프로세스들은 모든 다른 세그먼트(segment)들과 동시에 실행되는 특정한 세그먼트 내에서 수행되도록 하는 기법을 파이프라이닝이라 하고, 이 때 세그먼트 또는 단계(stage)라고 서브프로세스를 기능별로 나눈다.

▣ 파이프라인의 동작 원리

각 세그먼트는 작업이 나누어지는 방법에 따라, 지정된 부분적인 작업을 수행하게 되며 레지스터와 조합 회로(combinational circuit)로 구성되고 그림 10-13에서와 같이 각 세그먼트의 연산으로부터 얻어진 결과는 파이프라인의 다음 세그먼트로 전달된다. 그렇게 모든 세그먼트를 거친 후에 최초 결과를 얻게 되는데, 이를 위해 각각의 세그먼트들은 분할된 부(sub) 연산들의 처리 순서에 따라 차례로 연결된다.

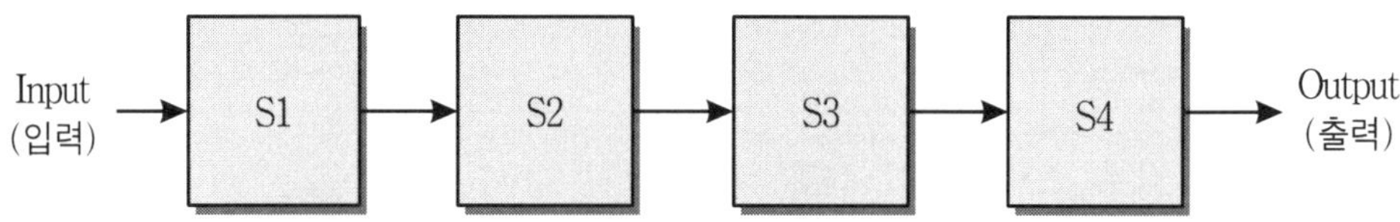

그림 10-13 4개의 세그먼트(segment)로 구성된 파이프라인

▣ 파이프라인 연산 중첩(overlapping)

몇 개의 연산이 특정 세그먼트 내에서 동시에 수행될 때 연산의 중첩(overlapping)이라 하고, 이것은 레지스터를 파이프라인의 각 세그먼트에 연관시킴으로써 가능해지며, 레지스터들은 각 세그먼트 사이의 독립성을 제공해 각각이 동시에 특정 데이터에 대해 연산될 수 있게 한다.

▣ 파이프라인 컴퓨터의 장점

파이프라인이 사용되고 난 후에는 즉시 결과를 얻을 수 있으므로 연산속도가 빠르다는 것이다. 그리고 비슷한 복잡성을 지닌 명령을 여러 개의 부분으로 나눌 수 있는 동작은 파이프라인으로 구성할 수 있는데 같은 연산이 여러 번 반복되면 효율적이지만, 점프 명령이 많은 경우에는 구조가 복잡하고 시간이 오래 걸린다.

그림 10-14 파이프라인의 공간-시간(space-time) 다이어그램

▣ 파이프라인의 동작

그림 10-14와 같이 공간-시간(space-time) 다이어그램에서 4단계로 이루어진 명령도 명령(Instruction)은 하나의 머신 사이클마다 시작되고 결과가 얻어지기 때문에 겉으로는 하나의 머신 사이클마다 이루어지는 파이프라인의 효용성을 보여주고 있다.

10.5.2 어레이 프로세서(Array Processor)

■ **벡터 컴퓨터**

벡터 프로세스를 가진 컴퓨터로 벡터 프로세서의 구성 형태에 따라 배열프로세서(Array Processor), 파이프라인화된 벡터 프로세서, 시스톨릭 프로세스(systolic process)로 구분한다.

○ 벡터 프로세서(vector processor) : 벡터 연산을 빠르고 효율적으로 수행하도록 구성되어 있으며 산술, 논리, 비교, 내적 연산, 최대 값, 최소 값을 찾는 명령 등의 벡터 연산 명령을 가진다.

○ 배열 처리기(Array Processor) : 공간적 병렬 처리로서, 가장 대표적인 예는 SIMD 컴퓨터 구조이며, 이것은 커다란 데이터의 배열에 대한 연산을 수행하는 프로세서이다. 어레이 프로세서는 프로세싱 요소(Processing Element : PE)라는 다수의 연산기를 갖는데, 프로세싱요소는 프로세스와 기억 장치로 구성되고 또한 이것들은 하나의 제어 유니트(Control Unit : CU)의 제어 하에 동기적으로 병렬 처리를 수행한다. 또한 프로그램 수행을 위해서 상호 연결망(interconnection network)을 통해 데이터 교환이 가능하며 제어 유니트의 통제를 받는다.
한 개의 제어 장치를 통해서 N개의 프로세싱 요소들이 동기화가 되는데, 각 프로세싱 요소에는 ALU와 지역 메모리가 있다. 또한 제어 장치는 자신의 전용 메모리를 가지고 있으며, 외부로부터 입력된 사용자 프로그램을 제어 장치의 통제하에 동시에 하나의 명령문을 번역하고 실행할 프로세싱 요소를 찾는다.

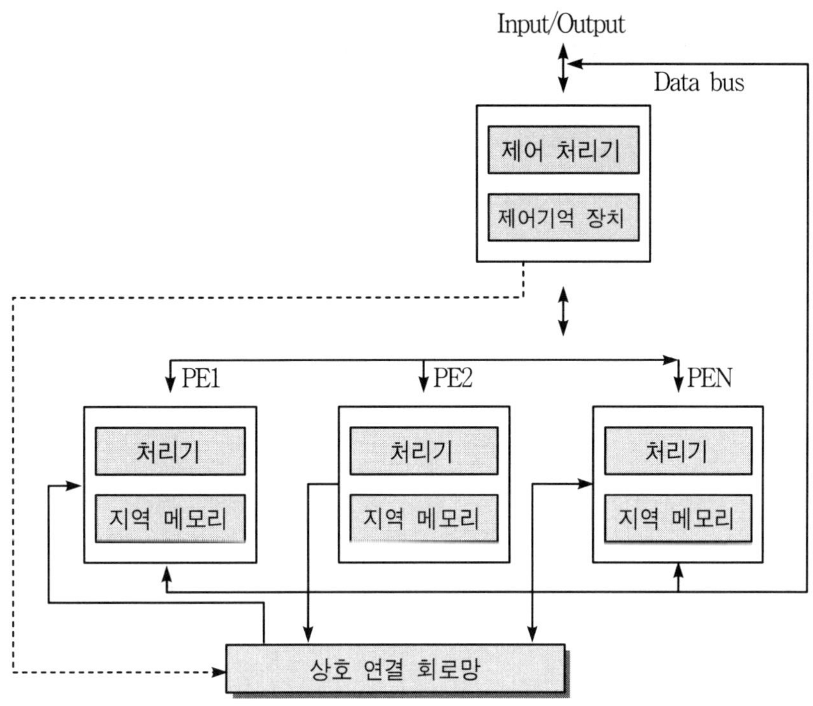

그림 10-15 어레이 프로세서의 구조

10.5.3 데이터 흐름(Data Flow) 프로세서 방식

▣ 데이터 흐름 컴퓨터(Data flow machine)

일반 컴퓨터는 한 개의 PC (Program Counter)에 의하여 명령어의 수행이 순차적으로 제어되는 제어흐름(control flow) 컴퓨터는 순차적인 프로그램의 수행으로 수행의 속도 한계를 극복하기 위하여 프로그램에 내재한 병렬성을 최대한으로 이용하기 위한 구조적인 개선으로 데이터 흐름 기계가 있다.

- 데이터 흐름 기계의 기본 개념은 프로그램 내의 모든 명령어를 그들의 수행에 필요한 피연산자들이 모두 준비되었을 때 수행시키는 데이터 추진(data driven) 방식에 의해 명령어들이 수행되면 그 결과들은 역시 그들을 필요로 하는 명령어들에게 보내진다. 또한 한 프로그램의 명령어들은 데이터들의 종속관계에 따라 데이터 추론 및 수행순서가 결정되어진다.

▣ 데이터 플로우 모델

프로그램이 데이터 플로우 그래프로써 표현되고 이것은 노드(연산 단위)와 아크(데이터의 이동 경로)로서 구성된다. 이 모델의 명령실행은 노드의 입력 아크 측에 연산단위가 필요로 하는 값이 도달하는 순간에 점화규칙(firing rule)이 이루어지면서 진행된다.

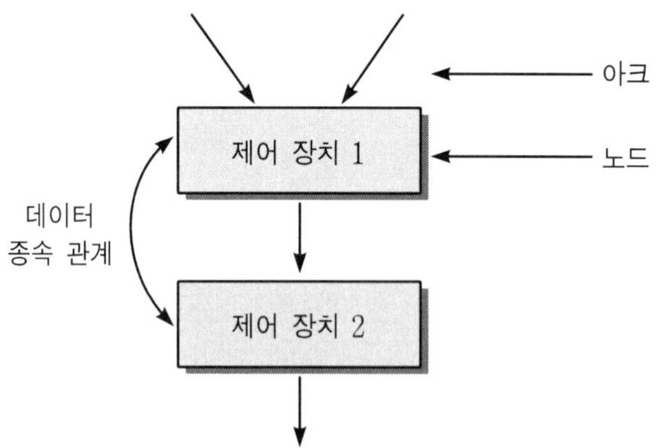

그림 10-16 데이터 흐름 모델 구성

▣ 데이터 흐름 계산 의미

계산은 비동기적으로 수행하며, 데이터 흐름계산은 함수적이며, 서로 다른 계산 장치로부터 이 출력들은 한 제어 장치의 입력 아크에 묶여서 연결될 수 없다는 3가지 의미가 있다.

▣ 데이터 흐름 계산 방식의 분류

- ○ 자료 구동형(Data Driven) 모델 : 제어 장치에 입력되는 데이터가 유효하면 해당 제어 장치를 실행할 수 있으며, 실행에 필요한 자료가 주어지면 이를 수행하게 한다.
- ○ 요구 구동형(Demand Driven) 모델 : 먼저 제어 장치는 자신의 실행 결과를 필요로 하는 다른 제어 장치의 요구를 받은 후, 입력 아크상에 데이터의 이용이 가능하게 되면 이를 실행한다.

예 : C = (A + B) * 5

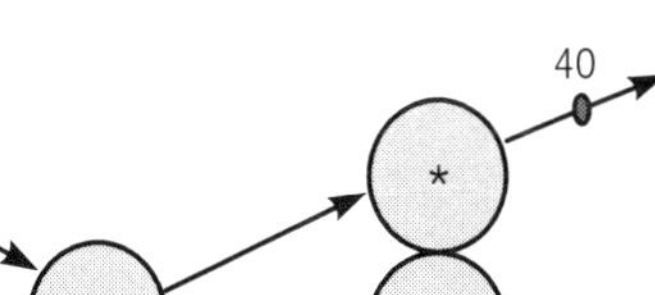

(데이터 흐름 프로그램 그래프)

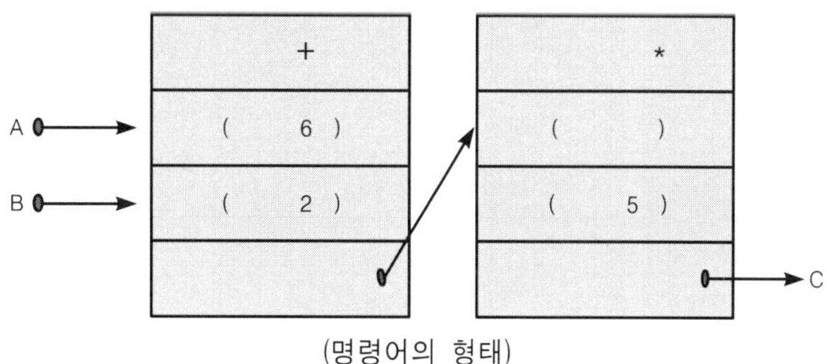

(명령어의 형태)

그림 10-17 데이터 흐름 그래프

C.H.A.P.T.E.R 11

데이터 통신

11.1 데이터(Data) 전송 방식

▣ 통신회선 전송속도

각 터미널(단말기)에서 사용되는 모뎀의 형태와 전송률 또는 전송속도는 통신회선의 질, 사용되는 소프트웨어에 의해 정해진다. 전송속도는 bps(bit per second)로 측정되며 2,400, 4,800, 9,600bps에 달하나 최근에는 28,800, 33,600 또는 56,000bps의 모뎀도 있다.

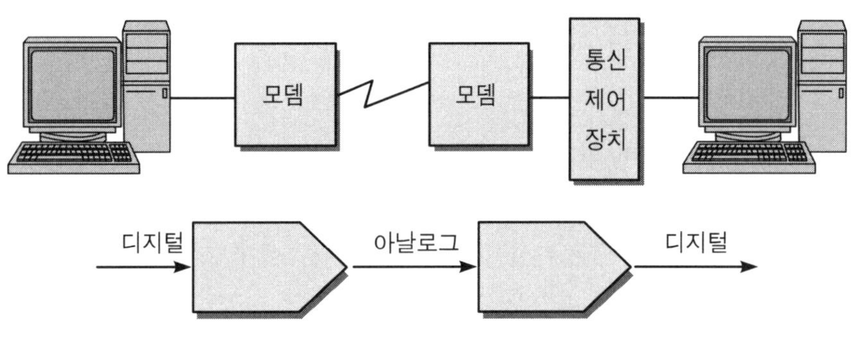

그림 11-1 모뎀의 역할

▣ 모뎀(modem)

통신회선을 통하여 데이터를 전송할 수 있도록 디지털(digital) 자료를 아날로그 형태의 자료로 변환하는 modulation과, 터미널로부터 보내온 아날로그 형태의 자료를 컴퓨터가 처리할 수 있는 디지털 형태의 자료로 변환하는 장치

demodulation이 결합한 모뎀은 RS-232C 직렬(시리얼) 커넥터(connector)에 의해 컴퓨터에 연결되어 사용된다. 자료(data)의 전송에는 비동기식 전송과 동기식 전송이 있다.

▣ 원거리 통신 변조 방법

직렬(RS-232)을 통한 연결이 사무실 내에서 잘 동작된다 할지라도, 거리가 먼 상태의 시리얼을 통한 연결은 수신자 측의 신호(Signal) 손실로 인해 불가능하다. 원거리 전송 시스템에서 연속적으로 진동하는 아날로그 신호가 디지털 신호보다 원거리 멀리 전달 특징이 있다. 비트 값의 상태가 변화될 때만 변화하는 전류를 전송하는 대신에 원거리 통신 시스템은 반송 신호(캐리어 시그널)라 불리는 연속적으로 진동하는 신호를 전송한다. 자료를 전송하기 위해 송신자는 운반자를 약간 수정한다. 이러한 수정들은 변조(Modulation)라고 부르고, 데이터는 이러한 변조를 거쳐 전송된다. 변조 방법에는 크게 진폭 변조와 주파수 변조 그리고 위상 변조가 있다.

- ○ 진폭 변조(Amplitude Modulation) : 전송되는 정보에 비례하여 출력 신호의 세기를 변화시킨다.
- ○ 주파수 변조(Frequency Modulation) : 운반자의 주파수를 약간 변화시키며, 주파수 변조와 진폭변조가 소리에 대해 잘 동작된다 할지라도, 둘 다 한 비트(bit)를 전송하기 위해 반송파의 한 사이클을 요구한다.
- ○ 위상 변조(Phase Modulation) : 자료를 코드화하기 위해 위상 이동(반송파의 진행 시간을 갑자기 바꿈)을 행한다. 위상 이동 이후에도, 운반자는 진동을 계속하나, 사이클 내의 새로운 위치에서 시작한다. 위상 변조를 사용하면 여러 가지 다양한 진폭 이동과 위상 이동을 할 수 있기 때문에 한 번에 여러 비트를 보낼 수 있어 고속 전송이 가능한 장점이 있다.

▣ 직병렬 전송

- ○ 직렬 전송 : 데이터 전송시 전송하는 데이터 비트(bit)를 한 번에 한 비트씩 직렬(일렬)로 전송하는 방법이고, 통신 회선이 한 개만 필요하므로 경제적이나, 속도는 매우 느리다.
- ○ 병렬 전송 : 데이터 전송시 전송하는 데이터 비트를 여러 개의 비트를 한

번에(동시에) 병렬로 전송하는 방법으로 고속 처리가 요구되거나 비교적 근거리의 데이터 전송에 유리하다. 하지만 많은 통신 회선이 필요하므로 비용이 많이 든다.

▣ 동기 방식

○ 동기 전송 : 데이터 전송 전에 수신측이 데이터 비트의 수신 시간을 얻어서 미리 정해진 수만큼의 문자열을 한 묶음으로 만들어 일시에 전송하는 방법이다. 이 방법은 2,000bps 이상의 전송 속도에서 사용하고, 전송 효율이 좋으며 주로 원거리 전송에 이용된다. 동기식 전송은 값이 비싸며 복잡하나 데이터를 연속되는 문자로 보낼 수 있다. 동기식 데이터 전송은 복잡한 메시지를 전송시킬 수 있다.

- 통신을 더 효율적으로 하기 위한 방법으로 문자나 비트들의 블록은 시작, 정지코드 없이 전송되며, 각 비트의 정확한 출발과 도착시간이 예측 가능하다. 송신기와 수신기 사이의 타이밍 간격을 막기 위해 송신기와 수신기의 클럭이 동기화 되어야 한다. 그렇지 않으면 송신기와 수신기 사이에 별도의 클럭 회선을 제공하거나, 데이터 신호(Signal) 내에 클럭 정보를 포함시키면 가능하다.
- 동기식 전송에서는 수신기가 데이터 블록의 시작과 끝을 결정할 수 있도록 또 다른 레벨(level)의 동기화가 요구된다. 이것을 이루기 위해서 각 블록은 프리앰블비트 패턴(제어정보)으로 시작하고 끝나게 된다. 데이터와 제어정보를 합쳐진 프레임의 정확한 형식은 전송 구조가 문자 위주인지 비트 위주인지에 따라 결정된다.

○ 비동기 전송 : 자료가 전송되기 전에 송신자와 수신자가 상호 조정될 필요가 없는 경우로, 송신자는 전송과 전송사이에 임의의 시간만큼 대기할 수 있으며, 자료가 준비되었을 때마다 전송할 수 있다. 수신 측에서 송신 측과 동기를 유지하여 정확한 수신을 위해 글자와 글자 사이를 구분해 주며, 시작-정지(start-stop) 비트를 사용한 데이터 전송으로 한 번에 한 글자씩 전송하는 단순한 방법이다. 이 방법은 2,000bps 이하의 느린 속도에서 사용되고 전송 효율이 나쁘며, 저렴하여 주로 근거리에서 많이 사용된다.

- 문자당 2~3비트의 오버헤드를 요구한다. 물론 오버헤드의 비율도 시작과

정지비트 사이에 더 많은 비트들을 보냄으로써 줄여질 수 있으나, 비트들이 많을수록 타이밍 에러는 더 커지게 된다. 비동기식 전송은 각 문자의 시작과 끝에는 start/stop을 나타내는 시간 비트를 가지고 있다.

▣ **이중 전송**

○ 단방향 전송 : 접속한 두 장치 사이에서 데이터의 흐름이 한 방향으로만 가능한 통신 방식으로 라디오나 텔레비전 방송이 대표적이다.

○ 반이중 전송(Hull duplexer) : 접속된 두 장치 사이의 방향 전환으로 송수신 중 한 가지만을 수행하는 방식이며, 휴대용 무선 통신기가 대표적이다.

○ 전이중 전송(Full duplexer) : 접속된 두 장치 사이에서 동시에 양방향 송・수신을 모두 행하는 방식이다.

11.2 네트워크(Network)의 회선 구성 방식

○ 포인트-투-포인트(point-to-point) : 전송 매체인 중앙의 컴퓨터와 단말기(terminal) 사이의 1:1로 연결하는 방식으로 일반 전화 회선이나, 텔레타이프(teletype), 전산 처리에 의한 정보 전송시에 많이 이용된다. 컴퓨터나 단말기에 언제든지 전송이 가능하며, 전송 정보량이 많을 경우에 용이하다. 그리고 고장 발생시의 유지 보수에도 용이하다.

○ 멀티 포인트(multi-point) 방식 : 두 개 이상의 많은 단말기들이 하나의 통신 회선에 연결되어 정보의 송수신을 수행하는 방식으로 멀티드롭 방식이라 한다. 데이터 전송은 폴링(polling)과 셀렉션(selection)에 의하여 수행된다. 소량의 데이터가 분산된 경우에 용이하고, 통신 회선의 사용료가 경감되나, 고장시 유지 보수가 쉽지 않다.

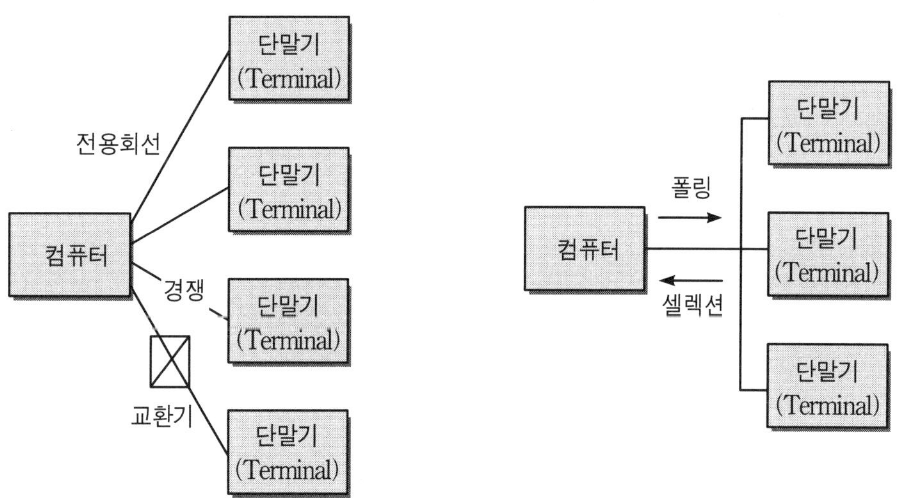

그림 11-2 네트워크의 회선구성 방식

11.3 데이터(Data) 교환 방식

▣ 데이터 교환 방식

상호 연결된 스테이션들의 모임으로 구성되며 네트워크를 통해 정보를 전송하는 방식으로 컴퓨터와 터미널 사이 또는 터미널과 터미널 사이에서 정보를 교환하는 방식을 말한다.

▣ 회선 교환 방식

컴퓨터와 단말기 사이의 교환기에 의해서 통신 회선이 설정되어 데이터를 교환하는 방식으로서, 한 번 통신 회선이 설정되면 그 통신 회선은 전용회선에 의한 정보 전달과 같다. 즉, 송수신 단말기가 회선이 직접적인 연결에 의해 통신하는 방식으로 전화 교환과 같은 것이다. 통신을 할 때마다 매번 통신 경로가 설정되어 고정되므로 정보의 형식, 전송 제어 절차 등에 제약을 받지 않고 대량의 데이터를 고속으로 보낼 수 있으며, 전송로는 시분할 다중화 방식의 고속 디지털(digital) 전송로를 사용한다.

- ○ 공간 분할 회선 교환 방식 : 송신과 수신 측 터미널 간에 통신을 수행할 때 음성 전화용 전자 교환기와 통신 회선을 그대로 이용한 방식으로, 저속의 데이터 전송에 매우 효과적이며 고속 데이터 전송이나 코드의 변환이 불가능하다.
- ○ 시분할 회선 교환 방식 : 고속성의 통신 회선과 디지털 교환 기술을 이용하여 다수의 디지털 신호를 시분할 적으로 동작시켜 다중화하는 방식으로 고품질의 고속 데이터 전송에 효과적이다.

▣ 메시지 교환 방식

통신을 원하는 두 지점 간에 어떤 경로를 미리 제공할 필요가 없이 메시지 데이터의 논리적 단위를 교환하는 것으로서 회선 교환 방식의 제약 조건을 해결하기 위하여 고안된 방식으로 디지털 교환에 적절한 방식이다.

- ○ 메시지 교환 방식 특징 : 통신이 폭주하는 시간을 피할 수 있고, 이종간의 두 터미널 사이에는 원활한 통신이 가능하며 똑같은 메시지를 여러 곳의 수신 처로 보낼 수 있다.

○ 메시지 교환 방식 장점 : 통신 회선의 효율적인 이용, 메시지에 우선순위 부여가 가능하며 속도나 코드 변환이 가능하다. 또한 데이터 전송량이 많은 경우에 효율적이고 오류 제어, 코드 변환, 우선순위 제어 등의 통신 처리 실행이 가능하다.

○ 메시지 교환 방식 단점 : 응답 시간이 느려서 대화형의 응용이 불가능하고 전송 지연 시간이 매우 길며 실시간 처리에 부적합하다. 지연 시간이 길어 터미널-호스트간의 연결에 부적합하다.

▣ 패킷 교환 방식

패킷(packet)은 데이터 전송에서 사용되는 데이터의 묶음이다. 패킷 전송 방식은 두 지점 사이에 데이터를 연속적으로 전송하지 않고 전송할 데이터를 적당한 크기의 패킷으로 나눈 다음 패킷들을 하나씩 보내는 방법을 쓴다. 즉, 패킷 형태로 만들어진 일정 길이의 전송 단위인 데이터를 송신 측 패킷 교환기에 기억시킨 후 수신 측 주소에 따라 적당한 통신 경로를 선택하여 수신 측 패킷 교환기에 전송하는 교환 방식이다.

○ 패킷 내용 : 전송할 데이터 외에, 어떤 통신망을 통해 전송되는 것인지, 어떤 형태로 데이터를 갖고 있는지, 누가 받을 데이터인지, 몇 번째 패킷인지, 누가 보낸 데이터인지, 패킷의 시작점과 종료 등의 정보를 모두 갖고 있다. 이와 같은 전송 데이터와 제어 정보들이 특정 형태로 배열되어 하나의 패킷을 이루는 것이다. 빠른 전송 속도를 가진 선로 망을 이용할 때 패킷 방식은 여러 곳의 송신 처와 수신 처를 동시에 처리할 수 있어 선로망의 효율적인 사용을 가능하게 한다. 한 패킷은 1024비트의 데이터를 담고 있을 수 있다.

○ 메시지 교환과의 차이점 : 메시지 패킷이라 불리는 고정된 길이를 갖는 단위로 분할되어 각 단위별로 목적지에 독립적으로 보내어지고, 다시 목적지에서 원래의 메시지 형태로 재결합되는 방식이다. 즉, 가입된 지점 사이에서 패킷 교환 방식에 의해 데이터를 서로 주고받는 통신망 정보가 패킷으로 나누어지고, 각 패킷이 어떤 전송로를 따라서 송신 측 노드에서 수신 측 노드로 전해진다. 이로써 정보가 전송되는 네트워크 각 노드에서는 각 패킷의 수신이 완료되면 잠시 저장되었다가 그 다음 노드로 전송된다.

○ 패킷의 장점 : 패킷 단위로 상황에 맞는 경로를 선택하므로 교환기 또는 회선에 장애가 발생되더라도 정상적인 다른 회선으로 우회 전송이 가능한 신뢰성이 있고, 교환기에서 디지털 전송은 에러 검출 기능을 행할 수 있어 재전송을 할 수 있다. 그리고 네트워크 접속으로 다수의 사용자가 사용할 수 있고, 다중화 처리를 하므로 회선의 사용 효율이 높다. 축적 기능으로 전송속도, 전송 제어 절차 등의 프로토콜은 단지 교환기에만 의존하므로 어떠한 터미널 사이에도 손쉬운 전송이 가능하다.

▣ 패킷 교환 방식 종류

○ 가상 회선 교환 방식 : 노드 사이의 접속을 설정한 후에 그 접속 경로를 따라 패킷들을 순차적으로 운영하는 방식으로 매 패킷당 경비가 최소화된다는 장점도 있지만, 네트워크 내의 노드나 링크가 파괴되면 경로 복구가 불가능하고 패킷을 잃어버릴 수 있다.

○ 데이터 그램 방식 : 접속 경로를 설정하지 않고 개개의 패킷들을 순서에 상관없이 독립적으로 전송하는 방식이며, 소수의 패킷을 보내는 경우에 유리하다. 매 패킷 단위로 경로를 설정하기 때문에 네트워크의 혼잡(congestion)이나 교착 상태(deadlock)에 보다 신속하게 대처하는 특징을 가지고 있다.

11.4 LAN 기술과 네트워크 토폴리지

▣ LAN 구조

○ LAN(Local Area Network) : 근거리 장소에서 여러 사용자가 컴퓨터 네트워크를 이루는 근거리 통신망을 말한다. LAN에 사용되는 터미널과 컴퓨터는 항상 케이블을 설치하여 서로 연결시켜 정보를 주고받는다. 케이블은 전화선이나 동축 케이블, 섬유 케이블이 사용되고 있다.

○ MAN(Metropolitan Area Network) : 많이 떨어진 건물들 사이의 컴퓨터 통신 네트워크이다.

○ WAN(Wide Area Network) : 원거리에서의 컴퓨터 통신 네트워크를 말한다.

▣ 네트워크 토폴로지

토플로지는 컴퓨터와 다른 장치들이 결합되는 방식으로 버스(Bus), 스타(Star), 링(Ring) 네트워크라는 3가지 결합 방식이 주로 사용된다.

○ 스타 네트워크(Star Network) : 스타 네트워크(Star Network)는 중앙 컴퓨터를 중심으로 별 모양을 형성하듯이 터미널을 분산시켜 연결한 형태를 말하며 AT&T사의 스타랜 네트워크를 사용하고 있다. 호스트 컴퓨터인 중앙에 있는 컴퓨터에서 네트워크에 참여하고 있는 다른 컴퓨터들로 정보를 제공한다. 만약 퍼스널 컴퓨터가 호스트 컴퓨터로 사용되었다면 그것을 파일 서버라고 부른다. 호스트 컴퓨터가 고장이 난다면 다른 모든 컴퓨터에게 지장을 주며 네트워크는 동작하지 못하게 된다.

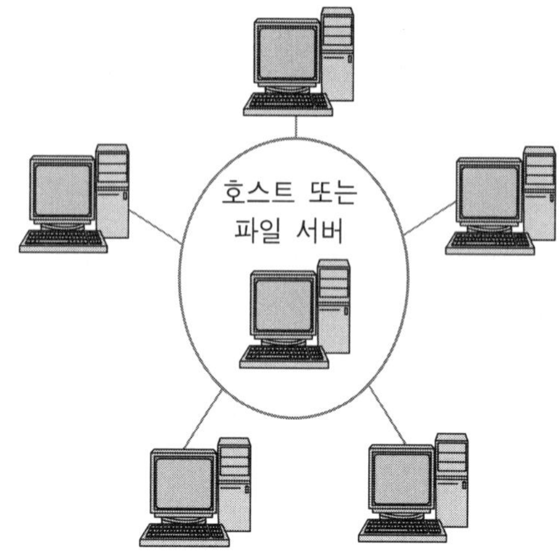

그림 11-3 스타 네트워크

○ 링 네트워크(Ring Network) : 시작과 끝점이 만나는 링 구조로서, 서로 이웃하는 컴퓨터와 터미널을 연결한 형태이다. 링 네트워크는 IBM사의 토큰링(Token Ring) 네트워크와 같은 모양으로 호스트 컴퓨터가 없이 보통 퍼스널 컴퓨터로 원의 형태로 구성되어 있는 네트워크이다.

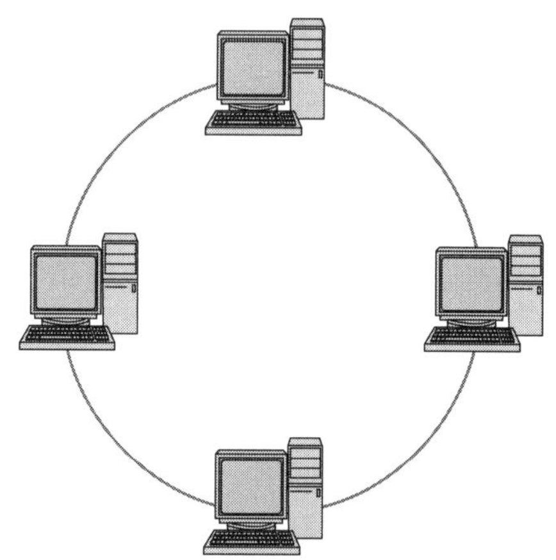

그림 11-4 링 네트워크

데이터는 하나의 컴퓨터에서 정보를 받는 컴퓨터에 도달될 때까지 원모양을 그리면서 동작하는데, 만약 하나의 퍼스널 컴퓨터가 동작하지 않는다면 모든 컴퓨터는 동작을 못하게 된다. 스타 네트워크(Star Network)는 통신회선이 길어야 하는데 링 네트워크는 가까운 컴퓨터들로 짧은 통신회선이 이루어지므로 통신회선의 설비 비용이 적게 된다.

○ 버스 네트워크(Bus Network) : 버스형은 모든 장치들이 하나의 통신 매체를 공유할 수 있고, 한 쌍의 장치들만이 동시에 액세스할 수 있다. 스타(Star) 혹은 링(Ring) 네트워크에 관련되는 많은 문제점들은 버스 네트워크에 의해서 해결된다. 버스 네트워크의 종류로는 하나의 컴퓨터가 동작을 하지 않더라도 다른 컴퓨터에는 영향을 주지 않는 이더네트(Ethernet) 방식은 하나의 네트워크 케이블을 사용한다.

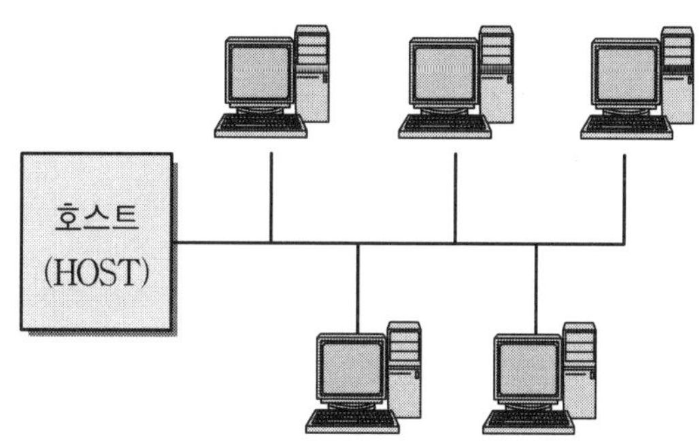

그림 11-5 버스형 네트워크

○ 트리형(tree) : 중앙의 컴퓨터에서 일정 지역 터미널까지는 하나의 통신 회선으로 연결하고 있으며 그 이웃 터미널은 일정 지역에 연결된 터미널로부터 다시 연결되는 구성 형태를 가지고 있다.

○ 메쉬형(mesh) : 공중 데이터 통신 네트워크(PSDN)나 공중 통신 네트워크에 많이 이용되고 있으며, 터미널과 터미널 간을 통신 회선으로 연결한 형태이다.

11.5 프로토콜(Protocol)과 계층화

▣ 프로토콜 설계상의 개념

프로세스 간에 질서 정연한 정보의 교환을 확립하는 것과 네트워크의 자원을 능률적으로 관리하기 위해 프로토콜은 통신하고 있는 두 가지 프로세스간에서 협정의 집합이다. 메시지를 송출함으로써 응답하고 그 응답에 의해 프로세스 A에서 B로 데이터 전송이 개시된다.

- 하나의 네트워크에 둘 이상의 또는 여러 가지 형태의 노드가 있을 수 있기 때문에 간단한 데이터 교환을 위한 프로토콜에서는 각 제어 메시지의 포맷, 데이터 메시지의 헤더 그리고 상대적인 타이밍도 확실하게 지정되어야 하고, 'End of Data' 등의 제어 메시지 규칙들에 대해서 미리 합의되지 않으면 안 된다.

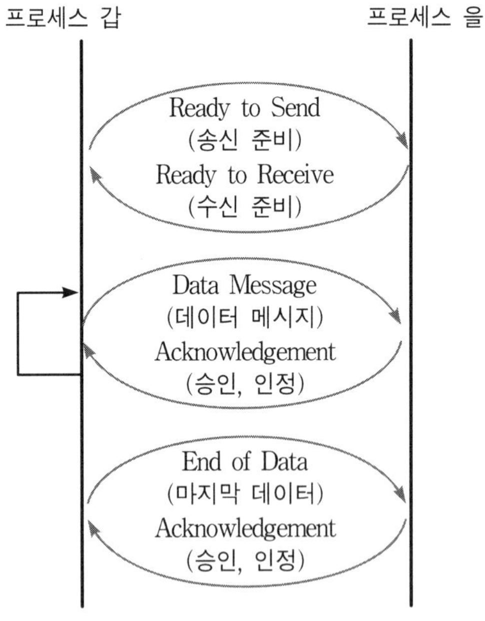

그림 11-6 프로토콜

▣ 프로토콜의 기능

네트워크 노드에서는 두 가지 형태의 제어(Control)와 데이터 메시지를 교환한다.

○ 자료 메시지 : 오퍼레이터 또는 응용 프로그램과 같은 네트워크 이용자간에 교환되는 많은 정보를 말한다.

○ 제어 메시지 : 데이터 메시지가 쉽게 전송되도록 서로 다른 노드의 층 사이에 정보를 교환하기 위해 사용된다. 자료 메시지와 비교하면 제어 메시지는 네트워크 이용자에게 알려지지 않고 네트워크 내에 전송된다.

▣ 네트워크 프로토콜 제공 기능

- 데이터 메시지의 규칙적인 교환이 이루어진다.
- 네트워크 내의 네트워크 엔트리(network entry)와 전송 레벨 양쪽에서의 우선순위가 관리된다.
- 프로세서의 동기가 이루어진다.
- 네트워크 이용자 간의 세션이 확립이 가능하다.
- 네트워크 이용자 간의 세션의 종료를 할 수 있다.
- 프로토콜의 정당성을 확인할 수 있다.
- 경로선택-메시지 경로와 경로선택 정보가 설정되고 할당된다.
- 흐름제어를 할 수 있으며, 폭주가 방지된다.
- 순차적인 전송과 메시지의 전달이 이루어진다.
- 네트워크의 구성요소와 네트워크 이용자의 번지를 부여한다.
- 효과적인 네트워크 자원을 이용할 수 있다.
- 자원의 관리, 감시 및 보호를 할 수 있다.
- 네트워크 이용자와 노드간의 계층화된 투명성을 보장한다.
- 에러 제어와 그 회복을 포함한 신뢰성 있는 메시지 전송을 할 수 있다.
- 안전성이 있으며 개인 비밀이 된다.
- 메시지의 세분화와 파이프라인화에 의한 선택적 패킷 교환이 이루어진다.

11.6 ISO 7계층

▣ OSI((reference model for open systems interconnection) 참조 모델

컴퓨터 또는 터미널 등의 시스템을 상호 접속하기 위해서 하나의 구조로의 통일을 목표로 활동하는 ISO(International Organization for Standardization : 국제표준화기구)에서는 시스템 간 상호접속을 할 수 있는 구조를 위한 모델을 OSI 참조 모델(개방형 시스템 상호접속의 참조모델)을 개발하여 왔다. OSI모델은 3가지 기본적인 요소에 기초를 두고 있는데 이것은 응용 프로세스와 정보를 교환하기 위해 이 프로세스들을 결합하는 연결 및 응용 프로세스를 유지하기 위한 시스템이다.

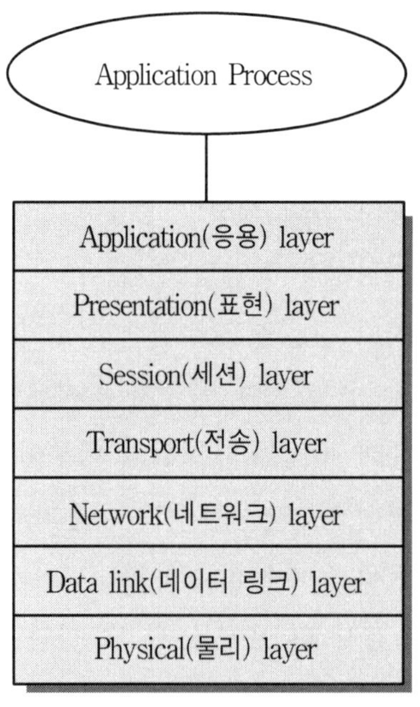

그림 11-7 ISO 7개 계층

▣ OSI 모델 7개 계층

OSI는 7개의 계층으로 구성되어 있으며 물리계층을 제외한 각 계층은 그 밑의 계층의 서비스를 이용한다. 어떤 계층 내의 개체는 끝점(endpoint)의 개념을 나타내기 위해 정의되고 다음으로 높은 계층으로 서비스하기 위해 사용되어진다. 어떤 계층에서의 연결이란 보다 높은 레벨의 2개 이상의 개체 간에 통신을 위해 설정되는 연락을 말한다. OSI 모델은 각 계층에 여러 기능을 허락하면서 유연성이 있는 계층화 구조로 발전하고 있다.

- 응용 계층 : 최상위 레벨로 응용 프로그램 또는 오퍼레이터 등을 위해 두 개의 응용 프로세스 간에 통신을 할 수 있게 한다.
- 프레젠테이션 계층 : 응용계층이 교환된 자료의 의미 해석을 위한 서비스를 제공한다. 이것은 구조적 자료 엔트리의 관리, 제어, 표시 및 교환 등도 이루어진다.
- 세션 계층 : 통신관계를 맺기 위해서 2개의 프레젠테이션 개체를 결합과 분해하는 두 가지 기능이 있다. 즉 데이터 교환의 제어, 경계의 설정 및 두 개의 프레젠테이션 개체 간에서의 운용의 동기를 제공한다. 이 계층에서는 세션의 개시와 종료, 세션의 회복, 데이터의 경계 설정, 그리고 대화적인 통신의 제어를 행한다.
- 트랜스포트 계층 : 두 세션 개체 간에 데이터의 투명한 전송을 행하고, 이 계층에서는 각 이용자에게 각각의 트랜스포트 주소를 할당한다. 또한 이 계층의 모든 프로토콜은 end-to-end의 의미로 각각 트랜스포트 개체로 해석되어, 트랜스포트 연결이란 개념이 생겼다.
- 네트워크 계층 : 메시지의 경로 선택을 하는 것으로 메시지가 로컬 노드의 트랜스포트 계층으로 송출하거나 아니면 자료 링크 계층을 통해서 다른 노드로 송출을 결정한다. 이외에도 전송이 쉽게 되도록 메시지의 세분화와 블록화를 한다.
- 데이터 링크 계층 : 네트워크 개체 간에 한 개 이상의 데이터 링크를 설정하고 유지하며, 시퀀스 제어와 링크 흐름 제어의 기능을 제공한다. 계층에 대한 표준의 예는 미국의 ADCCP(Advanced Data Communication Control Procedures)와 ISO의 HDLC(High Level Data Link Control)가 있다.
- 물리 계층 : 링크 계층간에 데이터의 회선의 설정, 유지 및 해제하기 위해서 기계적, 전기적, 그리고 기능적인 순서를 유지하고 있다. 표준의 예는 전화망을 위한 CCITT 권고 V.24와 데이터망을 위한 X.21이 있다.

11.7 인터네트워킹

▣ 인터네트워킹

하나 이상의 망을 상호 연결하는 기술을 망연동, 인터네트워킹이라 한다. 하드웨어와 소프트웨어를 연결하여, 네트워크에 부착된 컴퓨터의 소프트웨어는 여러 서비스를 제공한다. 연결된 물리적 네트워크의 결과적인 시스템은 인터네트워크(internet work) 또는 인터넷이라 한다. 인터네트워킹은 거대한 통신망으로 되어있어 보다 다양한 정보와 서비스를 제공할 수 있다.

- LAN, WAN 상에서 기기들, 또는 서로 다른 네트워크 상의 기기들 사이에 여러 가지 관련 인터네트워킹 기술이 필요하며, 물리적 연결만을 인터네트워킹으로 표현할 수도 있으나, 각각의 망이 갖는 특성 및 장점 등을 무시한 채 일방적으로 망을 확장한 것에 지나지 않기 때문에 진정한 의미의 인터네트워킹은 물리적, 논리적으로 망을 연결한다.

▣ 인터네트워킹 표준화

인터넷은 몇 개의 네트워크를 포함하기도 하고 수천 개의 네트워크를 포함하기도 한다. 어떤 네트워크에는 부착된 컴퓨터가 없는 반면에 다른 네트워크에서는 수백 개의 컴퓨터가 부착될 수도 있으므로 인터넷은 무한한 크기를 가지고 있다. 인터네트워킹은 사용자로 하여금 인터네트워킹의 존재를 인식하지 않고 마치 하나의 망을 사용하는 것처럼 느끼게 하기 위해서는 물리적인 연결 위에 논리적으로 망을 연결해주는 기법들은 각각이 적용되는 방법과 환경에 의해서 구분되어지며, 대부분의 경우는 서로간의 호환을 위해 표준화가 되어 있다.

▣ OSI 참조 모델

인터네트워킹을 포함한 통신 환경에서 신뢰성 있고 원활한 통신을 수행하기 위해 서로의 합의에 의해 설정한 통신규약 즉 프로토콜을 가지게 되는데, 초기에 IBM, 디지털(digital) 등 컴퓨터 제작사들은 자사의 컴퓨터 시스템을 위한 각자의 통신 프로토콜들을 제정하고 이를 자사의 시스템에 적용하였으나 어느 한 조직체 내에 두 개의 서로 다른 컴퓨터 시스템이 있는 경우, 이들은 서로 다른 프로토콜을 사용함으로서 통신이 이루어지지 않았고 이를 위해서는 상호간의 프로토콜을 변환하는 특별한 장비 혹은 프로그램, 즉 게이트웨이가 필요하게 되는 것을 해결하기 위한 방안으로 모든 컴퓨터 제작사 및 통신장비 업체들이 호환 가능한 통신 프로토콜을 사용하는 것이었다.

- 1984년에 ISO에서 이기종간의 컴퓨터 시스템이 다양한 네트워크에 상호 연결된 환경인 OSI 참조 모델을 발표하였다. OSI 참조 모델은 하나의 일을 수행하기 위해 관련 기능들을 그룹화한 계층화 개념은 그림 11-8과 같다.

OSI 7개 계층	TCP/IP
Application(응용)	Application
Presentation(표현)	
Session(세션)	TCP
Transport(전송)	
Network(네트워크)	IP
Data link(데이터 링크)	Sub Network
Physical(피지컬)	

그림 11-8 OSI 7개 계층과 TCP/IP 비교

▣ **인터네트워킹 장비**

○ 리피터 : OSI 참조 모델의 물리계층에서 망을 물리적으로 연결하고 신호(Signal) 재생의 역할을 수행한다.

○ 브리지 : 브리지의 역할은 두 망에 다리를 놓아 징검다리 역할로 연동시켜 수신된 패킷의 내용과 형식을 전송하기 위한 최종지의 위치에 따라서 변화시키고, 만약 자신의 망이 아닌 다른 망일 때에는 그 망의 주소 형식을 따르게 한다. 따라서 브리지는 주소를 판별하는 능력이 있어야 한다.

○ 라우터 : 네트워크 계층에서 망을 연결하므로 브리지의 단점들을 해결할 수 있으나, 좀더 많은 기능을 수행함으로서 브리지에 비해 패킷의 처리속

도가 느리다는 단점이 있다.

○ 게이트웨이 : OSI 표준 모델 4~7계층에서 망을 연결한다.

▣ 가상 네트워크

인터넷 소프트웨어는 많은 컴퓨터들이 부착되는 단일 통신 시스템의 출현을 제공하게 되었고 각 컴퓨터에는 주소가 할당되고 어느 컴퓨터라도 다른 컴퓨터에 패킷을 전송할 수 있으며 또한 인터넷 프로토콜 소프트웨어는 물리적 네트워크 연결, 물리적 주소 그리고 라우팅 정보의 세부 사항들을 감춘다. 어떤 사용자나 응용 프로그램들도 물리적 네트워크나 그들을 연결하는 라우터들을 알지 못하는 통신 시스템은 추상적 개념이므로 인터넷은 가상 네트워크 시스템이다.

▣ 인터네트워킹의 필요성

LAN은 짧은 거리에서 고속 통신을 제공하도록 되었고, WAN 기술은 넓은 지역을 통해 통신을 제공하도록 설계되었다. 각 네트워크의 기술은 특정한 제약들에 적합하도록 설계함으로써 어떤 단일의 네트워킹 기술도 모든 필요한 부분에서 최고일 수는 없다. 다양한 네트워킹을 필요로 하는 대형 기관은 다중 물리적 네트워크를 필요로 한다.

▣ 인터네트워킹의 요구 사항

- 네트워크 사이에 하나의 링크를 제공하며 적어도 물리계층과 링크계층 제어가 필요하다.
- 서로 다른 네트워크에 존재하는 프로세스들 사이에 데이터의 전달과 이를 위한 경로 설정을 제공해야 한다.
- 여러 네트워크와 게이트웨이들이 이용 상태 정보를 유지하며 요금 계산(accounting) 서비스를 제공한다.
- 위의 서비스들을 지원하기 위해 인터네트워킹의 네트워크의 구조에 변화를 주어서는 안 되며, 장비로는 브리지, 게이트웨이, 라우터 등이 있다.

▣ 인터네트워킹 프로토콜

인터네트워킹을 위해 상용되는 프로토콜들인 TCP/IP는 인터넷에서 사용되기 위해 70년대에 LAN 개발시 개발된 첫 번째 프로토콜이다. 인터네트워킹과 TCP/IP 프로토콜에 대한 인터넷 기술연구는 컴퓨터 통신에 혁명을 가져와서 인터네트워킹을 주요 컴퓨터 통신 체계로 사용하고 있다. 업체들은 인터네트워킹을 기능을 제공하기 위해 프로토콜은 많은 네트워크 기술로 동작하도록 변경하였고 프로토콜이 인터넷을 통해 자료를 전송하도록 허용하는 새로운 특성들을 추가하는 두 가지 방향으로 설계를 확장하였다.

▣ 인터넷(Internet)

알파넷(ARPANET)에서 시작된 세계 최대 규모의 컴퓨터 통신망으로 통신망과 통신망을 연동해 놓은 망의 집합으로 인터네트워크(internetwork)의 약어인 internet과 구별하기 위해 Internet 또는 INTERNET으로 표기한다. 랜(LAN) 등 소규모 통신망을 상호 접속하는 형태에서 발전하여 전세계를 망라하는 거대한 통신망의 집합체이다.

- 인터넷 관리 : 인터넷에는 호스트 컴퓨터도 없고 관리하는 조직도 없고 대표하는 조직으로 ISOC(Internet Society)가 있다. 그러나 인터넷을 총괄적으로 관리하지는 않지만 인터넷상의 어떤 컴퓨터 또는 통신망에 이상이 발생하더라도 통신망 전체에는 영향을 주지 않도록 실제의 관리와 접속은 세계 각지에서 분산적으로 행해지고 있다.
- 인터넷 서비스 : 전자우편(e-mail), 원격 컴퓨터 연결(telnet), 파일 전송(FTP), 유즈넷 뉴스(Usenet News), 인터넷 정보 검색(Gopher), 인터넷 대화와 토론(IRC), 전자 게시판(BBS), 하이퍼텍스트 정보 열람(WWW : World Wide Web), 온라인 게임 등 다양하며 동화상이나 음성 데이터를 실시간으로 방송하는 서비스나 비디오 회의 등 다양한 서비스와 풍부한 정보자원 때문에 인터넷을 정보의 바다라고 한다.
- 인터넷 기원 : 1969년 미국 국방성의 지원으로 미국의 4개의 대학을 연결하기 위해 구축한 알파넷(ARPANET)은 처음에는 군사적 목적으로 구축되었지만 TCP/IP 프로토콜을 채택하면서 일반인을 위한 알파넷과 군용의 MILNET으로 분리되었다. 한편 미국 국립과학재단(NSF)도 TCP/IP를 사용

하는 NSFNET라고 하는 통신망을 1986년에 구축하여 운영하였다. NSFNET는 전 미국 내의 5개소의 슈퍼컴퓨터 센터를 상호 접속하여 1987년에는 ARPANET를 대신하여 인터넷의 근간망(backbone network)의 역할을 담당하게 되었다. 정부 지원의 NSFNET는 교육 연구용으로 제한되어서 인터넷 사업자 협회를 구성하여 1992년 CIX(Commercial Internet Exchange) 상용 인터넷 근간망을 구축하여 상품 광고 및 상거래 매체로 이용하는 상업적인 서비스가 시작되었다.

○ 인터넷에 접속 방법 : 전용선에 의한 IP 접속과 전화 회선을 이용한 다이얼업 IP 접속이 있다. 인터넷 사용자는 각국의 통신망 정보 센터(NIC)에서 할당하는 IP 주소와 인터넷에 연결하는 서비스를 해주는 회사에 가입하는 것이 필요하다. 국내에서는 한국전산원의 한국 인터넷 정보 센터(KRNIC)가 IP 주소의 지정 및 도메인 등록 업무를 담당하고 있다. 1994년 6월 한국통신이 최초로 인터넷 상용 서비스인 KORNET을 개시한 이래 다수의 인터넷 접속 서비스 제공자(ISP)가 상용 서비스를 제공하고 있다. ISP 사업자는 개별적으로 미국이나 기타 국가의 인터넷 접속 사업자와 연결되어 있다.

○ IP(인터넷 프로토콜 주소) : 단일 통신 시스템을 제공하기 위해 인터네트워킹과 주소가 필요하다. 주소 지정 방식은 인터넷 추상화의 중요한 요소이다. 단일의 균일한 시스템의 외형을 주기 위해 모든 컴퓨터들은 균일한 주소 지정 방법을 사용해야 한다. 인터넷이 다중 네트워크 기술은 자신의 주소형식을 정의하기 때문에, 물리적 네트워크 주소로는 같은 IP 주소는 쓸 수가 없다. IP 주소계층은 각 컴퓨터에 주소가 할당되고, 네트워크 전치부의 번호 할당은 전역적으로 조정되고, 후치 부는 지역적으로 할당될 수 있다.

11.8 분산 처리(Distributed Processing) 시스템

■ **분산 처리 시스템**

자료 처리를 기능적, 지리적으로 분산시켜, 한정된 자료는 분산 처리 시스템으로 처리를 끝내고, 중앙에는 필요한 자료만을 전송하여 이용하는 형태이다.

■ **분산 시스템의 장점**

한정된 자원을 네트워크로 연결된 여러 지역에서 여러 컴퓨터에 의해 공유할 수 있고 네트워크에 컴퓨터를 투입함으로써 증가되는 업무의 로드(load)를 분산시키는데 효과적으로 대처 가능하다. 중앙 집중식 처리 시스템에 비해 신뢰도가 높으며, 여러 노드에서 하나의 작업을 분배하여 병렬로 처리함으로써 처리율을 높일 수 있다. 사용자(End user)에게 자신의 자료에 통제력을 부여하여 기업의 조직 구조에 맞도록 조정할 수도 있다.

■ **분산 시스템의 단점**

통신 장비의 도입, 컴퓨터의 연결 등에 따른 비용 증대와 시스템 구축이 쉽지 않고, 자료의 호환성을 위한 상세한 조정이 요하다. 또한 절차에 대한 표준과 문서화가 절대적으로 필요하다.

11.9 클라이언트/서버

■ **클라이언트/서버(client server) 시스템**

클라이언트(client)를 서비스 요구자로, 서버(server)를 서비스 제공자의 형태로 네트워킹하여 자원을 공유하는 분산 처리 기법의 네트워크 시스템이다.

클라이언트의 요청에 의하여 서비스를 하는 서버 시스템을 클라이언트/서버 시스템은 하나 이상의 응용 프로그램을 상호 협력적인 환경에서 운용하는 분산 처리 형태를 의미한다. 즉, 서비스를 요청하는 클라이언트와 클라이언트의 요청을 처리하는 서버와의 협동작업을 통해서 사용자가 원하는 바람직한 결과를 얻는 처리 방식이 클라이언트/서버 시스템이다.

인터넷에서 서버는 특수한 형태로 자신의 하드디스크에 담겨진 정보들을 외부에 공개해주는 컴퓨터를 이른다. 인터넷에서는 여러 정보들을 서버에서 관리하고, 클라이언트 컴퓨터를 이용하여 서버에 접속하고 서버에서 제공하는 정보를 이용하게 된다.

○ 서버(Server) : 근거리 통신망(LAN)에서 집약적인 처리 기능을 서비스를 제공하는 네트워크와 그 자원의 전체 또는 일부분의 제어를 통제하는 관리 소프트웨어인 서버 프로그램이 실행되고 있는 컴퓨터 하드웨어를 서버라고 부르며 다른 프로그램에게 서비스를 제공하는 컴퓨터 프로그램을 말하기도 한다. 프린터 제어나 파일 관리 등 네트워크 전체를 감시・제어하거나, 메인프레임이나 공중망을 통한 다른 네트워크과의 연결, 데이터・프로그램・파일 같은 소프트웨어 자원이나 모뎀・팩스・프린터 공유, 기타 장비 등 하드웨어 자원을 공유할 수 있도록 도와주는 역할을 한다. 파일 관리는 파일 서버, 프린터 제어는 프린터 서버, 인터넷 등의 외부와의 교환은 커뮤니케이션 서버, 자료 베이스 서버, 연산 서버로 분류된다. 또한 서버는 네트워크 전반에 걸친 제어를 통해 여러 클라이언트가 공용하는 자원을 분배 또는 관리한다.

○ 클라이언트(Client) : 서비스를 제공받는 쪽으로서, LAN상에서 서버에 의해 제공되는 네트워크 자원을 공유하는 컴퓨터 또는 영역을 말하며, 클라

이언트는 서버에 의해 제공된 자원을 공용한다.

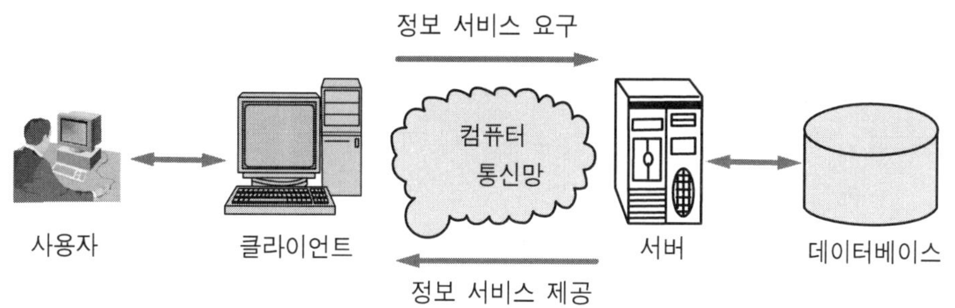

그림 11-9 클라이언트와 서버의 관계

▣ **분산 자료베이스**

네트워크상에서 구현되는 자료베이스인 분산 자료베이스가 필요하고, 분산 자료베이스의 구성 요소들이 네트워크의 여러 노드(국)로 분산된다. 둘 이상의 컴퓨터에서 같은 프로그램이나 작업을 동시에 수행할 수 있는 협력 컴퓨팅 시스템도 필요하다.

○ 장점 : 값비싼 서버의 사용 시간이 절감되며, 클라이언트의 능력을 최대한 사용하여 CPU의 낭비를 줄여 주고, 클라이언트의 메모리와 처리 능력을 향상시킨다. 복잡한 클라이언트의 사용자 인터페이스를 보다 간략하게 해주며, 중요한 자료에 대해서 일정한 서버에 보관하여 운영 및 관리하기가 용이하며 서버의 신뢰성을 보장해 준다.

○ 단점 : 자원의 소비자(End user)의 수가 증가하면 서버의 한정된 자원에 대한 요구가 높아져 병목(bottleneck) 현상이 발생될 수도 있고, 응용 개발, 실행 시간 환경, 분산 환경을 관리하기 위해 설계된 분산 응용(distributed application)은 중앙 집중형보다 더 복잡해진다.

11.10 전송 매체에 따른 분류

▣ 트위스티드 페어(Twisted Pair)

종이테이프 또는 폴리에틸렌에 의해 피복된 여러 쌍의 구리선 형태로 값싼 전송매체로 잡음의 영향을 받기 쉽고 거리와 속도에 제약이 있으며, 전화 회선과 건물 내 통신 회선에 많이 사용되고 있으며 아날로그와 디지털 신호 전송이 가능하다.

▣ 동축 케이블(Coaxial Cable)

동축 케이블은 2 도체로 구성되어 폭넓은 주파수 범위로 아날로그와 디지털 신호 전송에 가장 다양한 용도로 사용되며, 고속으로 장거리까지 이용이 가능하며 잡음에도 강하지만 설치 공간을 많이 차지한다. 전송매체로 장거리 전화, 유선 TV, 근거리 통신망과 장치간의 단거리 접속에도 많이 사용된다. 장거리 전화망에는 아날로그 또는 디지털 신호로 전송되고, CATV는 아날로그 신호로 전송한다. 디지털 신호로 전송할 때에는 1km마다 리피터(Repeater)가 필요하다.

▣ 광 케이블(Optical Cable)

초순수 용해 규소 섬유로 제작한 가늘고 유연성 있는 전송 매체로서 광선 투과가 가능하고 특징은 저손실, 대용량, 경량성, 고속성, 비전도성 잡음에 대한 안정성 등이 있는 전송매체로서 전화 교환망, 자료 통신망, 광대역 통신망 등에 적합하다.

1. 음수를 2의 보수로 표현할 때, 8비트로 나타낼 수 있는 정수의 범위는?

㉮ $-2^7 \sim +2^7$ ㉯ $-2^8 \sim +2^8$

㉰ $-2^7 \sim +2^7-1$ ㉱ $-2^7-1 \sim +2^7$

2. 단항 연산자(Unary operation)가 아닌 것은?

㉮ ROTATE ㉯ COMPLEMENT

㉰ AND ㉱ SHIFT

3. 이웃하는 코드가 한 비트만 다르기 때문에 코드 변환이 용이해서 A/D 변환에 주로 사용되는 코느는?

㉮ Gray code ㉯ Hamming code

㉰ Excess-3 code ㉱ Alphanumeric code

4. 소프트웨어적인 인터럽트 요구 장치 판별법은?

㉮ 벡터 인터럽트 ㉯ 폴링

㉰ 스택 ㉱ 핸드쉐이킹

5. 넌웨이티드 코드(Non-weighted code)는?

㉮ 51111 코드 ㉯ 2421 코드

㉰ 8421 코드 ㉱ 3초과 코드

6. 데이터 통신 및 마이크로컴퓨터에서 많이 채택되고 있는 코드는?

㉮ BCD 코드 ㉯ Hamming 코드

㉰ EBCDIC 코드 ㉱ ASCII 코드

7. 컴퓨터에서 사용되는 명령어들을 기능별로 분류할 때 분류 기준에 포함되지 않는 것은?

㉮ 함수 연산 기능 ㉯ 주소계산 기능
㉰ 전달 기능 ㉱ 입·출력 기능

8. 프로그램 카운터가 명령의 번지 부분과 더해져서 유효번지가 결정되는 주소 지정 방식은?

㉮ 상대 번지 모드(mode)
㉯ 간접 번지 모드 (mode)
㉰ 인덱스드 어드레싱 모드(indexed addressing mode)
㉱ 베이스(base) 레지스터 어드레싱 모드

9. X=(A+B)(A · B)′와 같은 것은?

㉮ A+B′ ㉯ A′B+AB′
㉰ A+B ㉱ A′+B

10. 다음 logic diagram의 Boolean expression은?

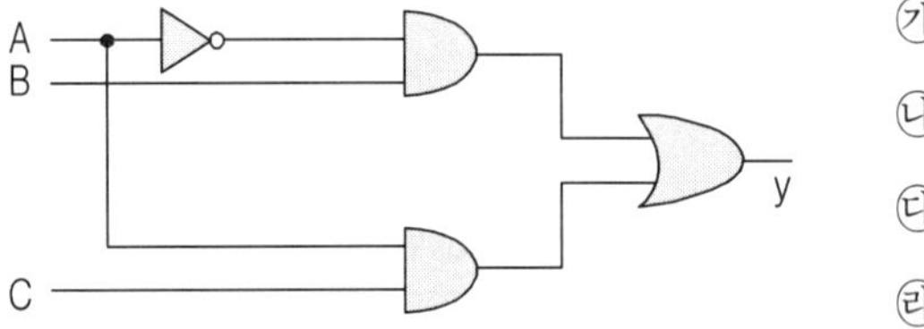

㉮ y=A′B+AC
㉯ y=A′BC
㉰ y=AB′+C
㉱ y=A′+B+C

11. CPU의 명령어 사이클(instruction cycle) 4단계에 해당되지 않는 것은?

㉮ Fetch Cycle ㉯ Control Cycle
㉰ Indirect Cycle ㉱ Interrupt Cycle

12. 다음은 십진수를 표현하는 이진코드(binary code)들이다. 이들 중 자체 보수화(self-complementary)가 불가능한 코드는?

㉮ BCD(8421) 코드　　㉯ Excess-3 코드
㉰ 51111 코드　　㉱ 2421 코드

13. 일반적인 컴퓨터의 CPU 구조 가운데 처리할 수식을 미리 처리되는 순서인 역 polish(또는 postfix) 형식으로 바꾸어야 하는 CPU 구조는?

㉮ 범용 레지스터 구조 CPU　　㉯ 단일 누산기 구조 CPU
㉰ 스택 구조 CPU　　㉱ 모든 CPU 구조

14. 접근 시간(access time)을 옳게 나타낸 것은?

㉮ 접근시간 = 탐색시간 + 대기시간 + 전송시간
㉯ 접근시간 = 탐색시간 + 대기시간 + 실행시간
㉰ 접근시간 = 탐색시간 + 대기시간
㉱ 접근시간 = 탐색시간 + 실행시간

15. 2진수 $1010_{(2)}$을 그레이(Gray) 코드로 변환한 것으로 옳은 것은?

㉮ $1111_{(G)}$　　㉯ $1001_{(G)}$
㉰ $1011_{(G)}$　　㉱ $1101_{(G)}$

16. 인터럽트의 발생 원인이 아닌 것은?

㉮ 정전　　㉯ 서브 프로그램 호출
㉰ 오버플로우(overflow) 발생　　㉱ 오퍼레이터(operator)의 조작

17. 전자계산기에서 어떤 특수한 상태가 발생하면 그것이 원인이 되어 현재 실행하고 있는 프로그램이 일시 중단되고, 그 특수한 상태를 처리하는 프로그램으로 옮겨져 처리한 후 다시 원래의 프로그램을 처리하는 현상은?

㉮ 인터럽트　　㉯ 다중처리
㉰ 시분할 시스템　　㉱ 다중 프로그램

18. 중앙연산처리 장치에서 마이크로 동작(Micro-operation)이 순서적으로 일어나게 하는데 필요한 신호는?

㉮ 실행 신호　　㉯ 순차 신호
㉰ 제어 신호　　㉱ 타이밍 신호

19. 컴퓨터의 주기억 장치는?

㉮ ROM과 RAM　　㉯ DISK
㉰ TTY　　㉱ Magnetic tape

20. 메모리 용량이 총 4096워드이고, 1워드가 8비트라 할 때 PC(program counter)와 MBR(memory buffer register)의 비트 수를 올바르게 나타낸 것은?

㉮ PC = 8비트, MBR = 12비트　　㉯ PC = 12비트, MBR = 8비트
㉰ PC = 8비트, MBR = 8비트　　㉱ PC = 12비트, MBR = 12비트

1. Gray code $(011011)_G$을 binary number로 변환시키면?

㉮ $(110010)_2$ ㉯ $(010110)_2$

㉰ $(010010)_2$ ㉱ $(111000)_2$

2. 입력 번지 선이 8개, 출력 데이터 선이 8개인 ROM의 기억 용량은?

㉮ 64바이트 ㉯ 256바이트

㉰ 512바이트 ㉱ 1024바이트

3. 다음 게이트의 출력은?(단, A=B=S=1)

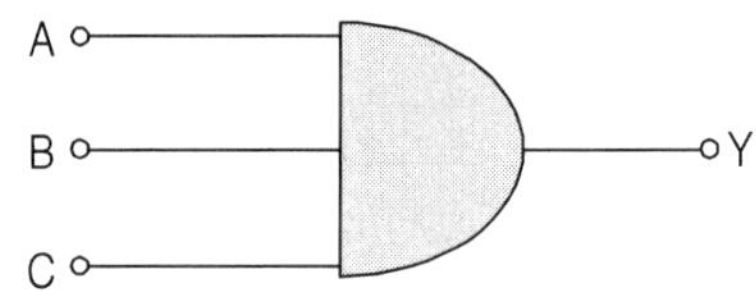

㉮ 0 ㉯ 1

㉰ AB ㉱ S

4. 인스트럭션(instruction) 사이클에 해당되지 않는 것은?

㉮ FETCH cycle ㉯ INDIRECT cycle

㉰ DECODE cycle ㉱ EXECUTE cycle

5. 주기억 장치에 기억된 명령을 꺼내서 해독하고, 시스템 전체에 지시 신호를 내는 것은?

㉮ 채널(Channel) ㉯ 제어 기구(control unit)

㉰ 연산 논리 기구(ALU) ㉱ 입・출력 장치(I/O unit)

6. 그림과 같은 논리 회로를 설명한 내용 중 옳지 않은 것은?

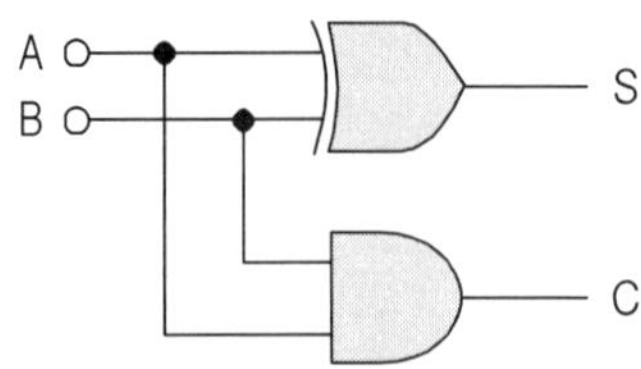

㉮ 반가산기를 나타내는 논리 회로이다.
㉯ S=AB+A′+B′이다.
㉰ C=AB이다.
㉱ S=A⊕B로 표시할 수 있다.

7. 연산한 결과를 기억장치로 보내기 전에 잠시 보관하는 레지스터는?

㉮ Adder　　㉯ Accumulator
㉰ Index Register　　㉱ Core Memory

8. 인터럽트의 발생 원인이나 종류를 소프트웨어로 판단하는 방법은?

㉮ Polling　　㉯ Daisy chain
㉰ Decoder　　㉱ Multiplex

9. 컴퓨터의 내부 상태를 나타내는 레지스터(register)는?

㉮ 버퍼 레지스터(buffer register)
㉯ 스테이터스 레지스터(status register)
㉰ 인덱스 레지스터(index register)
㉱ 명령 레지스터(instruction register)

10. 프로그램 실행 도중 분기가 발생하면 CPU 내의 어떤 장치의 내용을 먼저 변화시켜야 하는가?

㉮ MAR(Memory Address Register)　　㉯ PC(Program Counter)
㉰ MBR(Memory Buffer Register)　　㉱ IR(Instruction Register)

11. 한 명령을 두 부분으로 나누면?

㉮ 호출과 실행 ㉯ 연산과 논리
㉰ 번지와 데이터 ㉱ operation과 operand

12. Error를 검출하여 교정까지 할 수 있는 Code는?

㉮ Gray Code ㉯ Excess-3 Code
㉰ EBCDIC Code ㉱ Hamming Code

13. 2진법의 수 $1101.11_{(2)}$을 10진법으로 표시하면?

㉮ $11.75_{(10)}$ ㉯ $13.55_{(10)}$
㉰ $13.75_{(10)}$ ㉱ $15.3_{(10)}$

14. 컴퓨터 내부에서 음수를 표현하는 방법에 속하지 않는 것은?

㉮ 부호~크기(절대치) 표현법 ㉯ 크기~부호~크기 표현법
㉰ 부호~1의 보수 표현법 ㉱ 부호~2의 보수 표현법

15. 중앙 처리 장치에서 사용되는 레지스터(register)의 종류가 아닌 것은?

㉮ Accumulator ㉯ Program Counter
㉰ Instruction Register ㉱ Full Adder

16. 레지스터의 내용을 메모리에 전달하는 기능을 무엇이라 하는가?

㉮ Fetch ㉯ Store
㉰ Load ㉱ Transfer

17. 인터럽트 발생시 복귀 주소를 기억시키는데 사용되는 것은?

㉮ 큐 ㉯ 스택

㉰ 어큐뮬레이터 ㉱ 프로그램 카운터

18. 주소 부분이 하나밖에 없는 1-주소 명령 형식에서 결과 자료를 넣어 두는데 사용하는 레지스터는?

㉮ 어큐뮬레이터(accumulator) ㉯ 인덱스(index) 레지스터

㉰ 범용 레지스터 ㉱ 스택(stack)

19. 연산 수행시 스택(stack)을 이용하는 인스트럭션 형식은?

㉮ 0-주소 인스트럭션 형식 ㉯ 1-주소 인스트럭션 형식

㉰ 2-주소 인스트럭션 형식 ㉱ 3-주소 인스트럭션 형식

20. 컴퓨터의 입·출력에 필요한 기능이 아닌 것은?

㉮ 입·출력 버스 ㉯ 입·출력 인터페이스

㉰ 입·출력 제어 ㉱ 입·출력 기억

1. STACK에 관하여 올바르게 설명한 것은?

㉮ 복귀 번지를 저장하기 위한 메모리이다.

㉯ PUSH 명령으로 의해 데이터를 꺼낸다.

㉰ 1-address구조를 갖는다.

㉱ FIFO구조를 갖는다.

2. 정보 전송시에 발생하는 오류의 검색 및 정정이 용이하도록 된 코드는?

㉮ 해밍 코드　　㉯ 3-초과 코드

㉰ 2421 코드　　㉱ 8-4-2-1 코드

3. 011001의 1의 보수(One's Complement)는?

㉮ 011000　　㉯ 011010

㉰ 100110　　㉱ 011001

4. 자료구조 중 먼저 입력된 자료가 먼저 출력되는 형태로 헤드(Head)와 태일(Tail)을 입출력 포인터로 사용하는 자료구조 형태는?

㉮ 스택(Stack)　　㉯ 큐(Queue)

㉰ 데큐(Deque)　　㉱ 포인터(Pointer)

5. 인에이블 또는 디스에이블 단자에 의하여 데이터의 전송 방향을 하드웨어적으로 제어하는데 사용되는 소자는?

㉮ multiplexer　　㉯ tri-state buffer

㉰ decoder　　㉱ 스태틱 RAM

6. 불 대수(Boolean algebra)가 옳지 않은 것은?

㉮ A+A'·B=A　　㉯ A·A=A

㉰ A+A·B'=A　　㉱ A·(A+B)=A

7. 컴퓨터의 연산 장치에서 2개의 자료 11011101, 01101101을 Exclusive-OR 연산하였을 때의 결과는?

㉮ 01001111　　　㉯ 10110000
㉰ 11111101　　　㉱ 01001101

8. 중앙처리장치에서 사용하고 있는 버스(BUS)의 형태에 속하지 않는 것은?

㉮ Address Bus　　　㉯ Control Bus
㉰ Data Bus　　　㉱ System Bus

9. 2의 보수 표현 방식으로 8비트의 기억 공간에 정수를 표현할 때 표현 가능 범위는?

㉮ $-2^7 \sim +2^7$　　　㉯ $-2^8 \sim +2^8$
㉰ $-2^7 \sim +(2^7-1)$　　　㉱ $-2^8 \sim +(2^8-1)$

10. 다음에서 인터럽트 작동순서가 올바른 것은?

① 리턴에 의한 복귀	② 벡터 인터럽트 처리
③ CPU에게 인터럽트 요청	④ 인터럽트 인지신호 발생
⑤ 현재 작업 중인 주소를 메모리에 저장	

㉮ ③ - ⑤ - ④ - ② - ①　　　㉯ ④ - ③ - ⑤ - ② - ①
㉰ ⑤ - ② - ③ - ① - ④　　　㉱ ① - ③ - ④ - ⑤ - ②

11. 중앙연산처리장치에서 마이크로 동작이 순서적으로 일어나게 하려면 무엇이 필요한가?

㉮ 멀티플렉서 ㉯ 디코더
㉰ 제어신호 ㉱ 레지스터

12. 8진수 23.32를 십진수로 변환하면?(단, 소수점 4째 자리 이하 생략)

㉮ 18.406 ㉯ 18.102
㉰ 19.406 ㉱ 19.102

13. 성능을 향상시키기 위하여 주기억 장치와 CPU 레지스터 사이에서 데이터를 이동시키는 중간 버퍼로 작용하는 기억장치는?

㉮ CD ㉯ C 드라이브
㉰ 캐시 기억장치 ㉱ 누산기

14. 어소시에티브(Associative) 기억장치에 대한 설명으로 옳지 않은 것은?

㉮ 기억된 여러 개의 자료 중에서 주어진 특성을 가진 자료를 신속히 찾을 수 있다.
㉯ 중앙처리장치와 주기억장치의 속도 차가 현저할 때 사용된다.
㉰ 비파괴적으로 읽을 수 있어야 한다.
㉱ 병렬판독회로가 있어야하므로 하드웨어 비용이 크다.

15. 십진수 956에 대한 BCD 코드(Binary Coded Decimal)는?

㉮ 1001 0101 0110 ㉯ 1101 0110 0101
㉰ 1000 0101 0110 ㉱ 1010 0110 0101

16. 중앙처리장치에서 정보를 기억 장치에 기억시키는 것을 무엇이라 하는가?

㉮ Load ㉯ Store
㉰ Fetch ㉱ Transfer

17. 3초과 부호(Excess-3 code)의 설명으로 옳지 않은 것은?

㉮ 가중치 부호이다.
㉯ BCD 부호에 3을 더한 것과 같다.
㉰ 10진수를 표현하기 위한 부호이다.
㉱ 부호를 구성하는 어떤 비트 값도 0이 아니다.

18. 다음 중 기능이 다른 연산자는?

㉮ COMPLEMENT ㉯ OR
㉰ AND ㉱ EXCLUSIVE OR

19. 인스트럭션은 중앙 처리 장치를 이용하여 수행되는데 다음 중 명령을 읽어 내는 스테이트(state)는?

㉮ Fetch state ㉯ Execute state
㉰ Indirect state ㉱ Timing state

20. 데이지체인(daisy-chain) 우선순위 인터럽트 방법에서 인터럽트를 발생하는 장치들의 연결 방법은?

㉮ 모든 장치를 직렬로 연결한다.
㉯ 모든 장치를 병렬로 연결한다.
㉰ 직렬과 병렬로 연결한다.
㉱ 우선순위에 따라 직렬 및 병렬로 연결한다.

1. 기출문제

1	2	3	4	5	6	7	8	9	10
㉰	㉰	㉮	㉯	㉱	㉱	㉯	㉮	㉯	㉮
11	12	13	14	15	16	17	18	19	20
㉯	㉮	㉰	㉮	㉮	㉯	㉮	㉰	㉮	㉯

2. 기출문제

1	2	3	4	5	6	7	8	9	10
㉰	㉯	㉮	㉰	㉯	㉯	㉯	㉮	㉯	㉯
11	12	13	14	15	16	17	18	19	20
㉱	㉱	㉰	㉯	㉱	㉯	㉯	㉮	㉮	㉱

3. 기출문제

1	2	3	4	5	6	7	8	9	10
㉮	㉮	㉰	㉯	㉯	㉮	㉯	㉱	㉰	㉮
11	12	13	14	15	16	17	18	19	20
㉰	㉰	㉰	㉯	㉮	㉯	㉮	㉮	㉮	㉮

컴퓨터 구조와 원리

지 은 이	기우용 · 윤석민 · 최영철
펴 낸 이	김형근
펴 낸 곳	도서출판 기한재
주 소	경기도 파주시 회동길 56 (파주출판도시)
전 화	031)955-0900~2
팩 스	031)955-0100
등 록	1990년 3월 15일 제2-968호
발 행	2019년 8월 20일 1판 5쇄
징 가	19,000원

Published by Kihanjae Co.
ISBN 978-89-7018-608-5
http://www.kihanjae.com
E-mail : kihanjae@hanmail.net